わかる！受かる！

中央法規

介護福祉士

国家試験

合格テキスト 2025

中央法規介護福祉士受験対策研究会／編集

中央法規

……本書の使い方

本書は、介護福祉士国家試験の出題基準、出題実績に基づき、合格に必要な知識を効率よく学べるよう構成されています。アイコンの示す情報を活用しながら、1単元ずつ読み進めてみてください。

キーワード
この単元を学習する際のキーワード。まずはしっかり押さえておこう。

出題頻度
過去の出題実績に基づき、出題頻度を3段階で表示。星の数が多い項目ほど頻出！

ここをチェック！
出題基準に合わせて、覚えておきたい内容を整理。

頻 出
試験で頻繁に出題される内容をピンポイントで紹介。「理解度○×チェック！」で確認しておこう。

図 表
図表やグラフで理解をサポート。「図表問題」対策としても活用しよう。

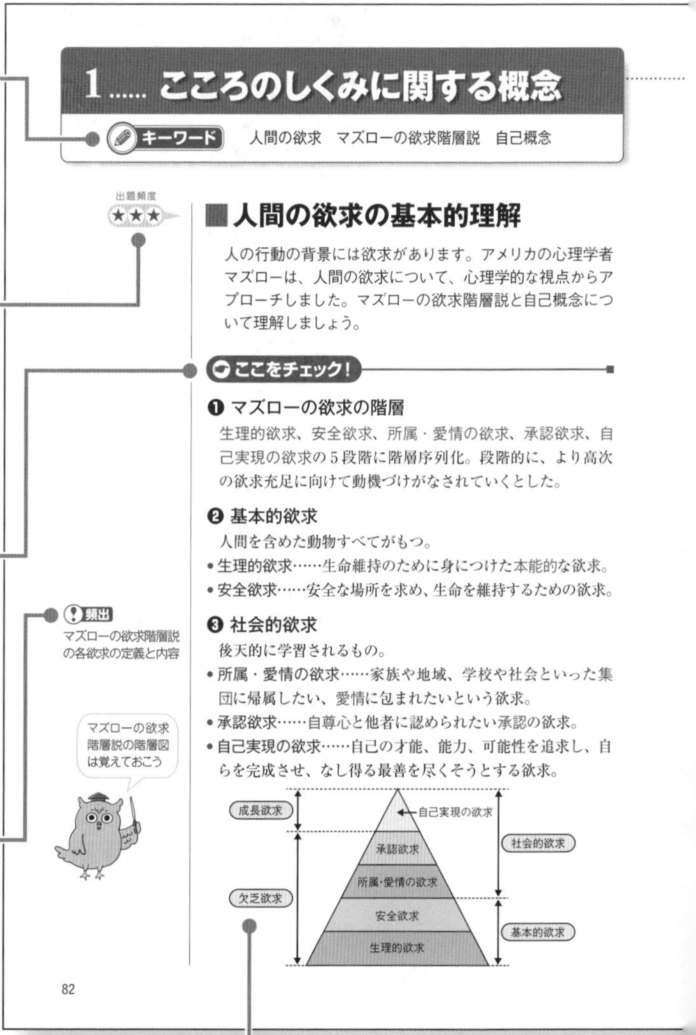

1 …… こころのしくみに関する概念

キーワード　人間の欲求　マズローの欲求階層説　自己概念

出題頻度 ★★★

■人間の欲求の基本的理解

人の行動の背景には欲求があります。アメリカの心理学者マズローは、人間の欲求について、心理学的な視点からアプローチしました。マズローの欲求階層説と自己概念について理解しましょう。

ここをチェック！

❶ マズローの欲求の階層

生理的欲求、安全欲求、所属・愛情の欲求、承認欲求、自己実現の欲求の5段階に階層序列化。段階的に、より高次の欲求充足に向けて動機づけがなされていくとした。

❷ 基本的欲求

人間を含めた動物すべてがもつ。

- 生理的欲求……生命維持のために身につけた本能的な欲求。
- 安全欲求……安全な場所を求め、生命を維持するための欲求。

❸ 社会的欲求

後天的に学習されるもの。

- 所属・愛情の欲求……家族や地域、学校や社会といった集団に帰属したい、愛情に包まれたいという欲求。
- 承認欲求……自尊心と他者に認められたい承認の欲求。
- 自己実現の欲求……自己の才能、能力、可能性を追求し、自らを完成させ、なし得る最善を尽くそうとする欲求。

頻出
マズローの欲求階層説の各欲求の定義と内容

82

❹ 欠乏欲求と成長欲求

- 欠乏欲求……マズローの欲求階層説の第１階層から第４階層まで。いずれも外からのものや人によって充足される。
- 成長欲求……マズローの欲求階層説の第５階層。自己充足的。欠乏欲求が充足されると出現する。

自己概念の変化

自己概念とは、自分が誰で、どのような人間かを意識する概念です。自己概念が、ライフステージ*の段階ごとのからだ・精神の状況、環境、社会、接する人などによって変化することを理解しましょう。

ここをチェック！

❶ ライフステージの各段階における変化

- 乳幼児期・児童期……心身とも発達過程にある。強靭性《きょうじんせい》や思考の可逆性《かぎゃくせい》*に富んでいる。
- 思春期・青年期……子どもから大人になる過渡期。からだの第二次性徴、自己同一性*の獲得など。
- 成人期……環境の変化が多岐にわたり、連帯感が生じる一方、その環境ごとの義務や責務でストレスも発生する。更年期障害が出現する。
- 老年期……さまざまな喪失《そうしつ》体験がある。一方で、経験が蓄積されており、人格が円熟・調和される場合がある。

ストレンジ・シチュエーション法は、人見知りが激しい満1歳児を対象として、実験室において母子分離をしたときと母親と再会したときの子どもの反応（愛着行動）を組織的に観察する方法。エインズワースが考案したよ

出題頻度 ★

ライフステージ
人間が誕生してから死に至るまでのさまざまな過程における生活史上の各段階のこと。乳幼児期、児童期、青年期、成人期、老年期など。

思考の可逆性
ある思考をもったり、それを考えるのをやめたりすること。

自己同一性
「自分とはこういう人間だ」というアイデンティティのこと。

こころとからだのしくみ

理解度〇✕チェック！

1. 自己実現欲求は、マズローの欲求階層説で成長欲求に該当する。 出36-19
2. 養育者がいないと不安になり、再会すると安心する行動は、ストレンジ・シチュエーション法による愛着行動である。 出34-69改

答……… 1. 〇 2. 〇

83

コメント

理解のためのアドバイス、間違えやすいポイント、制度の改正内容などを紹介。楽しく読みながら、得点アップをめざそう。

用語解説

本文中の重要語句、難解語句を解説。他のページに関連する内容がある場合は、参照ページを表示。

理解度〇×チェック！

この単元に関する過去問を一問一答形式で掲載。学んだことをすぐに復習しよう。

※ 出36-19は、第36回試験の問題19で出題されたことを示す。

試験の概要

1. 介護福祉士になるには

介護福祉士は「社会福祉士及び介護福祉士法」に基づく国家資格であり、2024（令和6）年2月末現在、約194万人の登録者がいます。

日本国籍を有する人が介護福祉士の資格を取得するには、次の3つのルートがあります。どのルートでも介護福祉士国家試験に合格しなければなりません（例外規定あり）。

① **実務経験ルート**……介護等の業務に３年以上従事し、かつ、養成施設等における「実務者研修」等を修了してから、介護福祉士国家試験に合格する。等

② **福祉系高校ルート**……高等学校または中等教育学校において、福祉に関する所定の教科目・単位数を修め、介護福祉士国家試験に合格する。 等

③ **養成施設ルート**……高等学校卒業以上の者が、厚生労働大臣が指定する養成施設を卒業して、介護福祉士国家試験に合格する（例外規定あり）。

※詳細は、公益財団法人 社会福祉振興・試験センターのホームページでご確認ください。

日本国籍を有しない人には、経済連携協定（EPA）ルートが設けられています。EPA ルートは、東南アジアの３か国から介護福祉士候補者等を受け入れ、資格取得前は最大で４年、資格取得後は何年でも日本に在留できます。

受験資格の詳細は、公益財団法人 社会福祉振興・試験センターのホームページで確認してください。

2. 試験の申し込み方法と受験手数料

⑴ 申し込み方法

公益財団法人 社会福祉振興・試験センターのホームページまたは郵便で『受験の手引』を請求のうえ、受験申込書と必要な書類を受付期間内に同センターに郵送します。

受験申込書の受付期間は、例年８月上旬～９月上旬（第36回は８月９日～９月８日）です。『受験の手引』は６月下旬より請求できます。

⑵ 受験手数料

18, 380円（第36回試験実績より）

3. スケジュール

介護福祉士国家試験には、筆記試験と実技試験があります。例年、筆記試験は1月下旬、実技試験は3月上旬に行われます。実技試験は、筆記試験に合格した者が受験できます。なお、福祉系高校またはEPAルートで介護技術講習を受講していない者とEPAルートで実務者研修を受講していない者以外は、実技試験は免除されます。

▶ 合格までのスケジュール

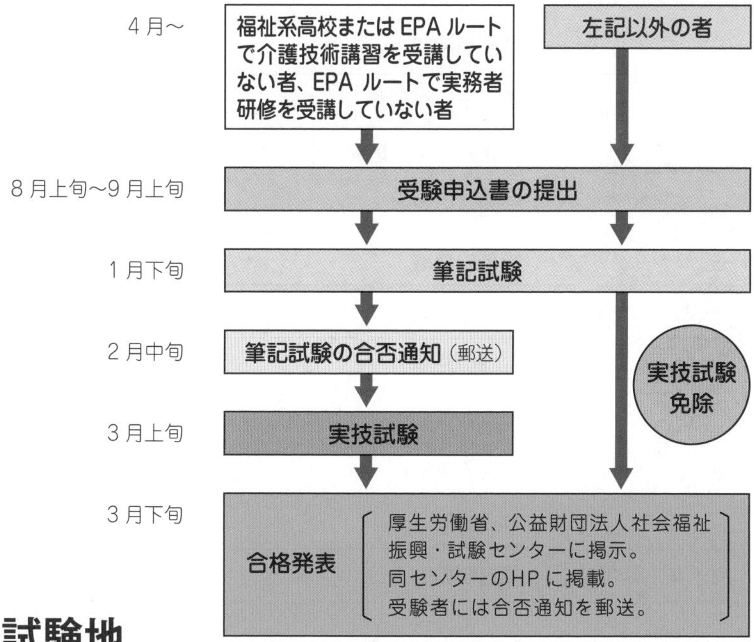

4. 試験地

(1) 筆記試験

北海道、青森県、岩手県、宮城県、秋田県、福島県、群馬県、埼玉県、千葉県、東京都、神奈川県、新潟県、石川県、長野県、岐阜県、静岡県、愛知県、京都府、大阪府、兵庫県、和歌山県、鳥取県、島根県、岡山県、広島県、香川県、愛媛県、高知県、福岡県、長崎県、熊本県、大分県、宮崎県、鹿児島県、沖縄県の35か所

(2) 実技試験

東京都、大阪府の2か所

5. 試験科目と試験時間

(1) 筆記試験

五肢択一を基本とするマークシート方式で、問題数は125問、試験時間は220分です。

領域	科目	出題数	試験時間
人間と社会	人間の尊厳と自立	18問	10：00～ 11：40 （100分）
	人間関係とコミュニケーション		
	社会の理解		
こころとからだのしくみ	こころとからだのしくみ	40問	
	発達と老化の理解		
	認知症の理解		
	障害の理解		
医療的ケア	医療的ケア	5問	
介　護	介護の基本	50問	13：35～ 15：35 （120分）
	コミュニケーション技術		
	生活支援技術		
	介護過程		
総合問題	総合問題	12問	
合　計		125問	220分

(2) 実技試験

科目	試験時間
介護等に関する専門的技能	5分間以内

6. 合格基準

(1) 筆記試験

配点は、1問1点の125点満点です。合格するには、次の2つの条件の両方を満たす必要があります。

> ① 問題の総得点の60%程度を基準として、問題の難易度で補正した点数以上の得点の者。第36回は67点以上が合格点
>
> ② 以下の試験科目の11科目群すべてにおいて得点があった者(1群でも0点があれば不合格)
>
> 【科目群】　❶人間の尊厳と自立、介護の基本　❷人間関係とコミュニケーション、コミュニケーション技術　❸社会の理解　❹生活支援技術　❺介護過程　❻発達と老化の理解　❼認知症の理解　❽障害の理解　❾こころとからだのしくみ　❿医療的ケア　⓫総合問題

(2) 実技試験

筆記試験の合格者のうち、実技試験の総得点100点の60%程度を基準とし、課題の難易度で補正した点数以上の得点の者。第36回は53.33点以上が合格点となっています。

7. 受験状況

介護福祉士の受験者数は、例年14～15万人でしたが、受験資格が変更された第29回は、8万人弱に減少。第30、31回は、9万人強と増えましたが、第36回は、約7万5千人となり、合格率は、82.8%でした。

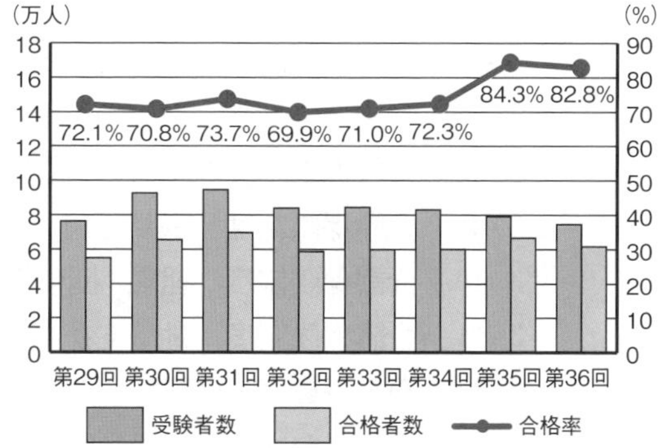

> **受験申し込み・問合せ先**
>
> **公益財団法人 社会福祉振興・試験センター**
>
> 〒150-0002 東京都渋谷区渋谷1-5-6 SEMPOS《センポス》ビル
> 電話番号　03-3486－7559（国家試験情報専用電話）
> ホームページ　https://www.sssc.or.jp/

目次

4 こころとからだのしくみ

5 発達と老化の理解

ゴウくん
あわてんぼうだが
明るく前向き

フク先生
介護福祉の
スペシャリスト

カイちゃん
まじめな
しっかり者

8 医療的ケア

9 介護の基本

10 コミュニケーション技術

11 生活支援技術

12 介護過程

1

人間の尊厳と自立

ここでは「人間の尊厳」とは何か、「自立」とは何かを理解し、これらを規定した法律について整理しよう。虐待《ぎゃくたい》や悪質商法など、権利侵害の実態についても押さえるよ

アドボカシー、エンパワメント、ソーシャル・インクルージョンなど、聞き慣れない言葉が出てくるけど、どういう意味なんだろう？

1…… 人間理解と尊厳

キーワード　人間の尊厳　自立と自律

出題頻度 ★

■人間の尊厳とは

介護を学ぶ第一歩として、人間の尊厳について学び、尊厳を保持するために必要な考え方を理解しましょう。

ここをチェック！

❶ 人間の尊厳

人間の尊厳とは、人が個人として尊重されることを指し、人々の生活の営みにおいて目指すべきものという意味で、「理念的価値」ということができる。

❷「自立」と「自律」

自立
⇒P.375参照

- 自立（生活自立）……その人の意思・責任に基づいてニーズを表明し、さまざまなサービスを利用してよりよい生活を営むこと。
- 自立支援……生活自立のために介護福祉士などにより提供される支援。
- 自律……「自立」の前提として、自分で立てた規範に従って行動するという自分を律する精神。
- 自律生活……他者からの援助を受けるにしても受けないにしても、生活自立のために、自分の行動に責任を負うこと。

出題頻度 ★★

■人間の尊厳を支える法律

人間の尊厳については、日本国憲法をはじめ、種々の法律で規定されています。主な法律に示されている人間の尊厳について理解しましょう。

ここをチェック！

❶ 日本国憲法での規定

1946（昭和 21）年に公布された日本国憲法では、基本的人権の尊重に関する国民の権利と国の責務について規定している。

日本国憲法 第25条第1項	すべて国民は、健康で文化的な最低限度の生活を営む権利を有する。(生存権)
第2項	国は、すべての生活部面について、社会福祉、社会保障及び公衆衛生の向上及び増進に努めなければならない。

❷ 社会福祉法での規定

社会福祉法では、福祉サービスの利用者に対する個人の尊厳の保持について、次のように規定している。

社会福祉法 第3条	福祉サービスは、個人の尊厳の保持を旨とし、その内容は、福祉サービスの利用者が心身ともに健やかに育成され、又はその有する能力に応じ自立した日常生活を営むことができるように支援するものとして、良質かつ適切なものでなければならない。

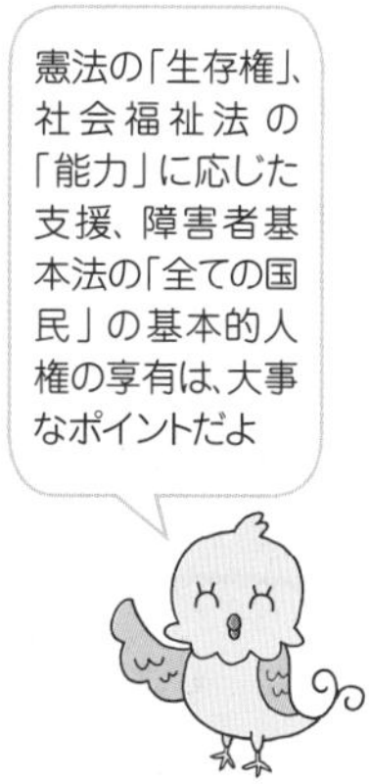

❸ 介護保険法での規定

介護保険法では、要介護者等が、尊厳を保持しながら自立生活を営めるよう、介護保険制度が設けられたことが明記されている。

介護保険法 第1条	この法律は、(中略) 要介護状態となり、(中略) 介護 (中略) を要する者等について、これらの者が尊厳を保持し、その有する能力に応じ自立した日常生活を営むことができるよう、(中略) 介護保険制度を設け、(中略) 福祉の増進を図ることを目的とする。

❹ 障害者基本法での規定

障害者基本法では、障害の有無にかかわらず、すべての国民が基本的人権を享有《きょうゆう》*することを明記している。

障害者基本法 第1条	(前略) 全ての国民が、障害の有無にかかわらず、等しく基本的人権を享有するかけがえのない個人として尊重されるものであるとの理念にのっとり (後略)。

享有

権利や能力などを生まれながらにもっていること。

❺ 障害者の日常生活及び社会生活を総合的に支援するための法律（障害者総合支援法）での規定

「障害者総合支援法」では、障害者が尊厳を保持し、自立した生活を営めるような地域社会の実現に、すべての国民が協力することが求められている。

障害者総合支援法 第1条	この法律は、（中略）障害者及び障害児が基本的人権を享有《きょうゆう》する個人としての尊厳にふさわしい日常生活又は社会生活を営むことができるよう、（中略）支援を総合的に行い、（中略）障害の有無にかかわらず国民が相互に人格と個性を尊重し安心して暮らすことのできる地域社会の実現に寄与することを目的とする。
第3条	すべての国民は、その障害の有無にかかわらず、障害者等が自立した日常生活又は社会生活を営めるような地域社会の実現に協力するよう努めなければならない。

理解度〇✕チェック！

1. 介護老人福祉施設に入所しているＡさんが、捻挫は完治したのに車いすでの移動を続けている。歩行に誘導するが、「歩くことが不安だ」と言う。介護福祉士は、安全確保をしながら、「一緒に歩いてみよう」と働きかけた。◀出 29-1改
2. 脳梗塞で左片麻痺となり、自宅で生活している 87 歳の男性（要介護３）は、食べることを楽しみにしていたが、最近、誤嚥を繰り返していた。誤嚥による緊急搬送の後、医師は男性の妻に「今後も自宅で生活を続けるなら胃ろうを勧める」と話した。妻は仕方がないと諦めていたが、長男は胃ろう造設に納得していなかった。妻から相談を受けた訪問介護員は、「医師の判断なら、それに従うのが良いと思います」とアドバイスした ◀出 33−2改
3. 社会福祉法第３条では、福祉サービスについて、身体機能の低下に応じ自立した日常生活を営むことができるように支援するものと、明記している。◀出 26-1
4. 「一人の人格をケアするとは、最も深い意味で、その人が成長すること、自己実現することを助けることである」と述べたのは、ミルトン・メイヤロフである。◀出 34-1改

答………… 1. 〇　2. ✕（当事者の男性の考えを聞くことが大事）　3. ✕（利用者の有する能力に応じ）
4. 〇

2……介護における尊厳の保持・自立支援

キーワード　基本的人権　権利擁護《ようご》　ソーシャル・インクルージョン　虐待

■人権について

出題頻度 ★★★

頻出
介護福祉士の義務

人権は、介護の要・不要にかかわらず、すべての人に共通に存在しています。日本国憲法で規定されている基本的人権について整理し、さらに、人権尊重のために、介護福祉士に求められる義務について理解しましょう。

ここをチェック!

❶ 基本的人権

日本国憲法では、以下のように基本的人権が規定されている。

	具体例
平等権（第13条、第14条、第24条）	個人の尊重、法の下の平等、両性の平等
自由権（第19条、第20条、第21条）	思想・良心の自由、信教の自由、表現の自由　など
社会権（生存権）（第25条）	健康で文化的な最低限度の生活を営む権利（生存権）
基本的人権を守るための権利（第15条、第16条、第32条）	参政権、国に願い出る請願権、裁判を受ける権利

❷ 人権尊重のために介護福祉士に求められる義務

利用者の尊厳の保持、自立支援のため、介護福祉士に求められる義務として、法律では以下のように規定されている。

▶社会福祉士及び介護福祉士法（第 44 条の 2 ～第 47 条の 2）（要約）

誠実義務	利用者が、自立した日常生活を営むことができるよう、常にその者の立場に立って、誠実に業務を行わなければならない。
信用失墜行為の禁止	介護福祉士の信用を傷つけるような行為をしてはならない。
秘密保持義務	正当な理由がなく、業務で知り得た人の秘密を漏らしてはならない。介護福祉士でなくなった後においても同様。
福祉サービス関係者等との連携	利用者の心身の状況等に応じて、福祉サービスが適切に提供されるよう、福祉サービス関係者等との連携を保たなければならない。
資質向上の責務	介護等に関する知識および技能の向上に努めなければならない。

出題頻度 ★★

権利擁護とアドボカシー

介護福祉士として、利用者の生活者としての権利を擁護《ようご》することは大切です。権利擁護やエンパワメント、ソーシャル・インクルージョンなどの考え方を整理しましょう。

ここをチェック！

❶ 権利擁護

介護福祉士は、介護にあたって、利用者の権利擁護を意識する必要がある。その際には、「利用者主体」の支援姿勢を徹底的に貫くと同時に、利用者の家族など、周囲の人々の権利擁護も意識しなければならない。

❷ アドボカシー

権利擁護や代弁（アドボケート）の意味で用いられる語。利用者が自分の権利やニーズを表明することが難しい場合は、介護福祉士などが代弁し、権利擁護に努める必要がある。権利擁護の制度としては、日常生活自立支援事業*や成年後見制度*がある。

❸ エンパワメントの視点と自己決定

利用者やその家族が、権利侵害に気づかなかったり、あきらめから権利主張を抑制したりする場合がある。そのため、介護福祉士は、エンパワメント*の視点をもって介護にあたる必要がある。そして、最終的には、自己の権利を認識した利用者の自己選択・判断と自己決定を最大限に尊重することが求められる。

❹ ソーシャル・インクルージョン

社会的排除（ソーシャル・エクスクルージョン）の状況を解決しようとする理念として、共に生き、支え合うという今日的な「つながり」の再構築をめざす社会的包摂《しゃかいてきほうせつ》（ソーシャル・インクルージョン）がある。

❺ 延命治療に関する意思確認書(延命治療選択の意思計画書)

介護施設入所時に終末の迎え方について、意思を表明する書類が、「延命治療に関する意思確認書」（延命治療選択の意思計画書）と呼ばれるもので、入所後の修正も可能である。

日常生活自立支援事業
認知症、知的障害、精神障害などで自立生活が困難な利用者を支援する制度。
⇒P.73、336、443参照

成年後見制度
判断能力に困難がある成年者を保護する制度。
⇒P.72参照

エンパワメント
権利の侵害や抑圧された状況にある利用者が、自らの状況を克服していく力を獲得していくこと。

権利侵害

出題頻度 ★★★

利用者に対する権利侵害には、虐待《ぎゃくたい》、差別や偏見《へんけん》、悪質商法等の詐欺《さぎ》などがあります。虐待や差別、詐欺などの具体的な内容や、権利侵害への対応策について理解しましょう。

ここをチェック!

❶ 虐待

故意の虐待はもちろん、無意識のうちに起こしてしまう虐待にも注意が必要である。専門知識の不足、人間関係の複雑化などでも起こりやすくなる。身体拘束《こうそく》も虐待の一種とされ、緊急やむを得ない場合を除き、原則禁止されている。

虐待
⇒ P.341参照

- 虐待の種類（高齢者虐待の防止、高齢者の養護者に対する支援等に関する法律＝「高齢者虐待防止法」第２条より要約）

高齢者虐待防止法
⇒ P.75参照

身体的虐待	高齢者に対し、身体に外傷が生じる、または生じるおそれのある暴行を加えること。
ネグレクト	高齢者に対し、著しい減食または長時間の放置、養護を著しく怠ること。
心理的虐待	高齢者に対し、著しい暴言または著しく拒絶的な対応、その他の著しい心理的外傷を与える言動を行うこと。
性的虐待	高齢者に対し、わいせつな行為をすること、またはわいせつな行為をさせること。
経済的虐待	高齢者の財産を不当に処分すること、その他当該高齢者から不当に財産上の利益を得ること。

!頻出
緊急やむを得ず身体拘束をする場合に必要な3要件

- 身体拘束の緊急やむを得ない場合

身体拘束の緊急やむを得ない場合とは、①切迫性（今にも問題が起こるような状態になる）、②非代替性《ひだいたいせい》（ほかの物で代わりになることができない）、③一時性（少しの間、その時だけ）の３要件をすべて満たし、そのことを施設として確認することとされている。また、施設としての判断に基づき、本人や家族の了解を得て実行される必要があり、その際の利用者の心身の状況などを記録として残すことも求められている。

❷ 差別や偏見

人々の意識や認識によって生じる差別や偏見により、特定の人々や特定の疾患《しっかん》の人々の社会参加が妨げられ、本来擁護《ようご》されるべき権利が侵害されることがある。

❸ 悪質商法・詐欺《さぎ》

故意・悪意による詐欺はもちろん、情報提供不足によって生活に支障をきたすことも権利侵害といえる。

身体拘束ゼロへの手引き
⇒P.340参照

❹ 権利侵害への対応策

- 「身体拘束ゼロへの手引き」

2001（平成13）年、介護サービスの利用者に対する身体拘束をなくすために、厚生労働省の「身体拘束ゼロ作戦推進会議」が作成した、身体拘束を行わないケアの基本的な考え方と具体例を紹介した手引き。

- 地域包括支援センター

権利侵害について、介護福祉職は個人で対応せず、地域包括支援センター*の社会福祉士などと連携して対応する。

地域包括支援センター
地域住民の心身の健康の保持および生活の安定のために必要な援助を行うことにより、その保健医療の向上および福祉の増進を包括的に支援することを目的とした施設。
⇒P.60、214、336参照

理解度○×チェック！

1. 訪問介護を利用しているＡさんは、延命治療を選択する意思決定の計画書を作成していたが、最期の時を自宅で過ごしたいと思い、計画書を見直したいとサービス提供責任者に相談した。サービス提供責任者は「一度作成した計画書は、個人の意向で変更するのは難しい」と答えた。 出32-1改
2. 介護を必要とする人の精神的自立は、生活の目標をもち、自らが主体となって物事を進めていくことである。 出36-2改

答 …… 1. ×（意思確認の話し合いは、何度でもできる） 2. ○

2

人間関係と コミュニケーション

1 …… 人間関係の形成

キーワード　自己覚知　受容と共感　ラポール

出題頻度 ★★★

人間関係の形成に必要なもの

利用者と信頼関係を築き、よりよい介護を行うためには、自己覚知と受容・共感を基にしたコミュニケーションが求められます。

自己覚知と自己開示
⇒ P.356参照

受容
相手をありのまま受け入れること。
⇒ P.357参照

共感
相手の感情を把握し、寄り添うこと。
⇒ P.357参照

ラポール
相手の感情に関心をもち、こころが通じ合い、互いに信頼して、相手を受け入れている状態。

頻出
受容と共感の大切さ

ここをチェック！

❶ 自己覚知

自分の考え方や価値観、感情などについて、客観的に理解すること。介護福祉職は、先入観や思い込みをもって利用者に接することがないよう、自分自身の価値観や感情を認識しておかなければならない。
また、利用者との信頼関係を築くために欠かせないのは、介護福祉職自身の情報を利用者に開示（自己開示）することである。

❷ 受容*と共感*

良好な人間関係（ラポール*）を築くために必要な、コミュニケーションの基本は、受容と共感である。先入観や印象に基づく判断、感情的なこだわりをもたないことが大切。

理解度〇✕チェック！

1．利用者とのコミュニケーション場面で、介護福祉職が行う自己開示は、利用者との信頼関係を評価することが目的である。 出 34-4改

2．自己開示をする目的は、相手に自分のことをよく思ってもらうためである。 出 29-3

3．他者とのコミュニケーションを通した自己覚知とは、自己の行動を主観的に分析することである。 出 32-3改

4．人間関係における役割葛藤の例としては、家族介護者が、仕事と介護の両立への期待に応えられるかどうか悩むことがあげられる。 出 33-3

答……… 1．✕（利用者との信頼関係を形成することを目的とする） 2．✕（相手と良好な人間関係を築くために行う） 3．✕（自己の感情の動きとその背景を洞察することが大事） 4．〇

2…… コミュニケーションの基礎

キーワード　言語（的）伝達媒体　非言語（的）伝達媒体　対人距離　対面法・直角法

コミュニケーションとは

出題頻度 ★★★

コミュニケーションとは何か、コミュニケーションに必要なものは何かを知ることは、利用者との関係を深めていくことにつながります。コミュニケーションについての理解を深めましょう。

コミュニケーションは、受信・応答する相手がいなければ成立しないよ

ここをチェック！

❶ コミュニケーションの定義

コミュニケーションは、「複数の人間や動物が、意思、感情、情報などの伝達を行うこと」などと定義される。一方通行の情報発信では、コミュニケーションが成立しているとはいえない。また、言葉以外のものでも、意思、感情、情報などを伝達する伝達媒体《でんたつばいたい》（記号）を使うことにより、コミュニケーションは成立する。

❷ コミュニケーションに必要なもの

コミュニケーションは、言語《げんご》（的《てき》）伝達媒体《でんたつばいたい》*と非言語《ひげんご》（的《てき》）伝《でん》達媒体《たつばいたい》*を使って行われる。非言語（的）伝達媒体は、発信者が無意識のうちに発信することも多く、また、文字の書き振りや声の高さなど、言語に付随した非言語（的）伝達媒体もある。

▶ 非言語（的）伝達媒体

頻出

非言語（的）伝達媒体の働き

言語（的）伝達媒体

言語のこと。直接の会話以外に、電話、手紙、メール、手話なども含まれる。

非言語（的）伝達媒体

表情や身振り、視線、服装などの身体的な動きや外見、うなり声など言語とは言えない発声も含んだ伝達媒体のこと。

❸「聞き上手」になる

コミュニケーションを円滑に進めるうえで大切なことは、聞き上手になることである。①相手が話したがっているときは、話の腰を折らない、②表情豊かに聞く、③適度なあいづちを打つなどの配慮が必要である。また、利用者の表情や動作など、非言語《ひげんご》（的《てき》）伝達媒体《でんたつばいたい》にも十分注意を払わなければならない。

❹ 非言語（的）コミュニケーションの重要性

認知症や失語症、知的障害などのため、言語による表現が困難な人の場合は、非言語（的）伝達媒体による非言語（的）コミュニケーションを含めて相手が伝えたいことを理解する必要がある。また、非言語（的）コミュニケーションは、真意を伝えにくい状況にある相手とのコミュニケーションの手段としても有効である。

出題頻度
★★★

コミュニケーションの技法
⇒P.356、365参照

■対人距離とコミュニケーションの技法

コミュニケーションを円滑に図るためには、適度な対人距離の確保や共通の体験をもつことが重要です。また、姿勢やしぐさ、座り方、家族とのコミュニケーションの取り方など、コミュニケーションに関するさまざまな技法を理解し、適切に活用する必要があります。

ここをチェック！

❶ 対人距離

対人距離には、物理的距離と心理的距離がある。相手との距離の取り方（物理的距離）は、相手に対する関心や気持ちの度合い（心理的距離）と関連して伸縮する。物理的距離には、親密距離*と個人的距離*の２種類がある。

親密距離
ごく親しい間柄の人同士の距離。約45cm以内。

個人的距離
友人や親しい人と会話ができる距離。約45～120cm。

❷ 共体験

良好なコミュニケーションの実現には、同じものを見る、一緒に出かけるなど、共体験が有効である。共に体験することで、行動時のコミュニケーションだけでなく、その後の話題の提供にもつながる。

❸ コミュニケーションの技法

姿勢やしぐさなどの身体反応や、顔の表情、身だしなみなどの非言語《ひげんご》（的《てき》）伝達媒体《でんたつばいたい》が、意図しないメッセージを利用者に伝えることもあるので、注意が必要である。また、会話の際は、目線が利用者と同じ高さになることも大切である。

- 座り方
- 対面法……利用者と向かい合って座る。視線を向けることのできる花瓶などを、相手との間に置くとよい。
- 直角法……斜め 45 度で座る。自然なアイ・コンタクトが可能になる。良好な関係を築くためには、対面法より直角法のほうがよい。

❗頻出
対面法または直角法がふさわしい場面

対面法

直角法

- 傾聴的な態度

話を誘導するのではなく、うなずいたり、穏やかなまなざしを送ったりするなど、傾聴的な態度を示すことで、相手が話しやすくなる。

- 反射

反射とは、利用者の言葉を繰り返すこと。言葉の中の感情を反射することを「感情の反射」という。また、さらに踏み込んで感情を明確にすることを「感情の明確化」という。

- 共感的理解

自分があたかも利用者であるようなつもりで、相手の状況や言葉を理解することをいう。

- 接触

身体への接触は、共感やいたわりを表現する一方で、不快感を与えてしまうおそれがある。むやみに触れるのは避ける。

「感情の反射」は、相手が言葉や態度で明示した感情を言葉で確認すること、「感情の明確化」は、相手のはっきりとしない感情を読み取って言葉で示すことだよ

❹ 家族とのコミュニケーション

家族とのコミュニケーションで最も大切なことは、家族を思いやり、苦労をねぎらい、相手を否定しないことである。

家族とのコミュニケーション
⇒ P.365参照

出題頻度
★★

チームマネジメントの重要性をしっかりと認識しておこう

チームマネジメントとよく似た用語に注意！

・チームアプローチ
対象者の理解、人間関係、課題分析などを介護チームとして関わること。
⇒P.215、240参照

・チームケア
多職種や家族などが協働して行う包括的なケアのこと。

情報共有
複数あるいは多職種のケアメンバーが把握した情報を共有し、それらを連携することでケアの効果をあげることができる。

■介護実戦におけるチームマネジメント

介護現場においては、チームマネジメントの重要性が増してきています。ここでは、その重要性と介護福祉士が担うべき役割について理解しましょう。

ここをチェック！

❶ チームマネジメントと介護福祉士に期待される役割

チームマネジメント*とは、介護に携わるメンバー（チーム）が、行動するための目標を設定し、その達成のために多様な資源を効果的・効率的に活用する仕組みを整えるはたらきのことである。

介護福祉士には、介護サービスの質を高めるために、介護チームのリーダーとしての役割が期待される。

❷ ケアの展開におけるチームマネジメント

介護では、介護福祉職、他職種（地域包括ケアや地域のネットワーク）、施設などのチームが相互に関係し合ってケアを展開している。これらのチームが連携してケアを展開するのに欠かせないのが情報共有*と役割分担である。

❸ 組織の目標達成とチームマネジメント

介護における組織としては、主として社会福祉法人と介護サービス提供事業者などがあげられるが、それらの施設が質の高い介護サービスを提供するためには、❶・❷で述べたチーム間におけるマネジメントが重要となる。

理解度○×チェック！

1. 介護老人福祉施設で利用者の介護計画を介護福祉職のチーム全員で共有するための取り組みとしては、チームメンバー間の集団圧力を利用して、多数派の意見に統一することが大切である。 出 36-3改
2. ストレス対処行動の一つである問題焦点型コーピングとは、トラブルの原因に働きかけて解決しようとすることである。 出 35-3

答……… 1. ×（担当以外のチームメンバーもカンファレンスに参加して、情報を共有して集団で検討すべきである） 2. ○

3

社会の理解

まずは家族や地域社会について理解して、社会保障制度、介護保険制度、障害者自立支援制度などの、障害者や高齢者にかかわる制度を押さえよう
さまざまな制度があるんですね……。ひとつずつ整理して、覚えないと，わからなくなっちゃうよ！
メインはやはり介護保険制度ですね！

1…… 家庭生活と地域社会

キーワード　ライフステージ　ワーク・ライフ・バランス　核家族　コミュニティビジネス

出題頻度 ★

ワーク･ライフ･バランスにより、男女共同参画の促進が図られるんだよ

ライフスタイル
生活様式や営み方。また、人生観や習慣なども含めた個人の生き方。

ライフステージ
乳幼児期、児童期、青年期、成人期、高齢期など、人生を発達段階的にとらえること。
⇒ P.83参照

家庭生活の基本

私たちの生活は、自分と自分を取り巻く環境との相互作用によって成立しています。生活をとらえる概念と生活の変化に対する理解を深めることは、人と介護を理解することにもつながります。

ここをチェック！

❶「生活」のとらえ方

生活のとらえ方として、ライフサイクルやライフスタイル*、ライフステージ*などがある。ライフサイクルは、人間の誕生から死までの各ライフステージにおいて、心理学的、社会学的、経済学的な現象が各人に起こるとする考え方である。各ライフステージには、各人が達成すべき課題と各人に合ったライフスタイルがあるとされる。

❷ ワーク・ライフ・バランス

仕事と生活を調和させること。2007（平成19）年には、多様な働き方の選択や働き方の見直しなどにより、少子化対策や労働力確保を目指す「仕事と生活の調和（ワーク・ライフ・バランス）憲章」がつくられた（2010（平成22）年に改定）。ただし、なかなか実現が進んでいないのが現状である。

▶ 仕事、家庭生活、地域・個人の生活等の優先についての希望と実際

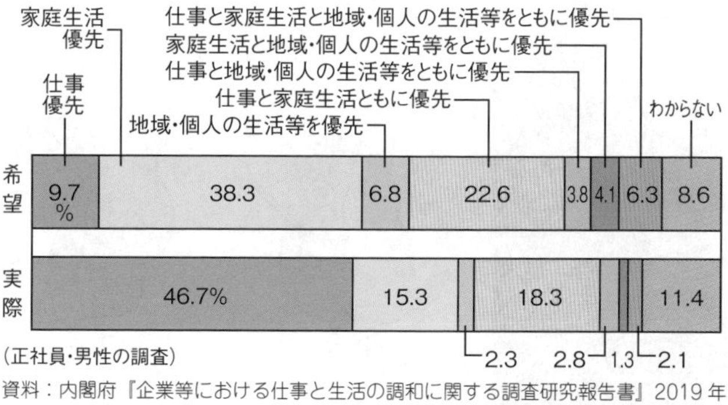

資料：内閣府『企業等における仕事と生活の調和に関する調査研究報告書』2019年

■家族とは

家族の定義、家族と世帯の違い、家族のさまざまな形態や家族に課せられた扶養義務について理解しましょう。

出題頻度 ★★

ここをチェック！

❶ 家族の定義

家族とは、夫婦関係を中心として、親子、兄弟、近親者でつくられる福祉志向の集団。なお、就学や単身赴任により別居している構成員も、家族に含まれる。

❷ 家族の分類

- 家族構成によるもの
  核家族*、拡大家族*（直系家族*、複合家族*）
- 家族規模によるもの
  小家族、大家族
- その他
  定位家族*、生殖家族*
  同居する世代数による分類など

▶ 家族の分類（家族構成によるもの）

核家族
夫婦のみ，夫婦と未婚の子、またはひとり親と未婚の子から成る家族。

拡大家族
三世代同居など、複数の核家族からつくられる家族。

直系家族
拡大家族のうち、親と1人の既婚の子からつくられる家族。

複合家族
拡大家族のうち、親と複数の既婚の子からつくられる家族。

定位家族
自分が生まれ育った環境の家族。実の父母、兄弟。

生殖家族
結婚して新たに構成した家族。

❸ 世帯

世帯とは住居と家計をともにする人々の集まり。主に国勢調査、家計調査、住民登録（住民基本台帳への記載）などで用いられる行政上の考え方。経済的な扶養関係があっても、進学や単身赴任で一時的に別居している者は同一世帯とはならない。

❹ 家族の扶養義務

家族の扶養義務については、民法第 877 条で次のように規定されている。

- 互いに扶養する義務のある家族：直系血族（自分の祖父母、父母、子、孫など）、兄弟姉妹
- 扶養の義務が発生することのある家族：三親等内の親族*（「特別な事情があるとき」に家庭裁判所により扶養の義務を負わされることがある）

親族

六親等内の血族、配偶者、三親等内の姻族、をいう（「民法第725条」による）。

▶ 三親等内の親族

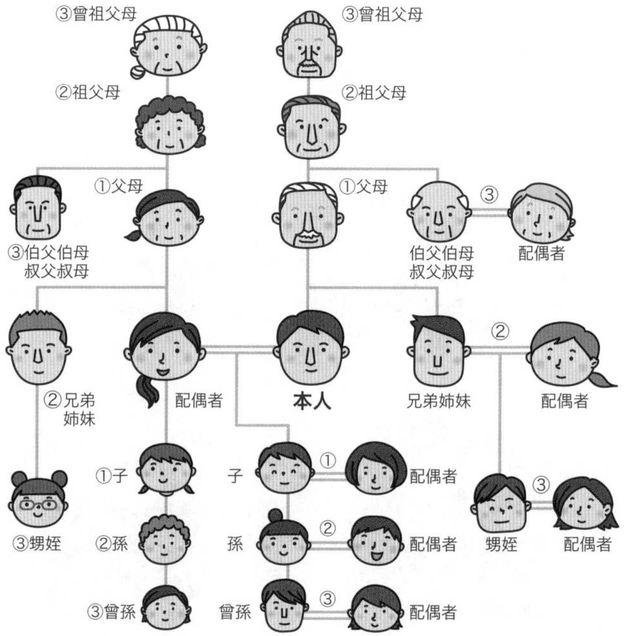

注：丸数字は親等数を示す。
注：「配偶者の子、孫、曾孫」は、本人と継子が養子縁組をしていない場合

地域社会とは

出題頻度 ★

人が住む場所と関連づけられて社会関係が育まれる社会のことを地域社会と言い、また、コミュニティとも呼ばれます。最近では、地域問題解決の手法として、コミュニティビジネスという事業も行われるようになってきました。その一方で、過疎化の進行や限界集落の発生などの社会問題も存在しています。

ここをチェック！

❶ コミュニティビジネス

コミュニティビジネスとは、ビジネスの手法を用いて、市民が主体となって、地域課題の解決を目指していくという事業である。その際は地域の資源や人材、ノウハウ、施設、資金が活用される。活動分野としては、青少年教育、福祉・医療・保健、環境、就業支援、まちづくり、観光・交流などがある。事業を通して、地域の特性を生かした地域社会づくりやまちの活性化、住民の生きがいづくり、地域での雇用創出などが期待されている。

❷ 過疎化・限界集落

過疎化の進行によって、産業が衰退したり生活環境が悪化したりするだけでなく、住民意識が低下して、最終的には地域から人がいなくなる（集落の消滅）こともある。過疎地域では、かつての繁華街のシャッター通り化*も顕著で、限界集落*も増加している。

シャッター通り化
商店街で閉店のためシャッターが閉じたままの店舗が目立つ通り。人口減少による購買力の縮小や郊外型の大型店の進出などが主な原因。

限界集落
より狭域の集落・旧村のレベルで、高齢化率（65歳以上の人口が総人口に占める割合）が50％以上であり、共同体機能の維持が困難な集落。

理解度〇×チェック！

1. 2015（平成27）年以降の家族の変容に関する動向として、65歳以上の人がいる世帯では、単独世帯が最も多い。 出 33-5
2. 患者会は、セルフヘルプグループに該当する。 出 33-6
3. コミュニティビジネスとは、市町村が主体となって、まちづくり・環境問題・介護・子育てなどの地域のさまざまな課題をビジネスの手法で解決するものである。 出 26-6

答 ………… 1. ×（夫婦のみの世帯が最も多い） 2. ○ 3. ×（市民が主体となって解決する）

2…… ライフスタイルと社会構造の変化

キーワード　人口構成　高齢者世帯　一人暮らしの高齢者

出題頻度 ★

■就業構造の変化

日本では、高度経済成長以降、社会構造が大きく変化してきました。また、バブル経済崩壊以降は、就業構造の変化、特に正規雇用者の比率の減少と非正規雇用者の比率の増大が目立ってきています。さらに情報化の進展により、ライフスタイルのあり方も変化してきていることを理解しましょう。

正規雇用者
フルタイムで働く継続的な雇用関係にある者。

非正規雇用者
アルバイト、パートタイマー、契約社員、派遣社員などさまざまな雇用形態がみられる。パート・アルバイトの割合が、全体の7割近くを占める。

働き方改革とは、働く人々のニーズに応じた多様な働き方を選択できる社会を実現しようとするものだよ

ここをチェック！

❶ 非正規雇用者の増加と給与格差の拡大

正規雇用者*数は、2008（平成20）年から減り続けていたが、2014（平成26）年に底を打った。非正規雇用者*数は、増加傾向が続いており、2022（令和4）年（7～9月期）には、就業者数に占める割合も約37%となっている。また、正規雇用者と非正規雇用者の賃金格差は大きく、正規一般雇用者の平均時給2,021円に対して、非正規一般雇用者の平均時給は1,337円となっている（2019（令和元）年時点）。

❷ 高齢者の就業率

65歳以上の者の就業率は、25.1%となっており、増加傾向にある。役員を除く65歳以上の雇用者の雇用形態を見ると、非正規職員・従業員の割合が7割以上を占めている。

（2021（令和3）年）

▶ 正規雇用者数と非正規雇用者数の推移

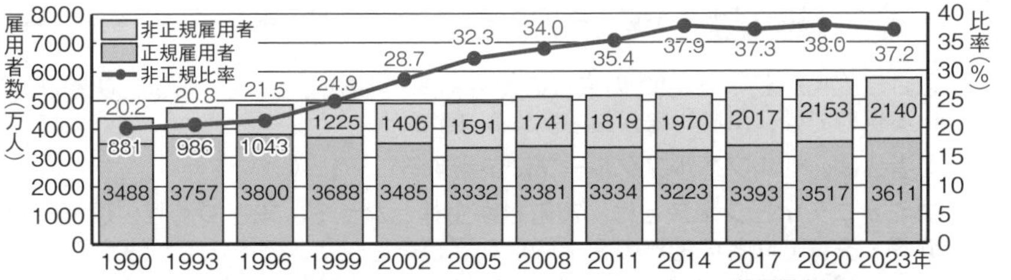

（注）雇用者（役員を除く）が対象。1～3月平均、（2001年以前は2月）。非正規雇用者にはパート・アルバイトの他、派遣社員、嘱託社員などが含まれる。2011年は岩手・宮城・福島を除く。2023年は10月。

資料：総務省統計局『労働力調査』2023年ほか

人口構成の変化

出題頻度 ★★

近年、日本において、家族の小規模化・高齢化が顕著になっています。その要因としては、工業化の進展、大家族制から夫婦家族制への変化、出生率の低下などがあげられます。家族の小規模化・高齢化が進展した結果、一般世帯数は増加していますが、2011（平成 23）年以降、総人口は減り続けています。日本の人口構成がどのように変わってきているかを押さえておきましょう。

社会の理解

ここをチェック！

❶ 平均世帯人員数と世帯数の推移

1950（昭和 25）年以降、平均世帯人員数は減少し続け、2022（令和 4）年では、2.25 人となり、1950 年代のほぼ半数になっている。

2022(令和4)年6月現在の世帯構造は、「単独世帯」「夫婦と未婚の子のみの世帯」「夫婦のみの世帯」の順で多くなっているよ

▶ 平均世帯人員数と世帯数の推移

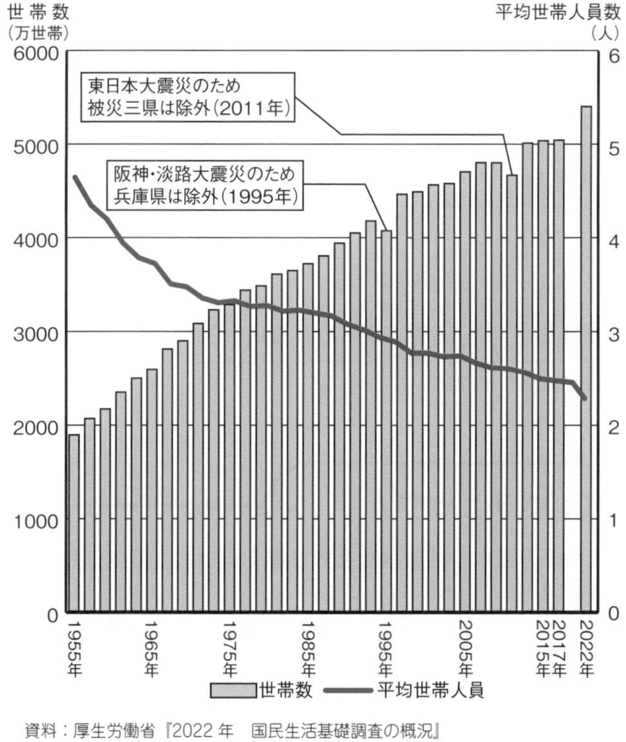

資料：厚生労働省『2022 年　国民生活基礎調査の概況』

2022(令和4)年の世帯数は約5431万世帯、平均世帯人員数は2.25人だよ

❷ 高齢者がいる世帯数の変化と家族構成の変化

65 歳以上の者（高齢者）がいる世帯数と全世帯数に占める割合は増え続け、高齢化の進展は著しい。

▶ 65歳以上の者がいる世帯数

年	65歳以上の者がいる世帯数	全世帯数に占める割合
1989（平成元）年	1077万4千世帯	27.3%
2022（令和4）年	2747万4千世帯	50.6%

資料：厚生労働省『令和４年　国民生活基礎調査の結果』2022 年

❸ 一人暮らしの高齢者の増加

高齢者世帯*は増加し続けているが、特に、一人暮らしをしている高齢者（単独世帯）の増加が著しい。高齢者数そのものの増加は、この 25 年ほどで約 2.0 倍だが、一人暮らしをしている高齢者は、約 2.7 倍となっている。また、未婚の子どもと同居する高齢者数、夫婦のみで暮らしている高齢者数は増加している。

高齢者世帯

男女65歳以上の者のみで構成するか、またはこれに18歳未満の者が加わった世帯。2022（令和４）年現在、高齢者世帯の割合は、全世帯の31.2%。

(注) 高齢者世帯の世帯構造をみると、

夫婦のみの世帯：756万2千世帯

単独世帯：873万世帯

である。

なお、「高齢者世帯」と「高齢者（65歳以上の者）がいる世帯」は、統計上は違う概念なので注意しよう。

▶ 高齢者は誰と暮らしているか

年	一人暮らしをしている高齢者数	夫婦のみで暮らしている高齢者数	子夫婦と同居している高齢者数	未婚の子どもと同居している高齢者数
1989（平成元）年	159万2千人	363万4千人	601万6千人	252万4千人
1998（平成10）年	272万4千人	666万9千人	644万3千人	393万1千人
2022（令和4）年	873万人	1638万3千人	303万8千人	1053万1千人

資料：厚生労働省『令和４年　国民生活基礎調査の結果』2022 年

理解度○×チェック！

1. 2015（平成 27）年以降の日本の社会福祉を取り巻く環境としては、共働き世帯数は減少傾向にあるといえる。 出 34-7改

2. 「人口推計」によれば、2011（平成 23）年以降、毎年 10月１日現在の総人口は減少してきている。 出 28-6

答 ………… 1. ×（増加傾向にある。なお、高齢世代を支える現役世代が減少傾向である）　2. ○

3…… 社会保障と社会福祉

キーワード　社会保障　社会福祉　福祉三法　福祉六法

■社会保障と社会福祉の概念

出題頻度 ★★★

「社会保障」の考え方は、イギリスで誕生しました。社会保障の概念と役割、社会福祉との関係性について整理し、理解しましょう。

ここをチェック!

❶ 社会保障の概念の誕生

イギリスのシドニー・ウェッブが、20 世紀初頭に「ナショナル・ミニマム*」を提唱。これは、賃金労働者を念頭に、政府と自治体が国民の最低限度の生活を保障するというものであった。後に妻のビアトリス・ウェッブが、その範囲をすべての社会成員の健全な生活に広げ、権利としての社会保障を主張した。

❷ 日本の社会保障制度

社会保障制度は社会保険*と社会扶助*に大別でき、現在の日本では国民皆保険・皆年金体制がとられている。

▶ 社会保険と社会扶助の内容

制度	内容
社会保険	年金保険、医療保険、介護保険、雇用保険、労働者災害補償保険
社会扶助	公的扶助、社会手当、社会サービス

❸ 社会福祉の概念

「社会福祉」が法令用語として初めて用いられたのは、日本国憲法第 25 条第 2 項の生存権に関する規定である。

❹ 福祉三法と福祉六法

- 福祉三法は、昭和 20 年代に成立した。20 年代前半は戦争被害者等の緊急的な生活保障、20 年代後半は日本経済の復興を課題として成立しており、昭和 30 年代に三法が追加され、福祉六法体制となった。

頻出
社会福祉の概念と歴史

ナショナル・ミニマム
国家がすべての国民に最低限の生活を保障すべきという理念。

社会保険
公的機関が保険者となり、保険料を財源として保険給付を行うしくみ。保険給付には、介護サービスのような現物給付と年金のような現金給付がある。

現物給付と現金(金銭)給付
⇒ P.79参照

社会扶助
租税を財源として、国や地方自治体が現金またはサービスの提供を行うしくみ。

福祉六法のうち、福祉三法は昭和20年代、残りの三法は昭和30年代に成立したよ

成立年	法律名		
1946(昭和21)年	日本国憲法（第25条＝生存権の規定）		
1947(昭和22)年	児童福祉法	福祉三法	福祉六法
1949(昭和24)年	身体障害者福祉法	福祉三法	福祉六法
1950(昭和25)年	生活保護法＊1	福祉三法	福祉六法
1960(昭和35)年	知的障害者福祉法＊2		福祉六法
1963(昭和38)年	老人福祉法		福祉六法
1964(昭和39)年	母子及び父子並びに寡婦福祉法＊3		福祉六法

＊1　1946（昭和21）年制定の旧・生活保護法がある　＊2　旧・精神薄弱者福祉法
＊3　旧・母子福祉法

社会福祉

昭和20年代の救貧的な社会福祉事業の段階を経て、最低生活保障の公的扶助をはじめ、社会的弱者に対する保護や援助などを行う公的な制度。

❺ 社会福祉＊法

- 1951（昭和 26）年に制定された社会福祉事業法は、2000（平成 12）年に改正され、社会福祉法になった。
- 第1条は、この法律の目的として、生活保護法、児童福祉法、老人福祉法、障害者総合支援法、売春防止法、生活困窮者自立支援法、知的障害者福祉法、母子及び父子並びに寡婦福祉法などの社会福祉事業の全分野における共通的基本事項を定めている。
- 第3条は、福祉サービスの基本的理念として、個人の尊厳を保持し、その能力に応じた自立した日常生活ができるように支援するものと規定している。
- 第4条で地域福祉の推進、第6条で国及び地方公共団体の責務として、福祉サービス事業者と協力してサービス推進の施策を講じなければならないと規定している。

理解度〇✕チェック！

1. 福祉三法に続いて制定され、福祉六法に含まれるようになったものは介護保険法である。◀出 33-7
2. 社会福祉基礎構造改革で新たに創設されたのは、判断能力が不十分な者に対する地域福祉権利擁護事業である。◀出 36-10改

答…………　1. ✕（介護保険法は福祉六法に該当しない。上の表参照）　2. 〇

4…… 社会保障制度

キーワード　セーフティネット機能　所得保障　医療保障　社会福祉

社会保障制度の基本

出題頻度 ★★

社会保障には、社会的セーフティネット機能、所得再分配機能、リスクの分散機能、家族機能の支援機能、社会の安定および経済の安定・成長への貢献といった機能があります。それぞれの機能を理解しましょう。

頻出
社会保障の機能

ここをチェック！

❶ セーフティネット機能

社会保障のことを「安全装置」「セーフティネット」と呼ぶことがある。社会保障は、疾病《しっぺい》、失業、高齢期など生活が困難な事態になったときに備えて、事態が悪化しないように防止するしくみである。医療保険制度、年金制度、生活保護制度などがある。

生活保護制度は、「最後のセーフティネット」と呼ばれるよ

	高齢者・障害者	病気の人・高齢者	失業者
社会保障	年金	医療・介護保険	雇用保険
	生活保護		

❷ 所得再分配機能

社会保障には、所得を再分配することで、所得格差を小さくし、低所得者の生活安定を図る機能がある。具体的には税を財源とする生活保護世帯や障害者への給付、医療保険制度による医療費の一部負担などがある。

❸ リスクの分散機能

例えば、社会保険制度において規定の保険料を支払うことで、リスク発生の際に給付を受けることができる。このように社会保障には、疾病や事故、失業といった、生活を不安定にさせるさまざまなリスクの影響を分散し、できるだけリスクを小さくする効果がある。

❹ 家族機能の支援機能

社会保障には、育児や障害をもった人の介護、親の扶養など、これまで家族が担ってきた機能を支援・代替する役割がある。これは、核家族化の進行、家族規模の縮小、労働形態の変化や生活環境の変化により、家族機能が縮小してきたことに起因する。

❺ 社会の安定および経済の安定・成長への貢献

所得格差を是正することが社会と経済に好影響をもたらす。

出題頻度 ★

■近年の社会保障制度

遺族年金
本人死亡後の家族の生活を保障する。

障害年金
障害者の所得保障を担う。

近年の社会保障制度は役割と機能から考えると、所得保障、医療保障、社会福祉の３つに大別できます。資料によりさまざまな分類がされていますが、それぞれの制度について整理し、理解しましょう。

ここをチェック！

❶ 所得保障、医療保障、社会福祉

所得保障	所得の喪失《そうしつ》や減少等で生活困難な事態に対して、現金給付により所得を補塡《ほてん》し生活の安定を図る。生活保護、年金制度（国民年金、厚生年金、遺族年金*、障害年金*など）、雇用保険など
医療保障	疾病《しっぺい》や障害の治療や健康の維持・回復のために医療機関等における保健・医療サービスを受けることを保障する。医療保険、各種医療制度など
社会福祉	個人の自己責任による解決が困難な生活上の問題に対して行政機関がサービスを提供し、生活の安定・自己実現を支援する。児童福祉（児童手当、保育所利用など）、障害者福祉（在宅サービスや施設サービスなど）、高齢者福祉など

理解度〇✕チェック！

1．2020（令和２）年の社会福祉法の改正では、地域共生社会の実現のために、医療・介護のデータ基盤の整備の推進がもりこまれた。 出 34-8改

2．社会保障は、介護、子育てなどの家族機能を支援する役割がある。 出 25-7

答…………　1．〇（この他にも、介護人材確保及び業務効率化の取組の強化などがもりこまれた。2020年の改正ポイントを押さえておこう）　2．〇

▶ 国民生活を生涯にわたって支える主な社会保障制度

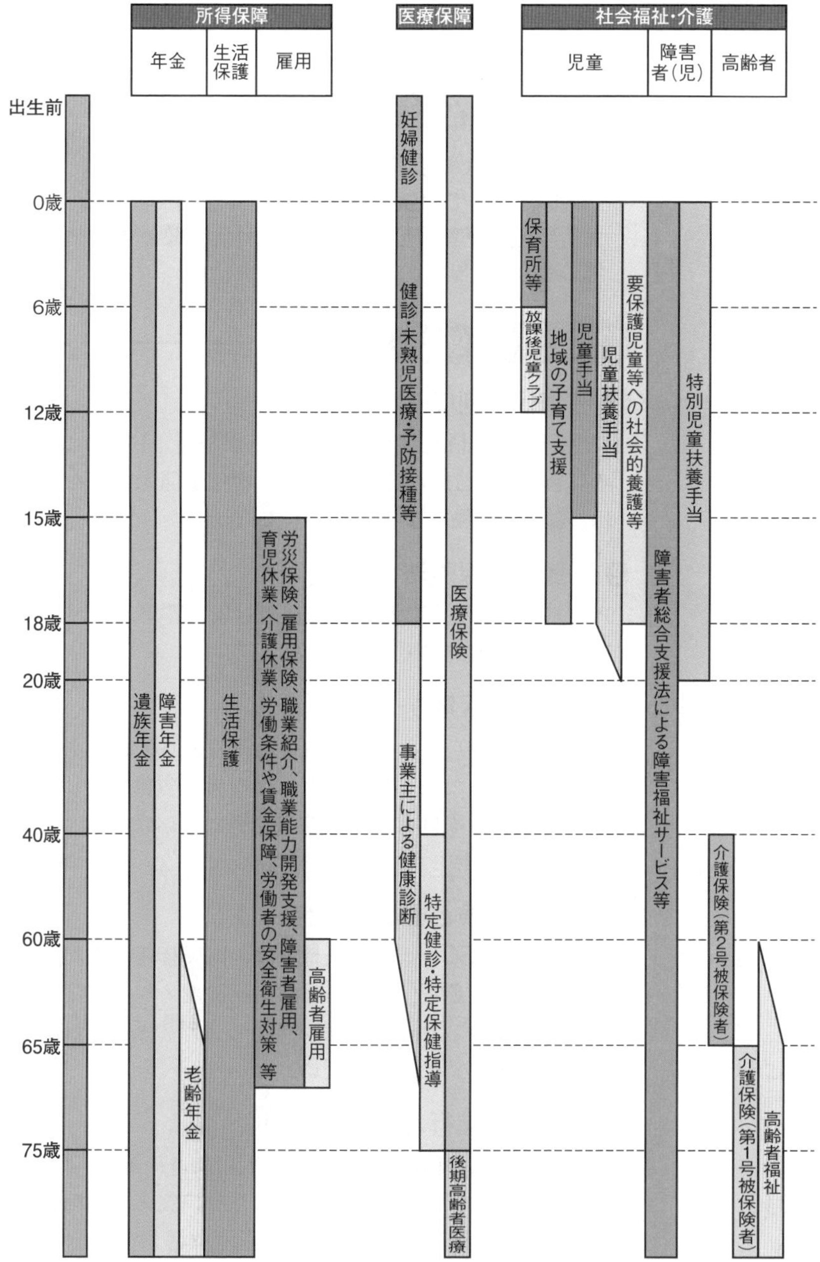

資料：厚生労働省『平成29年版 厚生労働白書』2017 年を一部改変

5 …… 社会保障制度 日本の社会保障制度の歴史

キーワード　国民皆保険　国民皆年金

出題頻度 ★★★

日本の社会保障制度の発達

第二次世界大戦以前から行われていた社会保障は、いくつかの段階を経て、1961(昭和36)年に「国民皆保険」と「国民皆年金」が実現し、そのほかの社会保障制度も急速に発展しました。制度の流れを理解しましょう。

ここをチェック!

頻出
日本の社会保障制度の歩み

❶ 健康保険制度

1922(大正11)年に健康保険法が制定。1926(大正15)年に施行、翌1927(昭和2)年に給付が開始された。対象は、鉱工業労働者など。

❷ 国民健康保険法

1938(昭和13)年、健康保険法の対象を農業者まで拡大し、国民健康保険法が制定された。

❸ 厚生年金保険法

1941(昭和16)年、厚生年金の前身である労働者年金保険法が制定された。対象は、鉱工業の男子労働者。1944(昭和19)年、対象は女子や一般事務職員に拡大され、厚生年金保険法と改称された。

❹ 国民皆保険と国民皆年金

1961(昭和36)年、国民皆保険、国民皆年金が実現。すべての国民が必ず何らかの医療保険制度・年金保険制度に加入することになった。疾病《しっぺい》にかかった際の医療費保障、老後の所得保障などが確立された。

高齢化率が7%を超えた社会を高齢化社会、14%を超えた社会を高齢社会、21%を超えた社会を超高齢社会というんだよ

❺ 高齢化の進行と社会保障制度

1994(平成6)年に高齢化率(総人口に占める65歳以上の人口の割合)が14%を超え、高齢社会に突入。高齢化問題は、社会保障制度において、老人医療費増大 、年金制度の設計、高齢者介護のあり方などに影響を与えている。

さらに2007（平成19）年には、21％を超えて超高齢社会に突入し、2022（令和4）年には29.1％となった。

▶日本の社会保障の展開

年	法・制度	関連事項
1944（昭和19）年	厚生年金保険法	1941（昭和16）年の労働者年金保険法を改正、改称。対象を拡大
1947（昭和22）年	労働者災害補償保険法	1973（昭和48）年には通勤災害も対象
1947（昭和22）年	失業保険法	1974（昭和49）年に雇用保険法に改正、改称
1947（昭和22）年～1964（昭和39）年	福祉六法	社会保障制度の基となる福祉六法体制となる。
1950（昭和25）年	社会保障制度審議会勧告	社会保障体系*がつくられる。
1959（昭和34）年	国民年金法	1961（昭和36）年、国民皆年金の実現
1971（昭和46）年	児童手当法	翌年実施。現在は児童手当として支給される。
1973（昭和48）年	老人医療費支給制度	高額療養費の導入、健康保険家族給付7割に。老人医療無料化
1982（昭和57）年	老人保健法	老人医療有料化
1985（昭和60）年	基礎年金制度	2階建て年金（1階は全国民共通、2階は被用者の報酬比例）
1997（平成9）年	介護保険法	2000（平成12）年実施
2000（平成12）年	社会福祉法	社会福祉事業法が改正され、社会福祉法となる。
2008（平成20）年	高齢者の医療の確保に関する法律	75歳以上の高齢者を対象とした後期高齢者医療制度を創設
2013（平成25）年	生活困窮者自立支援法	生活困窮者自立相談支援事業、生活困窮者住居確保給付金などの支援。翌年施行
2017（平成29）年	社会福祉法改正	市町村が包括的な支援体制づくりに努めることを規定。翌年施行

福祉六法
⇒ P.35参照

社会保障体系
社会保険、社会扶助（公の負担）、公的扶助（国家負担）により、最低生活を保障するとともに、公衆衛生および社会福祉の向上を図り、国民が文化社会の成員に値する生活を営むようにするしくみ。

理解度○×チェック！

1. 定年退職後は年金生活をしている77歳のAさんは、ゴルフ中にケガをして医療機関を受診した。適用される公的医療制度は、国民健康保険である。 出 36-11改

答 ………… 1. ×（適用される公的医療制度は、後期高齢者医療制度である）

6…… 社会保障制度 各制度の概要

キーワード　社会保障　社会保険　社会扶助　年金制度　医療保険制度

出題頻度 ★★★

社会保障のしくみ

社会保障は、社会保険と社会扶助に大別できます。社会保険は主に徴収した保険料を財源に国などが運営するもので、社会扶助は主に租税を財源に給付やサービスなどを提供するものです。社会保障の体系を整理し、各種制度について理解しましょう。

ここをチェック！

❶ 社会保障のしくみ

社会保険*は公的機関が保険者となり、保険料を財源として給付を行う。被保険者は法律により強制加入となる。社会扶助は租税を財源とし、国や地方自治体の施策として国民や住民に現金やサービスを提供する。

社会保険	年金保険	老齢年金、遺族年金、障害年金等
	医療保険	療養給付、健診・保健指導、各種手当等
	介護保険	介護サービス、福祉用具貸与等
	雇用保険	失業手当等給付、能力開発事業等
	労働者災害補償保険	療養給付、障害補償給付、休業補償給付等
社会扶助	公的扶助*	生活扶助、住宅扶助、医療扶助等
	社会手当	児童手当、児童扶養手当等
	社会サービス	保育所サービス、障害者施設サービス、老人福祉施設サービス等

❷ 5つの社会保険制度

医療保険、年金保険、雇用保険、労働者災害補償保険（労災保険）の4つの社会保険制度に加えて、1997（平成9）年に介護保険法が制定したことを受け、2000（平成12）年より介護保険制度がスタートしている。

社会保険
保険には社会保険と民間保険がある。社会保険は公的な団体などが保険者。民間保険は民間の会社が保険者となり加入は任意。

頻出
社会保障のしくみ、とくに介護保険のしくみ

公的扶助
困窮者対策と低所得者対策からなる。困窮者対策として生活保護制度があり、低所得者対策として社会手当制度、生活福祉資金貸付制度、公営住宅制度などがある。

出題頻度 ★★

年金制度とは

国民年金と厚生年金の２つの年金制度があります。年金制度のしくみについて理解しましょう。

ここをチェック！

❶ 厚生年金

基礎年金の支給条件を満たしていると、それに上乗せして報酬比例分の給付が支給される。

❷ 国民年金

- 被保険者……①20歳以上60歳未満の自営業者など（第1号被保険者）、②厚生年金保険の被保険者（第２号被保険者）、③厚生年金保険の被保険者の被扶養配偶者で20歳以上60歳未満の者（第３号被保険者）。被保険者の国籍は問わない。
- 老齢基礎年金……原則として、①資格期間（保険料納付済期間、保険料免除期間、合算対象期間）が10年以上ある者が、②65歳に達したときに支給される。満額支給には、加入可能年数の全期間、納付していることが必要。本人の希望があれば、60～64歳での繰り上げ（減額）受給や、66歳～75歳までの繰り下げ（増額）受給も選べる。
なお、昭和27年4月1日以前生まれの者（又は平成29年3月31日以前に老齢基礎（厚生）年金を受け取る権利が発生している者）は、繰り下げの上限年齢が70歳（権利が発生してから5年後）までとなる。

▶ 年金制度の体系

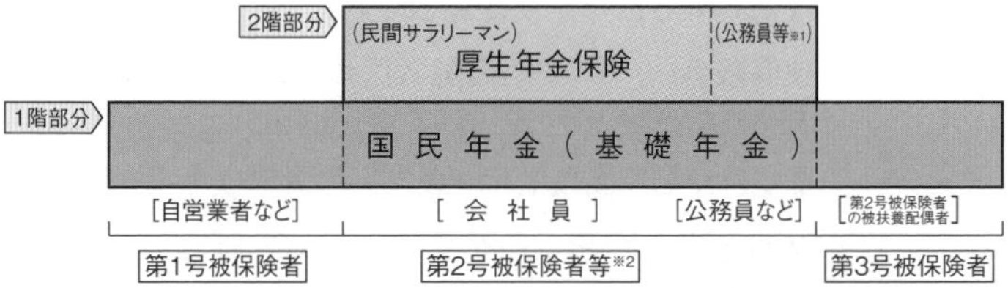

※1 被用者年金制度一元化に伴い,2015(平成27)年10月1日から公務員および私学教職員も厚生年金に加入。
※2 第2号被保険者等とは,厚生年金被保険者のことをいう(第2号被保険者のほか,65歳以上で老齢,または退職を支給事由とする年金給付の受給権を有する者を含む)。　資料:厚生労働省「公的年金制度の概要」2015年

出題頻度 ★★

医療保険制度はしばしば見直しが行われるので、最新の制度に注意しておく必要があるよ

一部負担金
実際にかかった医療費のうち、被用者が自己負担する金額。年齢によって割合が決まっている。義務教育就学前までは2割、義務教育就学～69歳までは3割、70歳以上75歳未満は2割（現役並み所得者は3割）、75歳以上は1割（一定所得以上は2割、現役並み所得者は3割）となっている（令和4年10月より）。

1982（昭和57）年に制定された「老人保健法」は、2008（平成20）年に「高齢者の医療の確保に関する法律（高齢者医療確保法）」と改称されたよ

医療保険制度

医療保険制度には、国民健康保険、全国健康保険協会管掌健康保険、組合管掌健康保険、共済組合、船員保険、後期高齢者医療制度があります。それぞれの内容について理解しておきましょう。

ここをチェック！

❶ 医療保険制度

各医療保険の被保険者と保険者は、下図のようになっている。ただし、後期高齢者医療制度の運営主体は、都道府県ごとに設けられた「後期高齢者医療広域連合」である。

▶ 医療保険制度の概要（国民皆保険制度）

後期高齢者医療制度（75歳以上）					
		前期高齢者（65歳～74歳）			
国民健康保険		健康保険		船員保険	各種共済
市町村国保	国保組合	組合健康保険	全国健康保険協会健保		
自営・農林水産業・パート・無職	事業団体	大企業のサラリーマン	中小企業のサラリーマン	船員	公務員・私学教職員
【保険者】都道府県・市町村	国保組合	健保組合	全国健保協会		共済組合

❷ 高額療養費

医療保険制度の一部負担金*が限度額を超える高額の場合、超えた金額は現金給付される。

❸ 後期高齢者医療制度

2008（平成20）年に、老人医療費の負担割合を明確にした、後期高齢者医療制度が創設された。

- 被保険者……①後期高齢者医療広域連合の区域内に住所をもつ75歳以上の者、②一定の障害状態で広域連合の認定を受けた65歳以上75歳未満の者
- 財源と患者負担……公費（国、都道府県・市町村の負担）が約5割、若年世代からの保険料が約4割、高齢者自身の保険料が約1割。患者負担は、70～74歳は2割、75歳以上は原則1割で、所得に応じて2割、3割負担となっている。

出題頻度 ★

その他の社会保障制度

社会保険に含まれる労働者災害補償保険と雇用保険について、要点を整理し、覚えておきましょう。

ここをチェック!

❶ 労働者災害補償保険（労災保険）

業務上災害または通勤災害により、労働者が負傷、疾病《しっぺい》にかかる、障害が残る、死亡するなどした際に、被災労働者またはその遺族に対し保険給付を行う制度。通常の社会保険と異なり、事業主のみが保険料負担の対象となる。公務員以外の労働者を使用する事業に対して強制適用される（公務員は公務員災害補償法の適用）。労災保険給付には療養（補償）給付、休業（補償）給付、傷病（補償）年金、障害（補償）給付、介護（補償）給付、遺族（補償）給付、葬祭料・葬祭給付、二次健康診断等給付などがある。

❷ 雇用保険

労働者が失業した場合などに、必要な給付を行うことで生活および雇用の安定を図るとともに、再就職に向けての支援を行う制度。事業主と労働者の双方が保険料負担の対象となる。雇用保険には失業手当などの求職者給付、再就職などを支援する就職促進給付、再就職のための資格取得を助ける教育訓練給付、高年齢者や育児・介護による休業者を対象にした雇用継続給付がある。

▶ 雇用継続給付

高年齢雇用継続給付	高年齢雇用継続基本給付金と基本手当を受給し、60歳以後再就職した場合に支払われる高年齢再就職給付金に分かれる。
育児休業給付	育児休業を取得した被保険者が、休業前2年間に12か月以上就労していた場合に、最長2歳児までの児の育児を対象に支給される。母親と父親の両方が対象となる。
介護休業給付	介護休業を取得した被保険者が、休業前2年間に12か月以上就労していた場合に支給される。

出題頻度 ★

社会保障制度の背景

国立社会保障・人口問題研究所の2021（令和3）年度の社会保障費用統計によると、社会保障給付費の総額は毎年増加を続けています。社会保障の背景を各種統計から理解しておきましょう。

ここをチェック！

❶ 高齢化率

日本では高齢化率（65歳以上の高齢者人口の総人口に占める割合）が急速に高まっている。2022（令和4）年9月時点では29.1％であり、出生率が低位の場合には、2040年に35.3%になると予測されている。

❷ 合計特殊出生率

1人の女性が生涯（15歳～49歳）に産むと推計される平均的な子どもの数を示す合計特殊出生率は、2022（令和4）年は、1.26まで低下した。

❸ 人口ピラミッド

日本の人口ピラミッドは、すそが次第に狭まる「逆ひょうたん型」である。0～14歳を年少人口、15～64歳を生産年齢人口、65歳以上を老年人口という。

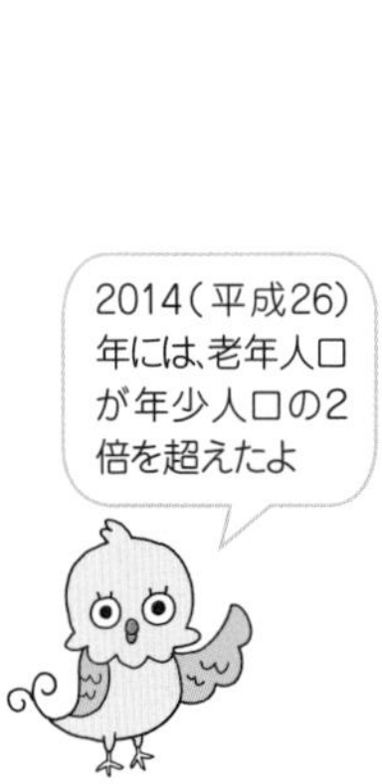

▶日本の人口ピラミッド

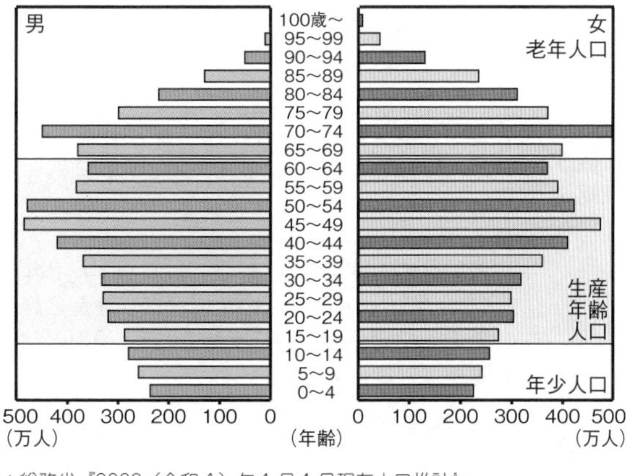

資料：総務省『2022（令和4）年1月1日現在人口推計』

❹ 社会保障給付費の概要

▶ 部門別給付額の推移

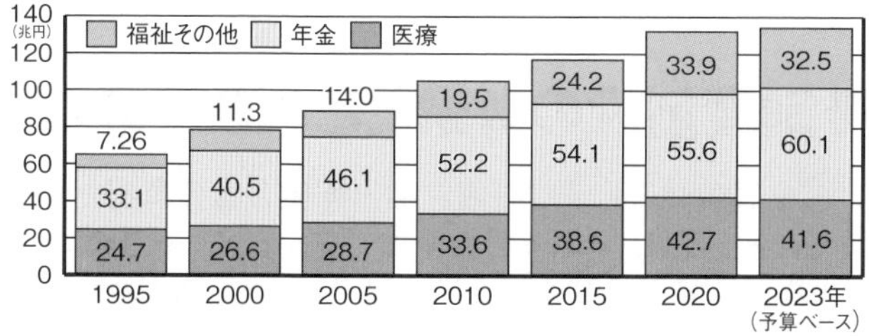

資料：国立社会保障・人口問題研究所『令和５（2023）年度社会保障費用統計（概要)』

- **高齢者関係給付費**……年金保険給付費、高齢者医療給付費などをいい、2021（令和３）年度では、社会保障給付費全体の60.1%を占めている。
- **財源の内訳**……2021（令和３）年度（予算ベース）では、社会保険料が58.6%、公費負担が41.4%となっている。

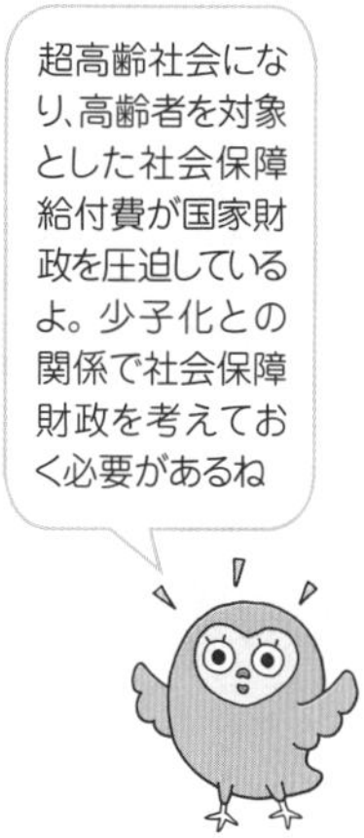

❺ 地域包括ケアシステム

可能な限り住み慣れた地域で生活が継続できるように包括的に支援をするシステム。①すまいとすまい方、②生活支援・福祉サービス、③介護・医療・予防、④本人・家族の選択と心構えを主な構成要素とし、自助・互助・共助・公助によって、在宅生活を支えていくことがめざされている。

- **自助・互助・共助・公助**……自分のことは自分でできるだけしようという自助、ボランティアや地域住民組織の活動の互助、介護保険のように互いに費用負担をする共助、公的財源による福祉事業、生活保護などの公助がある。

理解度〇✕チェック！

1. 2022（令和４）年現在、高齢化率は25%を超えている。◀出 26-8改
2. 2020（令和２）年度以降の社会保障給付費の給付額では、福祉その他の給付費は、全体の50%を超えている。◀出 33-8改

答 ………… 1. 〇　2. ✕（年金の割合が最も大きい。次いで医療費→福祉その他）

7 …… 介護保険制度 創設の背景と目的

キーワード　介護の社会化　利用契約制度　介護予防サービス

出題頻度 ★★

■制度創設の背景とこれまでの動向

少子高齢化等により在宅介護・家族介護の負担が激増したことを受け、それを社会全体で支えるべく、2000（平成12）年に介護保険制度が施行されました。制度の目的、これまでの法改正のポイントについて理解しておきましょう。

介護保険制度の創設には、少子高齢化だけでなく、さまざまな理由があったことを知っておこう

ここをチェック！

❶ 介護保険制度創設の背景

少子高齢化等により、要介護高齢者の数が増加したことや、介護の長期化により家族の負担が増加したことから、新たな制度の創設が求められた。

❷ 介護保険制度創設の５つの目的

① 介護を社会全体で支えること（介護の社会化）

→ 社会連帯の精神によって社会全体で支えようというもの。介護保険法第１条（目的）に「国民の共同連帯の理念に基づき介護保険制度を設け」と明記されている。

② 「措置制度*」から「利用契約制度*」への転換

→ サービス利用者と提供者が対等な関係で契約することで、自己選択権や自己決定権が保護された。

③ 保健・医療・福祉で分かれていた介護サービスの統一

→ 高齢者を支えるしくみは保健・医療・福祉で分立していたが、サービスや手続き、費用負担などが統一化された。

④ 競争原理導入による質の向上

→ 民間営利企業や協同組合、NPOなどの民間非営利団体も一定の基準を満たせば介護事業者となれるようになり、競争原理が質を向上させた。

⑤ ケアマネジメント導入による介護の体系化

→ 介護について、ケアワーカーの経験と勘に頼る部分が多かったものが、ケアマネジメントの考え方とシステムを導入することで、体系的なものとなった。

措置制度
行政が利用者について介護サービスの必要性を判断し、行政の権限でサービスの開始、提供を決定する制度。

利用契約制度
利用者が介護サービスを提供する事業者と利用契約を交わし、サービスを利用する制度。

契約を結ぶときは、利用者と家族の同意が必要だよ

❸ 介護保険法改正の流れ

施行年度	内容
2006（平成18）年	法の目的に「尊厳の保持」を明記、介護予防サービス*（新予防給付）、地域密着型サービス、地域包括支援センターの創設　など
2012（平成24）年	地域包括ケアシステム*の構築（定期巡回・随時対応サービス、複合型サービスの創設など）
2015（平成27）年	予防給付（訪問介護、通所介護）の地域支援事業への移行、包括的支援事業の充実、一定所得のある利用者の自己負担の引き上げ、特別養護老人ホームの入所基準の厳格化など
2018（平成30）年	高額所得利用者の自己負担３割の導入、新たな施設サービス「介護医療院」の創設、介護保険と障害福祉の「共生型サービス」の創設、包括的支援事業の完全実施、自立支援・重度化防止の取組に対する「財政的インセンティブ」の創設、所得区分「一般」の利用者の高額介護サービス費の自己負担上限額（月額）の引き上げなど（2018年施行）
2021（令和3）年	地域住民の複雑化・複合化した支援ニーズに対応する市町村の包括的な支援体制の構築の支援、地域の特性に応じた認知症対策や介護サービス提供体制の整備等の推進、医療・介護のデータ基盤の整備の推進、介護人材確保及び業務効率化の取組の強化

介護予防サービス

要介護状態になることや要介護者の要介護度の重度化を予防するために提供されるサービス。

地域包括ケアシステム

地域住民に対し、市町村の各関係機関が連携して、福祉サービスを体系的に提供するしくみ。⇒ P.60参照

2024年の介護保険法改正に注意

⇒ P.62参照

理解度〇✕チェック！

1. 介護保険制度の利用にあたって、要介護者の施設サービス計画の作成は、地域包括支援センターが行う。 出 33-10
2. 2012（平成 24）年に施行された改正介護保険法によって、地域包括支援センターが創設された。 出 27-9改
3. 2018（平成 30）年に施行された介護保険制度の改正では、介護医療院が創設された。 出 31-11

答…………　1. ✕（ケアマネジャーが作成する）　2. ✕（2006（平成18）年）　3. 〇

8 …… 介護保険制度 給付の概要

キーワード　保険者　被保険者　介護給付　予防給付　市町村特別給付

出題頻度 ★★★

頻出
保険者と被保険者、受給の要件

■受給の要件と給付の分類

制度の基本となる保険者、被保険者、受給の要件、給付の分類について整理しておきましょう。

ここをチェック！

保険者は、市町村および特別区だよ

❶ 保険者

- 市町村および特別区（東京23区）。
- 小規模な市町村については、広域連合や一部事務組合など、特別地方公共団体である広域自治体もなることができる。
- 施設への入所により施設所在地に住所を移した場合、住所を移す前の市町村が保険者となる。これは2か所以上の施設を移った場合も同様（住所地特例）。

A市に住んでいる人が他の市の施設に次々移っていった場合も、保険者は引き続きA市のままということだよ

❷ 被保険者

- 市町村の区域内に住所を有する65歳以上の者（第1号被保険者）。
- 市町村の区域内に住所を有する40歳以上65歳未満の医療保険加入者（第2号被保険者）。

❸ 受給権者

- 第1号被保険者……要介護者と要支援者。
- 第2号被保険者……加齢に伴う特定疾病《しっぺい》により、要介護状態、要支援状態になった者。

▶ 特定疾病

- 末期がん　• 関節リウマチ　• 筋萎縮性側索硬化症《きんいしゅくせいそくさくこうかしょう》　• 早老症
- 後縦靭帯骨化症《こうじゅうじんたいこっかしょう》　• 骨折を伴う骨粗鬆症《こつそしょうしょう》　• 脊髄小脳変性症《せきずいしょうのうへんせいしょう》
- 初老期における認知症　• 脊柱管狭窄症《せきちゅうかんきょうさくしょう》　• 多系統萎縮症
- 進行性核上性麻痺、大脳皮質基底核変性症及びパーキンソン病
- 脳血管疾患　• 閉塞性動脈硬化症《へいそくせいどうみゃくこうかしょう》　• 慢性閉塞性肺疾患
- 糖尿病性神経障害、糖尿病性腎症及び糖尿病性網膜症
- 両側の膝関節《しつかんせつ》又は股関節に著しい変形を伴う変形性関節症

❹ 介護保険料の徴収

- 第1号被保険者……年額18万円以上の年金受給者（老齢年金、退職年金、遺族年金、障害年金）は、原則年金から天引きされる特別徴収となる。無年金者や低年金者などの場合は、市町村が納付書を発行し、金融機関等を経由して納付する普通徴収となる。
- 第2号被保険者……医療保険者が医療保険料と合わせて徴収し、介護給付費・地域支援事業支援納付金として納める。

普通徴収の保険料は、コンビニエンスストアからも納付できるよ

❺ 給付の分類

給付には介護給付と予防給付、市町村独自の条例に基づき行われる市町村特別給付がある（介護保険法第18条）。

介護給付	要介護状態の被保険者に支給される。居宅サービス、居宅介護支援、施設サービス、地域密着型サービスがある。
予防給付	要支援状態の被保険者に支給される。介護予防サービス、介護予防支援、地域密着型介護予防サービスがある。
市町村特別給付	要介護状態、要支援状態の軽減または悪化の防止のために提供される市町村独自のサービス。介護保険法第18条第3項および第62条に定められる。

償還払い
⇒P.53参照

Q&Aコラム

生活保護受給者では介護保険の扱いはどうなるの？

介護保険の被保険者の場合は、介護保険が優先的に適用されるよ。利用者負担部分は生活保護から介護扶助が、保険料は生活扶助が給付されるんだ

保険給付を受けている第1号被保険者が保険料を滞納した場合はどうなるの？

①現物給付を償還払いにする ②保険給付の支払いを一時差し止める ③差し止められた保険給付から滞納保険料を控除するという措置が段階的にとられるよ

出題頻度
★★★

頻出
給付の種類と手続き

給付開始までの流れ

給付開始までの大まかな流れについて、視覚的に理解しておきましょう。

ここをチェック！

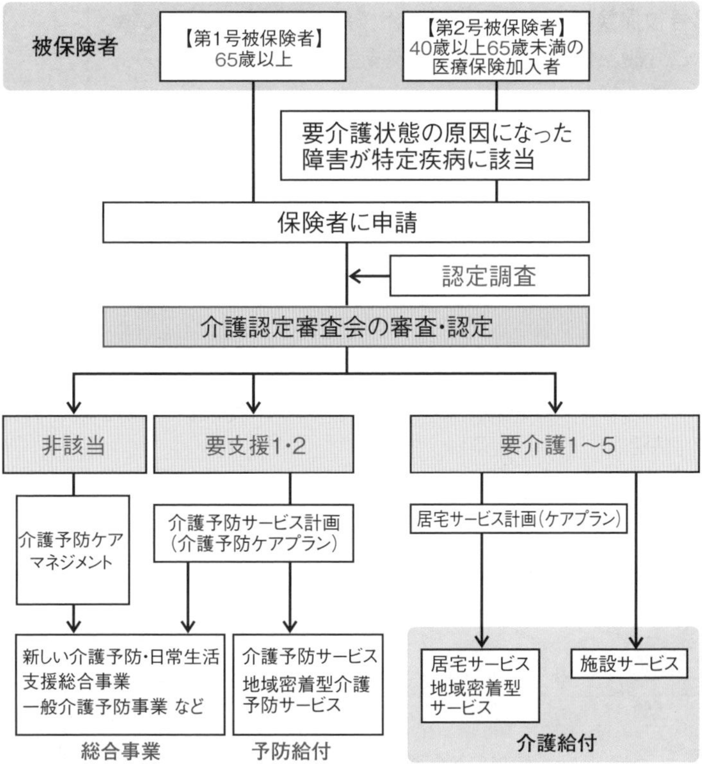

理解度○×チェック！

1. 介護保険法における保険者は、国民健康保険団体連合会である。 出 33-9
2. 要介護2のAさんは、認知症が進行して自宅での介護が困難になったので、介護老人福祉施設の申し込みをすることにした。要介護認定の有効期間が残っていたが、区分の変更を介護保険審査会に申請することにした。 出 35-10

答………… 1. ×（市町村及び特別区） 2. ×（要介護区分変更の申請は、介護保険の保険者にする）

9…… 介護保険制度 保険給付

キーワード　居宅サービス　介護予防サービス　地域密着型サービス
施設サービス　居宅介護支援・介護予防支援

保険給付の概要

介護保険制度では、さまざまなサービスが保険給付の対象となっています。介護サービスの種類の詳細は「介護の基本」で触れますが（P.324 ～ 330）、ここではそれぞれのサービスに対する給付の内容を確認しておきましょう。

出題頻度 ★★★

頻出
保険給付の種類と内容

ここをチェック！

❶ 居宅サービスおよび介護予防サービス

要介護者・要支援者が自宅または通所や短期入所によりサービスを受けるもの。要介護・要支援状態区分に応じて算定される基準額の1割（一定以上の所得のある第1号被保険者は2割または3割）を支払う。居宅介護福祉用具購入費と居宅介護住宅改修費も含まれ、これらは償還払い*の対象となっており、上限は福祉用具購入費は1年間で10万円、住宅改修費は生涯で20万円となっている。

指定・監督		都道府県知事
給付割合		介護保険から9割（または8割あるいは7割）が給付
種類	介護給付・予防給付とも対象	訪問入浴介護、訪問看護、訪問リハビリテーション、通所リハビリテーション、短期入所生活介護、短期入所療養介護、福祉用具貸与、特定福祉用具販売、住宅改修、居宅療養管理指導、特定施設*入居者生活介護
	介護給付のみ対象	訪問介護、通所介護

償還払い
利用者が費用の全額をサービス提供事業者に支払い、その後申請することで、自己負担分を除いた額について保険者から払い戻しを受けること。

2014（平成26）年の介護保険法改正で介護予防訪問介護・介護予防通所介護は予防給付の対象から外れて、地域支援事業（⇒P.59 参照）によるサービスに移行したよ

特定施設
地域密着型特定施設（⇒P.54参照）以外の有料老人ホーム、軽費老人ホーム、養護老人ホームのこと。

❷ 地域密着型サービス

要介護者・要支援者が住み慣れた地域での生活を続けられるよう、提供されるサービス。

指定・監督		市町村長
給付割合		介護保険から9割（または8割あるいは7割）が給付
種類	介護給付・予防給付とも対象	小規模多機能型居宅介護、認知症対応型通所介護、認知症対応型共同生活介護（グループホーム）
	介護給付のみ対象	看護小規模多機能型居宅介護*（複合型サービス）、定期巡回・随時対応型訪問介護看護、夜間対応型訪問介護、地域密着型特定施設*入居者生活介護、地域密着型介護老人福祉施設入所者生活介護、地域密着型通所介護、認知症対応型通所介護

❸ 施設サービス

要介護認定を受けた人は、介護保険施設等に入所し、さまざまなサービスを受けることができる。介護老人福祉施設への新規入所は、2014（平成26）年の介護保険法改正で原則要介護３以上の人を対象とすることとなった。

指定・監督	都道府県知事
給付割合	介護保険から9割（または8割あるいは7割）が給付
種類	介護老人福祉施設*（特別養護老人ホーム）、介護老人保健施設*、介護医療院

❹ 居宅介護支援・介護予防支援（居宅サービス計画）

居宅介護支援事業所の介護支援専門員（ケアマネジャー）が、居宅サービス計画を作成する。居宅介護支援事業者および介護予防支援事業者は、市町村が指定・監督を行う。サービス費は介護保険から10割が給付される。（個人負担なし）

📖 看護小規模多機能型居宅介護

施設への通所を中心に、宿泊や居宅訪問による介護と看護を組み合わせた一体的なサービス。従来は、「複合型サービス」と呼ばれていた。

📖 地域密着型特定施設

有料老人ホーム、軽費老人ホーム、養護老人ホームのうち、定員29人以下で、入居者が要介護者など特定の人に限られる施設。

📖 介護老人福祉施設

特別養護老人ホームのこと。日常生活に関する介護を受けながら、生活の拠点として最期まで生活することができる施設。定員29名以下の場合、地域密着型介護老人福祉施設となる。

📖 介護老人保健施設

リハビリテーションなどの機能回復訓練を行いながら、家庭での自立生活を目指す施設。

❺ 共生型サービス

地域ケアシステムの導入とその強化が進められているが、福祉人材に限りがあるのが実状である。そのため、地域の実状に合わせて、ホームヘルプサービス、デイサービス、ショートステイなどを要介護高齢者・障害児者が共に利用できる「共生型サービス」が2018（平成30）年に創設された。

❻ その他

介護サービス費および医療費の自己負担額が一定限度額を超えた際などは、利用者に保険給付が行われる。

種類	内容
高額介護サービス費	介護サービスを利用した際に、自己負担額が一定限度額を超えた場合、申請することにより、所得に応じた額が償還払いで支給される。
高額医療合算介護サービス費	介護サービス利用者負担額（高額介護サービス費が支給される場合はその額を除く）および医療保険の患者負担額（高額療養費が支給される場合はその額を除く）の合計額が、一定限度額を超えた場合、申請することにより、所得に応じた額が償還払いで支給される。
特定入所者介護サービス費	要介護被保険者のうち、市町村民税世帯非課税者、生活保護受給者等が特定介護サービスを受けた場合、食費および居住・滞在費について、所得等の事情を考慮して支給される。

要支援被保険者に対する高額介護予防サービス費、高額医療合算介護予防サービス費、特定入所者介護予防サービス費もこれに準じるよ

2014（平成26）年の法改正で、特定入所者介護サービス費については、一定額以上の預貯金がある場合は対象外になったよ

理解度〇✕チェック！

1. 訪問介護を利用して一人暮らしをしていた75歳の男性（要支援2）は、脳梗塞で入院中に認知症と診断された。退院時の要介護度は2で、自宅での生活継続に不安があったため、グループホームに入居することになった。グループホームのケアマネジャーは、地域の居宅支援事業所にケアプランの作成を依頼した。出 33-11改
2. 2015（平成27）年4月に施行された介護保険制度の改正で、予防給付の訪問介護（ホームヘルプサービス）・通所介護（デイサービス）を都道府県が実施する事業に移行した。出 28-8
3. 主任介護支援専門員（主任ケアマネジャー）は、指定介護老人福祉施設には必ず配置しなければならない。出 29-11

答…………　1. ✕（グループホームのケアマネジャーが作成する）　2. ✕（市町村が実施）
3. ✕（主任介護支援専門員でなく、介護支援専門員でよい）

10…… 介護保険制度 組織・団体の役割

キーワード　国・都道府県の役割　保険者の役割　国保連

出題頻度 ★★

国、都道府県、市町村（保険者）の役割

介護保険制度における、国、都道府県、市町村（保険者）それぞれの役割について理解しておきましょう。

ここをチェック！

❶ 国の主な役割

- 保険給付に対する定率の国庫負担などの財政支援。
- 市町村介護保険事業計画等のもととなる基本指針の策定。
- 要介護認定の基準、介護報酬および支給限度額、事業者・施設の基準、第１号事業に関する基準、第２号被保険者保険料率など、制度の基本的枠組みとして各種基準の設定。
- 都道府県、事業者や施設に対する指導・監督・助言。

❷ 都道府県の主な役割

- 財政安定化基金の設置……市町村の介護保険財政の安定化を図る。
- 介護保険審査会の設置……要介護認定・要支援認定の結果や、保険料の決定などに不服がある場合の審査請求機関。
- 都道府県介護保険事業支援計画の策定……保険給付の円滑な実施の支援に関する計画。基本指針に基づき、都道府県老人福祉計画と一体のものとして作成する。
- 事業者・施設の基準の設定、指定や許可。

❸ 市町村（保険者）の主な役割

- 被保険者の資格管理、保険料徴収、保険給付、要介護認定・要支援認定などの保険事務。
- 会計等に関する事務。
- 地域密着型サービス事業者等の基準の設定等に関する事務。
- 地域支援事業および保健福祉事業に関する事務。
- 市町村介護保険事業計画の策定に関する事務。

出題頻度 ★★

事業者の指定

介護保険制度においてサービスを提供する事業者は、介護保険法により、都道府県・市町村から指定を受ける必要があります。指定の条件について理解しておきましょう。

ここをチェック！

❶ 事業者の指定

事業者	指定（または許可）者
居宅サービス事業者 介護予防サービス事業者 介護老人福祉施設、介護老人保健施設 介護医療院	都道府県知事
居宅介護支援事業者 地域密着型サービス事業者 地域密着型予防サービス事業者 介護予防支援事業者 介護予防・生活支援サービス事業者	市町村長

❷ 指定の条件

以下の２つの条件を満たす必要がある。

- 都道府県や市町村の条例で定める者であること。
- 「人員、設備及び運営に関する基準」を満たしていること。

❸ 指定の更新、勧告・命令等の権限

サービス事業者は、６年ごとに指定の更新を受けなければならない。市町村長はサービス事業者に立入検査などを行うことができる。検査などで、サービス事業者が不正を行っていることが発覚した場合は、「指定の取消」または「一部の効力の停止」のほか、以下のような措置を取ることができる。

- 勧告……期限を定めた基準の遵守の実施を勧告する
- 公表……勧告に従わなかった場合、その旨を公表する
- 命令……勧告に従った措置をとるべきことを命じる
- 公示……命令をした旨を公示する
- 通知……適正な運営でないことを都道府県に通知する

出題頻度 ★

国民健康保険団体連合会の役割

国民健康保険団体連合会（国保連）は、介護報酬の審査・支払、苦情処理等の業務などを行います。国保連の役割について、具体的に整理しておきましょう。

ここをチェック！

❶ 介護報酬の審査・支払

各都道府県に設置されている国民健康保険団体連合会（国保連）は、保険者からの委託を受けてサービス事業者から介護報酬等の請求を受け付け、審査および支払の業務を行う。

❷ 第三者行為損害賠償求償事務

要介護状態・要支援状態になった原因が、交通事故などのように他者による行為である場合、介護保険サービスを受けた費用を加害者に請求する事務を行う。

❸ 介護給付費審査委員会

介護報酬等の請求書の審査を行うため、介護給付費審査委員会を設置する。審査委員会は、それぞれ同数のサービス担当者代表、市町村代表、公益代表委員で構成される。

❹ 苦情処理

事業者が提供するサービスについて、利用者等からの苦情を受け付け、調査を行い、必要に応じて事業者に対して指導・助言を行う。

理解度〇✕チェック！

1．介護保険制度の保険給付の財源構成は、全額公費である。 出 34-10改

2．介護保険事業計画は、第１号被保険者の保険料の設定に関連している。 出 26-9

3．介護保険法に基づき施設サービスを指定（許可）、監督するのは、市町村である。 出 36-12改

答…………
1．✕（財源構成は、公費・第１号保険料・第2号保険料である）　2．〇
3．✕（施設サービスは、都道府県・指定都市・中核市が指定（許可）、監督する）

11……介護保険制度 地域支援事業

キーワード　介護予防・日常生活支援総合事業
地域包括支援センター　介護支援専門員（ケアマネジャー）

■地域支援事業

出題頻度 ★★

地域支援事業の具体的な事業内容を押さえておきましょう。

ここをチェック！

❶ 地域支援事業とは

市町村は、被保険者が要介護状態等となることを予防し、また、要介護状態等となっても、可能な限り地域で自立した日常生活を営めるよう支援しなければならない。地域支援事業*とは、そのために市町村が実施する各事業のことをいい、介護保険を財源に実施される。

▶ 地域支援事業の概要

介護予防・日常生活支援総合事業（要支援者・それ以外の者が対象）	介護予防・生活支援サービス事業 • 第１号訪問事業（訪問型サービス） • 第１号通所事業（通所型サービス） • 第1号生活支援事業（生活支援サービス） • 第１号介護予防支援事業（介護予防ケアマネジメント）
	一般介護予防事業
包括的支援事業	地域包括支援センターの運営 • 介護予防ケアマネジメント • 総合相談支援業務 • 権利擁護業務 • 包括的・継続的ケアマネジメント支援業務 • 地域ケア会議の開催
	在宅医療・介護連携推進事業
	認知症総合支援事業
	生活支援体制整備事業
任意事業	介護給付等費用適正化事業
	家族介護支援事業
	その他の事業

地域支援事業
2014（平成26）年の法改正で、予防給付（訪問介護、通所介護）が地域支援事業に移行したことにより、新しい介護予防・日常生活支援総合事業が実施されることになった。

出題頻度 ★★★

地域包括支援センター

頻出
地域包括支援センターの概要と役割

地域包括支援センターは、介護保険法第115条の46に規定された各地域における包括的なケアの体制を支える中核機関で、高齢者の保健・医療の向上および福祉の増進を包括的に支援することを目的としています。地域包括支援センターの設置基準や役割について理解しておきましょう。

ここをチェック！

❶ 地域包括支援センターの概要

実施主体	市町村、市町村から委託を受けた法人等
設置基準	おおむね人口2万人～3万人に1か所
人員基準	担当する区域における第1号被保険者の数がおおむね3000人以上6000人未満ごとに、常勤専従の • 保健師その他これに準ずる者 • 社会福祉士その他これに準ずる者 • 主任介護支援専門員（主任ケアマネジャー）その他これに準ずる者 をそれぞれ1名置く。
事業内容	• 地域支援事業の包括的支援事業として、①第1号介護予防支援事業（介護予防ケアマネジメント）*、②総合相談支援業務、③権利擁護《ようご》業務、④包括的・継続的ケアマネジメント支援業務などの事業。 • 在宅医療・介護連携推進事業、認知症総合支援事業、生活支援体制整備事業 • 予防給付のケアマネジメント（指定介護予防支援事業者として） • 地域包括ケアシステム*の実現に向けた地域ケア会議*推進事業。

＊居宅要支援被保険者を除く

❷ 地域包括支援センター運営協議会

地域包括支援センターの運営の中立性・公平性を担保し、関係機関との連携、人材確保などの支援を行うために、市町村ごとに地域包括支援センター運営協議会が設置されている。

地域包括支援センターの主任介護支援専門員が、介護支援専門員のサポートをすることが、包括的・継続的ケアマネジメントの実施につながるんだね！

地域包括ケアシステム
地域住民に対し、市町村の各関係機関が連携して、福祉サービスを体系的に提供するシステム。⇒P.49参照

地域ケア会議
地域におけるケアに関するさまざまな課題や、資源の活用のあり方について検討を行う場。高齢者個人への支援の充実と、社会基盤の整備を同時に進めることで、地域包括ケアシステムの実現を目指す。

介護支援専門員の役割

出題頻度 ★★★

介護保険制度の要《かなめ》となる介護支援専門員（ケアマネジャー）と主任介護支援専門員について理解しておきましょう。

ここをチェック！

❶ 介護支援専門員（ケアマネジャー）の資格の概要

- 介護保険法により定められた公的資格であり、５年ごとに資格の更新が必要。
- 保健・医療・福祉の法定資格をもち、現場で５年以上かつ900日以上の実務経験を経て、都道府県知事が実施する介護支援専門員実務研修受講試験に合格した後、実務研修を修了し、都道府県知事の登録を受けて「介護支援専門員証」の交付を受ける必要がある。

頻出
介護支援専門員（ケアマネジャー）の資格の概要

❷ 介護支援専門員（ケアマネジャー）の主な業務

- 専門知識と技術を活用し、要介護者等の相談に応じ、適切なサービスを提供できるように、家族、市町村、事業者など各所と連絡調整などを行う。
- サービス担当者会議を開催して居宅サービス計画（ケアプラン）を作成する。
- 要介護認定に関する業務を行う。

❸ 主任介護支援専門員（主任ケアマネジャー）

介護支援専門員（ケアマネジャー）の業務について十分な知識と経験（５年以上）を有する者が、主任介護支援専門員研修を修了することが要件。地域包括支援センターへの配置が義務づけられている。

社会の理解

理解度○×チェック！

1. 介護予防・日常生活支援総合事業として、第一号訪問事業（訪問型サービス）がある。 出 32-10
2. 近年、一人ひとりが生きがい、役割をもち助け合いながら暮らしていく包括的なコミュニティ、地域や社会を創るという考えを，介護の社会化という。 出 35-8

答…………　1. ○　2. ×（地域共生社会という）

2024（令和６）年の介護保険制度改正のポイント

2023（令和５）年５月19日に交付された「全世代対応型の持続可能な社会保障制度を構築するための健康保険法等の一部を改正する法律」により、介護保険法が改正された。一部を除き、2024（令和６）年４月１日に施行される。
団塊の世代が75歳以上となる2025年問題や介護現場の人材不足などの課題もあることから、今後、介護保険制度の持続可能性を確保するためにも、地域包括ケアシステムの深化・推進、介護現場の生産性の向上が求められている。

◆主な内容を以下に整理した。

Ⅰ. **介護情報基盤の整備**：介護保険者が被保険者等にかかる医療・介護情報の収集・提供等を行う事業を医療保険者と一体的に実施

- 被保険者、介護事業者その他の関係者が当該被保険者にかかる介護情報等を共有・活用することを促進する事業を介護保険者である市町村の地域支援事業として位置づける
- 市町村は、当該事業について、医療保険者等と共同して国民健康保険団体連合会・社会保険診療報酬支払基金に委託できることとする（2023（令和５）年５月19日から４年以内の政令で定める日から施行）

Ⅱ. **介護サービス事業者の財務状況等の見える化**：介護サービス事業所等の詳細な財務状況等を把握して、政策立案に活用するため、事業者の事務負担に配慮しつつ、財務状況を分析できる体制を整備

- 各事業所・施設に対して詳細な財務状況（損益計算書等の情報）の報告を義務づけ（職種別の給与（給料・賞与）は任意事項）
- 国が、当該情報を収集・整理し、分析した情報を公表

Ⅲ. **介護サービス事業所等における生産性の向上に資する取り組みにかかる努力義務**：介護現場における生産性の向上に関して、都道府県を中心に一層取り組みを推進

- 都道府県に対し、介護サービス事業所・施設の生産性の向上に資する取り組みが促進されるよう努める旨の規定を新設　など

Ⅳ. **看護小規模多機能型居宅介護のサービス内容の明確化**：看護小規模多機能型居宅介護について、サービス内容の明確化等を通じて、さらなる普及を進める

- 看護小規模多機能型居宅介護のサービス内容について、サービス拠点での「通い」「泊まり」における看護サービス（療養上の世話または必要な診療の補助）が含まれる旨を明確化　など

Ⅴ. **地域包括支援センターの体制整備等**：地域の拠点である地域包括支援センターが地域住民への支援をより適切に行うための体制を整備

- 要支援者に行う介護予防支援について、居宅介護支援事業所（ケアマネ事業所）も市町村からの指定を受けて実施可能とする　など

12…… 障害者自立支援制度 法制度と施策

キーワード　障害者支援費制度　障害者総合支援法

■障害者の定義と福祉計画

出題頻度 ★★

障害者福祉を推進する制度を理解するために、「障害者」の定義とこれまで政府が進めてきた計画の内容を整理しておきましょう。

知的障害、精神障害（発達障害を含む）のある18歳未満の児童は、児童福祉法の対象となるよ

ここをチェック！

❶ 障害者の定義

障害者総合支援法*では、障害者は次のように定義される。

- 身体障害者福祉法第 4 条に規定する身体障害者。
- 知的障害者福祉法にいう知的障害者のうち 18 歳以上である者。
- 精神保健及び精神障害者福祉に関する法律第 5 条に規定する精神障害者（発達障害者支援法第 2 条第 2 項に規定する発達障害者を含み、知的障害者福祉法にいう知的障害者を除く）のうち 18 歳以上である者。
- 治療方法が確立していない疾病《しっぺい》その他の特殊な疾病であって政令で定めるもの（難病等）による障害の程度が、厚生労働大臣が定める者であって、18 歳以上である者。

障害者総合支援法
障害者の日常生活及び社会生活を総合的に支援するための法律。
⇒ P.64参照

❷ 障害者福祉の推進計画

障害者プラン	1995（平成7）年、障害者対策推進本部により、「障害者プラン ～ノーマライゼーション*7か年戦略～」が策定、実施された。
新しい障害者基本計画	2002（平成14）年策定。「障害者対策に関する新長期計画」におけるリハビリテーションとノーマライゼーションの理念を継承し、障害者の社会への参加・参画に向けた施策の推進を図ることを主な目的に掲げていた。
障害者基本計画（第５次）	2023（令和５）年策定。障害者基本法に基づき、政府が取り組む障害者の自立および社会参加に向けた施策の最も基本的な計画。障害者施策に関する国の今後の方針が示されている。

ノーマライゼーション
障害者や高齢者であっても、健常者と同じような当たり前の生活を送れる社会と環境を目指すこと。
⇒ P.296、375参照

出題頻度 ★★

障害者福祉施策の流れ

2000（平成 12）年の社会福祉基礎構造改革では、障害者福祉について施策の見直しが図られました。その根拠となる法制度について、理解しておきましょう。

「障害者」の範囲として、2010（平成 22）年の改正で、発達障害を含むことが明確化され、2012（平成 24）年の改正で、難病等が加えられたよ

ここをチェック！

❶ 障害者支援費制度の導入

2000（平成 12）年の基礎構造改革において、措置制度から利用契約制度である障害者支援費制度への転換が行われ、2003（平成 15）年から導入された。

❷ 障害者自立支援法

2005（平成 17）年公布、2006（平成 18）年から段階的に施行。

- 障害者施策を 3 障害一元化*。
- 利用者本位のサービス体系への再編。
- 就労支援の抜本的強化。
- 2010（平成 22）年、利用者負担を原則として応益負担から応能負担へ変更。
- 発達障害を障害者の範囲に追加。
- 2013（平成 25）年、障害者総合支援法に改正・改称。

❸ 障害者総合支援法

2012（平成 24）年成立、2013（平成 25）年施行。障害者の日常生活と社会生活の総合的な支援が明確化された。

- 障害者基本法の新たな趣旨をふまえた基本理念。
- 障害程度区分を障害支援区分*に変更。
- 障害者の定義に難病を追加。

3障害一元化
障害者がサービスを利用するためのしくみを、障害の種別（身体障害・知的障害・精神障害）にかかわらず、一元化すること。

障害支援区分
障害者等の障害の多様な特性その他の心身の状態に応じて必要とされる標準的な支援の度合を総合的に示すもの。区分は非該当と必要性の低いものから順に1～6となっている。

理解度〇✕チェック！

1. ノーマライゼーションとは、家族、近隣、ボランティアなどによる支援のネットワークのことである。 出 33-12
2. 障害者総合支援法のもとでは、重度訪問介護において重度障害者の外出支援（移動支援）を行うことができる。 出 36-14改

答 ………… 1. ✕（P.63参照） 2. 〇

13……障害者自立支援制度 障害福祉サービス

キーワード　自立支援給付　地域生活支援事業

出題頻度 ★★

サービスの種類と内容

「障害者総合支援法」の柱となる「自立支援給付」と「地域生活支援事業」の内容について理解しておきましょう。

ここをチェック！

❶ 自立支援給付（障害者総合支援法第6条、第28条）

- 介護給付……施設や在宅で介護支援を受ける場合に給付。居宅介護（ホームヘルプサービス）、重度訪問介護など9種類。
- 訓練等給付……就労のための支援、自立生活のための訓練を受ける場合に給付。自立訓練など6種類。
- 自立支援医療……育成医療、更生医療、精神通院医療の3種類がある。利用者の負担は原則として応能負担。一定所得以上の場合は、医療保険の給付対象となる。
- 補装具……車いすなどの補装具の購入・修理にかかわる費用の給付。利用者は、費用と負担に着目した月額上限つきの定率負担となっている。低所得の障害者等については無料。
- 地域相談支援……障害者が、施設から地域生活へ移行するための地域移行支援と、単身生活をする障害者のための地域定着支援の2種類がある。
- 計画相談支援……障害福祉サービスを利用するにあたって、利用計画を作成するための相談。

❷ 地域生活支援事業（障害者総合支援法第77条）

市町村および都道府県が行う、障害者の地域生活を支援するための事業。

市町村	地域活動支援センター*・基幹相談支援センター*の設置・運営、意思疎通支援事業、福祉ホームの運営など
都道府県	専門性の高い意思疎通支援を行う者の養成・研修事業、専門性の高い相談支援事業など

自立支援給付
⇒ P.241参照

介護給付費
⇒ P.66参照

訓練等給付費
⇒ P.67参照

自立支援医療費
⇒ P.67参照

地域相談支援、計画相談支援
⇒ P.66、241参照

地域活動支援センター

障害者が通所する施設。創作的活動または生産活動の機会の提供、社会との交流の促進、その他厚生労働省令で定める便宜を図ることを目的とする。

基幹相談支援センター

相談支援体制の強化を目的とする施設。市町村またはその委託を受けた者が設置できる。

▶介護給付費の支給対象となる障害福祉サービス

サービス	内容
居宅介護（ホームヘルプサービス）	入浴、排泄《はいせつ》、食事介護など、居宅での生活全般にわたる援助サービス
重度訪問介護	重度の肢体不自由、重度の知的障害または精神障害により、行動に著しい困難があり、常に介護を必要とする人を対象とした、居宅での介護から外出時の移動支援までを行う総合的なサービス
同行援護	視覚障害により移動に著しい困難がある障害者・児を対象とした、外出時に同行して行う支援
行動援護	知的障害、精神障害により行動に著しい困難があり、常に介護を必要とする障害者・児を対象とした、行動時や外出時の支援
療養介護	医療を必要とする障害者のうち、常に介護を必要とする人を対象にした、主に日中に病院などの施設で行われる機能訓練や療養上の管理、看護、医学的管理下での介護や日常生活上の援助など
生活介護	常に介護を必要とする障害者を対象とした、主に日中に障害者支援施設などで行われる入浴、排泄、食事の介護や創作的活動、生産活動の機会の提供など
短期入所（ショートステイ）	介護者が病気の場合などにおける、障害者支援施設などへの短期入所による入浴、排泄、食事の介護など
重度障害者等包括支援	常に介護を必要とする重度障害者・児を対象とした、居宅介護をはじめとした包括的な支援
施設入所支援	施設入所者を対象に、主に夜間に行われる入浴、排泄、食事の介護など

▶相談支援の概要

地域相談支援	地域移行支援	障害者支援施設入所障害者または、精神科病院に入院中の精神障害者等に対して、地域生活に移行するための活動に関する相談　など
	地域定着支援	単身生活をする障害者等に対して、常時の連絡体制の確保や、障害の特性に起因して生じた緊急事態の際の相談　など
計画相談支援	サービス利用支援	障害者の心身の状況等を勘案したサービス等利用計画の作成や、支給決定後の決定内容を反映したサービス等利用計画の作成　など
	継続サービス利用支援	サービス等利用計画が適切であるかを定期的に検証し、その結果を勘案して、サービス等利用計画の見直し・変更を行う　など

▶ 訓練等給付費の支給対象となる障害福祉サービス

サービス	内容
自立訓練 （機能訓練・生活訓練）	自立した日常生活や社会生活を営むための、身体機能や生活能力の向上を目的とした有期の訓練など
就労移行支援	職場実習など、就労に必要な知識・能力の向上を目的とした有期の訓練など
就労定着支援	一般就労した障害者で、就労による環境の変化により、生活面で課題が生じた人に対し、一定期間必要な支援を行う。
就労継続支援 （A型：雇用型、 B型：非雇用型）	通常の事業所への雇用が困難な障害者を対象とした、就労機会の提供および就労に必要な知識・能力の向上を目的とした訓練など
共同生活援助 （グループホーム）	主に夜間に行われる、共同生活を営む住居における相談その他の日常生活上の援助。介護も行われる。
自立生活援助	障害者が一人暮らしをするのに必要な生活力等を補うため、日常生活における課題の把握と必要な支援を行う。

▶ 自立支援医療費

サービス	内容
育成医療	身体障害児（18歳未満）に対し、育成医療を担当する指定育成医療機関を定め、育成のための医療を給付する。
更生医療	身体障害者（18歳以上）が更生するために医療が必要であると認められるときに、必要な医療の給付または更生医療に必要な費用を給付する。
精神通院医療	精神障害者（全年齢）に対し、病院または診療所へ入院することのないよう必要な医療を給付する。

理解度○×チェック！

1. 2018（平成30）年度に創設された共生型サービスの対象となるサービスとして、訪問看護がある。 出32-13

2. 30歳のAさん（知的障害、障害支援区分2）は、昼間は会社で働き、グループホームで生活している。これから安心して一人暮らしをするために利用するサービスとしては、就労継続支援が適切である。 出34-12改

答…………
1. ×（訪問介護、通所介護〈デイサービス〉、短期入所生活介護）
2. ×（自立生活援助が適切。すでに会社で働いているので、就労継続支援は適切でない）

14…… 障害者自立支援制度 制度の概要

キーワード　基幹相談支援センター　障害福祉計画

出題頻度 ★★

■サービス利用までの流れ

障害支援区分
⇒P.64参照

申請先、障害支援区分の認定など、サービス利用までの流れについて理解しておきましょう。

ここをチェック！

▶ サービス利用までの流れ

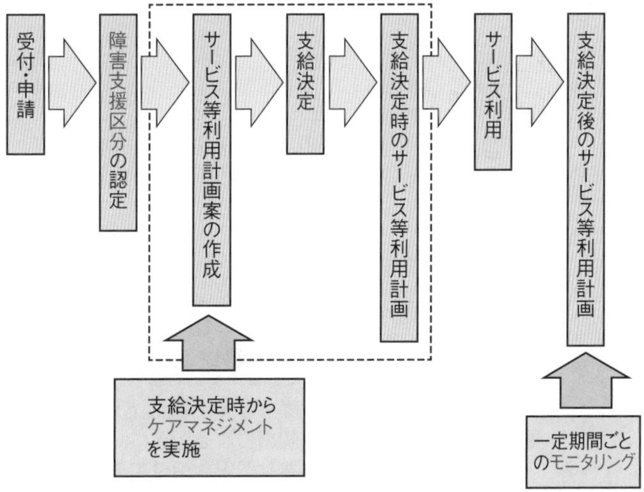

出題頻度 ★

■組織・団体の機能と役割

障害者自立支援制度における、国・都道府県・市町村それぞれの機能、役割について確認しておきましょう。

ここをチェック！

❶ 国の主な役割

- 市町村、都道府県への助言や情報の提供。
- 障害福祉サービス、相談支援、地域生活支援事業の提供体制の確保。

❷ 都道府県の主な役割

- 市町村への助言や情報提供の実施。
- 市町村と連携を図り、自立支援医療費の支給と地域生活支援事業を総合的に行う。
- 専門的な知識と技術が求められる障害者等に関する相談と指導の実施。
- 障害福祉サービス事業者などの指定および指定の取消。
- 介護給付費などの不服の審査請求を取り扱う審査会の設置。

❸ 市町村の主な役割

- 自立支援給付と地域生活支援事業を総合的かつ計画的に実施。
- 障害者等の福祉に関する情報の提供、相談、調査、指導などの実施。
- 意思疎通支援、虐待の防止と早期発見などに関する援助の実施。
- 給付の審査判定業務を行う市町村審査会を設置。
- 給付の支給決定と支給。
- 基幹相談支援センターを設置できる。

❹ 障害福祉計画

障害福祉サービス、地域生活支援事業の提供体制の整備と円滑な実施を目的に計画される。作成･変更に際し、都道府県と市町村は協議会*の意見を聴くように努めなければならない。

- 国の役割……基本指針*を定める。
- 都道府県の役割……基本指針に即した都道府県障害福祉計画を定める。
- 市町村の役割……基本指針に即した市町村障害福祉計画を定める。

基幹相談支援センター
⇒ P.65参照

協議会
協議会は、市町村と都道府県が設置するよう努めなければならない。

基本指針
障害福祉サービス、地域生活支援事業の提供体制の整備と円滑な実施を確保するために国が定めるもの。

理解度○×チェック！

1. 障害者総合支援法の介護給付を利用するとき、利用者が最初に市町村に行う手続きは認定調査である。 ◀出 35-13
2. 「障害者総合支援法」に基づく居宅介護を利用したとき、利用者負担はない。◀出 35-14

答……… 1. ×（最初にするのは、支給申請）　2. ×（利用者の負担能力に応じて負担する応能負担）

15…… 障害者自立支援制度 その他の施策

キーワード　入院形態（精神保健福祉法）　障害者雇用率制度

出題頻度 ★★

障害者に対するその他の施策

障害者に対して実施されているその他の施策について理解しておきましょう。

ここをチェック！

❶ 障害者施策関連法

対象	法律	概要
全般	障害者差別解消法*	障害者に対する差別的扱いの禁止と合理的配慮の提供を行政機関と民間業者に要請
	障害者虐待防止法*	障害者に対する虐待防止措置の実施、行政機関に障害者虐待防止のための窓口の設置
身体障害者	身体障害者福祉法	身体障害者手帳の交付、身体障害者更生相談所の設置など
	身体障害者補助犬法	補助犬の同伴を拒否してはならない施設等の規定、相談窓口の設置など
知的障害者	知的障害者福祉法	知的障害者の自立と社会経済活動への参加の促進、医学的・心理学的・職能的判定などを行う知的障害者更生相談所の設置など
精神障害者	精神保健福祉法*	精神障害者の入院形態の規定、精神保健福祉センターの設置、精神障害者社会復帰促進センターの設置など
発達障害者	発達障害者支援法	発達障害者支援センター*の設置など
難病患者	難病医療法	難病患者への治療に関する規定

❷ 精神障害者の入院形態（精神保健福祉法）

任意入院	本人の同意に基づく。この形態が原則
措置入院	2名以上の精神保健指定医の診察結果の一致により、自傷他害のおそれが認められる場合
緊急措置入院	措置入院の手続きを踏めない場合の、精神保健指定医の判定による入院。72時間が限度

障害者差別解消法
障害を理由とする差別の解消の推進に関する法律
2013（平成25）年に成立。施行は2016（平成28）年。

障害者虐待防止法
障害者虐待の防止、障害者の養護者に対する支援等に関する法律
2011（平成23）年に成立。2012（平成24）年施行。
⇒P.75参照

精神保健福祉法
精神保健及び精神障害者福祉に関する法律

発達障害者支援センター
発達障害者（児）やその家族への支援を総合的に行うことを目的とした施設。都道府県・指定都市に設置。

医療保護入院	精神保健指定医が入院の必要を認め、家族等の同意が得られた場合
応急入院	家族等の同意をすぐに得られず、しかも急を要する場合に精神保健指定医等による診察を経て入院。72時間が限度

障害者雇用率制度における雇用率の算定対象は、知的・身体・精神障害者だよ

❸ 障害者雇用率制度（障害者雇用促進法）

雇用されている労働者に占める障害者の割合は、2023（令和5）年度の法定雇用率では、国および地方公共団体と特殊法人で2.8%、教育委員会で2.7%、民間企業で2.5%となっている。

20歳未満で障害の状態となった者は、20歳になってから障害基礎年金を受給できるよ

❹ 雇用・就労に対する支援事業

- 障害者就業・生活支援センターによる支援事業……日常生活上の相談に加え、就業面での相談も実施する。
- 職場適応援助者（ジョブコーチ）……障害者の職場適応を容易にするために、職場に出向いて直接支援を行う者。

❺ 主な年金と手当

名称	支給要件
障害基礎年金	国民年金の被保険者で、保険料の納付期間が加入期間の3分の2以上の者。1級と2級があり、老齢厚生年金との併給は可能。
障害厚生年金	障害基礎年金の支給対象者が厚生年金加入者である場合の上乗せ分
特別障害者手当	重度の障害により、日常生活において常時特別の介護を必要とする状態にある20歳以上の在宅生活者
特別児童扶養手当	20歳未満の障害のある児童（1級・2級）を家庭で監護、養育している父母等
障害児福祉手当	20歳未満の障害者で、日常生活において常時介護が必要な在宅生活者

理解度〇✕チェック！

1. 障害者差別解消法の対象となるのは、身体障害者手帳を交付された者のみである。 出36-13
2. 発達障害の男性は、アルバイトをしながら統合失調症の母親を介護してきたが、母親に認知症が疑われるようになったので介護福祉士に相談した。介護福祉士は地域包括支援センターに相談することを勧めた。 出35-17

答……1. ✕（対象となるのは、すべての障害者。身体障害者手帳の交付は、身体障害者福祉法に基づく） 2. 〇

16……介護実践に関連する諸制度

キーワード　個人情報保護法　成年後見制度　日常生活自立支援事業　消費者保護　高齢者虐待防止法　障害者虐待防止法

出題頻度 ★

■個人情報保護法

2003（平成15）年、個人情報の保護に関する法律（個人情報保護法）が制定されました。個人情報の利用についての原則を理解しておきましょう。

ここをチェック！

❶ 個人情報保護法（個人情報の保護に関する法律）

個人情報取扱業者が個人情報*を取り扱う際のルールを規定。個人の権利利益を保護することが目的。全個人情報取扱業者、自治会・老人会などが対象。

- 利用……利用目的をできる限り特定する。特定の範囲を超える場合は、あらかじめ本人の同意が必要。虐待を関係機関へ通告する際など例外がある。

個人情報
生存する個人に関する情報であって、特定の個人を識別することができるもの。個人識別符号（個人の身体の特徴をデジタル化したデータや、個人に割り当てられたカード等に記録された電磁的なデータなど）が含まれるもの。マイナンバーカードの普及が進められている。

出題頻度 ★★

■成年後見制度

2000（平成12）年に施行された成年後見制度には、任意後見制度と法定後見制度があります。法定後見制度では、補助、保佐、後見の違いと特徴を理解しておきましょう。

ここをチェック！

❶ 成年後見制度

精神上の障害（認知症、知的障害、精神障害等）により、判断能力が不十分な成年者を保護するための制度。成年後見人等が本人の保護、支援を行う。任意後見制度と法定後見制度がある。

❷ 任意後見制度

本人が契約締結に必要な判断能力を有している間に、事前に任意後見人を選任しておく制度。任意後見人は、本人の生活、療養看護および財産の管理に関する事務を行う。

❸ 法定後見制度

認知症、知的障害、精神障害等ですでに判断能力が不十分な状態になっている者が対象。対象者の判断能力に応じて、補助、保佐、後見のいずれかを選択し、制度を利用する。利用の際は、①家族等一定の申立権者から家庭裁判所への後見開始審判の申し立て、②家庭裁判所による審査を経て、補助人、保佐人、後見人が選任される。

▶ 補助・保佐・後見の概要 （※成年後見人を必要とする年齢は18歳以上）

		補助	保佐	後見
要件	対象者（判断能力）	精神上の障害により判断能力が不十分な者	精神上の障害により判断能力が著しく不十分な者	精神上の障害により判断能力を欠く状態にある者
開始の手続き	申立権者	本人、配偶者、4親等内の親族、検察官等、任意後見受任者、任意後見人、任意後見監督人、市町村長		
	本人の同意	必要	不要	
名称	本人	被補助人	被保佐人	成年被後見人
	保護者	補助人	保佐人	成年後見人
	監督人	補助監督人	保佐監督人	成年後見監督人
責務	身上配慮義務	本人の心身の状態および生活の状況に配慮する義務		

日常生活自立支援事業

出題頻度 ★

認知症、知的障害、精神障害等により日常生活を営むのに支障がある人が、地域で自立した生活を営めるよう、無料または低額な料金で福祉サービスの利用援助等を行う事業です。対象者の条件、事業の内容等、成年後見制度との違いを含めて理解しておきましょう。

ここをチェック！

❶ 日常生活自立支援事業の対象と事業内容

対象	認知症、知的障害、精神障害等により日常生活に必要なサービスに関する情報の入手、理解、判断等が困難な人で、事業の契約内容についての判断能力は有している人
事業内容	● 福祉サービス、苦情解決制度を適切に利用するために必要な一連の援助 ● 日常的金銭管理、日常生活上の消費契約や、住民票の届け出等の行政手続きに関する援助　など

❷ 日常生活自立支援事業の概要

	日常生活自立支援事業
実施主体	●都道府県社会福祉協議会または指定都市社会福祉協議会（専門員*、生活支援員*による援助の実施など、事業の一部を市町村社会福祉協議会等に委託できる）
利用開始手続	●利用者本人または成年後見人等が社会福祉協議会に申し込み、契約
対象者の判断能力の判定	●「契約締結判定ガイドライン」に従い専門員が判定 ●判定困難な場合は、契約締結審査会で判定
監視、監督	●契約締結審査会　・運営適正化委員会
費用負担	●契約前の相談は無料 ●生活保護受給世帯は無料 ●利用1回当たり平均1000～1200円程度

■消費者保護に関する法律・制度

消費者を悪質な商法から守ったり、消費者の権利を擁護したりするための法律・制度を理解しましょう。

ここをチェック！

❶ 消費者を保護する主な法律・制度

消費者を保護する法律・制度としては消費者基本法、消費者安全法、消費者契約法、特定商取引に関する法律、クーリング・オフ制度などがある。

- 消費者契約法……事業者の不適切な行為（勧誘の際に事実と異なる説明をするなど）により、消費者が誤認、困惑して契約を申し込んだ場合、契約を取り消すことができる。
- 特定商取引に関する法律……訪問販売、通信販売、電話勧誘販売、電子商取引*などの取引について、トラブル防止のためのルールを定めている。
- クーリング・オフ制度……特定商取引に関する法律に定められた制度であり、消費者に不利益な契約を、一定期間内であれば取り消すことができる。

適用期間	取引内容
8日間	訪問販売、電話勧誘販売、特定継続的役務提供、訪問購入
20日間	連鎖販売取引（マルチ商法）、業務提供誘引販売取引

＊適用期間は、法定書面を受領した日からの期間

成年後見制度との違いに注意しよう

専門員
相談の受付、支援計画の作成、生活支援員の指導などを行う。

生活支援員
専門員の指示を受け、具体的な援助を提供する。

出題頻度 ★★

悪徳商法や製品事故にあって、どうしよう？ こんなときは、消費者ホットラインを利用しよう！ 全国共通の番号「188」に電話すると、消費生活センターや消費生活相談窓口の専門相談員が支援してくれるよ

電子商取引
インターネットなどネットワーク上で行われる商取引。

クーリング・オフ制度
⇒ P.444参照

虐待防止に関する制度

出題頻度 ★★★

高齢者・障害者の尊厳を保持し、虐待《ぎゃくたい》を防止するために定められた法制度の内容を整理しておきましょう。

ここをチェック！

❶ 高齢者虐待防止法*の内容

- 虐待を受けた高齢者（65歳以上）に対する保護措置。
- 高齢者虐待*を発見した者に対する市町村への通報義務。
- 養護者・養介護施設従事者等の負担軽減を図るなど、虐待防止のための養護者・養介護施設従事者等への支援措置。

❷ 障害者虐待防止法*の内容

- 障害者に対する虐待の禁止、虐待を受けた障害者への保護および自立支援措置、養護者への虐待防止支援措置。
- 養護者による虐待、障害者福祉施設従事者等による虐待、使用者による虐待があり、その種類としては、身体的虐待、放棄・放置、心理的虐待、性的虐待、経済的虐待がある。
- 虐待防止のための養護者に対する支援措置。
- 障害者を雇用する事業者など、使用者による虐待防止のための措置。
- 医療機関の管理者に対する、虐待防止のために講ずる必要な措置。
- 使用者による虐待を発見した場合の市町村または都道府県への通報義務。

頻出
虐待の概要と各虐待防止法の内容

高齢者虐待防止法
高齢者虐待の防止、高齢者の養護者に対する支援等に関する法律。2005（平成17）年制定。
⇒ P.154、341参照

高齢者虐待
65歳以上のものに対する虐待。養護者によるものと、施設従事者等によるものに分類される。

障害者虐待防止法
障害者虐待の防止、障害者の養護者に対する支援等に関する法律。2011（平成23）年制定。
⇒ P.70参照

高齢者の虐待の傾向
⇒ P.341参照

社会の理解

理解度〇✕チェック！

1. 法定後見制度において、成年後見人等を選任する機関は福祉事務所である。 出36-50
2. 「成年後見関係事件の概要」（令和2年1月～12月）によると、成年後見人等として活動している人が最も多い職種は、行政書士である。 出34-14
3. 「高齢者虐待防止法」には、虐待を発見した場合は、施設長に通報しなければならないとの規定がある。 出35-17

答…… 1. ✕（選任する機関は家庭裁判所） 2. ✕（司法書士約38%、弁護士約26%、社会福祉士約18%などで、行政書士は約4%である。なお、令和4年の同調査では、司法書士約37%、弁護士約27%、社会福祉士約18%で、行政書士は約4.5%である） 3. ✕（発見者は、すみやかに市町村に通報する）

17……保健医療に関連する施策

キーワード　特定健康診査　感染症対策　指定難病　病院・診療所

出題頻度 ★

■生活習慣病予防と健康づくりのための施策

高齢者の生活習慣病予防と健康づくりのための制度や施策について押さえておきましょう。

健康寿命
平均寿命のうち健康で活動的に暮らせる期間。健康寿命の延伸にはロコモティブシンドローム（運動器症候群）対策が重要となる。

特定健康診査
40歳以上の保険加入者を対象に行われる、生活習慣病の発症や重症化を予防することを目的とする健康診断。

特定保健指導
特定健康診査によって生活習慣病の発症リスクが発見された場合に行われる、発症予防を目的とした保健指導。

ここをチェック！

❶ 健康日本21（21世紀における第二次国民健康づくり運動）

ライフステージに応じて健やかでこころ豊かに生活できる活力ある社会の実現を目指すもの。2013（平成25）年から10年間推進されている。主な目標は、健康寿命*の延伸と健康格差の縮小、生活習慣病の発症予防と重症化予防などである。

❷ 高齢者医療制度と特定健康診査等

「高齢者の医療の確保に関する法律」では、40歳以上74歳以下の保険加入者のメタボリックシンドロームに着目した特定健康診査*および特定保健指導*を行うことが規定されている。一定の条件を満たした場合は、生活習慣改善が指導される。

出題頻度 ★

■病気関連への対策

結核や感染症、難病などに対する施策について、理解しておきましょう。

感染症
⇒P.190、349参照

ここをチェック！

❶ 結核・感染症対策

感染症法（感染症の予防及び感染症の患者に対する医療に関する法律）で、一類から五類と新型インフルエンザ等感染症、指定感染症、新感染症に分類。

❷ 難病対策

2014（平成26）年に難病法（難病の患者に対する医療等に関する法律）が成立。

- 「難病」の定義……発病の機構が明らかでなく、かつ治療方法が確立していない希少な疾病《しっぺい》であって、長期にわたり療養を必要とするもの。
- 医療費助成対象疾病《しっぺい》（指定難病*）……2024（令和６）年４月現在、341 の疾病が対象となっている。
- 医療費負担……自己負担が原則２割となっており、所得に応じて自己負担上限額が設定されている。

指定難病
難病のうち、医療助成の対象となるもの。①患者数が人口の0.1％程度に達しないこと、②客観的な診断基準が確立していることが条件となる。
⇒ P.236参照

介護と関連領域との連携に必要な法規

出題頻度 ★★

介護に関連する領域の保健医療制度について押さえておきましょう。

ここをチェック！

❶ 医療法

医療の供給体制、医療施設に関する基準などを規定。

- 病院……医師または歯科医師が、公衆または特定多数人のために医業・歯科医業を行う場所。病床数が 20 床以上あるものを病院と定義する。
- 診療所……入院させる施設をもたない（無床診療所）、または 19 人以下の患者を入院させるための施設をもつもの（有床診療所）をいう。医院やクリニックとも呼ばれている。
- 特定機能病院……高度の医療を提供する能力、高度の医療技術の開発および評価を行う能力、高度の医療に関する研修を行わせる能力がある病院で、病床数が 400 床以上あるもの。厚生労働大臣により承認される。
- 地域医療支援病院……救急医療を提供する能力があり、地域の他の医療機関を支援することができること、原則 200 床以上の病床数を有すること。都道府県知事が承認。

頻出
病院と診療所の違い、特定機能病院と地域医療支援病院の違い

理解度○×チェック！

1．健康寿命とは、65 歳時の平均余命から介護期間を引いたものである。◀出 36-36
2．結核を発症した在宅の高齢者が医療費の公費負担の申請を行う機関は、保健所である。◀出 36-17改

答…………　1．×（健康上の問題で日常生活が制限されることなく生活できる期間）　2．○

18……生活保護制度

キーワード　原理・原則　金銭給付　現物給付
生活困窮者自立支援制度

出題頻度 ★★★

頻出
生活保護制度の概要

■生活保護制度の概要

生活保護制度は、国家責任を前提として、生活保護法に定める原理・原則に従い実施されます。生活保護制度の概要を押さえましょう。

生活保護は、生活困窮者に対して、憲法第25条に示された「健康的で文化的な最低限度の生活」を保障するとともに、自立を助長することを目的として設けられているよ

ここをチェック！

❶ 生活保護法に定められた原理・原則

原理・原則	条文
国家責任の原理（第1条）	国が生活に困窮《こんきゅう》するすべての国民に対し、その困窮の程度に応じ、必要な保護を行い、その最低限度の生活を保障するとともに、その自立を助長することを目的とする。
無差別平等の原理（第2条）	すべて国民は、この法律の定める要件を満たす限り、この法律による保護を、無差別平等に受けることができる。
最低生活保障の原理（第3条）	この法律により保障される最低限度の生活は、健康で文化的な生活水準を維持することができるものでなければならない。
保護の補足性の原理（第4条）	• 保護は、生活に困窮する者が、その利用し得る資産、能力その他あらゆるものを、その最低限度の生活の維持のために活用することを要件として行われる。 • 民法に定める扶養義務者の扶養及び他の法律に定める扶助は、すべてこの法律による保護に優先して行われるものとする。
申請保護の原則（第7条）	保護は、要保護者、その扶養義務者又はその他の同居の親族の申請に基いて開始するものとする。但し、要保護者が急迫した状況にあるときは、保護の申請がなくても、必要な保護を行うことができる。

家や車を所有していたり、年金などの収入があったりしても、生活保護を受けられることがあるよ

基準及び程度の原則（第8条）	●保護は、厚生労働大臣の定める基準により測定した要保護者の需要を基とし、そのうち、その者の金銭又は物品で満たすことのできない不足分を補う程度において行うものとする。 ●前項の基準は、要保護者の年齢別、性別、世帯構成別、所在地域別（地域区分）その他保護の種類に応じて必要な事情を考慮した最低限度の生活の需要を満たすに十分なものであつて、且つ、これをこえないものでなければならない。
必要即応の原則（第9条）	保護は、要保護者の年齢別、性別、健康状態等その個人又は世帯の実際の必要の相違を考慮して、有効且つ適切に行うものとする。
世帯単位の原則（第10条）	保護は、世帯を単位としてその要否及び程度を定めるものとする。但し、これによりがたいときは、個人を単位として定めることができる。

❷ 生活保護の種類と主な内容

生活保護の種類は、以下の８種類である。

種類	給付方法	主な内容
生活扶助	金銭*	飲食物費、被服費、光熱水費など、日常生活の需要を満たすものや移送のための費用など
教育扶助	金銭	学校給食費、通学交通費、教材代、学習支援費など
住宅扶助	金銭	借家・借間の場合の家賃、間代または自己所有の住居に対する土地の地代、住宅維持費など
医療扶助	現物*	最低生活に必要な診察、薬剤、治療材料、医学的処置・手術等の治療、施術、看護、移送など
介護扶助	現物	最低生活に必要な居宅介護、介護予防、福祉用具、住宅改修、施設介護、移送など
出産扶助	金銭	助産、分娩に伴って必要となる一定額範囲内の費用、ガーゼ等衛生材料費など
生業扶助	金銭	生業費、技能修得費、就職支度費など
葬祭扶助	金銭	遺体の検案、運搬、火葬、埋葬等の費用

金銭給付

金銭の給付・貸与によって保護を行うこと。

現物給付

物品の給付・貸与、医療の給付、役務の提供その他金銭以外の方法で保護を行うこと。

❸ 生活保護の手続きの流れ

① 事前の相談……現在の居住地を所管する市町村の福祉事務所の生活保護担当窓口に相談する。

② 保護の申請……要保護者（生活に困窮し、保護を要する者とその扶養義務者、同居親族）は、福祉事務所に保護を申請する。

③ 調査……生活状況等を把握するための実地調査、預貯金、保険、不動産等の資産調査、扶養義務者による扶養の可否の調査、社会保障給付や就労所得の調査、就労の可否の調査を実施し、申請日から原則 14 日以内（最長 30 日以内）に保護の要否を決定し、内容を通知する。

④ 保護費の支給……厚生労働大臣が定める基準に基づく最低生活費から、年金や就労収入等の収入を引いた額を毎月給付する。受給者は収入や家族の状況を毎月、報告する。

❹ 生活困窮者自立支援制度

2013（平成 25）年制定の「生活困窮者自立支援法」に基づき、2015（平成 27）年 4 月から、生活困窮者自立支援制度が始まった。生活保護に至る前段階の、経済的に困窮し、最低限度の生活を維持することができなくなるおそれのある者に対し、以下のような事業を行う。

- 自立相談支援事業……生活の不安などに対して、地域の支援員が具体的な支援プランの作成等を行う。
- 住居確保給付金の支給……離職などにより住居を失った人、または失うおそれの高い人に対し、一定期間家賃相当額を支給するとともに、就職に向けた支援を行う。

理解度〇✕チェック！

1．生活困窮者自立支援法の対象となるのは、最低限度の生活が維持できなくなるおそれのある者である。 出 35-18

2．生活保護の給付方法には、金銭給付と現物給付があるが、その費用は国が全額負担している。 出 34-16改

答 ………… 1．〇　2．✕（国が3/4、地方自治体が1/4の割合で負担している）

4

こころとからだのしくみ

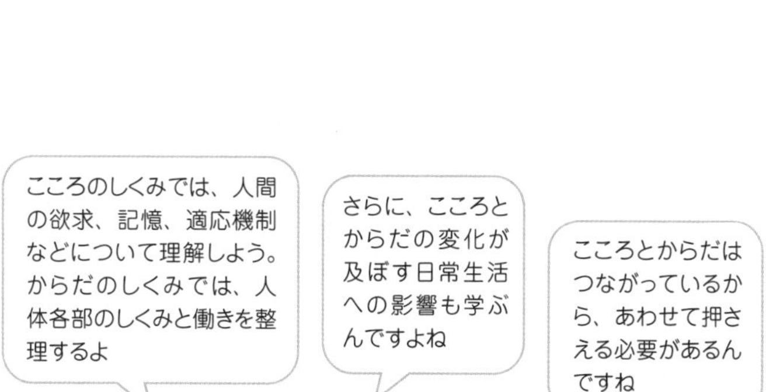

1……こころのしくみに関する概念

キーワード　人間の欲求　マズローの欲求階層説　自己概念

出題頻度 ★★★

■人間の欲求の基本的理解

人の行動の背景には欲求があります。アメリカの心理学者マズローは、人間の欲求について、心理学的な視点からアプローチしました。マズローの欲求階層説と自己概念について理解しましょう。

ここをチェック！

❶ マズローの欲求の階層

生理的欲求、安全欲求、所属・愛情の欲求、承認欲求、自己実現の欲求の５段階に階層序列化。段階的に、より高次の欲求充足に向けて動機づけがなされていくとした。

❷ 基本的欲求

人間を含めた動物すべてがもつ。

- 生理的欲求……生命維持のために身につけた本能的な欲求。
- 安全欲求……安全な場所を求め、生命を維持するための欲求。

頻出
マズローの欲求階層説の各欲求の定義と内容

❸ 社会的欲求

後天的に学習されるもの。

- 所属・愛情の欲求……家族や地域、学校や社会といった集団に帰属したい、愛情に包まれたいという欲求。
- 承認欲求……自尊心と他者に認められたい承認の欲求。
- 自己実現の欲求……自己の才能、能力、可能性を追求し、自らを完成させ、なし得る最善を尽くそうとする欲求。

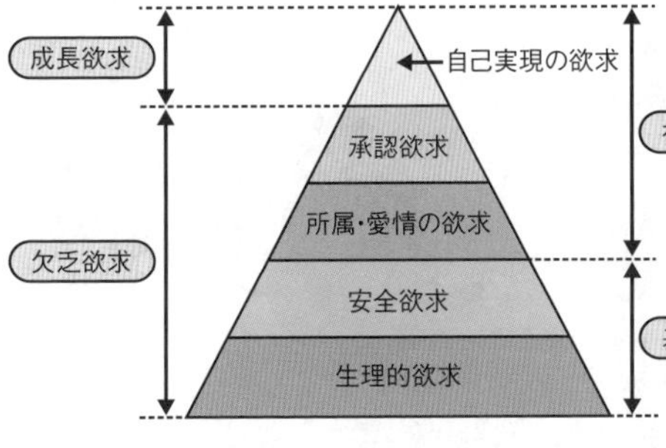

❹ 欠乏欲求と成長欲求

- 欠乏欲求……マズローの欲求階層説の第１階層から第４階層まで。いずれも外からのものや人によって充足される。
- 成長欲求……マズローの欲求階層説の第５階層。自己充足的。欠乏欲求が充足されると出現する。

自己概念の変化

自己概念とは、自分が誰で、どのような人間かを意識する概念です。自己概念が、ライフステージ*の段階ごとのからだ・精神の状況、環境、社会、接する人などによって変化することを理解しましょう。

ここをチェック！

❶ ライフステージの各段階における変化

- 乳幼児期・児童期……心身とも発達過程にある。強靱性《きょうじんせい》や思考の可《か》逆性《ぎゃくせい》*に富んでいる。
- 思春期・青年期……子どもから大人になる過渡期。からだの第二次性徴、自己同一性*の獲得など。
- 成人期……環境の変化が多岐にわたり、連帯感が生じる一方、その環境ごとの義務や責務でストレスも発生する。更年期障害が出現する。
- 老年期……さまざまな喪失《そうしつ》体験がある。一方で、経験が蓄積されており、人格が円熟・調和される場合がある。

ストレンジ・シチュエーション法は、人見知りが激しい満1歳児を対象として、実験室において母子分離をしたときと母親と再会したときの子どもの反応（愛着行動）を組織的に観察する方法。エインズワースが考案したよ

出題頻度 ★

ライフステージ
人間が誕生してから死に至るまでのさまざまな過程における生活史上の各段階のこと。乳幼児期、児童期、青年期、成人期、老年期など。

思考の可逆性
ある思考をもったり、それを考えるのをやめたりすること。

自己同一性
「自分とはこういう人間だ」というアイデンティティのこと。

こころとからだのしくみ

理解度〇✕チェック！

1. 自己実現欲求は、マズローの欲求階層説で成長欲求に該当する。◀出 36-19
2. 養育者がいないと不安になり、再会すると安心する行動は、ストレンジ・シチュエーション法による愛着行動である。◀出 34-69改

答……… 1. 〇　2. 〇

2…… こころのしくみの理解

キーワード　思考　感情・気分　記憶　適応機制

出題頻度 ★★

■こころのしくみについて

人は、外部環境からの刺激を受けると、感情とともにその意味を認識し、記憶している経験との照合を行い、その結果に基づいて行動が決まります。これら一連の過程は脳で行われ、思考、感情・気分・情動、記憶、適応機制などの「こころ」の働きとして現れることを理解しましょう。

ここをチェック！

❶ 思考

一定の目標に向かい、その目的に合った考えを次々と思い起こしながらこれらを結びつけ、判断や推測によって課題を分析していくこころの活動のことを思考という。

❷ 感情・気分・情動

頻出
高齢者の気分障害の特徴

- 感情……快・不快、喜怒哀楽などの自分の意識の状態のこと。
- 気分……特別の対象をもたず、比較的長く続く感情の状態。
- 情動……外界の刺激で短時間に激しく起きる感情の変化。
- 気分障害……うつ病、双極性《そうきょくせい》障害など。気分の異常な落ち込みや高揚が一定期間以上続く病気。気分が沈み、物事への関心などが低下して行動や動作が緩慢になった状態をうつ状態と呼ぶ。双極性障害の発症は、20 ～ 30 歳代がピークとなっている。また、高齢者の気分障害の特徴としては、若年者と比べて著しい抑うつ気分が少ないこと、感情の調整が難しく、すぐに泣いたり、怒ったりすることなどがあげられる。

双極性障害
⇒ P.231参照

❸ 記憶の３つの過程

記憶
⇒ P.159、198参照

- 記銘……覚え込むこと。
- 保持……覚えた内容を脳内で保存しておくこと。
- 想起（再生）……保持している情報を必要に応じて取り出すこと。

❹ 記憶の分類（保持時間の違いによる分類）

▶ 保持時間による分類

感覚記憶	感覚器に入ってくる刺激情報
短期記憶	数字の復唱や電話番号のようにその瞬間は覚えていても、何もしなければすぐに忘れてしまう記憶
長期記憶	子どもの時の経験や生活歴のように長期間保持されている記憶

頻出

記憶の分類や各記憶の名称と定義

記憶の分類には、保持の長さと内容の性質の違いによる2通りがあるよ

記憶の分類（保持の長さ）

⇒ P.159参照

❺ 記憶の分類（内容の性質による分類）

▶ 陳述記憶と非陳述記憶

名称		特徴	例
陳述記憶	エピソード記憶	個人的な経験や過去の出来事に関する記憶。特定の日時や場所と関連づけて記憶される。	「今日は誰とどこへ行ったか」「昨日は何をしたか」 など
	意味記憶	一般的な情報に関する記憶。言語とその意味を結びつける作業により得られた記憶のこと。	地名、日付、物の名称　など
非陳述記憶	手続き記憶	動作に関する身体的反応の記憶。技能などの「からだで覚えた」記憶のこと。	自転車の乗り方、泳ぎ方　など
	プライミング	一度経験したある情報を無意識にとどめておくことにより、次に経験した際、すばやく対応することを可能にするための記憶のこと。	日常の何気ない動作や行動

❻ 意欲（欲動）と動機づけ

意欲は、欲求と意思を含め、人を行動に駆り立てる力の中で、統制力を含むまでのレベル。動機づけは、欲求によって行動を起こし、それを維持し、一定の方向に導く過程。

- 外発的動機づけ……外部からの賞罰による動機づけ。
- 内発的動機づけ……目標や行為そのものへの興味・関心のように内部からの知的好奇心などによる動機づけ。

❼ 適応

個人と環境との関係を表す概念。個人の欲求が環境と調和し、満足を感じている状態。

❽ 適応機制

防衛機制ともいう。欲求不満や不快な緊張・不安から自分を守り、心理的満足を得ようとする無意識的なこころの働きかけのこと。

▶代表的な適応機制

	内　容	例
抑圧	容認しがたい欲求や感情を思い出さないように抑えつけ、意識にのぼらせないようにする。	無意識のうちに忘れてしまう。
逃避	不安、緊張、葛藤などから逃げ出すことによって、自己の安定を求める。	白昼夢、空想や疾病《しっぺい》などに逃げる。
退行	より以前の発達段階に逆戻りして、未熟な行動をとり、目の前の状況から逃げようとする。	幼児の赤ちゃん返り。
代償	本来の目的が得られないとき、獲得しやすい代わりのものに欲求を移して我慢する。	第二志望の大学に行く。
補償	ある一面での劣等感を、他の面での優越感で補う。	得意なスポーツに励む。
合理化	自分に都合のよい理由づけ・言いわけをすることで、自分の失敗や欠点を正当化する。	テストの失敗を風邪をひいたせいにする。
昇華《しょうか》	社会的に承認されない欲求や衝動を、社会的に認められる形で満たそうとする。「置き換え」の一形態。	失恋の悲しみを小説に書く。
同一化（同一視）	満たせない願望を実現している他者と自分とを同一化し、まるで自分自身のことのように代理的に満足する。	タレントの格好をまねる。
投射（投影）	自分の容認しがたい欲求や感情を他者の中にあると考えて、それを指摘・非難する。	自分が嫌いな人に嫌われていると思う。
置き換え	ある受け入れがたい欲求や負の感情などを、ほかの対象に向けて表現する。	八つ当たり。
反動形成	知られたくない欲求・感情と正反対の行動をとることによって、本当の自分を隠そうとする。	嫌いな上司を誉める。

理解度〇✕チェック！

1．双極性障害は、老年期に初発することが多い。◀出 24-74
2．意味記憶は、言葉の意味などに関する記憶である。◀出 34-73
3．適応機制の一つである「昇華」とは、直ちに実現できない欲求を、価値ある行為に置き換えようとすることである。◀出 27-93

答……… 1．✕（主に20歳代で発症する）　2．〇　3．〇

3……からだのしくみの理解

キーワード　自律神経　内分泌系　ホメオスタシス

心身機能の調和

出題頻度 ★★

人のこころは、からだと密接に関係しています。例えば、さまざまな精神的なストレスが、からだに影響を与えることもあります。こころとからだが正常で、調和がとれている状態が、健康であるといえます。心身機能の調和にかかわる自律神経、内分泌系、ホメオスタシスについて理解しましょう。

ここをチェック！

❶ 自律神経

交感神経と副交感神経がある。この双方の神経の働きにより、心身のバランスが保たれている。

- 交感神経……からだを活動・緊張・攻撃などの方向に向かわせる神経。
- 副交感神経……内臓の働きを高め、からだを休ませる（リラックスする）方向に向かわせる神経。

▶自律神経の働き

交感神経（緊張時）↓		副交感神経（リラックス時）↓
速くなる	呼　吸	穏やかになる
上昇する	血圧・血糖	下降する
消化液の分泌が抑制される	消化器	消化液の分泌が促進される
ホルモン分泌が乱れる	内分泌	ホルモン分泌が安定する
緊張する	筋　肉	弛《し》緩《かん》する
活発になる	精神活動	リラックスする

❷ 内分泌系

- からだのさまざまな機能を調整しているホルモンを分泌するシステム。
- ストレス環境では、副腎皮質ホルモン*が過剰に分泌される。
- ホルモンの過剰分泌は、免疫系に影響を及ぼし、抵抗力が弱まって病気になりやすくなる。

内分泌系
⇒P.101参照

副腎皮質ホルモン

副腎皮質から産生されるホルモンの総称。抗炎症作用や水分の調整機能を司る。

❸ ホメオスタシス*（恒常性）

生体の内部や外部の環境因子の変化にかかわらず、生体の状態が一定に保たれるという性質、あるいはその状態のこと。具体的には、体温、血圧、体液の浸透圧や pH の調整のほか、病原微生物の排除、創傷の修復など、生体機能全般に及ぶと考えられている。ホメオスタシスをコントロールしているのは、脳の視床下部と考えられている。自律神経系や内分泌系、免疫系を介し、調節が行われる。

ホメオスタシス
例えば、体温を一定に保つため、体温が高くなると発汗や皮膚血管の拡張で体温を下げようとし、低くなるとふるえなどによる熱産生によって体温を上げようとする。

サイトカイン
細胞から放出されるタンパク質の一種で、受け取った細胞の免疫力を変化させる働きをもつ。

神経伝達物質
神経細胞から放出され、受け取った細胞の興奮・抑制を担っているアドレナリンやドーパミンなどの物質。

▶ からだを健康に保つホメオスタシスのしくみ

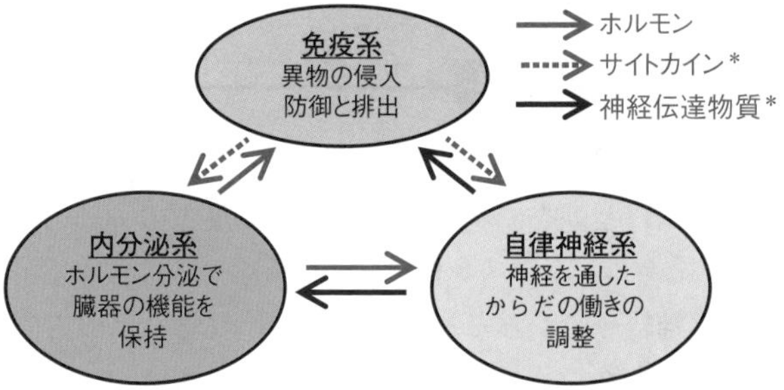

❹ 体温

- 静かに寝ているときでも、常に行っている活動（基礎代謝）で生じる熱、骨格筋の運動による熱、食事でもたらされる熱によって保たれている。
- 年齢や体調、極端な環境条件等によって変化する。一般的な成人は 36 ～ 37℃、成人より幼児は高く、高齢者は低い。

理解度〇✕チェック！

1．心拍数減少は、交感神経が作用する。◀出 36-20
2．副交感神経が優位になると多尿になる。◀出 27-105改
3．生理的欲求はホメオスタシスの働きによって制御される。◀出 26-97改

答……… 1．✕（心拍数減少は、副交感神経が作用する。交感神経が作用すると心拍数の増加、血圧上昇、呼吸数増加が起こる。また、消化器官の活動が抑制される） 2．✕（排尿は促されやすいが、多尿になるわけではない） 3．〇

4 …… 人体各部のしくみ

キーワード 脳　神経　骨　筋肉　感覚器　呼吸器　消化器　泌尿器　生殖器　内分泌系　循環器　血液　リンパ

■人体について

出題頻度 ★

介護では、利用者の身体的状況や変化に、密接にかかわることになります。人体のつくりや名称など、基礎的なことを理解しておきましょう。

ここをチェック!

❶ 人体のつくり

頭頸部、体幹、体肢に大別される。

❷ 体幹

いわゆる胴体部分。胸部、腹部、背部、臀部《でんぶ》からなる。これらには内臓が入っている。

❸ 体肢

腕を上肢、脚を下肢と区別する。これらをあわせて四肢という。

▶ 人体の各部の名称

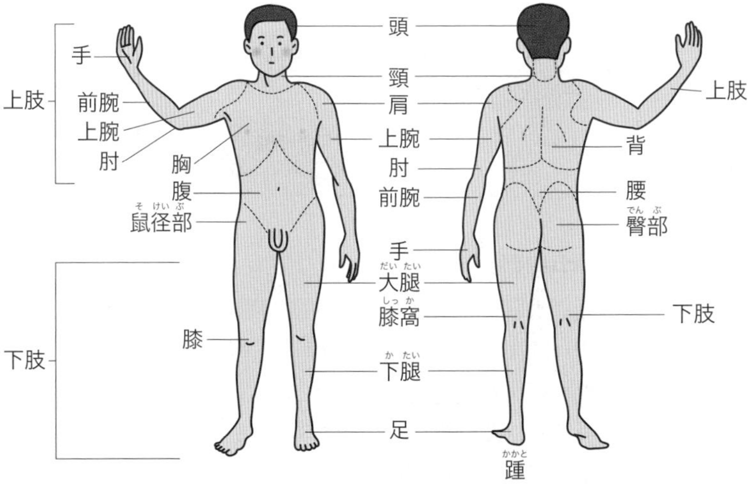

❹ 細胞・遺伝

- 細胞……人体の構成上・機能上の最小単位で、人体は約 40 兆～ 70 兆個の細胞から成り立っている。
- 遺伝……生殖によって親から子へと形質が伝わるという現象。生物の基本的な性質の一つで、主に遺伝子の本体であるDNAが中心的役割を果たす。DNA の塩基配列*により遺伝情報が伝わる。

塩基配列
DNAなどの核酸を構成する4種類の塩基の並び方。遺伝情報を担っている。

出題頻度 ★★

脳と神経

脳と神経は、生命の維持やからだの働きを司る中枢です。脳や神経が損傷されると、障害が生じ、介護が必要になります。脳と神経のしくみを理解しましょう。

ここをチェック!

❶ 神経

- 中枢神経系……脳と脊髄《せきずい》からなる。末梢《まっしょう》からの刺激を受け、これに対して興奮を起こす中心部。
- 末梢神経系……脳脊髄神経（体性神経）と自律神経からなる。刺激や興奮を伝導する部分。

神経系では、自律神経の交感神経と副交感神経の働きを押さえておこう
⇒ P.87参照

▶ 神経系の分類

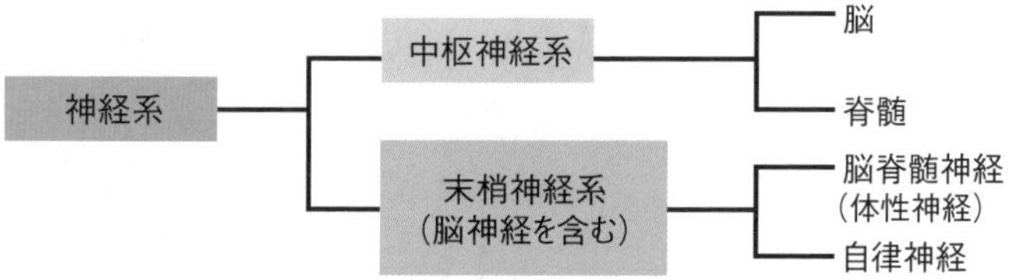

❷ 中枢神経系

脳（大脳、間脳、脳幹（中脳、橋《きょう》、延髄《えんずい》）、小脳）と、脊髄からなる。成人の脳の平均重量は約 1300g。

- 脳幹……生物としての命にかかわる部位。特に延髄は、呼吸運動、循環器などに関する中枢がある。
- 脳下垂体……間脳の視床下部についている。自律神経およびホルモン分泌の中枢をなしている。

- **大脳**……左右の大脳半球がある。感覚・運動の中枢が、決まった部位に配置されている（下図「大脳皮質の諸中枢」参照）。
- **小脳**……脳幹の後方にある。障害を受けると運動失調が起こる。
- **脊髄**《せきずい》……脊柱管内にあり、直径 1cm の白く細長い円柱状になっている。上方は延髄に連なっている。

脳の構造は図とともに覚えよう

▶ **脳の構造**

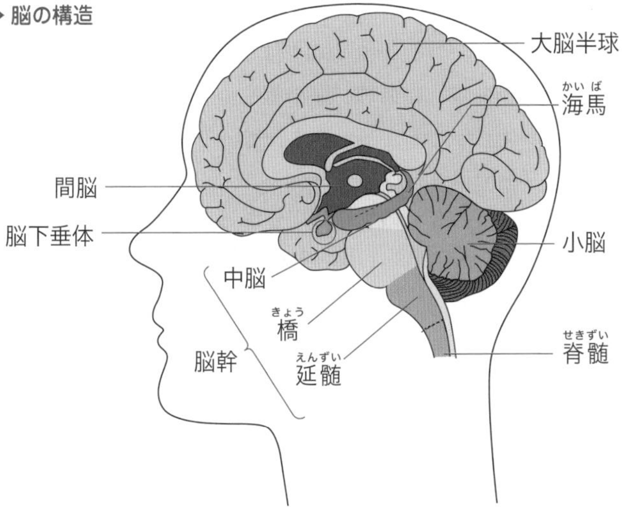

脳の中で記憶に関係する部位は、大脳辺縁系《へんえんけい》にある海馬だよ

▶ **大脳皮質の諸中枢**

大脳の左脳にある感覚に関する中枢の配置

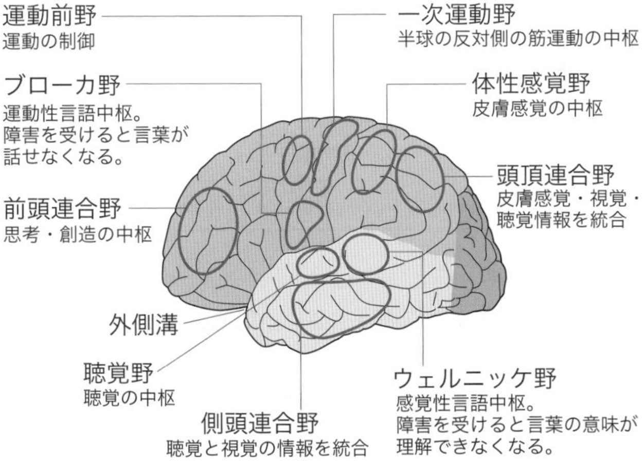

ブローカ野が障害を受けたときは、ブローカ失語になるよ
⇒ P.361参照

出題頻度 ★★★

骨と筋肉

骨は全身に約200個あり、筋肉とともに運動を行い、臓器を保護しています。骨、関節、筋肉のしくみや特徴を理解しましょう。

ここをチェック！

❶ 骨の特徴

- 骨膜に包まれ、骨髄《こつずい》と骨質に区別できる。
- 骨髄……赤血球、白血球、血小板をつくっている。
- 骨質……カルシウムが多く含まれている。寝たきりになると、カルシウムが血液に放出される。
- 骨には、以下の５つの生理作用がある。
  ①支持作用、②保護作用、③運動作用、④造血作用、
  ⑤電解質（ナトリウム・カリウム・カルシウムなど）の貯蔵作用
- 加齢に伴う変化…通常は破壊と再生のバランスがとれているが、加齢に伴ってホルモンバランスが崩れ、骨の破壊の亢進《こうしん》、再生の抑制などがある。骨量が減ると、骨《こつ》粗《そ》鬆症《しょうしょう》*になる。

骨粗鬆症
骨量が減少し、骨の構造も破綻してもろくなり、骨折の危険性が高まった状態。
⇒P.182参照

頻出
関節の運動とそのとき働く筋肉の組み合わせ

❷ 筋肉の特徴

- 筋肉は、からだを動かす運動だけでなく、呼吸や胃腸の消化活動などでも働く。
- 筋肉には、骨格筋、平滑筋、心筋の３種類がある。

骨格筋	自分の意思で自由に動かせる随意筋。腕や足の筋肉、腹筋、背筋などがある。
平滑筋	自分の意思で動かしたり止めたりできない不随意筋。心臓以外の内臓をつくっている。
心筋	心臓だけにある筋肉。不随意筋

❸ 骨格と関節

- 関節……骨と骨をつなぐ連結部分。関節をまたいで、筋肉が付着している。
- 骨格筋……関節をまたぐ筋肉。骨の表と裏にあり、各々が拮抗的な働きをもっている。

▶ 全身の骨格と関節

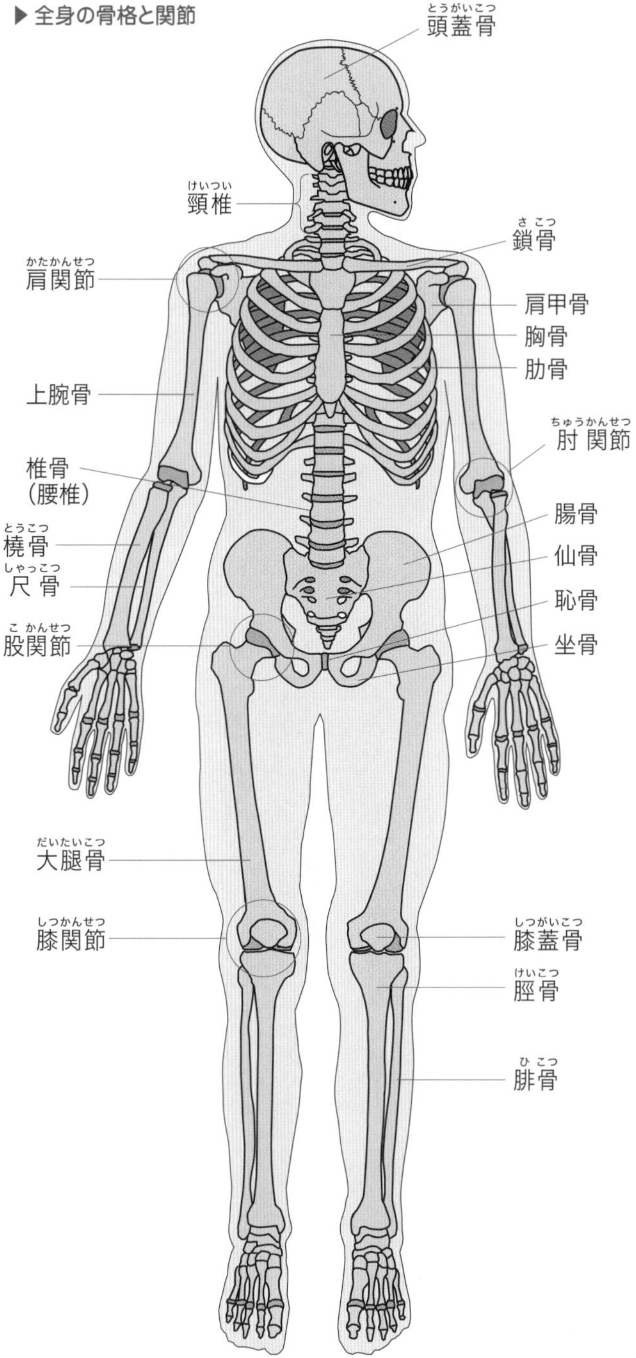
頭蓋骨《とうがいこつ》
頸椎《けいつい》
鎖骨《さこつ》
肩関節《かたかんせつ》
肩甲骨
胸骨
肋骨
上腕骨
肘関節《ちゅうかんせつ》
椎骨
(腰椎)
腸骨
橈骨《とうこつ》
仙骨
尺骨《しゃっこつ》
恥骨
股関節《こかんせつ》
坐骨
大腿骨《だいたいこつ》
膝関節《しつかんせつ》
膝蓋骨《しつがいこつ》
脛骨《けいこつ》
腓骨《ひこつ》

全身の骨格と筋肉はあわせて覚えておこう

高齢者に多い骨折は、大腿骨《だいたいこつ》頸部《けいぶ》骨折《こっせつ》、脊椎《せきつい》圧迫《あっぱく》骨折《こっせつ》、上腕骨《じょうわんこつ》近位端《きんいたん》骨折《こっせつ》、橈骨《とうこつ》遠位端《えんいたん》骨折《こっせつ》だよ

▶ 全身の主な筋肉

筋肉
⇒ P.107参照

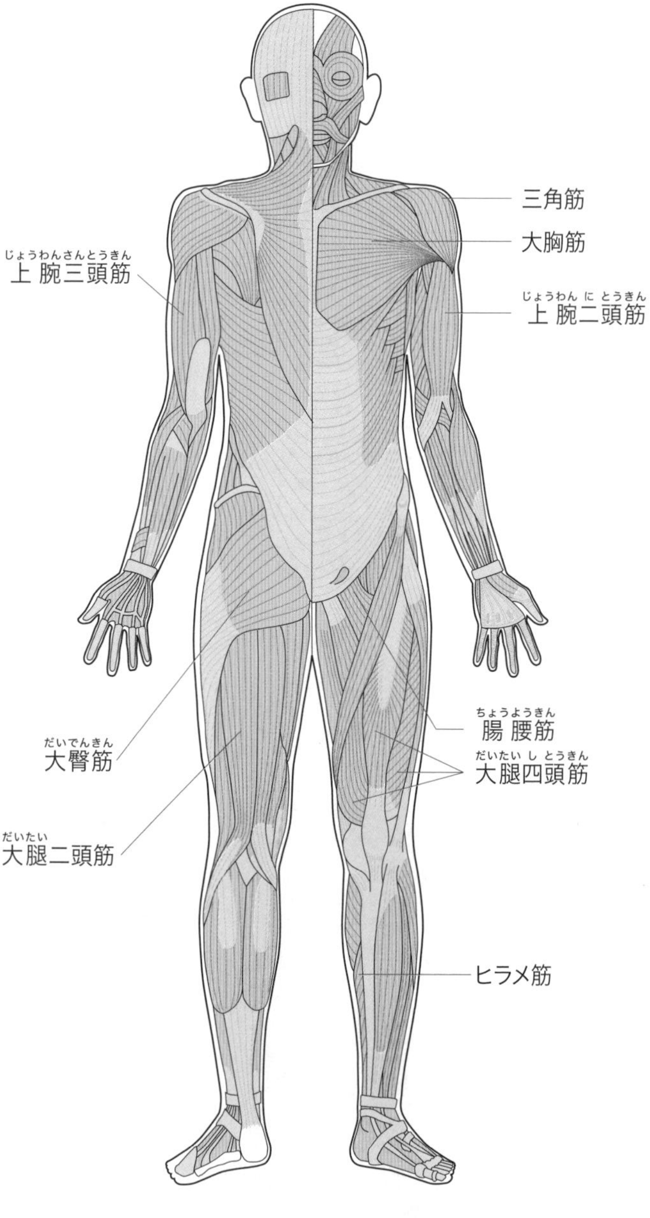

出題頻度 ★

■感覚器

眼、耳、鼻、舌、皮膚に代表される感覚器は、外部のさまざまな刺激を受け取ります。その刺激が大脳の感覚中枢に伝わり認識されると、見えたり、聞こえたりと人の生活に大切な感覚として現れます。感覚器のしくみと働きを理解しましょう。

ここをチェック！

❶ 感覚器の概要

視覚器、平衡聴覚器《へいこうちょうかくき》、嗅覚器《きゅうかくき》、味覚器、外皮がある。眼・耳・鼻・舌・皮膚に代表される。

- 視覚器（眼）……ものを見る感覚器。副眼器と眼球からなる。副眼器は眼球を保護し、その働きを助けるもので、眼《がん》瞼《けん》・結膜・眼筋・涙器《るいき》などがある。眼球は左右の眼窩《がんか》の中に収められている。

▶ 眼球の構造

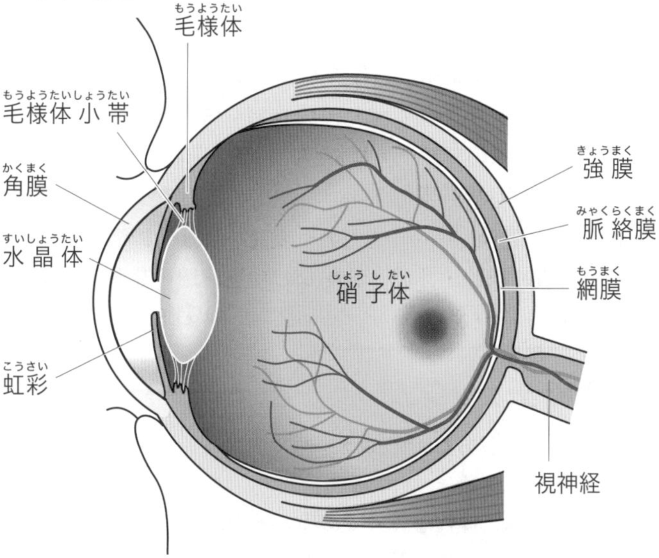

感覚器の機能の低下が、どのような障害となるかを思い出してみよう
⇒ P.160参照

高齢者に多い白内障は、水晶体の濁りが原因だよ
⇒ P.172参照

- 平衡聴覚器（耳）……音を聞き、平衡感覚を司る感覚器。外耳、中耳、内耳からなる。外耳、中耳は音を内耳に伝え、内耳は音の情報を脳に伝えるとともに、平衡感覚を司る。

▶ 耳の構造

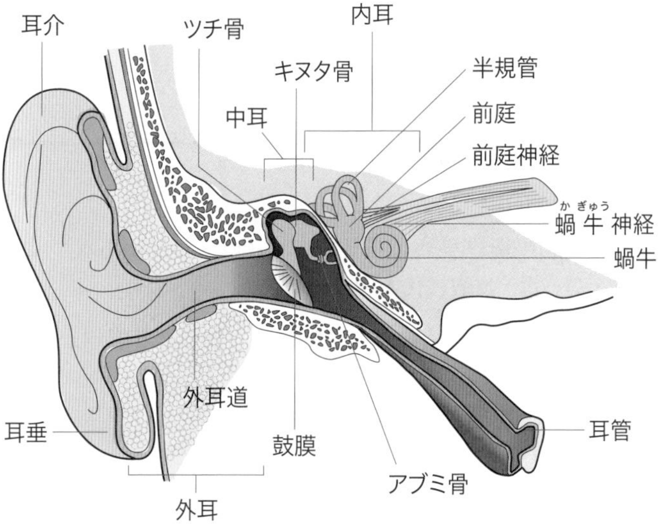

- 嗅覚器（鼻）……においを感じる感覚器。鼻腔《びくう》上部の粘膜・嗅粘膜にある嗅細胞が受容器となる。
- 味覚器（舌）……味を感じる感覚器。舌にある味蕾《みらい》が受容器である。味の種類は多様だが、甘味・苦味・酸味・塩味・旨味の５つの基本味がある。
- 外皮（皮膚*他）……からだの全表面をおおう皮膚、毛や爪などの角質、脂腺・汗腺・乳腺などの皮膚腺の総称。表面は弱酸性で、温点や痛点などの皮膚感覚*の受容器が分布する。

皮膚

からだの保護・体温の調節などの働きをもつ。皮膚の付属器には毛・爪・付属腺(皮膚腺)などがある。

⇒P.131参照

皮膚感覚

触覚、圧覚、痛覚、温度感覚（温・冷）を指す。筋膜、骨膜、関節などの損傷によって生じる深部痛覚を深部感覚という。

理解度○✕チェック！

1. 中耳にある耳小骨には、ツチ骨がある。 出 36-22
2. 人の体温調節中枢は視床下部にある。 出 33-98
3. 大脳の後頭葉にある機能局在は、体性感覚野である。 出 35-20
4. 立位姿勢を維持するための筋肉（抗重力筋）は大胸筋である。 出 35-21

答……1. ○（ツチ骨以外に、キヌタ骨・アブミ骨もある） 2. ○ 3. ✕（大脳の後頭葉にある機能は視覚野。体性感覚野は頭頂葉の前部にある） 4. ✕（大腿四頭筋。大胸筋は主として上腕の動きに関係する筋肉）

呼吸器

出題頻度 ★★

無意識にしている呼吸ですが、生命の維持のために必要な酸素と二酸化炭素の交換を行っています。呼吸器のしくみと働きを理解しましょう。

ここをチェック！

❶ 呼吸器の概要

呼吸器系とは外呼吸を行うための器官系で、気道と肺がある。

- 気道……鼻腔《びくう》、咽頭《いんとう》、喉頭《こうとう》、気管、気管支からなる。鼻腔から気管支までの空気の出入りと発声に関与する。
- 肺……空気と血液との間のガス交換の場。
- 呼吸……外肋間筋と横隔膜が伸縮することで肺も伸縮し、空気が吸い込まれ、代謝に必要な酸素が赤血球内の血色素（ヘモグロビン）に結合して、人体各器官の細胞に供給される。細胞から代謝の際に生じた二酸化炭素は除去される。外呼吸と内呼吸*がある。呼吸運動は延髄《えんずい》・橋《きょう》の呼吸中枢の働きにより、無意識に反射的な規則正しいリズムで行われる。
- 気管支……左右に分岐している。右気管支が左に比べて太くて短く、角度も緩いため、誤嚥《ごえん》した異物がこちらに入ることが多い。

内呼吸
血液と組織細胞間のガス交換のこと。

▶ 呼吸器

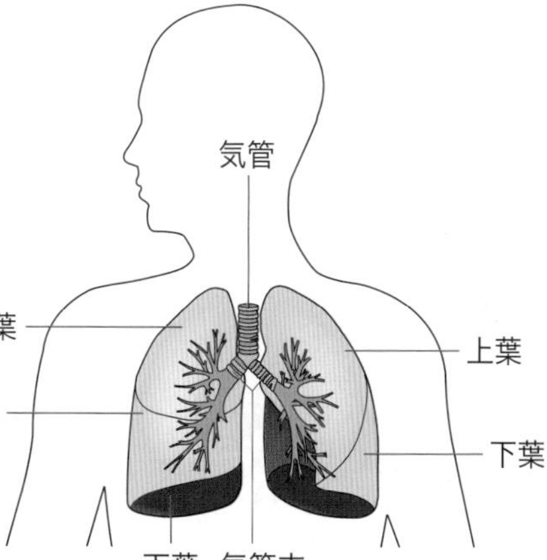

出題頻度 ★★

消化器

口から摂取した食物が、消化されながら肛門に運ばれるまでの一連の流れについて、各消化器の働きとともに整理しておきましょう。

ここをチェック！

❶ 消化器の概要

消化器系は、消化管*と消化腺*からなり、摂取した食物を腸管から吸収できる程度まで分解し、栄養分を吸収して血液中に送る働きをしている。また、食物残渣《しょくもつざんさ》の排泄《はいせつ》を司る。

▶ 主な消化器系の名称と働き

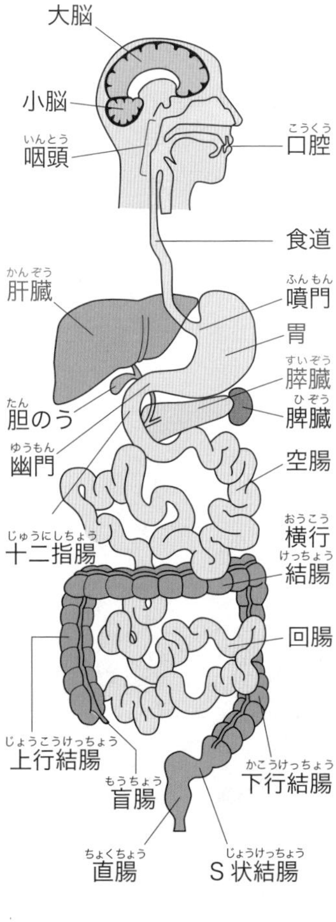

胃……胃液を分泌して食物を消化する。

肝臓《かんぞう》……脂肪の消化を助ける胆汁《たんじゅう》を分泌する。取り込まれた栄養分の処理や貯蔵、有害物質の解毒・分解・排泄などを行う。

膵臓《すいぞう》……ランゲルハンス島*をもち、グルカゴンやインスリンなどのホルモンを分泌する。

小腸……十二指腸、空腸、回腸に区分される。分泌される胆汁や膵液、腸液などの消化液により、化学的消化が行われ、栄養分が吸収される。

大腸……盲腸、結腸、直腸に区分される。小腸で栄養を吸収した残りから、さらに水分を吸収し、糞便を形成して肛門から排出する。

消化管
食道から胃・小腸・大腸とつながり、肛門で終わる管のこと。食物の通路であり、消化・吸収を行う。

消化腺
消化管内に消化液を分泌する腺の総称。唾液腺・肝臓・膵臓・胃腺・小腸腺・大腸腺などをいう。

ランゲルハンス島
膵臓にあり、グルカゴンを分泌するα(A)細胞とインスリンを分泌するβ(B)細胞がある。インスリンが欠乏すると、糖尿病になる。
⇒P.101参照

- 食物の流れ

口から摂取された食物は、かみ砕かれ（咀嚼《そしゃく》）唾液と混ぜ合わされて食塊となり、飲み下され（嚥下《えんげ》）、食道を通過し、胃へと運ばれる。胃では胃液と混ぜ合わされ、ぜん動運動*により小腸へ送られ、最終的に大腸から肛門まで運ばれる。

ぜん動運動
消化管などの管状の臓器が内容物を液状にして送る基本的な運動形式のこと。副交感神経によって盛んになり、交感神経によって抑制される。

❷ 主な消化器の構造と消化液

- 小腸

十二指腸、空腸、回腸に区分され、長さは6～7 mある。

- 大腸

盲腸、上行結腸、横行結腸、下行結腸、S状結腸、直腸に区分され、長さは約1.5 mある。

- 肝臓

重さ約1200 gの器官で、栄養の貯蔵などのほか、不要なアンモニアを分解して尿素をつくる。

- 消化液

唾液は炭水化物を、胃液はタンパク質を、膵液は炭水化物・タンパク質・脂肪を分解する酵素を含む。胆汁は脂肪を乳化してリパーゼ*の働きを助け、消化しやすくする。

リパーゼ
消化酵素の一種で中性脂肪を分解する。膵液や胃液、腸液などに含まれている。

泌尿器、生殖器、内分泌系

出題頻度 ★★

泌尿器で尿が生成されて排出されるしくみや、生殖にかかわる生殖器の働き、からだのバランスを保つホルモンを分泌する内分泌系の働きについて理解しましょう。

ここをチェック！

❶ 泌尿器の概要

腎臓と尿路からなる。腎臓で尿を生成し、尿路（尿管・膀《ぼう》胱《こう》・尿道）から尿を体外に排泄《はいせつ》する。男性の尿道は前立腺に囲まれている。

尿路
⇒P.178参照

- 腎臓

腹腔《ふくくう》の背側にある一対の臓器で、血液中の老廃物をこしとり、尿をつくる。尿は腎臓中の腎杯《じんぱい》、腎盂《じんう》に集められる。腎臓は、血圧の調整、赤血球産生の調整にも関係している。

▶ 泌尿器系のしくみ

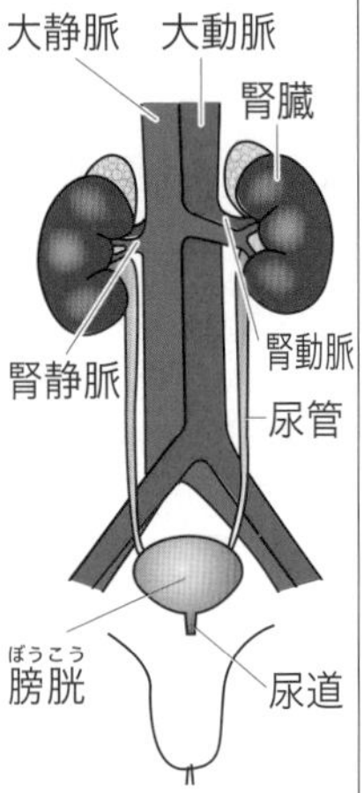

- 膀胱《ぼうこう》

約 500mL の容量をもつ。尿管から送られてきた尿を蓄える。男性は直腸が、女性は子宮と膣《ちつ》が密接している。

- 尿道

膀胱内の尿を体外に排泄《はいせつ》する管。男性が長さ 16 ～ 18cm、女性が長さ３～４cm と長さが異なる。

❷ 生殖器の概要

- 女性生殖器

卵巣、卵管、子宮、膣からなる。膣は子宮の下につながり、長さ 7cm ほどの管腔器官で、交接器および産道でもある。

- 男性生殖器

精巣、精巣上体、精管、尿道からなる。精巣は陰嚢《いんのう》中に左右一対あり、精巣上体とともに皮膜に包まれ、扁平楕円形をした 8 ～ 8.5g の器官である。

- 前立腺

男性のみにある。膀胱の下で恥骨結合と直腸の間にある。射精管と尿道起始部を取り囲む腺。乳白色の液を尿道中に出し、精子の運動を促進する。

▶ 生殖器のしくみ

〈男性〉　〈女性〉

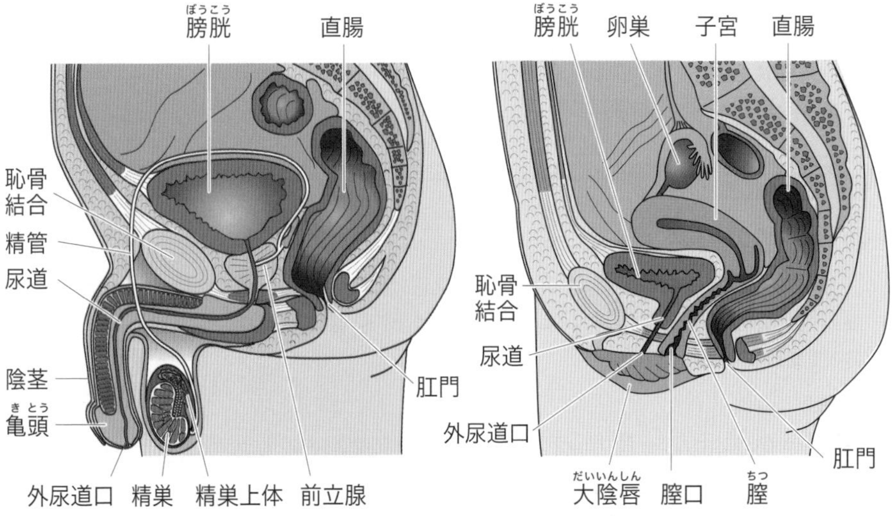

❸ 内分泌系の概要

ホルモンを分泌する器官を、内分泌腺または内分泌器官という。ホルモンは血液中に分泌される。ホルモンは、特定の臓器において微量に産生される特殊な化学物質で、目的とする組織または器官（標的器官）の働きの調節に関与する。

- 松果体《しょうかたい》……脳にある松果体は、メラトニンを分泌する。メラトニンは睡眠に関係する。
- 胸腺……免疫にかかわるリンパ球の産生に関係する。
- 膵臓《すいぞう》……ランゲルハンス島のα（A）細胞から血糖値上昇作用があるグルカゴンが、β（B）細胞から血糖値低下作用があるインスリンが、δ（D）細胞からグルカゴンやインスリンの分泌を抑制するソマトスタチンが分泌される。
- 女性では、40歳代半ばから更年期が始まる。閉経とともにホルモンバランスが崩れ、さまざまなからだの不調が起こる。

頻出
ランゲルハンス島がある臓器の名称と働き

メラトニン
⇒ P.446参照

内分泌腺とそこから分泌されるホルモンの名称や働きは表などにまとめて理解するようにしよう

▶ ホルモンの種類と働き

器官名	主なホルモンの名称	働き
脳下垂体前葉	成長ホルモン 甲状腺刺激ホルモン 副腎皮質刺激ホルモン 性腺刺激ホルモン	成長促進 甲状腺ホルモンの分泌促進 副腎皮質ホルモンの分泌促進 生殖腺の働きの調整
脳下垂体後葉	バソプレシン（抗利尿ホルモン） オキシトシン	水分の再吸収の促進 子宮の収縮の促進
甲状腺	甲状腺ホルモン	基礎代謝を高める。
膵臓（ランゲルハンス島）	α細胞：グルカゴン β細胞：インスリン	血糖値を上げる。 血糖値を下げる。
副腎皮質	コルチコステロン コルチゾル アルドステロン	糖質などの代謝促進 抗炎症反応など。ストレスで分泌増加 尿中のカリウムの排出を促進
副腎髄質《ずいしつ》	アドレナリン ノルアドレナリン	心拍数の増加、血糖値上昇 血圧上昇
性腺　女性	プロゲステロン エストロゲン	妊娠維持 第二次性徴促進
性腺　男性	アンドロゲン	第二次性徴促進

出題頻度 ★★

循環器

心臓の拍動と全身の血液の循環は、24 時間無意識に行われています。加齢により、心臓の働きが弱くなる、血圧が高くなるなどの不調も増えてきます。循環器のしくみや働きのほか、心拍数などの正常値も覚えておきましょう。

ここをチェック！

❶ 循環器の概要

心臓、血管、リンパ管で構成されている。

- **心臓**……横隔膜の上にあり、胸腔内《きょうくうない》で左右の肺に挟まれ、心膜に包まれている。心臓は上部の心房と下部の心室に分かれ、それぞれ心房中隔、心室中隔によって左右に分かれた２心房、２心室からなる。神経が切断されても自動的に興奮し拍動を続ける働き（心臓の自動性）がある。
- **心拍数**……1 分間に 60 ～ 70 回（1 日約 10 万回）で、1 回に排出される拍出量（血液量）は約 60 ～ 90mL である。心拍数は、安静や睡眠で減少、運動や体温上昇で増加する。
- **血管**……心臓から出ていく動脈と、心臓に入る静脈がある。一般に動脈には動脈血*が、静脈には静脈血*が流れている。ただし、肺動脈には静脈血が、肺静脈には動脈血が流れている。

動脈血と静脈血

動脈血には酸素が多く含まれ、静脈血には二酸化炭素が多く含まれている。

▶ 心臓の構造と血液の流れ

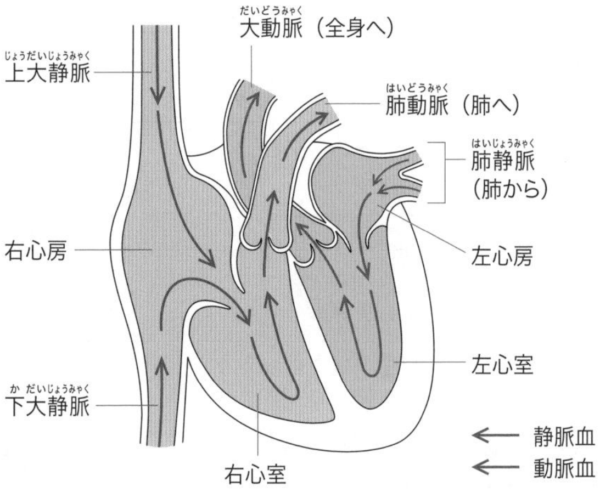

- 肺循環（小循環）……肺と心臓間の血液循環のこと。肺動脈内（心臓から肺にいく）には静脈血が流れる。肺静脈内（肺から心臓にいく）には動脈血が流れる。
- 体循環（大循環）……心臓と全身間の血液循環のこと。心臓から出た大動脈は全身に血液を送る。末梢《まっしょう》で毛細血管となって静脈となり、心臓に戻る。
- 血圧……血管中を流れる血液の圧力。心臓が収縮したときが最高血圧（収縮期血圧）で、心臓が弛緩《しかん》したときが最低血圧（拡張期血圧）である。加齢や動脈硬化により血圧は高くなる。WHO による正常血圧は、最低血圧 80mmHg 未満、最高血圧 130mmHg 未満。

▶ 肺循環と体循環

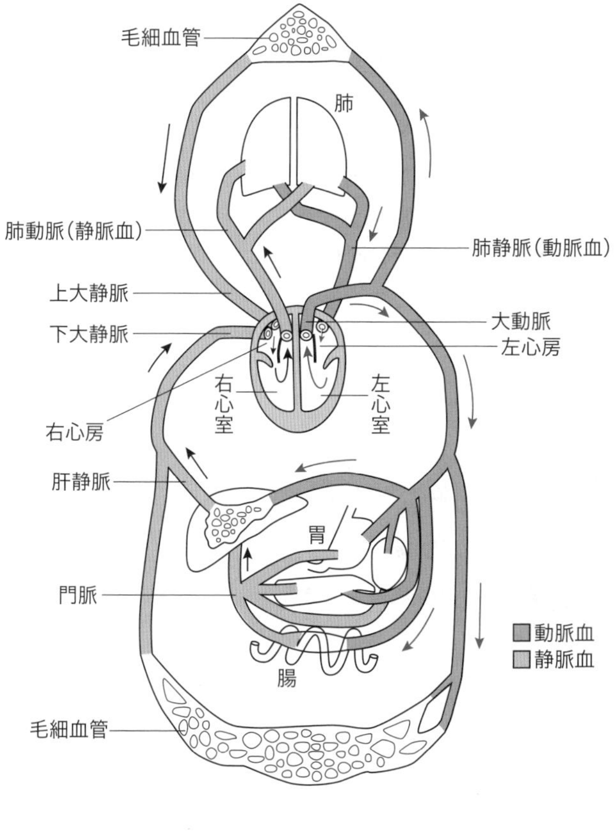

血圧・高血圧
⇒ P.167、256参照

頻出
心臓のしくみと流れる血液の種類

出題頻度
★★

■血液・リンパ

体重の7～8％を占める血液は、酸素と二酸化炭素の交換、栄養や老廃物の運搬、体温の調節作用など、さまざまな働きをしています。リンパ管を流れるリンパ（液）とともに働きを理解しておきましょう。

ここをチェック！

❶ 血液・リンパの概要

- 血液……体重の約7～8%を占めている。動脈血は鮮紅色で、静脈血は暗赤色をしている。骨髄《こつずい》でつくられる。
- 血液の役割……①酸素・二酸化炭素などを肺と組織細胞中との間で運搬する（ガスの運搬）、②腸壁から吸収された栄養素を肝臓・全身各部の組織へ運搬する、③内分泌腺から分泌されたホルモンを標的器官へ運搬する、④尿素、クレアチニン*、老廃物、余分な水分などを排泄《はいせつ》するため腎臓に運搬する、などがある。
- 血液の成分……血球（45%）と血漿《けっしょう》（55%）に大きく分類される。血球は細胞成分で、白血球・血小板・赤血球がある。血漿は、血液が凝固しないように処理してから分離される液体成分である。血漿には、繊維素原のようなタンパク質のほか、各種電解質・ブドウ糖・脂質等が含まれている。

▶ 血液の成分

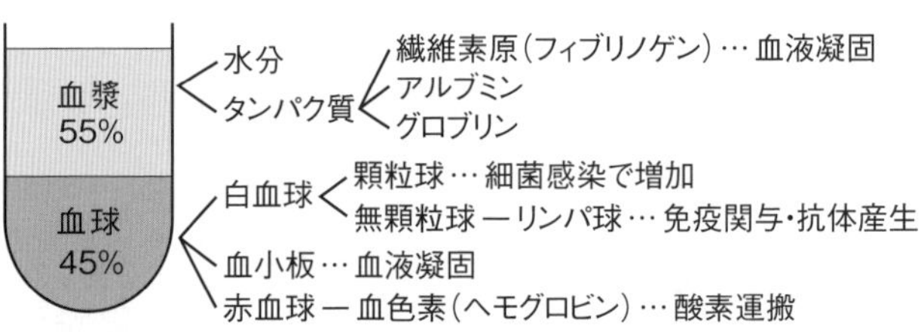

ホルモンの作用を受ける器官を標的器官というよ

クレアチニン
筋肉が使われたときにできる代謝物で、腎臓から尿中に排出される。腎臓の機能が低下すると血液中の濃度が高くなる。

頻出
血液の成分とその働き

血液の各成分量は、からだの状態によって変わるので、病気の判別に使われているね

- 赤血球……血液 1mm^3 中に 450 万～ 500 万個含まれている。酸素を運ぶ血色素（ヘモグロビン）を有するので、血液が鮮紅色になる。血色素量の不足は、貧血に関係する。貧血の目安は、ヘモグロビン濃度が男性 13g/dL 以下、女性 12g/dL 以下である。
- 白血球……顆《か》粒球《りゅうきゅう》、リンパ球、単球がある。標準的には血液 1mm^3 中に 4000 ～ 9000 個ある。顆粒球には好中球、好酸球、好塩基球がある。顆粒球と単球には食作用*があり、細菌感染があると増える。
- 血小板……血液 1mm^3 中に 20 万～ 50 万個ある。血液凝固に関係する。
- リンパ管……毛細リンパ管が合流して太くなったもの。リンパ節を経由して合流し、最後はリンパ本幹となり静脈に注ぐ。
- リンパ（液）……リンパ管の中にある弱アルカリ性の液体。免疫反応にかかわるリンパ球を多く含む。
- リンパ球……B 細胞と T 細胞があり、高齢者は T 細胞の働きや数が衰えるために感染症や自己免疫疾患《しっかん》が多くなる。その他、細菌や異物を取り込む食作用を行うリンパ球もある。

▶ 主なリンパ球の働き

B細胞	T細胞の指令で分裂増殖し、免疫抗体を産生する。
T細胞	免疫系全体での指令塔的役割を担い、病原体を攻撃する。

- 人体と体液……人体の重量の約 60％は体液（血液やリンパなど）が占める。体液の約 2/3 は細胞内に、残りは細胞外にあり、細胞内外の物質を交換する働きをもつ。

食作用
顆粒球のような細胞が、体内に侵入してきた細菌などの異物を細胞内に取り込んで処理する働きのこと。

こころとからだのしくみ

理解度〇✕チェック！

1. 高齢者の不眠の原因の一つとして、メラトニンの減少がある。 出 34-75
2. ランゲルハンス島を有する臓器は脾《ひ》臓《ぞう》である。 出 26-98改
3. 小脳には、呼吸中枢がある。 出 31-98
4. 男性に比べて女性に尿路感染症が起こりやすいのは、尿道括約筋が弛緩しているからである。 出 36-27

答……… 1. 〇　2. ✕（膵臓）　3. ✕（呼吸中枢は脳幹にある）　4. ✕（男性に比べて尿道が短く、直線的であるから）

5……関節可動域とボディメカニクス

キーワード　関節可動域　ボディメカニクス

出題頻度 ★

■関節可動域とボディメカニクス

関節とは、骨と骨をつなぐ連結部分です。人のからだは、関節がなければ自由に動かすことができません。また、人の運動機能は、神経系・骨格系・関節系・筋系とのかかわりで成り立っています。このような諸系の相互関係によって生じる姿勢や動作をボディメカニクスといいます。関節可動域とボディメカニクスについて整理しておきましょう。

ここをチェック！

❶ 関節

可動性（動く）と支持性（支える）という二つの働きをもっている。ほとんど運動性のない連結（不動結合）と、比較的自由に動く連結（可動結合）がある。

頻出
関節の動きと主動筋との関係

❷ 関節運動

関節運動は、関節の動き方によって次のように分類できる。

▶関節運動の分類と主な関節の主動筋

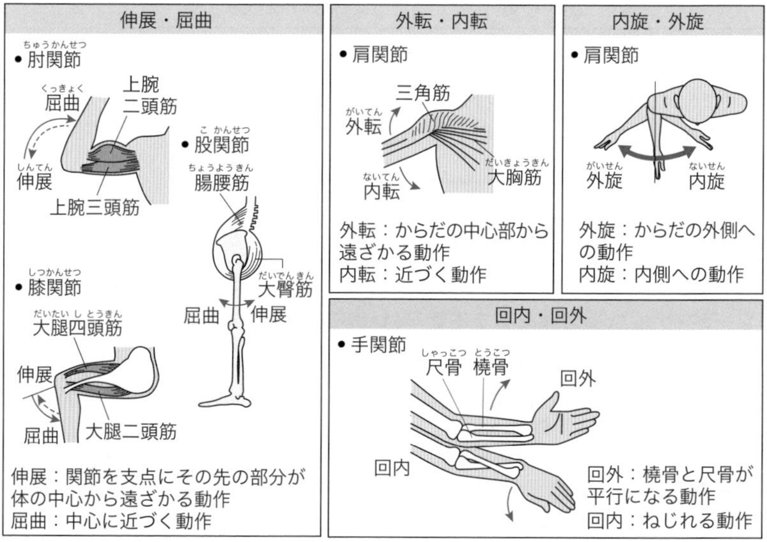

❸ 関節可動域

関節可動域は、関節構造の特徴や筋肉、腱《けん》、靭帯《じんたい》、関節包の程度で決まる。加齢に伴って狭くなる傾向にある。

❹ 筋肉（骨格筋）

筋肉は、動き、関節の保護、姿勢保持、血液循環、エネルギー消費、代謝、からだのラインなどに関係している。

❺ ボディメカニクスの原則

人体に外部から重力や抵抗が加わったとき、筋肉や骨、関節にどのような力が生じるかなど、力学的関係によって生じる姿勢や動作のことをボディメカニクスという。ボディメカニクスには、以下のような原則がある。

① 支持基底面積を広くとり、重心を低くする。
② 利用者と介護者双方の重心を近づける。
③ 大きな筋群を使う。
④ 利用者のからだを小さくまとめる。
⑤「押す」よりも手前に「引く」。
⑥ 介護者の重心水平移動で利用者を動かす。
⑦ 足先とからだを動かす方向に向ける。介助者はからだをねじらず、骨盤は水平に。
⑧ てこの原理を応用する。

大きな筋群を使う

「押す」よりも「引く」

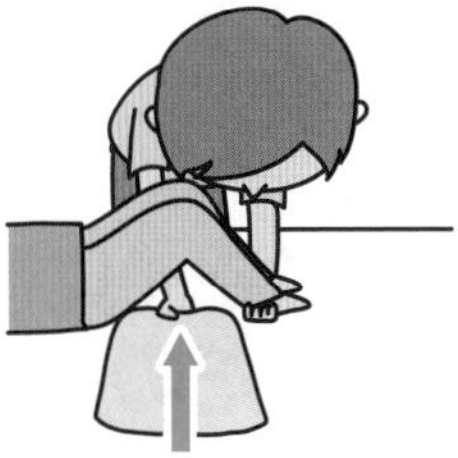

ボディメカニクス
⇒ P.398参照

ボディメカニクスの原則を使うと、利用者も介護福祉職も無理なく動くことができるよ

理解度○✕チェック！

1. 老化に伴い関節可動域は拡大する。◀出24-73改
2. 肩関節外転の主動作筋は上腕二頭筋である。◀出27-98
3. 肘関節の伸展は、上腕三頭筋の収縮によって起こる。◀出25-99

答…………　1. ✕（関節可動域は狭くなる）　2. ✕（三角筋）　3. ○

6……身じたくに関連したこころとからだのしくみ

キーワード　虫歯　歯周病　眼の病気　爪　毛髪

出題頻度 ★

■身じたくを整えるということの意味

身じたく
⇒ P.390参照

人にとって「身じたく」を整えることの意味とその効果を理解しましょう。

ここをチェック!

❶ 身じたくの行為の生理的意味

身じたくには、清潔を保つことによって、健康を維持するという基本的な役割がある。また、社会とかかわるうえでの自己表現であり、社会との関係を保つためにも不可欠な行為といえる。老化や疾病《しっぺい》・障害などにより身じたくが困難になると、社会との交流を避けるようになり、日常の活動が低下してくる。その結果、身体機能の低下につながり、廃用症候群を招くこともある。

▶身じたくの効果

- 生活にリズムが生まれる。
- 社会生活の維持・向上を図ることができる。
- 生活の中に楽しみが生まれる。
- 健康的な生活ができる。

出題頻度 ★★★

■身じたくに関連したこころとからだの基礎知識

口腔ケア
⇒ P.393参照

口腔《こうくう》、眼、爪、毛髪のケアについて、観察ポイントとケアの方法を整理しましょう。

ここをチェック!

❶ 口腔

- 口腔は、食事や呼吸、会話をするための構造をもち、身体機能や生活を維持するための重要な役割を担っている。

▶ 口腔《こうくう》の機能

- 食べ物を摂取する入口 → 咀嚼《そしゃく》、唾液の分泌、嚥下《えんげ》
- 呼吸器の入口
- 発音する。
- 顔貌《がんぼう》をつくる。

▶ 観察のポイント

- ぐらぐらした歯はないか。
- 痛みはないか。
- 義歯（入れ歯）は合っているか。
- 出血はないか。
- 周囲の口腔粘膜と色の違いはないか（赤い、白い）。
- 口臭はないか。
- 口内炎の症状はないか。
- 食事量に変化はないか。
- 嗜好《しこう》に変化はないか。
- 十分な唾液が出ているか。
- 飲み込みにくくないか。

など

- 変化への対応……食事や口腔ケア時の観察などによって変化がみられた場合、変化の原因を探って対応策を検討する。例えば、食事量の減少は義歯（入れ歯）の不具合や虫歯のチェック、口臭の発生は口腔ケアの状況や疾病《しっぺい》のチェックなどを行う。
- 唾液……1日に1リットルほど分泌され、その99%が水分。耳下腺《じかせん》、顎下腺《がっかせん》、舌下腺《ぜっかせん》が三大唾液腺。唾液には自浄作用、抗菌作用などがある。老化とともに分泌量は減少する。
- 虫歯……歯の硬組織《こうそしき》の軟化とくぼみの形成を伴う局所的な歯牙《しが》の外因性疾患《しっかん》。進行状況は「カリエス*」を略して「C1～C4」で分類される。

▶ 虫歯の進行状況

程度	状況	症状
C1	歯の表面、エナメル質に穴	特にない。
C2	歯の内面、象牙質《ぞうげしつ》まで進行	水がしみるなど。
C3	歯の中心部、歯髄《しずい》まで進行	神経圧迫による痛みがある。
C4	歯表部の欠損部分が広い。歯髄の内部まで。	持続的な痛みや腫《は》れ
	放置すると歯根膜《しこんまく》へと広がる。	全身症状としての発熱につながる場合もある。

頻出
唾液の成分や働き

口内炎
⇒ P.175参照

カリエス
医学用語で虫歯のこと。英語では、「caries」と表記。

こころとからだのしくみ

- 歯周病《ししゅうびょう》……歯肉や歯を支える歯槽骨《しそうこつ》など、歯の周囲組織に起こる病気の総称。歯と歯肉の境界部分に付着した歯垢《しこう》（プラーク*）が原因とされる。歯みがきの際に、虫歯になりやすい部位とともに、歯と歯肉の境界をしっかりと磨くことが大切。

📖 プラーク
歯垢のこと。約80%が水分で、残りは口内細菌と細菌の産生物質がほとんどを占める。

▶ **歯周病の進行**

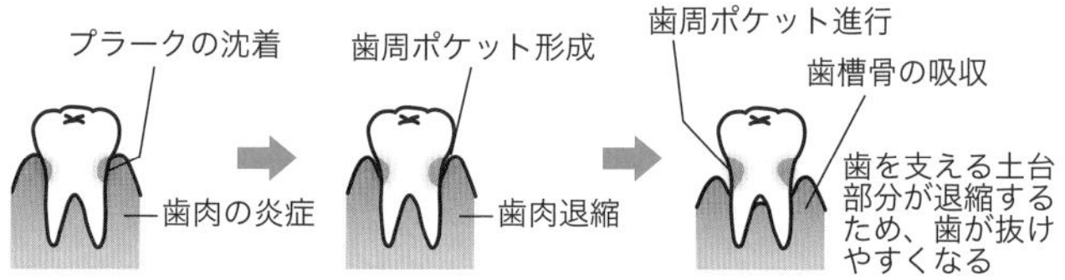

- 口腔内《こうくうない》アフタ……口腔内に、丸く白い偽膜《ぎまく》をもつ小さな潰瘍《かいよう》ができる。周囲は赤く腫れていて、痛みがある。原因は、細菌、食べ物、アレルギー、ビタミン不足など。

▶ **老化による口腔内の主な生理的変化**

- 歯の数の減少（虫歯や歯周病の関与）
- 不適切な歯みがきによる知覚過敏
- 咀嚼《そしゃく》力の低下
- 唾液分泌量の低下
- 味蕾《みらい》の数の減少　　　など

眼球の構造
⇒ P.95参照

❷ 眼

- 眼は、角膜、水晶体、硝子体《しょうしたい》、網膜などから構成され、網膜に映った像が、視神経を伝わって大脳の視覚中枢で処理され、色や形が認識される。

▶ **眼の機能**

- 外界の光による情報の受容（全感覚器が受容する情報量の約8割）

▶ **観察のポイント**

- 見えにくさの訴えの有無
- 目やにの量と色
- 結膜の状態（色）
- 眼周囲の皮膚の状態
- 見えにくさが疑われる生活行動（ぶつかる、落とすなど）

- 変化への対応……目やには、目がしらから目じりに向かって拭く。量が異常に多い場合や結膜が赤くなっている場合は、医療職へすぐに報告する。見えにくさが疑われる場合は、視力の変化がないか医療職に確認してもらう。

▶ 主な眼の病気

疾患《しっかん》名	原因	主な症状
捷毛乱生《しょうもうらんせい》・捷毛内反《しょうもうないはん》 （逆さまつげ）	睫毛《まつげ》が眼球に触れる。	ごろごろ感 涙目、目やに
ベーチェット病	ぶどう膜の炎症が繰り返し起きる。 黒目下に三日月形の白い炎症	眼痛、視力低下、口《こう》腔内《くうない》アフタ
白内障	加齢による水晶体の混濁	視力低下
緑内障	眼圧の上昇	視力低下

❸ 爪

- 爪は、タンパク質が変性したケラチンでできている。1日に約 0.1mm 伸びる。正常な爪は桃色で、圧迫すると白くなる。

▶ 爪の機能

- 指先の保護　• 指の支持　• 手足の動きの補助

▶ 観察のポイント

- 爪の色　• 爪の性状　• かゆみや痛みの有無
- 爪周囲の皮膚の状態（赤み、周囲との違い）

▶ 爪の変化と考えられる原因

変化	考えられる原因
暗青色	心疾患《しんしっかん》や呼吸状態の悪化
全体に白い	肝障害、低栄養、貧血
中央に白色帯	腎疾患
白濁《はくだく》、肥厚《ひこう》、くずれ落ちる	爪白癬
深爪、巻き爪、陥入爪《かんにゅうづめ》	不適切な爪切り

ベーチェット病
⇒ P.221、236参照

白内障・緑内障
⇒ P.172参照

爪
⇒ P.392参照

❹ 毛髪

毛髪は、皮膚のタンパク質が糸状に角化したもので、1日に日本人では0.3～0.45mm伸びる。頭皮から分泌されるトリグラセイド（中性脂肪）には、表皮の保護作用がある。

▶ 毛髪の機能

- 外界から取り込んだ汚染物質を体外に排出する。
- 保温

▶ 観察のポイント

- 異常な抜け毛の有無（円形脱毛症の疑い）
- 皮膚のかゆみや痛みの有無
- 周囲の皮膚の状態（赤み、周囲との違い）　など

重い円形脱毛症では、頭の毛が全部抜けてしまうことがあるよ

- 変化への対応……異常な抜け毛が生じた場合は、円形脱毛症である可能性が高い。ホルモンやストレスが主な原因と考えられている。1～3か月ぐらいで治癒することが多い。皮膚のかゆみとともに痛みがあり、発赤や皮膚の盛り上がりがある場合は、炎症の可能性があるので、医療職に報告する。かゆみやふけが多い場合は、シャンプーの適・不適や洗い方を検討する。かゆみについては、季節の変化や洗髪頻度の減少など、利用者の生活習慣の変化も影響するので、確認が必要。

Q&Aコラム

毛髪のケアには、他にどんな注意点があるのかな?

毛髪は、熱で変性しやすいので、ドライヤーを使うときは注意が必要だね。熱風を当てすぎると、毛髪が変色したりするよ

理解度〇✕チェック!

1. 口臭は、他者との交流を避ける原因となることがある。 ◀出32-100
2. 唾液には抗菌作用がある。 ◀出31-99
3. 口臭の原因となりやすいものとして代表的なものは、義歯の装着である。 ◀出35-24
4. 成人の正常な爪の色は、全体が白色である。 ◀出36-23

答……1. 〇　2. 〇　3. ✕（歯周病が主な原因）　4. ✕（健康な爪は薄いピンク色。白くなるのは、肝臓障害や貧血が疑われる）

7 …… 移動に関連したこころとからだのしくみ

キーワード　ADL/IADL　歩行
臥位　座位　立位　廃用症候群

移動支援とADL/IADL

出題頻度 ★★★

安全な移動は、自立した生活を送るうえでの必要条件です。筋力や関節の機能を維持し、骨を丈夫に保つことが身体機能を維持し、安全に移動することを可能にします。移動に関するこころとからだのしくみと、移動を阻害する疾患《しっかん》について学びましょう。

ここをチェック！

❶ 移動行為の意味

移動には、歩行などによる場所の変化のほか、寝返りや起き上がり、立ち上がりなどの体位の変換も含む。移動することによって、筋肉が動き、血流がよくなり、その結果、筋力や関節の維持、骨の強化につながる。移動が阻害されると、関節の動く範囲が減少する関節拘縮《かんせつこうしゅく》や筋力の低下が発生する。また、体位の変換が滞ると、褥瘡《じょくそう》などの廃用症候群も発生しやすくなる。

頻出
体位変換の目的

体位
⇒ P.400参照

廃用症候群
⇒ P.168、377参照

❷ ADLとIADL

移動は、ADL（日常生活動作）とIADL（手段的日常生活動作）を実行するために必要な基本的な行為である。さらに、移動によって周囲の環境を変えることは、意識や意欲の向上も誘い、生きがいの創出にも結び付く。

頻出
ＡＤＬの定義と具体的な行為

⇒ P295、P.461参照

▶ ADLとIADL

	定義等	具体的な行為
ADL	日常の生活を送るために必要な基本動作のこと。高齢者の身体活動能力や障害の程度を測るうえで重要な指標の一つとなっている。	食事、排泄《はいせつ》、着脱衣、入浴、移動、寝起き　など
IADL	ADLを基本にした日常生活上の複雑な動作のこと。	買い物、料理、洗濯、電話、薬の管理、金銭管理、乗り物の利用　など

❸ 移動に関する留意点

体位変換は、介護者が重心をうまく動かすことによってスムーズに行うことができる。支援の際は、利用者と介護者の重心の位置や動きを意識し、介護者の支持基底面積を広くとることで安全で安楽な移動を行うことができる。

重心
⇒P.107、398参照

支持基底面積
⇒P.398参照

❹ 良肢位《りょうしい》

良肢位とは、ADL で支障の少ない関節角度をとった肢位。①下肢では肩幅程度に足を広げる、②上肢では肩を軽く開く、③肘をおおむね 90 度になるまで屈曲する、④手は軽くボールを握ったようにする。

頻出
支持基底面積の広さと安定性の関連

▶良肢位

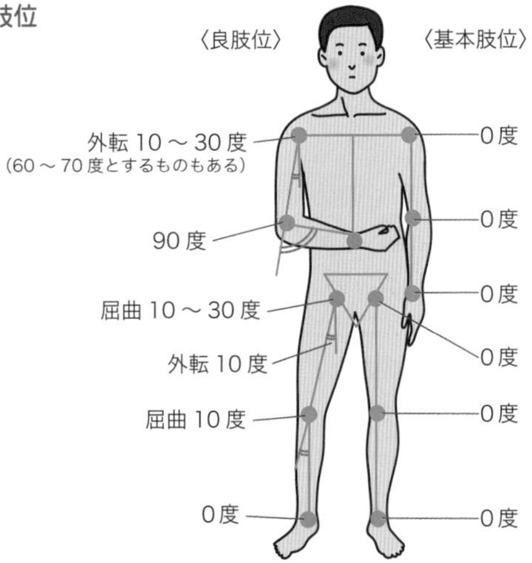

出題頻度 ★★

基本的な姿勢

人間の生活に必要な基本姿勢は、臥位《がい》、座位《ざい》、立位《りつい》です。休息（リラックス）のための姿勢、覚醒させるための姿勢など、生活場面に応じた姿勢を理解しましょう。

ここをチェック！

❶ 姿勢の種類

姿勢は、大きく①臥位、②座位、③立位に分けられる。休息をとるときには、臥位または座位になるなど、場面で姿勢が変わる。

❷ 臥位

頭部、体幹、四肢がベッドや床と接する部位が多いので最も安定しやすい姿勢。仰臥位《ぎょうがい》（仰向け）から側臥位《そくがい》（横向き）になることを「寝返りをうつ」といい、寝返りをうてるか否かは、自立度（寝たきり度）の判定基準の一つになっている。

❸ 座位

臥位から起き上がった姿勢が座位になる。頭部や体幹が座面から離れる分、からだの重心が高くなる。バランスを崩しやすい場合は、背もたれや肘置きなど、外部からバランスを補助するような設定にする。

❹ 立位

座位から立ち上がると立位になる。体重を支える面積が狭く、重心位置が高くて不安定であるため、からだ全体を使ってバランスをとる必要がある。立位を保持するためには、抗《こう》重力筋《じゅうりょくきん》*の活用、適切なバランス反応が条件になる。高齢者は、特に足関節周囲での姿勢調整能力が低下するため、ふらつきが大きくなるといわれる。

▶ 姿勢の種類

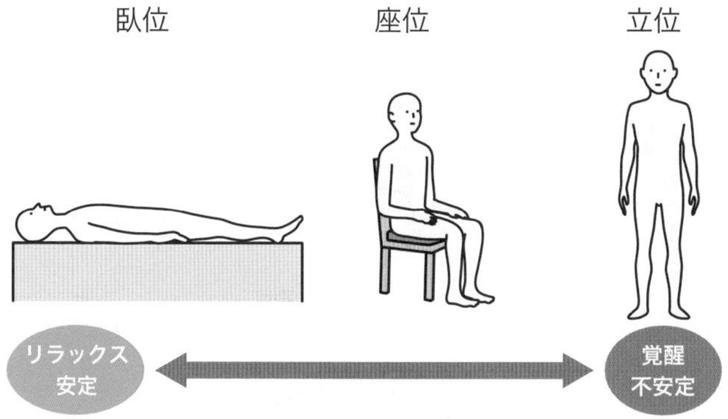

仰臥位、側臥位
⇒ P.273、400参照

障害高齢者の日常生活自立度（寝たきり度）判定基準
⇒ P.464参照

抗重力筋

重力に抵抗して姿勢を保持するために働く筋肉。脊柱起立筋や股関《こかん》節《せつ》・膝関節《しつかんせつ》の伸筋群、足関節の底屈筋群《ていくつきんぐん》などがある。

出題頻度 ★★

歩行と車いすでの移動

支持基底面の中に重心を置いて、バランスを保持しながら歩くんだ

歩行は、移動の基本的な動作です。しかし、重心位置が高いうえに一歩ごとに次々と新たな支持基底面がつくりだされるので、不安定な動作といえます。歩行のしくみと留意点、車いすでの移動について押さえましょう。

ここをチェック！

❶ 歩行のしくみ

①立位姿勢を保ちつつ、②一側の下肢を地面に下ろして足底部をつけ、③その後すぐ反対側の下肢を前に振り出す。交互にこれを繰り返すことで、一歩ずつ新たな支持基底面がつくられていく動作である。

❷ 歩行の留意点

重心位置が高いうえに、からだを支持する面は狭く、不安定になりやすい。また、屋外で歩行する場合は、周囲への注意力や判断力が必要になり、道順を記憶するなど、高次脳機能も必要になる。

❸ 車いすでの移動

座《ざ》位《い》姿勢で、上肢や下肢の力を駆動力とする。自走で利用するためには、安定した座位姿勢がとれること、駆動する力や関節の動きがあることが重要。

利用者の状況によって、電動車いすなどを利用することもあるよ

車いす
⇒ P.405参照

▶ 車いすの駆動

筋力・骨の強化

出題頻度 ★○○

骨と骨格筋や関節の働きによって、人はからだを自由に動かすことができます。運動やADLを行うために必要な筋力・骨の維持、強化のしくみを学びましょう。

ここをチェック！

❶ 筋力の強化

筋肉は、使用しないと低下する。長期《ちょうき》臥床《がしょう》の利用者などは、筋力の低下がみられる。

▶ 筋力を強化するときの留意点

- 重力に逆らうような運動をする。
- 自分で動かすことができない場合には、他者の力を利用する(他動運動)。
- 利用者に負担にならないようにする。

❷ 骨の強化

カルシウムが不足すると、疾患《しっかん》(骨粗鬆症《こつそしょうしょう》など)につながる。

骨粗鬆症
⇒ P.92、182参照

▶ 骨を強化するときの留意点

- カルシウムやタンパク質、ビタミンDなど、必要な栄養を摂取する。
- 日光に当たり、ビタミンDを皮膚で合成する。
- 座位や立位など抗重力位《こうじゅうりょくい》*で骨に力を加える。
- カルシウムの吸収を妨げる飲酒を控える。

抗重力位
重力に抵抗する姿勢である座位、立位《りつい》のこと。

機能の低下・障害が及ぼす移動への影響

出題頻度 ★★○

意欲の低下や機能低下に伴う障害は、活動の低下を引き起こします。その結果、転倒の増加や廃用症候群などが起こることを理解しましょう。

ここをチェック！

❶ 意欲の低下

①認知症、②脳血管疾患などによる障害、③環境の変化、④近親者の死などにより意欲の低下が起こる可能性がある。

❷ 疲労

肺や心血管系の疾患《しっかん》により、以前よりも少ない運動量で疲労を感じるようになる。

❸ 身体的変化

円背
高齢者にみられる丸く曲がった背中のこと。

- 円背《えんぱい》*……通常よりも前方に重心位置が移動する。その結果、膝を屈曲して安定した立位《りつい》・歩行姿勢をとろうとするが、足先の上がりが悪くなり、つまずきやすくなる。
- 片麻痺《かたまひ》……麻痺側の下肢を振り回すようにして前に出す。股関節の痛みや股関節周囲の筋力低下で、体幹を傾斜させるような歩き方になる。

❹ 感覚機能の低下

- 視力低下・視野障害……段差が把握しにくいことによる転倒、衝突などの危険性が高くなる。
- 感音性難聴……加齢に伴い、50歳以降では高音域での聴力低下が多くみられる。加齢（老人）性難聴の多くが感音性難聴である。道路を歩行中に近づいてくる車や自転車の音、クラクションなどが聞き取りにくく、事故の危険性が高まる。

感音性難聴
⇒ P.160、222参照

❺ 運動機能の低下

筋力低下、神経伝達速度の低下、平衡感覚にかかわる器官の機能低下、さまざまな刺激に対する反応速度の低下などでバランスを崩しやすくなり、転倒のリスクが高まる。

平衡感覚
⇒ P.96参照

❻ 転倒による骨折

加齢によって骨密度が低下していると、転倒により、撓骨遠《とうこつえん》位端《いたん》（手首）、上腕骨近位端《じょうわんこつきんいたん》（肩）、大腿骨頸部《だいたいこつけいぶ》（股関節）、椎骨《ついこつ》（背骨）が骨折しやすくなる。

骨格
⇒ P.93参照

▶転倒の原因

転倒の原因	●筋力の低下 ●平衡能（バランス）の低下 ●敏捷性《びんしょうせい》の低下 ●白内障（視力低下）	●認知症 ●障害物（環境） ●薬物（睡眠薬など） ●関節炎

認知症を有する人の転倒発生率は、約6割といわれているよ

❼ 腎機能障害

①倦怠感《けんたいかん》、②疲労感、③尿失禁や尿漏れにより移動を控えるようになる。また、夜間頻尿になり、覚醒レベルの低い状態で移動することにより、転倒リスクが高まる。

❽ 移動や歩行に影響を及ぼす主な疾患《しっかん》

神経や筋肉の機能が低下する疾患や麻痺《まひ》を伴う疾患では、移動や歩行に関して大きな影響が出る。

- 筋萎縮性側索硬化症《きんいしゅくせいそくさくこうかしょう》（ＡＬＳ）…筋肉を動かすための神経に異常が発生し、自力での運動が困難になる。
- 筋ジストロフィー…筋肉が萎縮し、徐々に動かせなくなる。
- 脊髄小脳変性症《せきずいしょうのうへんせいしょう》…歩行時にふらつきや、ぎこちない動きをする（失調性歩行）。
- パーキンソン病…歩幅が小さな小刻み歩行や手足の震え（振戦《しんせん》）、筋肉のこわばり（筋固縮《きんこしゅく》）がみられる。
- 脳血管疾患*…麻痺側の下肢が動かしにくくなるため、バランスを崩しやすくなる。
- 脊柱管狭窄症《せきちゅうかんきょうさくしょう》…歩き続けると足にしびれや痛みを感じ、休み休みでしか動けなくなる間欠性跛行《かんけつせいはこう》を伴う。

▶ 間欠性跛行

歩き始めは何ともない。

しばらくすると足にしびれや痛みが出てきて歩きづらくなる。

前かがみで少し休めば楽になりまた歩けるようになる。

❾ 活動低下に伴って発生する疾患

- 廃用症候群…長期臥床《がしょう》や活動低下で、二次的に機能低下が生じる。褥瘡《じょくそう》、筋萎縮、関節拘縮《こうしゅく》、起立性低血圧、誤嚥性《ごえんせい》肺炎、深部静脈血栓症、うつ状態などがある。

筋萎縮性側索硬化症（ALS）
⇒ P.50、237参照

脊髄小脳変性症
⇒ P.171、236参照

頻出
パーキンソン病の小刻み歩行など特徴的な症状

パーキンソン病
⇒ P.237参照

脳血管疾患
失語症や記銘力の低下、注意障害、認知力の低下、遂行機能障害を併せもつ場合がある。
⇒ P.170参照

脊柱管狭窄症
⇒ P.182参照

頻出
廃用症候群の症状
⇒ P.168、377参照

出題頻度 ★

移動に関する多職種との連携

移動の際は、利用者の身体能力に合った移動方法や介助方法の選択が必要です。そのためには、利用者の能力や身体機能の変化を把握する必要があり、医療職やリハビリテーション専門職などとの連携が重要であることを理解しましょう。

ここをチェック！

❶ 医療職・リハビリテーション専門職との連携

回復可能な傷病が原因で移動能力が低下した利用者については、回復による能力の向上に合わせて、介助方法を変えなければならない。医療職やリハビリテーション専門職＊などに、身体機能の状態を常に確認し、適切な介助方法を選択する。

リハビリテーション専門職

理学療法士（PT）、作業療法士（OT）、言語聴覚士（ST）などの総称。PTは運動療法や物理療法、OTは作業活動、STはコミュニケーションに関する専門的な訓練などを通して、高齢者や障害者の運動機能や生活能力の向上を図る。
⇒ P.303、333参照

❷ 介護支援専門員（ケアマネジャー）との連携

利用者の身体機能の変化に伴い、生活上の課題や目標も変化する。介護支援専門員（ケアマネジャー）と連携を図って、ケアプランの見直しなどの対応を行う。

❸ 進行性疾患《しっかん》の場合

進行性疾患の利用者の場合、疾患の進行に伴って、いつごろまで現在の移動手段が継続できるのか、そして、次はどのような移動手段に変更すべきかなどを、医師に確認してあらかじめ把握しておき、スムーズな移行を図ることが、より安全な生活の継続につながる。本人や家族の意向、生活状況を見極めて、切り替えのタイミングを考える必要がある。

理解度○×チェック！

1. 施設に入所している82歳のAさんは、車いすで食堂に来て自分で食事を摂っているが、最近車いすからずり落ちる傾向があることと首が後屈した姿勢で食事をするため、むせることが多くなった。介護福祉職は誤嚥しないようにするため座位姿勢の調整を行った。 出 35-25
2. 高齢者の大腿骨頸部骨折の原因として最も多いのは、転落である。 出 32-101

答…… 1. ○　2. ×（最も多いのは転倒）

8……食事に関連したこころとからだのしくみ

キーワード　栄養素　摂食・嚥下　誤嚥　経管栄養　胃ろう

出題頻度 ★★★

栄養素と水分

食事を口から摂り入れるという行為は、栄養の摂取だけでなく、筋肉を動かすことにより食事に必要な機能や動作を維持する、生活に楽しみをもたらす、脳の活性や働きを促す、といった効果がある重要な行為であることを理解しましょう。

ここをチェック！

❶ からだをつくる栄養素

エネルギー源となる炭水化物（糖質）、タンパク質（アミノ酸）、脂質を三大栄養素という。からだの組織を構成し、各機能を調整するなどの働きをする。三大栄養素に無機質（ミネラル）、ビタミンを加えた5つの栄養素を五大栄養素という。

栄養素
⇒ P.435-437参照

❷ 水分の摂取と排出

人が生きていくために必要な摂取量は、1日約2,500mLとされる。このうち、口から摂る水は約1,200mL、食物に含まれている水分は約1,000mL。残り約300mLは、代謝水として栄養素の代謝によって体内でつくられる。

摂取量と同量を排出する必要がある。尿や便で1日約1,600mL、不《ふ》感蒸泄《かんじょうせつ》*として約900mLが体外に排出される。

頻出
ビタミン類の働きや含まれている食品

不感蒸泄
からだから失われる水分のうち、呼吸（約300mL）や皮膚からの蒸発（約600mL）で失われるもの。発汗や排泄によるものは含まない。

▶1日の水分の摂取量と排出量

出題頻度 ★★

食べる動作と器官機能

生きるために不可欠な「食べる」という動作には、多くの器官のさまざまな機能が複雑に関係していることを理解しましょう。

ここをチェック！

❶ 器官の機能と食事

①視覚：食べ物の確認、②嗅覚：匂《にお》いの確認、③聴覚：調理音など、④味覚：味の確認、⑤触覚：手触り、舌触り、⑥上肢の動き：口まで運ぶ、⑦口唇《こうしん》の動き：食べ物を摂り込む、⑧咀嚼《そしゃく》：食べ物を砕く、⑨口腔《こうくう》：食塊形成、舌による移送、嚥下《えんげ》反射、咽頭《いんとう》・食道ぜん動など。

▶ 食事機能にかかわる人体の構造

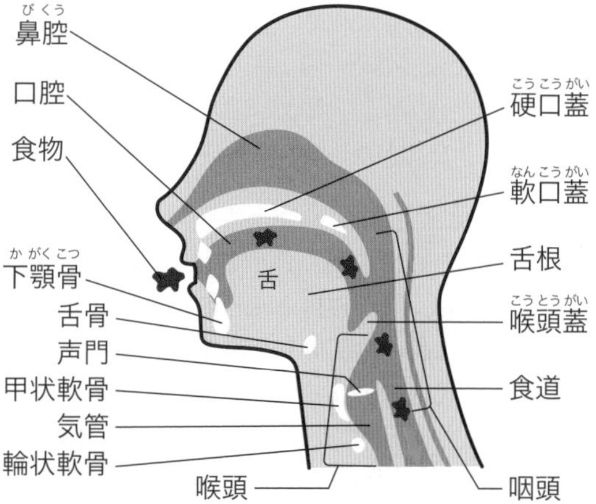

❷ 食事の動作

食事の動作は、先行期、準備期、口腔期《こうくうき》、咽頭期《いんとうき》、食道期の5つに分類される。このうち、口腔期、咽頭期、食道期を嚥下《えんげ》3期（相）といい、嚥下運動を示す。

▶ 摂食・嚥下《えんげ》の5分類

先行期（認知期）	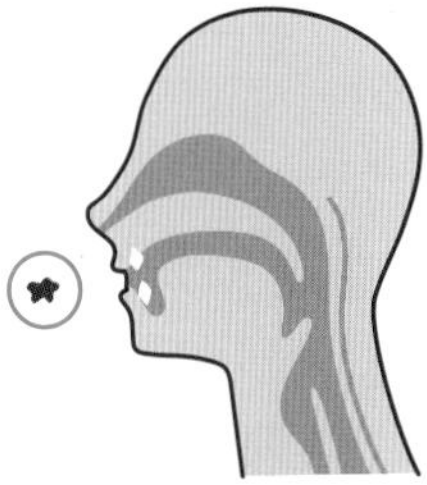	食物の形や色、匂いなどを認知し、何をどのくらい、どのように食べるかを判断する時期。唾液が分泌され、食事の準備が行われる。
準備期（咀嚼《そしゃく》期）	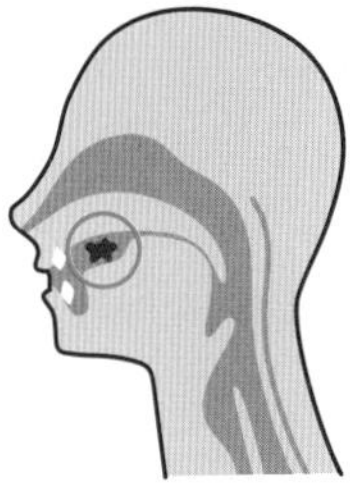	食塊を整える時期。食物を口に取り込み、咀嚼し、唾液と混ぜて飲み込みやすいように食塊をつくる。
口腔期	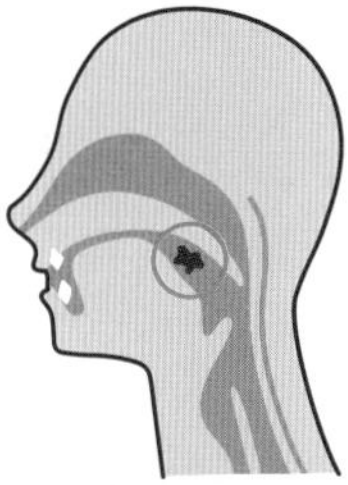	食塊を口腔から咽頭《いんとう》へ移送する時期。移送は主に舌で行われる。
咽頭期	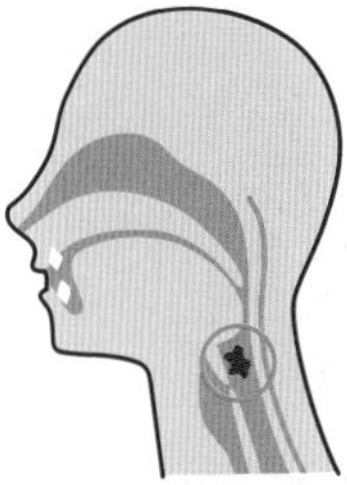	食塊を咽頭から食道へ送り込む時期。軟口蓋《なんこうがい》が鼻腔を閉鎖し、食塊が気道に入らないよう喉頭蓋も閉鎖される。
食道期	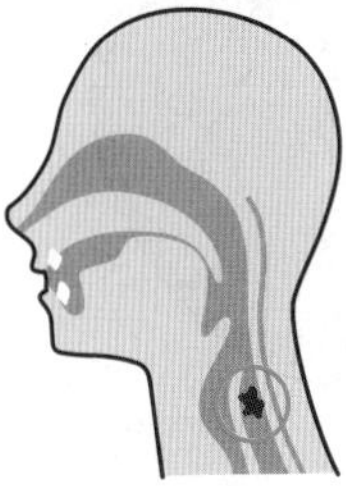	食塊を食道内から胃へと送り込む時期。食塊は、ぜん動運動によって運ばれる。

❸ 経管栄養

機能障害、狭窄《きょうさく》や炎症などで経口での食物摂取が難しかったり、不可能だったりする場合に、必要な栄養や水分を摂取するための代償的な栄養摂取法。

❹ 経管栄養の種類と留意点

- 種類……①経鼻経管栄養*、②胃ろう、③腸（十二指腸、空腸）ろう、④食道ろう、⑤間欠的口腔《こうくう》食道経管栄養などがある。口から少しでも食べることが可能な場合は、経口と経管を併用することがある。
- 確認ポイント……①流速が適切か、②チューブが曲がっていないか、③コネクト部分（チューブとチューブのつなぎ目）がはずれていないか、④嘔気《おうき》や嘔吐《おうと》、下痢をしていないか等の症状を確認する。

❺ 流動食

自然食品による流動食や流動状の食べ物。100mL で 100kcal 以上の高エネルギーが摂取できる人工の濃厚流動食などがある。

▶ 経鼻経管栄養

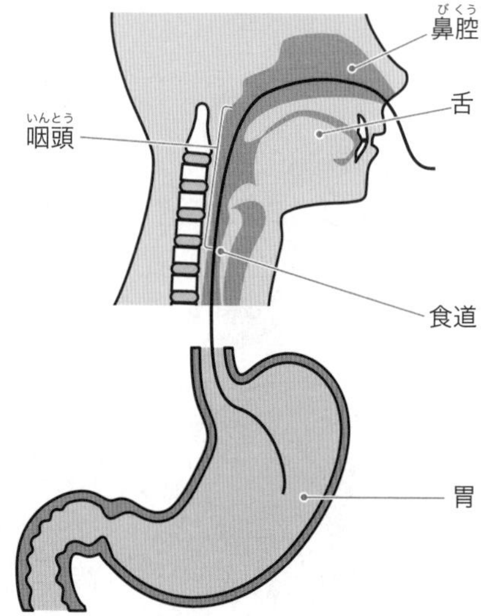

経管栄養
⇒ P.244、274、395参照

📖 経鼻経管栄養
鼻から細い管を胃まで挿入し、流動食や水分を流入する方法。外科的手術をせず、挿入・抜去が簡単にできるので一時的に利用されることが多い。
⇒ P.275参照

経管栄養の種類
⇒ P.244、274、395参照

❻ 胃ろうと間欠的口腔《こうくう》食道経管栄養法

- 胃ろう……腹部に小さな穴を開けて、直接、胃に栄養を入れる栄養法。利点は、少量で栄養バランスのよい高カロリーの栄養が得られ、消化吸収がよく、副作用も少ないこと。しかし、胃液の漏出によるびらん*、難治性ろう孔*ができることがある。使用されるチューブは、主に4つのタイプがある。ボタン型はチューブ型に比べて、体外に出ている部分が少ないので、自己抜去しにくい。

▶ 胃ろうチューブの種類

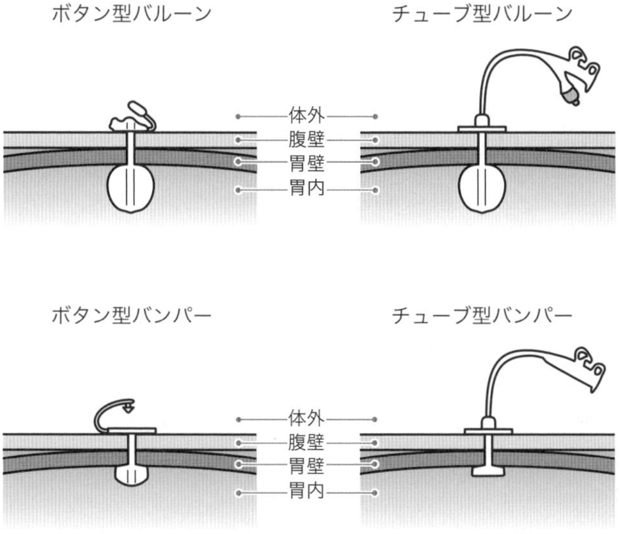

- 間欠的口腔食道経管栄養法……チューブを栄養補給時にだけ経口的に挿入。チューブの先端を食道に留置する方法。

❼ 食事形態

病院や施設では、①常食、②きざみ食、③軟菜食（ソフト食）、④ミキサー食（ブレンダー食）、⑤トロミ食、⑥ゼリー食（ムース食）、⑦液体などが出される。常食は食べ物を咀嚼《そしゃく》する力が必要。きざみ食は、咀嚼により噛み砕いたり、細かくしたりする機能を補う意味をもつ。

びらん

炎症などによって皮膚や粘膜の表皮が欠損し、下部組織が露出した状態のこと。ただれ。

難治性ろう孔

皮膚・粘膜や臓器の組織に、炎症などによって生じた管状の穴（ろう孔）で、治癒しにくいもののこと。

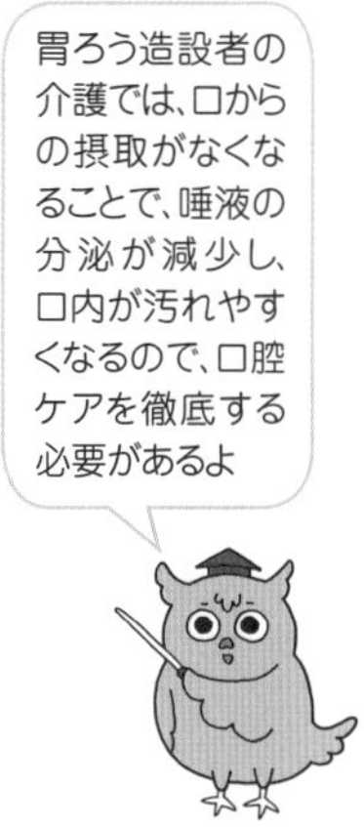

❽ **人工栄養**

①栄養補助食品と呼ばれる少量で高カロリーのもの、②形状が均質に整えられたような既製の食品、③お茶などの液体に混ぜて攪拌《かくはん》することでとろみをつける増粘剤《ぞうねんざい》や、ゼリー粉末、食物繊維や鉄分などが含まれている食品などをいう。

❾ **治療食とエネルギーコントロール食**

- 治療食……カロリーや塩分、脂質、タンパク質、糖質などが医師の処方によって規定、制限されている食事。
- エネルギーコントロール食……カロリーが制限されている食事。

❿ **塩分の制限が必要な疾患《しっかん》**

高血圧、心疾患、妊娠高血圧症候群（妊娠中毒症）、脂質異常症（タイプによってはコレステロール摂取量を1日あたり300mg以下に制限することもある）

⓫ **低タンパク食と高タンパク食**

- 低タンパク食……肝不全、腎機能障害、血液透析を受けている場合、尿毒症などの病状に応じて適用される。
- 高タンパク食……低アルブミン血症、貧血など、栄養状態の低下に対して適用される。

⓬ **経口、経管栄養法の適応が難しい場合**

点滴、中心静脈栄養法といった、注射による栄養・水分などの補給を行う。

出題頻度 ★

機能の低下・障害が及ぼす食事への影響

食事の摂取が円滑にいかないとき、認知症、うつ病、仮性《かせい》球麻痺《きゅうまひ》、加齢の影響などが疑われます。食事中の動作を注意深く観察し、個別援助が必要な利用者を見極めることが重要であることを理解しましょう。

ここをチェック！

❶ **認知症**

①食物の認知、②摂食動作、③咀嚼《そしゃく》、④嚥下《えんげ》などの一連の動作に影響が生じる。

❷ うつ病

食欲の減退、易疲労性《いひろうせい》、気力の減退、思考力や集中力の減退、不眠などが生じる。

❸ 仮性球麻痺《かせいきゅうまひ》（偽性球麻痺）*

運動障害を伴う疾患《しっかん》。嚥下障害《えんげしょうがい》や構音障害が主な症状。

▶ 仮性球麻痺（偽性球麻痺）による食事への影響

- 口唇《こうしん》の閉鎖が不十分なために口唇からの取り込み不良
- 口唇からの食べこぼし
- 唾液分泌過剰、流涎《りゅうてい》（よだれが垂れること）
- 不完全な咀嚼《そしゃく》
- 食塊形成時の咽頭《いんとう》への流入
- 口腔内での食塊移送不十分
- 嚥下反射の随意的誘発不完全
- 反射の低下
- 食事に関連する各器官の協調性の低下
- 嚥下反射誘発の遅延

▶ 仮性球麻痺（偽性球麻痺）を伴う主な疾患

- 脳血管疾患
  - 脳出血
  - 脳梗塞《のうこうそく》
  - くも膜下出血
  - 動静脈奇形による頭蓋《とうがい》内出血

❹ 加齢

- 残存歯の減少。総義歯になると、粉砕能力が健全歯列者の能力の3分の1から6分の1になるといわれる。
- 咀嚼時間の延長。
- 口唇の閉じが悪くなり、食べこぼしが起こる。
- 唾液の分泌量が減り、粘性が高くなり、口腔《こうくう》内が不潔になりやすくなる。
- 嚥下機能への影響は個人差があり、高齢でも嚥下障害がみられない場合もある。

仮性球麻痺（偽性球麻痺）

延髄《えんずい》に損傷を受けて起こる、嚥下反射の消失などの運動障害を球麻痺という。延髄に損傷がないにもかかわらず、球麻痺と同じ症状が出る運動障害を仮性（偽性）球麻痺という。

⇒ P.237参照

嚥下障害

⇒ P.274、348、362、409参照

構音障害

⇒ P.223、361、408参照

❺ 留意点

①食事の先行期：傾眠傾向の場合は、食事動作の遅延や停止、誤嚥《ごえん》*などを防ぐため、声をかけて覚醒を促す。

②食事の準備期：姿勢を意識する。必要な福祉用具が整っているか、歯《し》牙《が》欠損《けっそん》の有無、義歯が合っているか、歯肉に痛みがないかなどを確認する。

③口腔《こうくう》内の汚れは、味覚や食欲、嚥下《えんげ》反射、咳反射《せきはんしゃ》にも影響する。義歯の場合は取り外して清掃する。

④痰《たん》は、可能な限り取り除いておく。

⑤離床を心がけ、廃用症候群の予防に努める。

誤嚥

食べ物や唾液を飲み込むとき、食道ではなく誤って気管に入ってしまうこと。

⇒ P.348、362、409参照

出題頻度 ★

食事に関する医療職との連携

食事の際に、疾病《しっぺい》の影響や異常がみられる場合は、すぐに医療職に連絡をとる必要があります。食物による窒息などの場合は、とりわけ迅速な対応が求められることを理解しましょう。

廃用症候群

⇒ P.168参照

ここをチェック！

❶ 医療職との連携

次のような場面では、すぐに連絡をとる。

- 深刻な誤嚥：誤嚥が繰り返されると、誤嚥性肺炎を引き起こし、最悪の場合、死に至る。

誤嚥性肺炎

⇒ P.176、279、409参照

▶ 誤嚥が疑われる状態

- 窒息がある。
- 脱水、低栄養状態がある。
- 食事時間が１時間以上かかる。
- 夜間に咳き込む。
- 肺炎、発熱を繰り返す。

- 窒息：声が出せない、もがく、チョークサイン、呼吸音がゴロゴロ・ヒューといった音になる、呼吸困難のため顔面が赤紫色になり（チアノーゼ）、脈拍・血圧が上昇する、痙攣《けいれん》や脱糞《だっぷん》を伴い激しくのた打ち回るなどがみられるようになる。1分を過ぎると意識を失い、硬直した表情になり、昏睡《こんすい》状態、筋肉の弛緩《しかん》、仮死状態に陥り、1分半を過ぎると回復の可能性がなくなる。

▶ チョークサイン

チョークサインは、窒息した人が無意識に起こす行動で、両手で喉元《のどもと》をつかむ動作をする。この行動は、世界共通のサインとなっている。

- 脱水：口の中や口唇《こうしん》の乾燥、脇の下の乾燥、肌荒れ、尿量の減少・濃縮尿、頭痛、全身倦怠感《けんたいかん》、活動性の低下、食欲不振、めまい、嘔気《おうき》・嘔吐《おうと》、発熱、意識低下、けいれんなどがみられる。

脱水
⇒ P.413参照

理解度○✕チェック！

1. 胃ろうによる経管栄養では、経口摂取も併用できる。◀出 31-101
2. 摂食・嚥下のプロセスで、口腔期は咽頭が閉鎖している。◀出 32-102
3. 栄養素のうちナトリウムは、血圧の調整に関わる。◀出 33-101
4. コントロール不良の糖尿病で、高血糖時にみられる症状は、口渇である。◀出 34-104
5. 誤嚥《ごえん》しやすい高齢者の脱水予防のために最も優先的に確認するのは、摂取しているご飯の形状である。◀出 35-26

答…………　1. ○　2. ✕（開いている。なお、先行期・準備期の咽頭は閉鎖）　3. ○　4. ○
5. ✕（脱水に大きく関係するのは水分なので、摂取している水分量の確認が大事）

9…… 入浴・清潔保持に関連したこころとからだのしくみ

キーワード　静水圧作用　皮膚　汗

出題頻度 ★★

入浴の効果

入浴は、心身機能を高めるとともに、からだを清潔に保ち、QOL を高めます。入浴がこころとからだに及ぼす効果を理解しましょう。

ここをチェック！

入浴の効果
⇒ P.415参照

❶ 入浴の作用

入浴により、次のような物理作用が働き、さまざまな効果が現れる。

作用	効果
温熱作用	● 皮膚の毛細血管や皮下の血管が拡張し、血行がよくなる。 ● 老廃物が排泄《はいせつ》されやすくなる。 ● 内臓の働きが活発になる。 ● 腎臓の働きが活発になり、利尿作用を促す。
静水圧《せいすいあつ》作用	● 血液循環が促進される。 ● 下肢の血液が心臓に戻りやすくなり、むくみを軽減する。 ● 心肺機能が促進される。
浮力作用	● 体重による筋肉や関節への負担が軽減される。 ● からだの負担が軽減されることで、精神的にリラックスする。

❷ 湯の温度とからだの変化

湯の温度によって、からだに与える影響は異なる。中温（38~41℃）での入浴が一般的である。

入浴すると、静水圧作用によって、からだが一回り小さくなるほどの水圧を受け、下肢のむくみも軽減されるよ

	中温（38 ～ 41℃）	高温（42℃以上）
自律神経	副交感神経を刺激	交感神経を刺激
心臓の動き	抑制	促進
血圧	低下	上昇
腎臓の働き	促進	抑制
腸の働き	促進	抑制
筋肉の働き	弛緩《しかん》	収縮（緊張）
脳	鎮静、リラックス	興奮

皮膚の構造と機能

出題頻度 ★★

人のからだは、皮膚で表面が覆われています。皮膚は汚れやすいので、入浴や清拭《せいしき》などで清潔にすることが大切です。皮膚の構造と清潔保持のポイントを押さえましょう。

清拭
⇒ P.415、421参照

ここをチェック！

❶ 皮膚の構造

皮膚は、表皮、真皮、皮下組織からなる。皮膚の表面には、無数の微生物が存在しており、通常は弱酸性である。

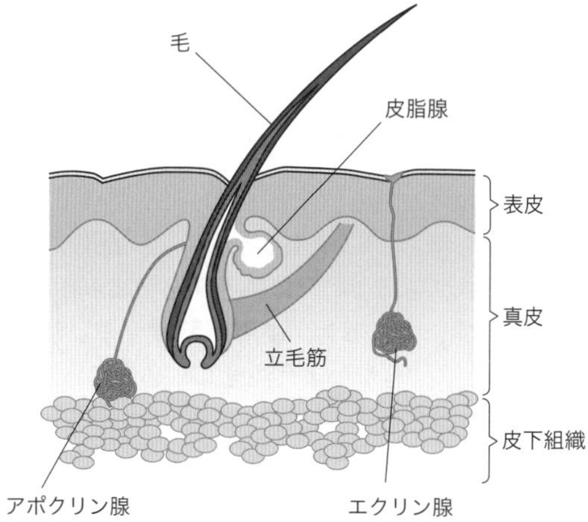

❷ 皮膚の機能

皮膚には、次のような機能がある。

保護機能	外部の衝撃から、体内の臓器を保護する。
バリア機能	外部からの細菌、異物の侵入を防ぐ。
保湿機能	体内の水分や栄養分の漏出を防ぐ。
排泄《はいせつ》機能	汗を分泌して、体内の老廃物を体外へ出す。
感覚器としての機能	触覚、痛覚、圧覚、温覚、冷覚の情報を伝達する。
体温調節機能	暑いときは発汗し、寒いときは血管や毛孔を収縮させる。
ビタミンD産生機能	紫外線を浴びて、ビタミンDをつくる。

📖 **能動汗腺**

エクリン腺のうち、実際に汗を出す汗腺のこと。汗の出ない汗腺は「不能汗腺」という。

❸ 汗

皮膚から出る汚れには、汗、皮脂、垢《あか》がある。汗は２種類の汗腺から分泌される。

エクリン腺	全身に分布している。エクリン腺から分泌される汗の成分は水と電解質で、ほとんどにおいがない。主に体温を下げる働き。
アポクリン腺	腋窩《えきか》、乳房、陰部などに分布している。アポクリン腺から分泌される汗には有機成分が含まれているため、においがある。

汗腺が一番多く分布しているのは手のひら、次に足底、そして額と続く。汗が皮膚面で蒸発するときに体熱を放散し、体温を調節する。汗をかかない生活は能動汗腺*を減少させ、汗をかきにくくする。発汗ができないと排熱できず、からだは代謝を抑制するため、低代謝の悪循環に陥る。

❹ 皮脂

皮脂は、皮膚を滑らかにするとともに、抗菌作用を発揮する。皮脂の分泌が過剰な場合は、毛孔を詰まらせることがあるが、皮脂が少なすぎると、皮膚が乾燥する。清潔援助では、皮脂を落としすぎないよう注意し、必要に応じて、入浴後に保湿クリームを使う。

❺ 垢と角質層

表皮にある角質層は、平均28日間で垢となり、はがれ落ち、絶え間なく新しい角質層がつくられる。角質層は、内部の細胞を乾燥などから防御している。垢は自然にはがれ落ちるものなので、ごしごしこすらないようにする。また、からだを洗う用具や洗い方で乾燥を助長することがあるので、注意が必要である。必要に応じて、入浴後に保湿クリームなどを使用して乾燥を防ぐ。

❻ 加齢臭

中高年になると、加齢臭の原因となるノネナールという物質が皮膚で生成されるようになり、加齢とともに増える。加齢臭の防止には、ノネナールは水に溶けるので、濡れたタオルでこまめにからだを拭き、清潔な衣服に毎日着替えるなどの清潔保持が効果的である。

❼ 皮膚疾患《しっかん》・皮膚トラブルと清潔

皮膚はからだの表面を覆っているため、汚れたり、傷ついたりしやすい。皮膚疾患・皮膚トラブルがある場合は、患部を刺激せずに、清潔を保持する。

- 疥癬《かいせん》

ヒゼンダニが皮膚に寄生することで発症する感染症。強いかゆみを伴う。入浴の際は、硫黄《いおう》入りの入浴剤を使用する。ただし、皮膚が乾燥している人への使用は避ける。

疥癬
⇒ P.189参照

- 老人性《ろうじんせい》皮《ひ》膚《ふ》掻痒《そうよう》 症《しょう》

加齢により皮膚の水分や皮脂が減少することで、乾燥してかゆみが生じる状態。温まるとかゆみが増すので、入浴は、ぬるめ（37 ～ 39℃）の湯にする。また、石けんで強く洗うのは避け、皮膚をこすらないように洗う。

老人性皮膚掻痒症
⇒ P.189、418参照

- 白癬《はくせん》（水虫）

白癬菌（カビ）が原因で発症する感染症。角質・爪・毛髪に生じる。患部の高温多湿を避け、清潔を保つ。足ふきマットやスリッパを共用しない。

白癬
⇒ P.189参照

- 帯状疱疹《たいじょうほうしん》

水痘ウイルスが原因の感染症。からだの左右の片側に帯状の水疱（水ぶくれ）ができ、痛みを伴う。水疱がつぶれていなければ、入浴が可能。入浴でからだを温めることで、痛みを緩和できる。

- 褥瘡《じょくそう》

入浴は、清潔保持、血行促進が期待でき、褥瘡の治療に効果がある。入浴が困難なときは、部分浴や清拭《せいしき》を行う。仙骨部などに発赤がみられる場合は、こすらずに洗い流す。褥瘡のある部分へのマッサージや湿布は避ける。

褥瘡
⇒ P.188、400参照

- おむつ・防水シーツかぶれ

おむつや防水シーツを使用している場合は、汚染や蒸れから皮膚の浸軟《しんなん》*が起こり、皮膚のバリア機能が失われ、感染を受けやすくなる。摩擦を避け、優しく押し当てるように拭き、清潔を保持する。

浸軟
皮膚が過剰な水分を含んで、やわらかくなり、ふやけること。

出題頻度 ★

身体機能の低下と入浴・清潔保持

入浴は清潔保持に効果的ですが、疾患《しっかん》や障害によっては、危険な場合があります。身体機能の低下が及ぼす入浴への影響を理解しましょう。

ここをチェック！

❶ 入浴に注意が必要な疾患

入浴によって疾患や障害が悪化しないよう、次の場合は、特に注意する。

高血圧・心疾患がある利用者の入浴
⇒ P.418参照

ヒートショック
⇒ P.384参照

- 高血圧
  浴室と更衣室の温度差、湯の温度により、血圧が急激に変動する状態（ヒートショック）を避ける。42℃以上の高温浴は血圧を上昇させるので控える。

- 心臓や呼吸器に障害がある場合
  交感神経を刺激する熱い湯温を避け、水圧によるからだへの負担を避けた半身浴やシャワー浴などを選択する。

シャワー浴
⇒ P.417参照

❷ 入浴を避けるべき状態と入浴可能な利用者

空腹時、食事直後、発熱時は、入浴を避ける。全身の消耗が激しい、感染症にかかっている、終末期にあるなどの利用者は、入浴の是非、方法、留意点について医師の指示を受ける。胃ろうを造設している、埋込式ペースメーカーや尿道カテーテルを使用している、ストーマ着用、全介助などの利用者でも、基本的には入浴が可能である。

理解度○×チェック！

1. 入浴（中温湯、38 ～ 41℃）の効果として、腎臓の働きの促進がある。 ◀出 33-103
2. 38 ～ 41℃の湯温での入浴では、消化機能が抑制される。 ◀出 28-104改
3. 入浴介護では、浴槽からの立ち上がりは、ゆっくり行う。 ◀出 31-104
4. A さん（60 歳）は、「お風呂につかると、体が軽く感じて楽になります」と話す。A さんが話している内容は、入浴時の浮力作用についてである。 ◀出 36-26

答…… 1. ○　2. ×（促進する）　3. ○　4. ○

10……排泄に関連したこころとからだのしくみ

キーワード　尿失禁　便秘

出題頻度 ★★

排尿のしくみと異常

からだから排泄《はいせつ》される老廃物には、尿、便、汗などがあります。このうち尿は、老廃物の約20％を占めています。排尿のしくみと異常について理解しましょう。

ここをチェック！

❶ 尿の性状

尿の成分と正常時の性状は次のとおりである。

- 尿成分の95％は水分。残り5％に、尿素、尿酸、ナトリウム、カリウム、アンモニアなどが含まれている。
- 排泄されたばかりの尿は弱酸性
- 黄色や薄い茶色がかった透明の液体
- 無菌
- 排泄された直後は食べ物のにおいなどがするが、空気に触れると細菌によって分解され、アンモニア特有のにおいが生じる。

尿は食べた物や薬などで色やにおいが変わる。濁っている（混濁尿）、血が混ざって赤い色をしている（血尿）、生ごみが腐ったようなにおい（腐敗臭）などはからだの異常を示す。

❷ 尿の量、回数

尿は、1日に1000～2000mL排泄される。1回の尿量は200～500mL、1日の回数は4～8回前後である。尿量が次の数値のときは、異常な状態である。

分類	尿量	原因
無尿	50～100mL以下／日	ネフローゼ症候群*、急性腎不全、尿路結石　など
乏尿	400mL以下／日	
多尿	3000mL以上／日、体重1kg×40mL以上	糖尿病、尿崩症《にょうほうしょう》*、腎不全など

ネフローゼ症候群
尿にタンパク質が大量に排出されるため、血液中のタンパク質が減り（低タンパク血症）、その結果、むくみなどが起こる疾患《しっかん》。

尿崩症
尿を減少させる抗利尿ホルモンの不足により、腎臓の水分再吸収機能が低下し、多量の尿が排出される状態。

❸ 排尿のしくみ

全身をめぐる血液は、腎臓でろ過され、老廃物と余分な水分が尿として排泄《はいせつ》される。腎臓でつくられた尿は、尿管という細い管を通って、膀胱《ぼうこう》に運ばれる。膀胱は柔らかい筋肉でできた袋で、尿はいったんここにためられる。膀胱の容量は人によって異なるが、200 ～ 500mL である。膀胱の下は尿道と呼ばれる管につながり、尿はここから体外に排出される。男性の尿道は通常 16 ～ 18cm で、泌尿器と生殖器の 2 つの働きをもち、女性の尿道は 3 ～ 4cm である。男性のみにある前立腺は、加齢とともに肥大しやすく、尿の勢いが落ちる、尿道に尿が残るなどの症状がみられることがある。

泌尿器
⇒ P.99参照

▶ 排尿にかかわる器官

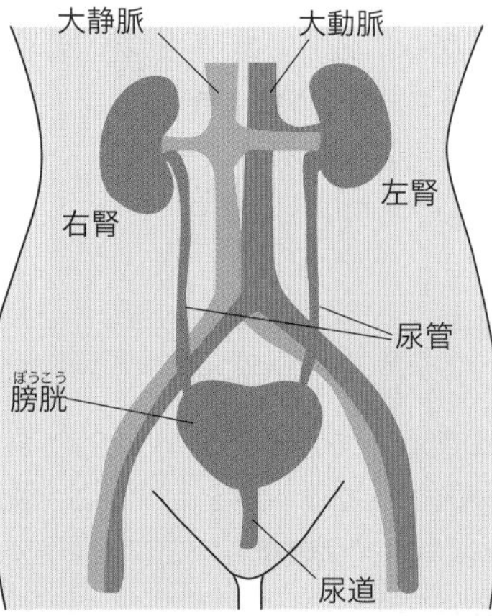

尿失禁
⇒ P.432参照

❹ 排尿の異常

排尿の異常には、尿失禁、頻尿《ひんにょう》、排尿困難などがある。

- 尿失禁

本人の意思にかかわらず尿が漏れてしまい、社会的・衛生的に支障が生じる状態。

- 頻尿

膀胱容量の減少、過活動膀胱、心因性などにより、排尿回数が頻回になる状態。排尿回数が日中 8 回以上の場合をいう。なお、夜間の回数が 2 回以上を病的な夜間頻尿という。

- 排尿困難

尿道狭窄《きょうさく》、前立腺肥大症などの下部尿路の通過障害または膀胱《ぼうこう》の収縮力の低下により排尿しづらくなる状態。尿がまったく出ない状態を尿閉という。

❺ 尿失禁の種類

尿失禁には、腹圧性尿失禁、機能性尿失禁、切迫性尿失禁、溢流性《いつりゅうせい》尿失禁、反射性尿失禁がある。

腹圧性尿失禁	くしゃみや咳など、腹部に力が入ったときに起こる。女性によくみられ、加齢や出産などによって骨盤底筋*が弱くなることが原因である。骨盤底筋訓練で改善されることが多い。
機能性尿失禁	排泄《はいせつ》動作が間に合わずに漏れてしまう。身体運動機能低下や認知症などが原因で起こる。運動機能低下の状態や原因を把握し、機能回復訓練、トイレ環境の改修、用具の選択、衣服の工夫などで対応する。早めにトイレに誘導する。
切迫性尿失禁	急に強い尿意が起こり、トイレに間に合わずに漏れてしまう。膀胱に尿をためる機能の障害で、脳血管疾患や前立腺肥大症が原因で起こる。薬物療法を行うことが多い。
溢流性尿失禁	排尿困難のため、膀胱内に残尿がたまり、あふれるように漏れる。前立腺肥大症の男性によく見られる。原疾患《げんしっかん》の治療や導尿を行う。
反射性尿失禁	脊髄の損傷などにより、尿意が大脳に伝わらなくなって、反射的に漏れてしまう。薬物療法を行うことが多い。

骨盤底筋
膀胱、子宮、直腸が下がらないように骨盤から支える筋。骨盤底筋を鍛える体操は、腹圧性尿失禁の予防に効果的である。

❻ 尿路感染症

高齢者および女性に多い感染症で、排尿痛、頻尿《ひんにょう》、残尿感、排尿困難などの症状がある。高齢者では、尿失禁が急性尿路感染症の初発症状であることもある。原因としては、男性は前立腺肥大症、女性は閉経後の尿道粘膜萎縮、男女とも膀胱留置カテーテルの使用などがある。

尿路感染症
⇒ P.178参照

❼ 急性膀胱炎

膀胱内に細菌が侵入して発症する感染症。女性に多い。頻尿、排尿痛、尿混濁、細菌尿、残尿感などの症状がある。

出題頻度 ★

排便のしくみ

老廃物の多くは、便となって排泄《はいせつ》されます。便の性状と排便のしくみについて理解しましょう。

ここをチェック！

❶ 便の性状

硬さ（便性）には個人差がある。便の基準を示すものとして、ブリストル便形（性）状スケールがある。便の色は、胆汁色素が変化したもので、通常は黄茶褐色である。健康状態によって変化することがあり、黒は上部消化管（食道・胃・十二指腸）の出血、赤は痔や直腸がん・大腸がん、緑は肝臓機能低下、白は胆石の疑いがある。

▶ ブリストル便形（性）状スケール

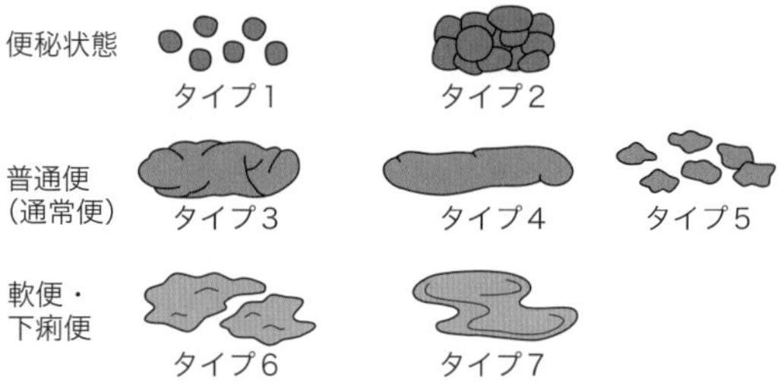

❷ 便の量、回数

個人差があるが、健康な人では、1回150～200g、1日1～3回ないし3日に1回程度が正常といわれている。

❸ 排便のしくみ

①摂取された食物は、口腔《こうくう》で唾液と混ざってかみ砕かれ、胃に送られる。胃液によって粥状《かゆじょう》になった食物は、小腸で消化され、水分と栄養分が吸収された後、大腸へ送られる。

②大腸では、残りの水分の大部分が吸収されて、形のある便となり、肛門から排出される。便は、食後約24～72時間で生成される。排便には、脊髄《せきずい》を経由して大脳に至る自律神経が関与し、腸や肛門の働きを調節している。直腸に便が送られても漏らさずにいられるのは、交感神経が肛門括約筋*（内肛門括約筋と外肛門括約筋）を収縮させているため

消化器
⇒P.98参照

肛門括約筋
肛門を広げたり締めたりして、蛇口のような役割をしている筋肉。内肛門括約筋と外肛門括約筋がある。

である。

③直腸にある程度便がたまると、その刺激が直腸から脊髄《せきずい》を経て大脳まで伝わり、便意を感じる。便意は15分程度で感じなくなるので、我慢しないことが大切である。また、交感神経は排便を抑制し、副交感神経は排便を促進する。

交感神経・副交感神経
⇒P.87参照

便秘

出題頻度 ★★

便秘は、排便が順調に行われず、排便回数が少なくなり、排便に苦痛を伴います。便秘の種類と原因を整理しましょう。

ここをチェック！

❶ 便秘のタイプ

便秘
⇒P.411、430参照

原因により、機能性便秘と器質性便秘に分けられる。

- 機能性便秘

大腸の運動機能や反射の異常によって起こる。次のような種類がある。

タイプ	原因	症状
弛緩性便秘《しかんせいべんぴ》	大腸のぜん動運動の低下、食物繊維の不足	便が硬くなる。女性や高齢者に多い。
痙攣性便秘《けいれんせいべんぴ》	ストレス	腹痛がある。便秘と下痢を繰り返す。
直腸性便秘	便意の我慢、便意を感じる神経の障害	直腸に便があるにもかかわらず、便意を感じない。

- 器質性便秘

大腸の病気により、大腸そのものが部分的に狭くなり、便が通過しにくい状態。大腸がんやクローン病などで多い。便秘が長期間続く場合や、血液が混じる場合に疑われる。

❷ 便秘と薬剤

モルヒネなどの麻薬性鎮痛剤は、腸のぜん動運動を抑制するため、便秘の原因となることがある。このほか、抗コリン薬、抗うつ薬、降圧薬の副作用で便秘が起こることもある。

出題頻度 ★☆☆

■下痢・便失禁

排便の異常には、便秘のほかにも、下痢、便失禁があります。下痢と便失禁の基礎知識を押さえましょう。

ここをチェック！

❶ 下痢

泥状《でいじょう》便や水様《すいよう》便などのように便が水分を多く含む状態を下痢という。通常の便の水分は70％程度だが、80％以上になると泥状便、90％以上になると水様便と表現される。経管栄養では、腸管で吸収されなかった物質が、高濃度で腸管に滞留すると、高浸透圧性の下痢症を発症することがある。下痢は、経管栄養を行ううえで、最も多い合併症の一つである。

下痢
⇒P.279、431参照

高浸透圧性の下痢症
⇒P.279参照

❷ 下痢の対処法

水分・電解質の補給（脱水への対応）と、腸管の安静が基本である。下痢が長く続く場合は受診し、医師から原因菌などに応じた抗菌薬の投与を受ける。

❸ 便失禁

便が漏れることをいう。肛門括約筋が締まらないために起こることが多い。不随意筋の内肛門括約筋と随意筋の外肛門括約筋のどちらが障害されているかで症状が異なる。内肛門括約筋が障害されている場合は、便意がなく漏れ（漏出性便失禁）、外肛門括約筋が障害されている場合は、便意はあるがトイレまで我慢できずに漏れる（切迫性便失禁）。ほかにも、下痢や直腸性便秘が原因で便失禁が起こることがある。

便失禁
⇒P.432参照

直腸性便秘
⇒P.139参照

理解度〇✕チェック！

1. 便秘の原因の一つとして、長期臥床があげられる。 出 33-105
2. 健康な成人の便の生成で、上行結腸の次に内容物が通過するのはS状結腸である。 出 35-27

答 ………… 1. 〇　2. ✕（回腸→上行結腸→横行結腸→下行結腸→S状結腸→直腸→肛門）

11……睡眠に関連したこころとからだのしくみ

キーワード　体内時計　概日リズム　レム睡眠　ノンレム睡眠　睡眠障害

出題頻度 ★★★

睡眠の基礎知識

健康で快適な生活を送るためには、良質な睡眠が必要です。よい睡眠がとれれば、短時間で効果的に休息することができ、目覚めたときにはからだもこころもリフレッシュできます。良質な睡眠とは何かを理解しましょう。

ここをチェック！

❶ 体内時計と概日《かいじつ》リズム

生物には体内時計があり、地球の自転による環境の変化を予測して、活動と休息のリズムをつくり出している。このような約24時間周期のリズムを概日リズム（サーカディアンリズム）という。夜になると眠くなるのは、体内時計の働きによるものである。

❷ 睡眠時間

体内時計の働きと、目覚めていた時間の長さや疲労の程度で、睡眠に適した時間が決まる。睡眠時間には個人差があるが、1日の実質の睡眠時間は、20～50歳代で約7時間、60歳代になると短くなり、70歳代になると実際に眠っているのは6時間より短くなる。睡眠時間が長ければ健康というわけではなく、睡眠は長さより深さが重要である。

❸ 睡眠リズム

健康な人では、浅い眠りのレム睡眠と、深い眠りのノンレム睡眠を90～110分周期で繰り返すとされている。

	特　徴
レム睡眠	からだは休息状態。脳は覚醒に近い。 眼球が激しく動く。夢を見る。
ノンレム睡眠	からだの抗重力筋《こうじゅうりょくきん》は緊張。脳は休息。 脈拍、呼吸、血圧は安定する。

1回の睡眠でレム睡眠とノンレム睡眠をしっかり繰り返すことで、心身は休まり、疲労回復する。

頻出
睡眠の種類と特徴、睡眠リズム

出題頻度 ★★

睡眠障害

眠いのに眠れない、眠りを維持できない、日中に眠気が生じるなど、正常な睡眠がとれないことを睡眠障害といいます。睡眠障害の種類と心身への影響を理解しましょう。

高齢者では、中途覚醒や早朝覚醒が多くなるよ

不眠
⇒ P.447参照

アトピー性皮膚炎などの治療薬として用いられる抗ヒスタミン薬は、強い眠気を引き起こすので、夜間に十分な睡眠をとっても日中に強い眠気をまねくことがあるよ

ここをチェック!

❶ 不眠

眠れない、または眠りが続かない状態を不眠という。不眠には、次の種類がある。

入眠障害	なかなか寝つけない。
熟眠障害	長時間睡眠をとっても、眠ったという満足感が得られない。
中途覚醒	眠りが浅くなり、夜中に何度も目が覚める。
早朝覚醒	朝早く目が覚めて、その後眠れない。

❷ 不眠の原因

不眠の原因はさまざまだが、主に5つのタイプに分けられる。

身体的要因	加齢、腰痛、神経痛、咳《せき》、頻尿《ひんにょう》
生理学的要因	入院、時差ボケ、交代勤務
心理学的要因	ストレス、緊張
精神疾患《しっかん》	うつ病、統合失調症
薬理学的要因	アルコール、カフェイン、ニコチン、降圧剤

❸ 睡眠不足の影響

不眠などによって睡眠不足になると、からだに次のような影響が現れる。

- 交感神経系の活動が活発になり、血圧が上がる。
- インスリンの働きが弱まる。
- 食欲が増え、肥満になりやすくなる。

❹ 睡眠障害と疾患《しっかん》

レストレスレッグス症候群と周期性四肢運動障害は、どちらも睡眠障害の要因となる疾患である。これらは睡眠薬が効かず、かえって悪化させる場合があるので注意する。

レストレスレッグス症候群	むずむず脚症候群。夕方以降に下肢を中心に不快な異常感覚または痛みが出現する。下肢を動かすと異常感覚や痛みが消えるので、布団の中でもじっとしていられず、不眠と日中の眠気が出る。
周期性四肢運動障害	睡眠中に上肢や下肢が繰り返し勝手に動き続けるため、睡眠が浅くなり、不眠や日中の眠気が出る。

❺ 睡眠時無呼吸症候群《すいみんじむこきゅうしょうこうぐん》

睡眠中に何度も呼吸が停止する疾患を睡眠時無呼吸症候群という。眠りはじめると呼吸が停止し、血液中の酸素濃度が低下して目が覚め、呼吸が再開するが、再び眠りはじめると呼吸が停止するという状態を一晩中繰り返す。発症の目安としては、10秒以上の気流停止を無呼吸とし、1時間に5回以上、または7時間の睡眠時間中に30回以上の無呼吸がある状態とされている。

▶ 睡眠時無呼吸症候群の原因、症状、影響

原因	肥満、扁桃腺肥大《へんとうせんひだい》、小下顎症《しょうかがくしょう》など。首周りに脂肪が付いている人や気道が狭くなっている人に起こりやすい。
症状	いびき、日中の眠気、居眠り、集中困難、疲労感、夜間に何度も起きる、起床時の口の渇き、熟睡感がない。
影響	夜間に長時間続く低酸素血症のため、高血圧、動脈硬化が引き起こされ、心筋梗塞《しんきんこうそく》や脳梗塞《のうこうそく》のリスクが高くなる。

❻ 睡眠時随伴症《すいみんじずいはんしょう》

睡眠時随伴症は、睡眠中に異常な言動が現れる状態である。小児に多いが、レム睡眠行動障害*は成人にみられ、睡眠中に大声の寝言や叫び声をあげ、手足を振り回すなどの激しい行動を起こす。

レム睡眠行動障害

レム睡眠時の骨格筋の弛緩《しかん》が抑制され、夢で見た通りの行動をする睡眠障害の一種。パーキンソン病やレビー小体型認知症の症状の一つとも考えられている。

出題頻度 ★

高齢者の睡眠

加齢や身体機能の変化は、睡眠に影響を及ぼします。高齢者の睡眠の特徴を押さえましょう。

ここをチェック！

❶ 高齢者の睡眠の特徴

高齢者はエネルギー消費量が少ないので、必要な睡眠の量も減ってくる。高齢者の睡眠には、次のような特徴がある。

- 睡眠時間が短くなる。
- 睡眠周期が不規則になる。
- 眠りが浅くなる。
- 入眠までの時間が長くなる。
- 中途覚醒、早朝覚醒が多くなる。
- 夜間頻尿《ひんにょう》がみられ、不眠になりやすい。
- 薬の副作用が生じやすく、副作用で不眠になりやすい。

❷ 高齢者のこころと睡眠

老年期のこころの問題が、睡眠に影響を及ぼすことがある。老いることや機敏に動けなくなることに否定的な感情を抱くと、進行する老化に戸惑いや不安を感じやすくなり、眠れなくなるケースが少なくない。また、仕事、地位、収入、社会とのつながり、生きがい、周囲の人々などの喪失《そうしつ》体験が、大きなストレスの原因となり、睡眠に影響する場合もある。

理解度〇✕チェック！

1. 概日リズム睡眠障害で特徴的なのは、夕方に強い眠気を感じて就寝し、深夜に覚醒してしまうことである。 出 36-29
2. 睡眠周期は約 60 分である。 出 31-106
3. 高齢者の睡眠薬の使用は、転倒の原因にはならない。 出 35-28
4. 高齢者の睡眠の特徴として、夜間の睡眠時間が増加する。 出 33-106
5. 睡眠薬を服用している高齢者に、日中にふらつきがみられたので、介護福祉職はすぐに医師に伝えた。 出 32-58

答……… 1. 〇　2. ✕（睡眠周期は約90～110分）　3. ✕（夜間にトイレに起きたときなどは転倒の危険がある）　4. ✕（夜間の睡眠時間は短くなる）　5. 〇

12……死にゆく人のこころとからだのしくみ

キーワード　死の三徴候　尊厳死　死の受容過程

出題頻度 ★

「死」の捉え方

近年、介護施設で最期を迎える人が増加しており、介護福祉職が看取りに立ち会う機会も増えています。利用者を看取るには、死について理解しておくことが不可欠です。さまざまな死の定義を押さえましょう。

ここをチェック！

❶ 生物学的な死

生命維持活動を行ってきた生体のすべての生理機能が停止し、回復不可能な状態になること。

❷ 法律的な死（脳死）

脳の機能がほぼ完全に失われ、回復不可能な状態をいう。1997（平成9）年、「臓器の移植に関する法律」（臓器移植法）が施行され、臓器移植の実施に必要な「死」の判断基準を、「脳死」とすることが示された。しかし、これはあくまで臓器移植に際しての判断基準であり、脳死を「一般的な死」とすることが法律で定められたわけではない。

「生物学的な死」と「法律的な死」の違いを確認しよう

❸ 死の三徴候

心停止、呼吸停止、瞳孔散大《どうこうさんだい》（対光反射の消失）をいう。生存にもっとも重要な心臓（循環）、肺（呼吸）、脳（中枢）の三器官すべての機能が停止したことによって判断する。

❹ 尊厳死

人工栄養や人工呼吸器などの医療装置で延命するのではなく、人としての尊厳を保ちながら自然に死を迎えること。事前に本人と家族の意思を確認しておく必要がある。「どこで」「だれと」「どのように」最期を迎えたいのか、終末期の過ごし方や医療処置（救急蘇生や生命維持装置など）について、本人の意思を事前に書面（遺書）に残すことをリビングウィルという。

高齢者施設に入所するときに提示する「事前指示書」や「尊厳死」と「安楽死」の違いについても押さえておこう

出題頻度 ★

終末期から危篤、死亡時のからだの理解

死が近くなると、バイタルサイン（呼吸、体温、循環、意識状態）は低下し、呼吸と循環状態に変化がみられます。終末期から死亡時のからだの変化を理解しましょう。

ここをチェック！

❶ 呼吸の変化

終末期では、酸素や栄養の不足により、呼吸運動が維持できなくなる。死の直前の呼吸変化には、チェーンストークス呼吸、肩呼吸、下顎《かがく》呼吸、鼻翼《びよく》呼吸がある。呼吸が浅くなると脳が低酸素状態になり、脳内モルヒネ*が分泌され、苦痛が和らいでくる。

チェーンストークス呼吸	10 ～ 30秒ほど呼吸が止まり、浅い呼吸と深く大きな呼吸を繰り返す。
肩呼吸	息をするたびに肩を動かす。
下顎呼吸	下顎《したあご》を魚のようにパクパクと動かす。死が数時間以内の場合に多くみられる。
鼻翼呼吸	少しでも酸素を取り込もうと、小鼻を開いて呼吸する。

❷ 体温の変化

血液循環が悪くなり、体温が低下することが多く、特に四肢が冷たく感じるようになる。

❸ 脈拍数・血圧

脈拍数・血圧どちらも低下する。同時に、心機能の低下により、脈拍が弱くなる。

❹ 尿量

循環機能などの低下が原因で、尿量は減少傾向となる。

❺ 意識状態

意識状態は低下して、うとうとした状態が長くなる。この状態は、傾眠・混迷・昏睡という状態で表現される。呼びかけに反応しないことがあっても、耳は聞こえているとされる。

脳内モルヒネ
エンドルフィンという脳内で産生される神経伝達物質の一種。モルヒネと同じように鎮痛作用をもつため、脳内モルヒネとよばれる。また、エンドルフィンが分泌されると多幸感がもたらされる。

❻ チアノーゼ

酸素が欠乏することで、皮膚や粘膜が青紫色になる。口唇《こうしん》や爪で目立つ。

❼ 死前喘鳴《しぜんぜんめい》

ゼロゼロ、ヒューヒューという音を発しながら呼吸すること。喀痰《かくたん》を自力で出せない場合に、分泌物が下咽頭《かいんとう》にたまり喉の奥で音をさせるのが原因。この状態になると、意識は低下しているので、本人は苦痛でないことが多い。

❽ 浮腫《ふしゅ》

終末期では、血液循環の低下や体液調節機能の低下により、下肢から浮腫（むくみ）が現れるようになる。

❾ 死後の身体的変化

死亡すると、からだには次のような変化が現れる。なお、死亡とは、医師が死を診断した時点である。

- 徐々に体温を失う（1時間に1℃くらい下がり、周囲の温度に近くなる）。
- 角膜が混濁する。
- 死斑《しはん》*が生じる。死斑は死後20～30分くらいから始まり、8～12時間で最大となる。
- 筋肉が弾力を失い、硬化して死後硬直が出現する。温度などの環境の影響を受けるが、通常死後2～4時間で始まり、半日程度で全身に及び、30～40時間で硬直が解け始める。
- 水分の蒸発とともにからだが乾燥していく。皮膚・粘膜・口唇・角膜などから蒸発していく。

❿ ストローブとシュトによる死別体験後の心理過程

ストローブとシュトは、死別体験の後の家族の心理過程について、喪失志向コーピングと回復志向コーピングという二重過程モデルを提唱している。この2つのコーピングについて、今はどちらを重視してコーピングするのか、あるいはコーピング自体を回避してコーピングしないのかを、本人自身が「揺らぎ」ながら決めることができるもので、揺らぐことがむしろ適応的だと述べている。

介護福祉職がサービス提供中に利用者が急変した場合は、まず、かかりつけ医に連絡しよう

医師がいない場所で死亡した場合は、すぐに医療職に連絡しよう

死斑

死後に血液がからだの下にする部分にたまることで生じる、暗紫色の斑点。

死後硬直

⇒ P.450参照

コーピングとは、例えばストレスを抱えている場合にそのストレスを軽減することを目的に、何らかの行動を起こすことをいうよ

出題頻度 ★★★

「死」に対するこころの理解

人にとって、「死」とは経験のない世界です。死に臨むときの不安や恐怖、残された時間が少ないことへの焦りなど、さまざまな心理的変化を理解しましょう。

ここをチェック！

❶ 死を受容する５段階の過程

頻出
死の受容過程の各段階の特徴

キューブラー・ロスは、死の受容過程を、５段階に理論化した。この段階は、一方向ではなく、必ずしもこの順に経過するものではない。

▶ 死の受容過程

第1段階	否認	死の運命の事実を拒否し否定する段階	死の宣告のショックに対する自己防衛
第2段階	怒り	否定しきれない事実を宿命だと自覚した段階	「なぜ私が」という問いかけと怒り
第3段階	取引	奇跡への願いの気持ちを表す段階	信仰している神への祈願
第4段階	抑うつ	気持ちが滅入ってしまう段階	精神的な落ち込み
第5段階	受容	死を受容し、こころにある平安が訪れる段階	静かに受け入れられるようになる。

❷ 悲嘆反応

悲嘆
⇒ P.451参照

大切な人を失った家族には、悲嘆反応がみられる。症状はさまざまで、不眠、疲労感、食欲減退、悲しみ、怒り、否認、抑うつ、探索行動、幻覚などがある。

理解度〇×チェック！

1. 死が近づいているときの身体の変化として、喘鳴《ぜんめい》があげられる。◀出 35-30
2. 75歳の肺がん患者が「なぜ私だけが、がんにならなければならないのか」と強い口調で訴えた。この行動はキューブラー・ロスの心理過程の第２段階の「怒り」である。◀出 31-108改
3. ストローブとシュトによる悲嘆のモデルでは、喪失志向のコーピングとして、悲しい気持ちを語ることがある。◀出 35-34

答…………　1. 〇　2. 〇　3. 〇

5

発達と老化の理解

人が生まれてから死を迎えるまでの発達課題を理解しよう。さらに、老化による心身の変化の特徴と高齢者に多くみられる疾《しっ》患《かん》を押さえるよ
がん、脳血管疾患、心疾患、糖尿病、高血圧などの高齢者に多い疾患については、介護福祉職として知っておかなければいけませんね

1…… 人間の成長と発達

キーワード　成長　発達　発達段階　発達課題

出題頻度 ★★☆

成長と発達

人間は受胎したときから成長し、発達していきます。ここでは成長と発達の定義の違いを理解するとともに、発達に影響を及ぼす要因に関するさまざまな学説について、確認しておきましょう。

ここをチェック！

❶ 成長と発達の定義

成長および発達の定義は、次のとおりである。

- 成長：発育に伴い、身長、体重など、からだが量的に大きくなっていくこと。
- 発達：受胎から生涯を閉じる（死）までの間に、心身の形態や構造、機能が質的に変化すること。

❷ 発達に影響する要因

発達に影響する要因としては、遺伝的要因と環境的要因がある。成熟優位説と学習説は、それぞれどちらかの要因を重視した考え方であり、どちらの要因も影響していると考えるのが、相互作用説と輻輳《ふくそう》説である。

成熟優位説	ゲゼル（Gessell,A.）が提唱した、発達は遺伝により受け継がれた素質に影響を受けるとする考え。
学習説	ワトソン（Watson,J.B.）が提唱した、発達は生育環境での経験による学習の影響を受けるとする考え。
相互作用説	ジェンセン（Jensen,A.R.）が提唱した、遺伝による素質と生育環境での経験が、相互に作用して発達に影響を及ぼすとする考え。今日では広く受け入れられている。
輻輳説	シュテルン（Stern,W.）が提唱した、発達は遺伝にも経験にも影響を受けるが、遺伝的要因と環境的要因が、それぞれ独立して影響を及ぼすとする考え。

発達段階と発達課題

出題頻度 ★★

人間は生涯を通じた各段階で、それぞれ習得すべき発達課題があります。発達段階と発達課題の定義に加え、ハヴィガースト、ピアジェ、フロイト、エリクソンのそれぞれが提唱した発達段階説について整理しておきましょう。

ここをチェック！

❶ 発達段階と発達課題

人間は、幼児期・早期児童期、中期児童期、青年期、早期成人期、中年期、老年期という段階を経て発達していく（発達段階）。発達課題は、ハヴィガースト（Havighurst,R.J.）により提唱された、各発達段階で習得すべき課題という概念である。

発達段階	発達課題
幼児期・早期児童期（0～6歳）	●排泄《はいせつ》のコントロールを習得する。 ●歩行を習得する。 ●固形物を食べることを習得する。 ●善悪の区別を習得する。　など
中期児童期（6～12歳）	●普通の遊戯に必要な身体的技能を習得する。 ●読み書き計算などの基礎的技能を習得する。 ●日常生活に必要な概念を発達させる。 ●人格の独立性を達成する。　など
青年期（12～18歳）	●同年齢の男女との洗練された新しい関係を築く。 ●両親やほかの大人たちから情緒面で自立する。 ●経済的独立に関する自信を確立する。 ●社会的に責任のある行動をとる。　など
早期成人期（18～30歳）	●配偶者を選ぶ。 ●子どもを育てる。 ●職業に就く。 ●市民的責任を負う。　など
中年期（30～60歳）	●大人としての市民的・社会的責任を達成する。 ●一定の経済的生活水準を築き、維持する。 ●10代の子どもたちが信頼できる幸福な大人になれるよう援助する。 ●自分と配偶者とが人間として結びつく。　など
老年期（60歳～）	●肉体的な強さと健康の衰退に適応する。 ●引退と収入の減少に適応する。 ●配偶者の死に適応する。 ●社会的・市民的義務を引き受ける。　など

スキャモンは、人間の器官や臓器の発達が年齢によって違いがあることを指摘し、それらの発達過程の違いを「発達曲線」として示したよ

乳幼児期には、善悪の区別を習得するんだね

児童期には、男子・女子の区別の学習とその役割の適切な認識も求められるよ

❷ ピアジェの発達段階説

ピアジェ（Piaget,J.）は、思考・認知の発達は遺伝的要因と環境的要因の相互作用によって行われるとし、乳幼児期・児童期の発達段階を4段階に分類した。

発達段階	発達の概要
感覚運動期（0～2歳頃）	刺激と感覚器官が結びつき、動作が形成される。シェマ*ができる。
前操作期（2～6歳頃）	物の見え方や見かけの変化に影響を受ける直感的思考の時期。以前に見た他者の行為をまねる「ごっこ遊び」がさかんになる。
具体的操作期（6～12歳頃）	思考が体系化される、具体的思考の時期。見かけの変化に惑わされない思考ができる。
形式的操作期（12歳頃～）	「愛」「正義」など抽象的な概念を理解し、論理的な思考もできるようになる。

シェマ

経験によって形成される、行動する際の枠組み。

前操作期では、例えば、同じ量の飲み物であっても、容器の違いによって量の大小を判断してしまうなど、見かけに引きずられることが多いよ

❸ フロイトの発達段階説

フロイト（Freud,S.）は、リビドー（性的欲求）の現れ方と、充足の程度によって、乳幼児期から青年期までの発達段階を6段階に分類した。

発達段階	概要	獲得すべき課題
口唇期《こうしんき》（0～1歳頃）	授乳や食事の際に口唇から快感を得る。	基本的信頼感の獲得
肛門期（3歳頃まで）	排泄《はいせつ》のコントロールによって快感を得る。	自立性の獲得
男根期（5歳頃まで）	性器に対する関心、異性の親への性的な関心が現れる。	
潜在期（11歳頃まで）	同性の親への同一化が進み、リビドーが潜在化する。	学校生活を通して社会性を獲得
思春期（16歳頃まで）	身体的成熟にともない、異性に対する性的な関心が増す。	
性器期（成人期）	異性に対する愛情の完成。	異性に対する関係を確立

乳児が機嫌のいいときに「アー」「ウー」などの声を出すことを「クーイング」というよ。これに対して周囲の人が反応することで「会話」が始まるんだ

上記❷・❸の発達段階とは別に、1歳ごろにみられる「社会的参照」がある。乳児が親の表情や態度を見て「安心・安全」と判断して行動することで、親と乳児の間にコミュニケーション関係が芽生えていく。

❹ エリクソンの発達段階説

エリクソン（Erikson,E.H.）は、生涯発達（ライフサイクル）の視点で、心理的・社会的側面の発達を8段階に分類。各段階において発達課題と、課題が達成できなかった際の心理的・社会的危機を設定した。

発達段階	発達課題	概要
乳児期 （0～1歳頃）	「信頼」対「不信」 （信頼感の獲得）	母親（養育者）との関係を通じて、自分を取り巻く社会が信頼できることを感じる段階
幼児前期 （1～3歳頃）	「自律性」対「恥・疑惑」 （自律感の獲得）	排泄《はいせつ》などの基本的なしつけを通じて、自分自身の心身をコントロールすることを学習する段階
幼児後期 （3～6歳頃）	「自主性」対「罪悪感」 （自主性＝積極性の獲得）	自発的な行動を通して、社会に関与していく主体性の感覚を学習する段階
学童期 （7～11歳頃）	「勤勉性」対「劣等感」 （勤勉性の獲得）	学校生活や家庭生活を通して、有能感を獲得する段階
青年期 （12～20歳頃）	「同一性」対「同一性拡散」 （同一性の獲得）	アイデンティティを確立する段階
前成人期 （20～30歳頃）	「親密性」対「孤立」 （親密性の獲得）	結婚や家族の形成などによって親密な人間関係を築き、連帯感を得る段階
成人期 （30～65歳頃）	「世代性」対「停滞」 （生殖性の獲得）	子育てや仕事を通して、次の世代を育てていく段階
老年期 （65歳頃～）	「自我統合」対「絶望」 （統合感の獲得）	これまでの自分の人生を肯定し、新たな方向性を見出す段階

※ ○○対○○は、発達課題が達成された場合に前者が、達成されなかった場合に後者が獲得される。

理解度○×チェック！

1. スキャモンの発達曲線で、生殖器系の組織が急速に発達するのは、12歳ごろからである。◀出 36-31

2. 1歳3か月のAちゃんは、父親と友人が話しているとき、最初は父親にしがみついていたが、しばらくすると緊張がとけたのか、友人にも笑顔を見せるようになった。このときのAちゃんの様子は、社会的参照といえる。◀出 32-69改

答…………　1. ○　2. ○

2……老年期の発達と成熟

キーワード　生理的老化　病的老化　老性自覚
喪失《そうしつ》体験　サクセスフルエイジング

出題頻度 ★★

高齢者の定義

介護保険法と老人福祉法では、「高齢者」は65歳以上の人と規定されています。ここでは主な制度や社会通例上で、「高齢者」がどのように定義されているかを確認しておきましょう。

ここをチェック！

高齢者の定義
⇒ P.306参照

❶ 高齢者の定義

法制度上の定義	介護保険法	65歳以上を「第1号被保険者」
	老人福祉法	65歳以上
	高齢者の医療の確保に関する法律（高齢者医療確保法）	65歳以上75歳未満を前期高齢者、75歳以上を後期高齢者
	高年齢者等の雇用の安定に関する法律（高齢者雇用安定法）	65歳までの継続雇用確保を義務づけるとともに、70歳までの就業確保を努力義務としている。
	高齢者虐待の防止、高齢者の養護者に対する支援等に関する法律（高齢者虐待防止法）	65歳以上
	道路交通法	普通自動車免許を受けている70歳以上の人で、加齢に伴って生じる身体機能の低下が運転に影響を及ぼすおそれがあるときは、運転する自動車に高齢運転者標識をつけるよう努める。
関係機関による定義	WHO（世界保健機関）	65歳以上
	総務省の人口推計	65歳以上を「老年人口」とする。
	国連の人口統計	60歳以上、65歳以上の2つに区分

❷ 高齢化社会・高齢社会・超高齢社会

高齢化率
⇒ P.46、287参照

総人口に占める老年人口の割合を高齢化率という。高齢化率が7%を超えると高齢化社会、14%を超えると高齢社会、21%を超えると超高齢社会と呼ぶ。2022（令和4）年9月現在、日本の高齢化率は29.1%で、今後も高齢化率が上昇すると考えられている。

出題頻度 ★

老化現象

受胎してから死を迎えるまでの全生涯の変化を加齢といい、加齢に伴い、心身機能が低下していく生理的変化を老化といいます。ここでは老化現象の基準および分類と、老年症候群について理解しておきましょう。

ここをチェック!

❶ 老化現象の基準

老化現象には、次の4つの基準があり、すべてを満たしたものが老化と定義される。ただし、これらの老化現象はすべての個体に一様に現れるわけではない。

普遍性	誰にでも起こる現象である。
固有性	出生、成長、死というような個体に固有の現象で、必然的に生じる現象である。
進行性	個体内の不可逆的な変化が徐々に個体に現れてくる過程である。
有害性	個体の機能低下が個体に有害に働き、死の確率が高くなる。

❷ 老化現象の分類

老化現象は、生理的老化と病的老化に分類できる。

- 生理的老化……疾病《しっぺい》やけが、生活スタイルにかかわらず、加齢によって誰にでも起こりうる老化現象。記憶力の低下、老視（老眼）、白髪が出てくるなど。
- 病的老化……誰にでも起こるわけではないが、老年期に多い疾病によって引き起こされる老化現象。骨《こつ》粗《そ》鬆症《しょうしょう》や血管性認知症など。

❸ 老年症候群

加齢に伴い心身に現れる症状の総称を老年症候群という。

精神心理的障害	認知症やうつなど
移動能力障害	寝たきりや廃用症候群など
排泄《はいせつ》機能障害	便秘や失禁など
感覚機能障害	視覚障害や聴覚障害など
栄養摂取障害	低栄養や脱水など

出題頻度 ★★

老年期の発達課題

人間は老年期になると、さまざまな喪失《そうしつ》体験により、「生きがい」そのものが失われがちになります。老年期をいきいきと生活していくためには、老化を受け入れ、適応していくことが求められます。各用語の意味を理解しておきましょう。

ここをチェック！

❶ 老性自覚

環境の変化などによる外的要因と、心身の衰えなどによる内的要因により、自分が高齢者であることを自覚すること。老性自覚の出現には、個人差がある。

❷ サクセスフルエイジング

老化にうまく適応して、老年期を幸せに過ごしていくこと。長寿であること、生活の質（QOL）が高いこと、社会貢献をしていることが構成要素とされている。

❸ プロダクティブエイジング

バトラー（Butler,R.N.）が提唱した、高齢者であってもプロダクティブ（生産的）な活動を行い、自立して、生産的、創造的な生き方をすべきであるという考え方。プロダクティブな活動には、労働、ボランティア、家事、セルフケアなどが含まれる。

❹ アクティブエイジング

WHOが提唱したもので、「人々が歳を重ねても生活の質が向上するように、健康、参加、安全の機会を最適化するプロセスである」としている。その背景には、アクティブとは単に活動的という意味だけではなく、退職した高齢者や身体障害者であっても、家族や地域社会、国などに積極的に貢献し続けることができる存在であるという考え方がある。

老年期には、肯定的な感情経験を起こしやすいつきあいを選択することが多いそうだよ。そのような適応状況を説明する理論を「社会情動的選択理論」というよ

年齢による差別、特に高齢者に対する差別をエイジズムというよ

理解度○×チェック！

1. 生理的老化の原因を説く老化プログラム説は、人の細胞分裂の回数があらかじめ決まっていることで老化が生じると考える。 出30-69
2. 生理的老化とは、人間固有の現象である。 出36-33

答……… 1. ○　2. ×（生理的老化は、遺伝的にプログラムされた現象。なお、老化は生物全般にみられる現象）

3……老化に伴う心身の変化

キーワード　流動性知能　結晶性知能　感覚記憶　短期記憶　長期記憶　老年期うつ病

老化による身体的変化

出題頻度 ★

身体的変化は、形態的な変化（見た目の変化）と機能的な変化（生理的機能の変化）が複合して現れます。その変化の様子を確認しましょう。

高齢者が加齢にともない活力や筋力が低下した段階をフレイルという。後期高齢者の多くがフレイルの段階を経て徐々に要介護へと進むといわれている

ここをチェック!

❶ 老化による身体的変化

▶ 形態的変化と機能的変化

形態的変化	身長の低下、体重の減少、白髪化、脱毛、皮膚の乾燥、しわやしみの増加など
機能的変化	呼吸機能の低下、咀嚼《そしゃく》・嚥下《えんげ》機能の低下、消化吸収機能の低下、代謝機能の低下、循環器機能の低下、運動機能の低下、神経機能の低下など

▶ 老化による形態的変化

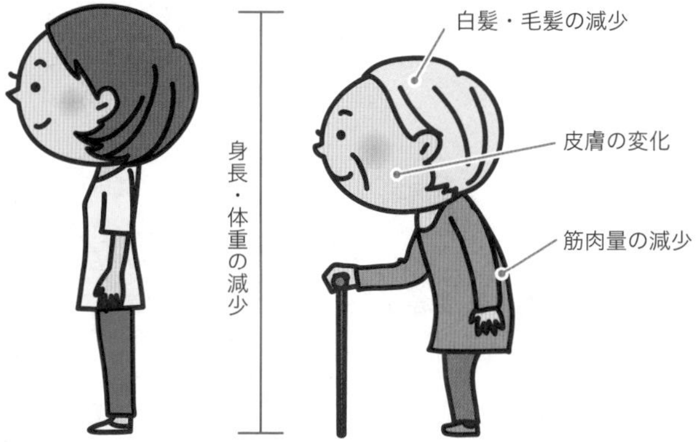

筋力の低下は、上肢より下肢のほうが顕著だよ

タンパク質を摂ることは、筋肉量の維持に有効だよ

❷ 機能的変化が与える影響

- 循環器機能の低下→動脈硬化、高血圧、不整脈など
- 運動機能の低下→筋力の低下、骨筋組織の脆弱《ぜいじゃく》化《か》、関節可動域の制限、持久力・持続力の低下、反応速度の低下など
- 神経機能の低下→平衡感覚の衰え　など

出題頻度
★★★

老化による知的機能の変化

老化に伴い、知能、記憶、人格、感覚機能等も変化していきますが、それぞれ加齢による影響を受けやすいものと受けにくいものがあります。その概要を理解しておきましょう。

ここをチェック！

❶ 知能の変化

知能は、流動性知能と結晶性知能に分けることができる。高齢期でも比較的維持されるのは、結晶性知能のほうである。

	流動性知能	結晶性知能
概要	新しいことを学んだり、新しい環境に適応する能力	これまでの経験と身につけた知識を発揮する能力
特徴	生まれつきの能力と強く関係している。	学校教育や社会経験などの環境条件の影響を受けやすい。
例	暗記力、情報処理能力	一般知識、判断力、理解力
加齢変化	低下する。30歳代が最も高い。	比較的維持されやすい。 60歳代が最も高く、70歳代、80歳代以降に低下する。

流動性知能
新しいことを学ぶ能力

結晶性知能
これまでに身につけた知識を発揮する能力

❷ 記憶の分類と変化

記憶には3段階あり、「感覚記憶→短期記憶→長期記憶」の順に転送される。個人の生活の中で生じる出来事や体験に関するエピソード記憶は、加齢の影響を強く受ける。

種類		概要	加齢による変化
感覚記憶		感覚器に刺激として入ってくる視覚、聴覚などのイメージ	感覚器の機能低下により衰える。
短期記憶		電話番号など瞬間的に覚える記憶。ワーキングメモリー*	注意力の低下により衰える。
長期記憶		これまでの知識や経験と結合して長期間保持される。	―
	意味記憶	単語や記号の意味に関する知識	比較的衰えにくい。
	エピソード記憶	経験や出来事の記憶	衰えやすい。
	手続き記憶	からだで覚えた技能などの記憶	比較的衰えにくい。

頻出
老化に伴う記憶の変化

❸ 人格の変化

青年期に形成された人格（パーソナリティー・性格）の基本部分は、老化により大きく変わることはないが、脳障害、身体的健康度、環境的条件の変化などにより変化することがある。ライチャード（Reichard,S.）は、定年退職（引退）後の男性高齢者の人格を5類型に分けた。

社会に適応的	円熟型	自分および自分の人生を受け入れ、社会参加に積極的で、毎日を建設的に暮らそうとしている。
	安楽椅子型（ロッキングチェアー型）	自分の現況を受け入れているが、他人に依存しており受身的である。定年退職して責任から解放されたことを歓迎している。
	自己防衛型（装甲型）	定年退職後も活動を継続することで、老化への不安を抑圧して、自己防衛している。
社会不適応	外罰型（憤慨型）	自分の過去や老化を受け入れられない。自分の過ちや失敗を他人のせいにして非難・攻撃する。
	内罰型（自責型）	自分の人生を失敗とみなし、自分を責める。死を恐れていない。

ワーキングメモリー
短期記憶を生かす過程で、計算の途中の結果を覚えたり、文章を読むときに前に書かれていた内容を覚えるなどの記憶を、ワーキングメモリーという。

明順応・暗順応

明順応は暗いところから明るいところに出たときに、目が明るさに慣れることをいう。暗順応はその逆。暗順応の方が明順応より時間がかかる。

高齢者は、暗順応の衰えが顕著だよ

味覚の変化
⇒ P.411参照

感覚機能障害
⇒ P.221参照

「1時(いちじ)と7時(しちじ)」のような似た音を聞き取ることが難しくなるよ

味覚が鈍くなったからといって、調味料を多用すると、ますます味覚は鈍くなるよ

❹ 感覚機能の変化

視覚・聴覚・嗅覚・味覚・皮膚感覚といった感覚機能は、個人差があるものの、一般的には老化により鈍化する。

感覚	老化による変化
視覚	視力・調節力の低下、視野が狭くなる、明順応《めいじゅんのう》・暗《あん》順応《じゅんのう》*の低下、赤色系と比べて青色系の識別が困難になるなど
聴覚	高音域から感度が低下、識別力の低下、感音性難聴（音がひずんで聞こえることによる難聴）
嗅覚	嗅覚機能の鈍化
味覚	甘味・苦味・酸味・塩味・旨味の感受性の鈍化、味覚の変化
皮膚感覚	温度感覚（温点、冷点）の鈍化、痛覚の低下

視野が狭くなる

感音性難聴

味覚の変化

高齢者の心理

出題頻度 ★★

特に初老期（50 ～ 60 歳代半ば）は、うつ病を発症しやすい傾向にあります。要因や症状の特徴、発症した人への対応などを理解しておきましょう。

ここをチェック！

❶ 老年期うつ病

高齢者の気分障害で代表的なのが、老年期うつ病である。

要因	環境の変化、精神的要因、脳疾患《のうしっかん》やパーキンソン病、糖尿病などの身体疾患など
特徴	青年期のものと比べ慢性化、再発しやすい。認知症のリスクファクターともなる。
症状	頭痛、腰痛などの身体的症状が出やすいが、抑うつ気分が軽く、うつ状態であることがわかりにくくなることがある（仮面うつ病）。また、記憶障害や見当識障害など、認知症に似た症状が現れることもある（仮性認知症）。

うつ病
⇒ P.127、199、231、352、364参照

高齢者の心理にみられる、適応機制の「抑圧」「投影」「補償」「退行」「逃避」などの意味を押さえておこう
⇒ P.270参照

❷ 老年期うつ病となった高齢者への対応

家族や周囲は次のような対応をする。

- 励ましの言葉は控え、受容的な態度をとる。
- 全身の観察と身体ケアを行う。
- 自殺を予防する。

❸ 喪失《そうしつ》体験の心理的影響

老年期の心理に大きな影響を及ぼすものに、喪失体験がある。特に、配偶者との死別は、ストレスに対する心身の反応が強く現れる。喪失体験では、「喪失－悲嘆《ひたん》－回復」のプロセスをたどると考えられている。

悲嘆回復（グリーフケア）
⇒ P.451参照

理解度○×チェック！

1．75 歳の男性は、一人暮らしであるが社会活動にも積極的に参加し、詩吟・芸術活動など多趣味である。友人からは「毎日を有意義に過ごしている」と評価されているし、本人も友人関係に満足している。この男性は、ライチャードの老年期の性格類型では円熟型である。 出 35-19

答 ………… 1．○

4……高齢者の疾患の特徴

キーワード　慢性疾患　合併症　死亡原因疾患

出題頻度 ★★★

高齢者の疾患とその特徴

老年期になると、老化に伴う身体機能の低下による疾患《しっかん》が増えてきます。高齢者の疾患の特徴を理解しましょう。

ここをチェック！

❶ 高齢者の疾患にみられる特徴

頻出　高齢者の疾患の特徴

高齢者の疾患の特徴は、次のとおりである。

- 疾患が慢性化しやすく、多くの人が慢性疾患をもっている。
- 特に後期高齢者では、複数の疾患をもっていることが多くなる。
- 合併症を併発しやすい。
- 潜在的な臓器疾患が多い。
- 薬の効果や副作用が出やすい。
- 症状が非定型的に現れるため、疾患を発見しにくくなる。
- 全身状態が悪化しやすく、寝たきり状態につながることが多い。
- 検査結果で個人差が大きくなる。
- 精神症状（うつ症状等）や神経症状が現れやすくなる。
- 環境因子の影響を受けやすく、QOL（生活の質）への影響が大きい。

❷ 高齢者が要支援・要介護状態になる原因

要支援状態では関節疾患、高齢による衰弱、骨折・転倒が、要介護状態では認知症、脳血管疾患、高齢による衰弱が主な原因となっている。

❸ 高齢者の死亡の原因疾患（老衰、不慮の事故を除く）

悪性新生物、心疾患、脳血管疾患、肺炎が四大原因である。

年齢	第1位	第2位	第3位	第4位
65～84歳	悪性新生物	心疾患	脳血管疾患	肺炎
85～89歳	悪性新生物	心疾患	脳血管疾患	肺炎
90～94歳	心疾患	悪性新生物	脳血管疾患	肺炎
95～99歳	心疾患	悪性新生物	脳血管疾患	肺炎
100歳以上	心疾患	脳血管疾患	肺炎	悪性新生物

資料：厚生労働省『令和4（2022）年　人口動態統計（確定数）の概況』2023年

❹ 疾患《しっかん》が原因で現れやすい症状

▶ 痛みの原因となる主な疾患

痛み	主な原因疾患
腹痛	腸閉塞《ちょうへいそく》、消化性潰瘍《かいよう》、大腸がんなど
頭痛	脳血管疾患、脳腫瘍《のうしゅよう》など
腰背部や各関節の痛み	骨折、変形性関節症、関節リウマチ、骨粗鬆症《こつそしょうしょう》、脊柱管狭窄症《せきちゅうかんきょうさくしょう》、椎間板ヘルニア、変形性脊椎症など
胸部痛	狭心症、心筋梗塞《しんきんこうそく》、肋間神経痛など

▶ その他の症状と原因となる主な疾患

症状	主な原因疾患
めまい	メニエール病（高齢者には現れにくい）、脳血管疾患、脳動脈硬化など
食欲不振	うつ病、胃潰瘍《いかいよう》、胆嚢《たんのう》がん、大腸がんなど
しびれ	神経・血管が圧迫されることにより生じる。末梢《まっしょう》神経障害、糖尿病、頸椎症《けいついしょう》、後縦靭帯骨化症《こうじゅうじんたいこっかしょう》など
浮腫（むくみ）	腎疾患、静脈血栓症、ネフローゼ症候群など
咳・痰・息苦しい	慢性閉塞性肺疾患、肺結核、肺炎、心不全など
掻痒《そうよう》感（かゆみ）	皮膚掻痒症、皮膚炎、白癬《はくせん》、カンジダ症、疥癬《かいせん》、糖尿病など
睡眠障害	うつ病、認知症など
便秘	大腸がんなど
下痢	ウイルス性／細菌性の感染症、過敏性腸症候群など
出血（吐血、喀血《かっけつ》、血便、血尿など）	消化器疾患、呼吸器疾患など

理解度○✕チェック！

1. 意欲が低下した高齢者の動機づけは、本人が具体的に何をすべきかがわかると強まる。◀出 33-73
2. 大腸がんは、高齢者の便秘の主な原因疾患になる。◀出 33-74改
3. 高齢者の疾患と治療の特徴として、服用する薬剤の種類が増えると、副作用は出にくくなる。◀出 31-74

答 ………… 1. ○　2. ○　3. ✕（副作用は出やすくなる）

5…… 高齢者に多い疾患

キーワード　三大生活習慣病　糖尿病　高血圧　廃用症候群

出題頻度 ★★★

生活習慣病
⇒ P.377参照

■生活習慣病

生活習慣病とは、日々の生活習慣の積み重ねにより発症リスクが高まるとされている疾患《しっかん》です。代表的なものについて概要を理解しておきましょう。

ここをチェック!

頻出
三大生活習慣病の概要

❶ 主な生活習慣病の種類と概要

悪性新生物（がん）、脳血管疾患、心疾患を三大生活習慣病といい、日本人の死因の約60%を占めている。脳血管疾患の危険因子として、糖尿病、脂質異常症、高血圧、喫煙がある。

	名称	概要
三大生活習慣病	悪性新生物	体内の正常な細胞が突然変異してがん細胞となる。
	脳血管疾患	脳の血管が詰まり、血流が阻害される（脳梗塞《のうこうそく》）、脳血管が破裂する（脳出血）。
	心疾患	血栓により冠状動脈の一部が詰まる（狭心症）、冠状動脈がすべて詰まり、血流が阻害され、心筋が壊死する（心筋梗塞）。
その他の生活習慣病	糖尿病	膵臓《すいぞう》から分泌されるインスリンの分泌不足、または作用不足になり、血糖値が上がる。
	脂質異常症	血液中の脂質が増加し、血管内壁に付着することで血流を阻害する。
	高血圧	血管内の内圧が高くなり、血管に負担がかかることで血栓ができやすくなったり、破裂しやすくなったりする。
	慢性腎疾患	症状はないが、腎機能が慢性的に低下している状態。
	慢性肝疾患	肝疾患のうち、脂肪肝とアルコール性肝疾患は生活習慣病に位置づけられる。

出題頻度 ★

悪性新生物（がん）

日本人の死因として常に上位を占めています。代表的なものについて、概要を理解しておきましょう。

ここをチェック！

❶ 悪性新生物（がん）の主な部位別死亡率（人口10万対）順位

	男性	女性
1位	肺	大腸
2位	大腸	肺
3位	胃	膵臓《すいぞう》

資料：厚生労働省『令和4（2022）年　人口動態統計（確定数）の概況』2023年

❷ 代表的な悪性新生物（がん）の症状

- 肺がん……咳、痰、胸痛、呼吸困難など。症状が現れにくい。
- 胃がん……痛み、出血、体重減少、貧血など。日本人の高齢者では幼少時に胃がんの原因の一つとされている、ヘリコバクター・ピロリ菌に感染している人が多いとされている。
- 大腸がん……血便、便通異常など。高齢者では近位側結腸《きんいそくけっちょう》*の頻度が増す。
- 肝がん……原発性肝がん（肝細胞、胆管細胞のがん）と転移性肝がんがあり、原発性肝がんは男性に好発する。肝炎、肝硬変を経てがんに進行するケースが多い。症状は現れにくく、進行した状態になると黄疸《おうだん》、倦怠感《けんたいかん》、腹痛などが現れる。
- 膵臓《すいぞう》がん……症状が現れにくく、早期発見が困難である。進行すると黄疸などが現れる。
- 前立腺がん……男性のみに発症。60歳ごろから高齢になるほど多くみられる。尿道が圧迫されることにより尿が出にくい、残尿感、頻尿などがみられる。腫瘍《しゅよう》マーカーで発見しやすい。

近位側結腸
小腸の近位に位置する結腸部分。体内では右側となる。

原発性
⇒ P.182参照

出題頻度 ★★

糖尿病

膵臓からのインスリンの分泌不足、または機能低下により、高血糖が持続する疾病です。概要に加え、治療法と合併症についても理解しておきましょう。

インスリン
血糖値を調節するホルモン。膵臓から分泌される。

ここをチェック！

❶ 糖尿病の種類

糖尿病には、1型糖尿病と2型糖尿病がある。

- 1型糖尿病（インスリン依存型糖尿病）……膵臓《すいぞう》のインスリン*産生細胞の破壊により、インスリンが分泌されなくなる。生活習慣と関係せずに発症し、若年者に多い。
- 2型糖尿病（インスリン非依存型糖尿病）……インスリンの分泌量の減少や、インスリンの働きが悪くなることで発症する。食事や運動などの生活習慣と関連があり、中高年にみられる。日本では、2型糖尿病にかかる人が圧倒的に多い。

❷ 糖尿病の概要

症状	口渇、多飲、多尿、夜間頻尿、倦怠感《けんたいかん》、体重減少など。ただし、高齢者では症状が現れにくい。高齢者の場合、低血糖時にふらふら感、めまい、目のかすみなどがみられることがある。
合併症	三大合併症：糖尿病性網膜症、糖尿病性腎症、糖尿病性神経障害（いずれも特定疾病である）
治療法	食事療法、運動療法、薬物療法（経口血糖降下薬、インスリン注射）

❸ 三大合併症

- 糖尿病性網膜症……眼球の網膜の血管が損傷を受けて出血する。緑内障に次いで、失明原因の第2位である。
- 糖尿病性腎症……腎臓の毛細血管が損傷することで機能低下を招く。浮腫《ふしゅ》やタンパク尿の症状が現れ、さらに進行すると透析が必要となる。
- 糖尿病性神経障害……体内各部の毛細血管の血流不足により、末梢《まっしょう》神経、自律神経の機能が低下する。最初はしびれや痛みを伴うが、進行すると感覚機能が低下し、感染などに気づかず細胞の壊死（糖尿病性壊疽《えそ》）を招き、足指の切断に至ることがある。介護の際に、足指に変化がないか注意する必要がある。

高血圧

出題頻度 ★

高齢者は、老化により原因不明の高血圧（本態性高血圧）にかかりやすくなっています。定義や治療法について正しく理解しておきましょう。

ここをチェック！

❶ 高血圧の定義

WHO（世界保健機関）や日本高血圧学会のガイドラインによれば、高血圧は次のように定義されている。

収縮期（最高）血圧*……140mmHg 以上

拡張期（最低）血圧*……90mmHg 以上

上記のいずれかを満たせば「高血圧」と診断される。

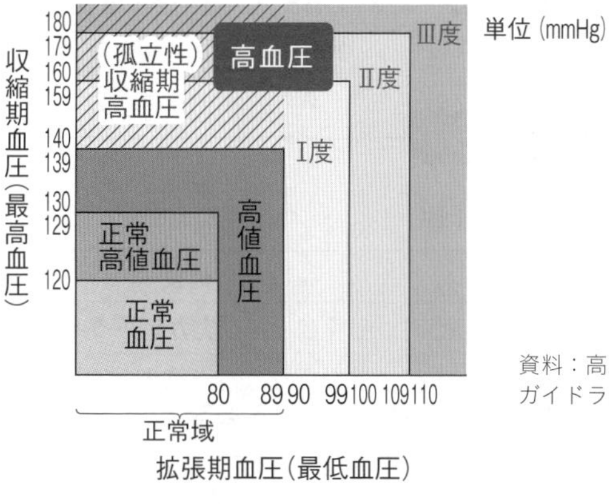

資料：高血圧治療ガイドライン2019

❷ 老人性高血圧の特徴

老人性高血圧は、収縮期血圧が高く、拡張期血圧はそれほど高くない収縮期高血圧症が多い。また、加齢による高血圧は、原因が明らかにできない本態性高血圧症が多い。

❸ 治療法

食事制限（食塩・脂肪摂取制限、カリウムの摂取）、運動、肥満者の減量など。薬物療法はこれらで降圧がみられない場合に実施され、カルシウム拮抗剤などの降圧剤を用いる。

収縮期（最高）血圧

心臓が収縮し、全身に血液を送り出したときの血圧。

拡張期（最低）血圧

心臓が拡張し、全身から血液が心臓へ戻ってきたときの血圧。

発達と老化の理解

❹ 高血圧の影響

長期化すると、心臓、脳、腎臓、眼などに影響を及ぼす。心臓では心肥大、狭心症、心筋梗塞《しんきんこうそく》、心不全、脳では脳梗塞、脳出血、腎臓では腎不全、眼では高血圧網膜症を引き起こす。

❺ 心房細動（不整脈）

心房細動とは、高血圧の人がかかりやすい心疾患《しんしっかん》で、心房が細かく不規則に震えて、頻脈性《ひんみゃくせい》不整脈になる状態をいう。心臓に血栓ができやすくなり、血栓が脳に運ばれて、脳の血管を詰まらせるため、脳塞栓《のうそくせん》を引き起こすことが多い。高齢になるほどかかりやすい。治療には、ワルファリンが投与される場合がある。

出題頻度 ★★★

廃用症候群

廃用症候群
⇒ P.377参照

床上で長期間安静にするなど、生活活動が低下することにより心身にさまざまな弊害が生じます。これを廃用症候群といい、回復は難しいため、高齢者では特に予防が大切です。種類と予防法について、理解しておきましょう。

ここをチェック！

頻出
廃用症候群の種類と特徴

❶ 主な廃用症候群

名称	概要
筋《きん》萎《い》縮《しゅく》	筋肉が細くなり、筋力が低下する。
骨粗《そ》鬆症《しょうしょう》	負荷がかからなくなることでカルシウム量が減少し骨がもろくなる。
関節拘縮《こうしゅく》	軟部組織*の障害で、関節が動きにくくなる。
心肺機能低下	心臓の拍出量が低下することで疲れやすくなったり、動悸や息切れを引き起こす。
起立性低血圧	血圧調整機能の低下により、上半身を起こす（立位《りつい》や座位《ざい》など）と低血圧症状を示す。
血栓塞栓現象	血管内に血栓ができやすくなる。
末梢《まっしょう》神経障害	神経が圧迫され、麻痺《まひ》が起きる。
褥瘡《じょくそう》	血液の循環不全により、皮膚細胞が壊死《えし》する。
意欲低下、うつ、見当識障害	療養が長引くことで精神的刺激が少なくなることが原因

軟部組織
骨格以外の筋肉、脂肪、線維組織、血管、その他のからだを構成する組織のことをいう。

▶ 廃用症候群のさまざまな症状

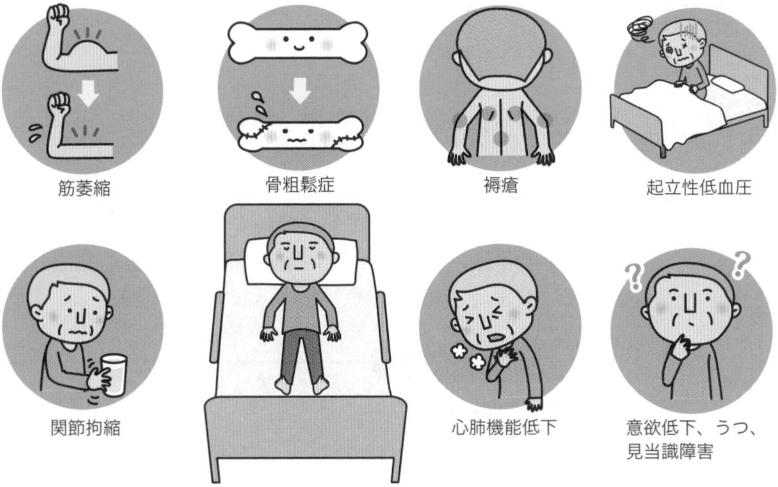

❷ 廃用症候群の予防法

離床の実施と体位変換の励行	全般的な予防： ● 活動ができる要介護者：離床する時間を増やす。 ● 座位をとれる要介護者：定期的に座位をとらせる。 ● 意識のない要介護者：良《りょう》肢《し》位《い》の保持。定期的な体位変換
リハビリテーション等の実施	関節拘縮の予防：麻痺側の手でタオルなどを握る。 筋萎縮の予防：上肢・下肢を動かし、筋力を維持・増強
人との関わりの保持	意欲低下等の予防：介護者による声掛けや家族との面会

理解度〇✕チェック！

1. 80 歳のAさん（男性）は、40 歳ごろから職場の健康診査で高血圧と高コレステロール血症を指摘されていた。最近、階段を上るとき胸の痛みを感じていたが、しばらく休むと軽快していた。喉の違和感や嚥下痛はない。今朝、朝食後から冷や汗を伴う激しい胸痛が起こり、30 分しても軽快しなかったので救急車を呼んだ。Aさんの状況として考えられるのは心筋梗塞である。◀出 36-35改
2. 糖尿病性網膜症による視覚障害があるBさんは、末梢神経障害も発症している。介護福祉職は、Bさんの足先の傷や壊疽などの病変に留意した。◀出 36-53改
3. 廃用症候群の起こる可能性が高いものとしては、うつ状態があげられる。◀出 35-22

答…………　1. 〇　2. 〇　3. 〇

6…… 脳・神経系の疾患

キーワード　脳血管疾患　パーキンソン病

出題頻度 ★★

主な脳・神経系の疾患

高血圧や動脈硬化に伴い発症する脳血管疾患《しっかん》（障害）や脳の神経伝達物質の異常に伴い発症するパーキンソン病など、老年期においては多くの脳・神経系疾患が発症します。主な疾患の特徴、原因、症状、治療法を押さえましょう。

▶脳出血

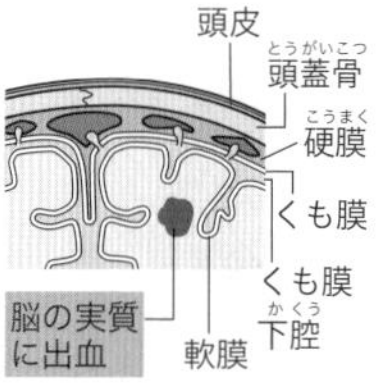

▶くも膜下出血

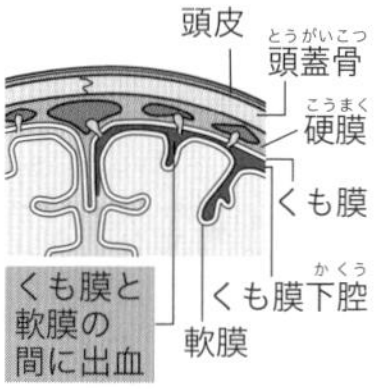

ここをチェック！

❶ 脳血管疾患　〔特定疾病〕

日本人の四大死因および三大生活習慣病の一つであり、要介護状態になった原因として最も多い疾患である。血管が破れることが原因の頭蓋内《とうがいない》出血と、脳の血流が阻害されることが原因の脳梗塞《のうこうそく》に分類される。いずれも高血圧、動脈硬化、糖尿病、脂質異常症などが危険因子となり、それらの予防が重要となる。これらの脳血管疾患の総称が脳卒中。

疾患	原因	主な種類	特徴
頭蓋内出血	脳の血管が破れて出血する。	脳出血	脳の血管が破れて脳に出血する。活動時に発症することが多く、頭痛や吐き気、嘔吐《おうと》などが現れる。
		くも膜下出血	脳動脈瘤（脳の動脈内にあるふくらみで、構造的に弱くなっている）が破裂し、頭蓋内の軟膜とくも膜の間に出血する。激しい頭痛、吐き気、嘔吐などが現れる。発症時の死亡率が高い。
脳梗塞	脳の血管が詰まるか狭くなり、脳の神経細胞への血流が阻害される。	脳血栓	動脈硬化により狭くなった脳の血管に、血栓が詰まる。安静時に発症することが多い。進行は穏やかである。
		脳塞栓《のうそくせん》	心臓など体内の他の場所でできた血栓が、脳に運ばれて血管が詰まる。活動時に発症することが多く、急激に進行する。片麻痺《かたまひ》、構音障害、失語症などが現れる。体内にできた血栓を溶かすため、予防的にワルファリンなどを投与することがある。
一過性脳虚血症	血栓が詰まることなどにより生じる。	―	脳梗塞の症状が出るも、一度現れた症状が消失する。脳梗塞の前兆である可能性が高い。

❷ パーキンソン病

〔特定疾病〕

特徴	神経伝達物質であるドーパミンの不足により、からだに特徴的な症状が現れ、日常生活に困難をきたす進行性の神経変性疾患《しっかん》。50歳以降の中年期に発症することが多い。
原因	不明
症状	● 四大徴候：筋固縮（筋肉のこわばり）、無動・寡動《かどう》（動作緩慢）、振戦《しんせん》（ふるえ）、姿勢反射障害（起立時のバランス維持が困難） ● 嚥下《えんげ》障害、認知障害、幻覚、便秘、歩行時の小刻み歩行や突進現象（歩き出すと、だんだん速度が上がり、何かにぶつからないと止まれなくなる状態）など。
治療法	薬物療法が基本だが、しだいに効果が薄れ、発症後15～20年程度で寝たきりになることが多い。

❸ 脊髄小脳変性症（SCD）

〔特定疾病〕

特徴	脊髄《せきずい》や小脳、脳幹の萎縮《いしゅく》により運動失調症状が現れ、徐々に進行していく。
原因	遺伝性のもの以外は不明
症状	手足の運動失調、構音障害、パーキンソン病の症状（パーキンソニズム）など。
治療法	対症療法、リハビリテーション

❹ 多系統萎縮症

〔特定疾病〕

特徴	シャイ・ドレーガー症候群、オリーブ橋小脳萎縮症、線条体黒質変性症の総称
原因	不明
症状	● シャイ・ドレーガー症候群：起立性低血圧などの自律神経症状 ● オリーブ橋小脳萎縮症（OPCA）：小脳性運動失調 ● 線条体黒質変性症：パーキンソン病の症状 いずれも進行するとこれらの症状が重複する。

❺ 脊髄損傷

特徴	脊柱（背骨）に強い外力がかかったことなどにより、脊髄が損傷を受ける。一度損傷した神経は元に戻らないため、障害された状態が一生続く。
原因	転落、転倒、交通事故など
症状	感覚・運動麻痺《まひ》、排尿・排便障害、発汗障害など
治療法	リハビリテーションで残存機能の維持・向上と合併症の予防を図る。

理解度○×チェック！

1. 脳梗塞《のうこうそく》の症状として、激しい頭痛が特徴的である。 ◀出 23-59
2. パーキンソン病の代表的な症状は、振戦である。 ◀出 26-74
3. パーキンソン病は、40歳代で発症することが最も多い。 ◀出 27-76

答 ………… 1. ×（くも膜下出血） 2. ○ 3. ×（50歳以降の中年期が多い）

7……感覚器系の疾患

キーワード　白内障　緑内障　加齢性難聴

出題頻度 ★

主な感覚器系の疾患

老化に伴い、感覚機能が低下していきます。ここでは、視覚（眼）と聴覚（耳）の疾病《しっぺい》について整理しましょう。

ここをチェック！

❶ 白内障

眼球の構造
⇒ P.95参照

特徴	水晶体が濁った状態。80歳以上のほぼ全員にみられる。
原因	加齢、糖尿病などの合併症
症状	霧視（かすみ）、羞明《しゅうめい》（まぶしく感じること）、物が二重、三重に見える　など
治療法	点眼薬・内服薬、手術

❷ 緑内障

特徴	眼圧上昇などにより、視神経が障害され、視野が狭くなる。自覚症状がないことが多い。
原因	不明
症状	急性の場合、目の痛み、頭痛、吐き気　など
治療法	病気の進行を抑える方法：点眼薬、レーザー治療、手術

❸ 加齢黄斑変性症《かれいおうはんへんせいしょう》

特徴	加齢により網膜の中心部である黄斑という部分に萎縮《いしゅく》や変性が生じ、見ようとするところが見えにくくなる。
原因	加齢による網膜の機能の低下
症状	ものがゆがんで見える変視症、中心部が見えない中心暗点、視力低下　など
治療法	病気の進行を抑える方法：薬物療法、レーザー治療、手術

❹ 糖尿病性網膜症　〔特定疾病〕

特徴	糖尿病の三大合併症のうちの一つ。糖尿病によって血糖値が高くなると、血管に負担がかかり、網膜を損傷することで、見えにくくなり、場合によっては失明してしまうこともある。
原因	糖尿病
症状	網膜出血、飛蚊症《ひぶんしょう》　など
治療法	糖尿病の治療、レーザー治療、手術

❺ 網膜色素変性症

特徴	網膜の視細胞が障害されることにより、見えにくくなる。
原因	遺伝
症状	最初は夜盲（暗いところが見えなくなる）からはじまり、視野狭窄《きょうさく》（視野が狭くなる状態）を引き起こす。
治療法	対症療法として、遮光眼鏡の使用、薬物療法　など

❻ メニエール病

特徴	めまいが起こる代表的な疾患《しっかん》。内耳から引き起こされる回転性めまいや耳鳴りなどが30分～数時間続く。発症年齢は30歳代後半から40歳代前半がピークで、高齢者では頻度が高くないため、高齢者のめまいでは、良性発作性頭位めまい症*など、ほかの疾患の可能性が高い。
原因	内耳の内リンパ水腫。水腫ができる原因は不明。
症状	めまい、耳鳴り、難聴が同時に起こる。
治療法	薬物療法、手術

❼ 加齢性難聴（老人性難聴）

特徴	聴覚機能の老化が原因の聴覚障害。一般的に両側性で、高音域から聞こえにくくなっていく。老化が進むと、言葉を聞き取る能力も低下するので、音量を上げれば聞き取れるようになるわけではない。
原因	聴覚機能の老化
症状	高音域が聞こえにくい、耳鳴り
治療法	補聴器の使用を検討する。補聴器の効果には限界があるため、使用前には十分なカウンセリングを行う。有効な治療薬はまだない。

耳の構造
⇒ P.96参照

良性発作性頭位めまい症
決まった頭位をとると、めまいが起こる状態。耳鳴り、難聴などはみられないことが多い。

発達と老化の理解

理解度〇✕チェック！

1. 加齢黄斑変性症の症状は、眼球が痛くなることである。 出30-100
2. 流行性角結膜炎の症状は、結膜の充血である。 出30-100
3. 老化に伴う感覚機能の変化として、低音より高音のほうが聴き取りやすくなることがあげられる。 出34-74

答………… 1. ✕（緑内障）　2. 〇　3. ✕（老化では、高音域の聴力が衰えてくる）

8……歯・口腔内の疾患

キーワード　歯垢　虫歯　歯周病

出題頻度 ★

口腔ケア
⇒ P.284、393参照

主な歯・口腔内の疾患

口腔《こうくう》ケアはどの年代においても重要ですが、特に唾液分泌量が低下し、自浄作用が低下していく高齢者にとって、口腔ケアの重要性は増してきます。歯や口腔内の疾患《しっかん》について確認していきましょう。

ここをチェック！

❶ 虫歯

特徴	口腔内の細菌によって酸がつくられ、歯を溶かすことで起こる歯の実質欠損のこと。虫歯の発生しやすい部位は咬合面《こうごうめん》（かみ合わせ）の溝、歯頸部《しけいぶ》（歯と歯肉の境目）、隣接面《りんせつめん》である。高齢者は歯ぐきが退縮し、歯根（歯の根）が露出しているため、歯根の虫歯が多くなる。 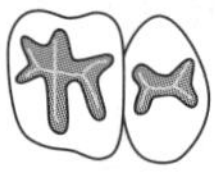 咬合面《こうごうめん》の溝 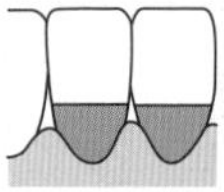 歯頸部《しけいぶ》 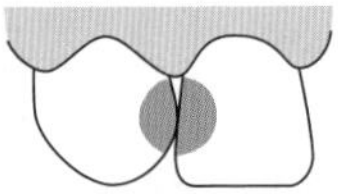 隣接面
原因	歯垢《しこう》*
症状	初期は自覚症状がほとんどない。痛みを感じるときは、虫歯が進行している。
治療法	歯科治療

歯垢
歯の表面に付着した白や黄白色の粘着性の物質。細菌が飲食物の糖分とくっつくことでつくられる。

❷ 歯周病

特徴	歯周組織に発生する疾患全般のことをいい、特に、歯ぐきにだけ起こるものを歯肉炎、歯ぐき以外にも炎症が拡がっているものを歯周炎と呼ぶ。虫歯と並んで口腔内で発生することが多い疾患。高齢者は歯周病が原因で歯を失うことが多い。心疾患、脳血管疾患、糖尿病との関連性が指摘されており、生活習慣病の一つである。
原因	歯垢
症状	初期では自覚症状がないが、進行すると痛み、腫《は》れ、出血がある。最終的には歯が抜け落ちることもある。
治療法	歯科治療

虫歯や歯周病の原因となる歯垢を除去するには、口腔ケアでのブラッシングが欠かせないよ

❸ 口内炎

特徴	口腔内にできる炎症の総称。高齢者は、義歯の不具合や不十分な手入れが原因で、口内炎になることが多い。
原因	細菌、義歯、免疫力の低下
症状	痛み、腫《は》れ、ただれ、飲食時にしみる。
治療法	薬物療法、レーザー治療、義歯の調整　など

❹ 顎関節症

特徴	顎《あご》と顎関節《がくかんせつ》を動かす咀嚼筋《そしゃくきん》に異常がある状態
原因	生活習慣、かみ合わせ、ストレス、老化に伴う顎関節の変形　など
症状	顎関節部や咀嚼筋などの痛み、口の開きにくさ、関節音*　など
治療法	マウスピースの装着、開口訓練、行動療法　など

❺ ドライマウス（口腔乾燥症）

特徴	老化に伴い、唾液の分泌量が低下し口腔内《こうくうない》が乾燥する。口腔内が乾燥すると細菌が繁殖しやすくなり、虫歯や誤嚥性《ごえんせい》肺炎の原因にもなる。
原因	唾液の分泌量の低下、薬の副作用、糖尿病、腎臓病、ストレス　など
症状	口臭、味覚障害、嚥下《えんげ》障害、シェーグレン症候群　など
治療法	原因疾患の治療、人工唾液、保湿剤、薬物療法　など

関節音
口を開いたり、閉じたりする際に発するカクカクというような音。

理解度○×チェック！

1. ベッド上で全介助を要する利用者の口腔ケアでは、洗口剤を使用して、歯垢を除去する。 ◀出24-47
2. 義歯を使用すると、話す言葉が明瞭になる。 ◀出33-99改
3. 老化に伴い、唾液分泌量が増加する。 ◀出24-100
4. 高齢者の栄養状態を良好に維持するための対応として、歯科健康診査を受けることを勧めた。 ◀出32-75

答…………　1. ×（ブラッシングで歯垢を除去する）　2. ○　3. ×（減少する）　4. ○

9……呼吸器系の疾患

キーワード　誤嚥性肺炎　慢性閉塞性肺疾患（COPD）

出題頻度 ★★

主な呼吸器系の疾患

老化に伴い、気管支炎や肺炎など、呼吸器に疾患《しっかん》を抱えることが多くなります。誤嚥性《ごえんせい》肺炎、慢性閉塞性《まんせいへいそくせい》肺疾患など、高齢者に多い呼吸器系疾患について確認しましょう。

誤嚥性肺炎にはどうして口腔ケアが有効なの?

口の中の細菌を減らすことで、誤嚥が起きても肺炎になるリスクを減らせるからだよ

若い頃に感染した結核菌が、高齢になってから肺結核を引き起こすケースも多いよ

喘鳴
ゼーゼー、ヒューヒューという呼吸音。
⇒ P.409参照

ここをチェック！

❶ 誤嚥性肺炎

特徴	食物や唾液が誤って気道に侵入（誤嚥）した際に、高齢者では咳嗽《がいそう》反射が弱いため、それらの異物を出すことができず、そのまま肺に侵入して引き起こされる肺炎。高齢者の肺炎の多くを占める。
原因	誤嚥
症状	通常肺炎でみられる高熱や激しい咳といった症状が、高齢者の場合はみられないことがあるため、発見が遅れ、命にかかわるケースもある。
治療法	薬物療法。口腔ケア、食事内容の工夫、摂食時・食後の体位などで予防することが大切

❷ 肺結核

特徴	結核菌により引き起こされる呼吸器疾患であり、免疫力が低下している高齢者によくみられる。空気感染をするため、場合によっては集団感染を引き起こす。
原因	結核菌
症状	咳《せき》、痰《たん》、血痰《けったん》、微熱。高齢者では、これらの症状がみられず、倦怠感《けんたいかん》、食欲不振、体重減少など全身症状だけの場合もある。
治療法	薬物療法

❸ 喘息《ぜんそく》

特徴	最も頻度の高い慢性呼吸器疾患。幼小児期に発症することが多いが、高齢になって発症する場合もある。
原因	ダニ、ハウスダスト、喫煙、ストレス　など
症状	喘鳴《ぜんめい》*、呼吸困難、咳　など
治療法	原因物質や誘因を避ける、薬物療法

❹ 慢性閉塞性肺疾患《まんせいへいそくせいはいしっかん》（COPD）〔特定疾病〕

特徴	たばこの煙をはじめとする有害物質を長時間吸入することで、気管支の慢性的炎症や肺胞の破壊が起こり、気管支が狭窄《きょうさく》し、肺の弾性収縮力が失われる疾患《しっかん》。風邪や心不全をきっかけに急性増悪《ぞうあく》*を起こすことがある。
原因	喫煙
症状	咳《せき》、痰《たん》、労作時《ろうさじ》（からだを動かしているとき）呼吸困難
治療法	禁煙、薬物療法、口すぼめ呼吸*や腹式呼吸の習得、酸素療法

❺ 肺がん

特徴	肺から発生したがん（原発性）と、他臓器から転移したがん（転移性）がある。日本では、悪性新生物の部位別死亡率において、男性の第１位である。
原因	喫煙、大気汚染、ストレス　など
症状	咳、痰、血痰、胸痛、呼吸困難。肺がん特有の症状はない。
治療法	手術、放射線治療、化学療法

❻ 呼吸不全

特徴	呼吸機能障害のため、臓器に十分な酸素を送ることができない状態。動脈血中の酸素分圧が60mmHg以下になる状態と定義されている（正常は80～100mmHg）。短時間に呼吸不全の状態になる急性呼吸不全と、呼吸不全の状態が１か月以上続く慢性呼吸不全がある。
原因	心疾患、呼吸器系の疾患。慢性呼吸不全の原因疾患の代表格が慢性閉塞性肺疾患（COPD）である。
症状	呼吸困難、チアノーゼ*、頻呼吸、頻脈　など
治療法	慢性呼吸不全には在宅酸素療法、原因疾患の治療

慢性閉塞性肺疾患（COPD）
⇒ P.228参照

急性増悪
ふだんに比べ、急に症状が悪化すること。

口すぼめ呼吸
息を吐くときに口をすぼめ、ゆっくりと時間をかけて吐き出すことで呼吸がしやすくなる。

チアノーゼ
血中の酸素濃度低下により、皮膚や粘膜が青紫色になること。
⇒ P.147参照

在宅酸素療法（HOT）
⇒ P.228参照

理解度〇✕チェック！

1．高齢者は、誤嚥による肺炎を起こしやすい。 出34-76
2．慢性閉塞性肺疾患の人が立ち上がるときには、息を止める。 出26-93

答　1．〇　2．✕（口すぼめ呼吸をする）

10……腎・泌尿器系の疾患

キーワード　尿路感染症　前立腺肥大症　腎不全

出題頻度 ★

主な腎・泌尿器系の疾患

腎臓は主に尿を生成する臓器です。また、泌尿器系は、尿などの老廃物を排出する働きをコントロールする器官です。老化に伴いこれらの臓器の働きが悪くなると、体内に老廃物が溜まってしまいます。具体的な疾患《しっかん》について整理しておきましょう。

排尿にかかわる器官
⇒P.136参照

尿路
尿が通過する腎臓、尿管、膀胱、尿道のこと。

ここをチェック！

❶ 尿路*感染症

特徴	高齢者および女性に多く見られる感染症。膀胱炎《ぼうこうえん》、腎盂《じんう》腎炎《じんえん》、尿道炎などがあり、膀胱炎がよくみられる。長期間寝たきりでおむつを着用していると、おむつ内で細菌が繁殖し発症することが多い。
原因	前立腺肥大症、腹圧性尿失禁、尿道粘膜萎縮《いしゅく》などの基礎疾患、おむつの着用、留置カテーテルの使用
症状	● 急性膀胱炎……排尿痛、頻尿、混濁尿《こんだくにょう》など。通常は発熱がみられない。 ● 急性腎盂腎炎……膿尿《のうにょう》、悪寒戦慄《おかんせんりつ》を伴う発熱、排尿痛、嘔吐《おうと》など ● 尿道炎……排尿痛、尿道のかゆみなど
治療法	原因疾患の治療、薬物療法

❷ 前立腺肥大症

特徴	前立腺は男性の尿道を取り巻くように存在する器官であり、加齢に伴い肥大することで、尿道を圧迫するため、尿路の通過障害などさまざまな症状が現れる。60歳以上に多い。 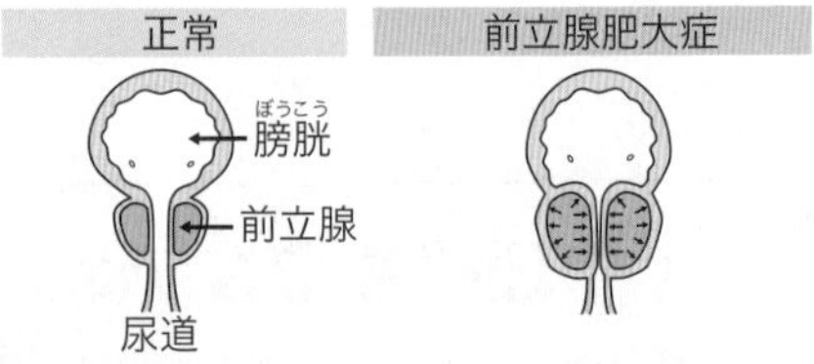
原因	不明
症状	排尿困難、頻尿、残尿感　など
治療法	薬物療法、手術

❸ 前立腺がん

特徴	前立腺にできる悪性腫瘍《しゅよう》であり、近年増加傾向にある。前立腺肥大症から進行するものではない。初期には無症状であり、排尿困難を訴えたときには既に進行していると考えられる。
原因	不明だが、加齢、遺伝、食事が関連しているといわれている。
症状	排尿困難、頻尿、骨に転移すると腰痛
治療法	手術、放射線治療、ホルモン療法　など

❹ 慢性腎不全

特徴	腎機能が低下していく状態。顕著にみられるのは糖尿病による合併症（糖尿病性腎症）である。腎機能が低下し、糸球体濾《ろ》過《か》量《りょう》が低下することで､尿の生成が正常にできなくなった場合は、人工透析を行う必要がある。
原因	糖尿病、高血圧　など
症状	貧血、タンパク尿、血尿、浮腫《ふしゅ》（むくみ）、かゆみ　など
治療法	血液透析、持続的携行腹膜透析（CAPD）、食事療法、薬物療法

腎不全の人は、栄養管理が必要だよ。タンパク質、食塩、カリウム、リン、飲水を制限しつつ、エネルギー量を確保しよう

❺ ネフローゼ症候群

特徴	腎不全によって引き起こされる高度のタンパク尿により低タンパク血症を引き起こす症状の総称。高齢者の場合は、慢性腎炎によって起こるものが大半である。
原因	腎臓疾患《しっかん》、糖尿病性腎症、全身性エリテマトーデス*（SLE）　など
症状	浮腫（まぶたや下肢）が代表的な症状。タンパク尿、低タンパク血症、脂質異常、体重増加もみられる。
治療法	薬物療法、食事療法

全身性エリテマトーデス

自己免疫疾患の一種で、全身の多臓器が障害される。

⇒ P.236参照

発達と老化の理解

理解度○×チェック！

1. 前立腺肥大症の初期症状としては、頻尿が出現する。 出 36-37
2. 血液透析を受けている利用者への食事は、ゆでこぼした野菜をとるように勧める。 出 36-90
3. 慢性腎不全は、栄養管理が必須である。 出 25-103改

答 ………… 1. ○　2. ○　3. ○

11……代謝・内分泌系の疾患

キーワード　甲状腺機能低下症　甲状腺機能亢進症　脂質異常症

出題頻度 ★

主な代謝・内分泌系の疾患

内分泌系とは、からだの機能を調整する物質（ホルモン）を分泌する器官の総称です。ホルモンが過剰に放出されたり、分泌が低下したりすると、バランスが崩れ、さまざまな疾患《しっかん》を生じます。代謝・内分泌系の代表的な疾患を確認しましょう。

ここをチェック！

❶ 甲状腺機能低下症

特徴	甲状腺ホルモンの分泌が低下する状態。甲状腺機能低下症でよく知られているのは橋本病である。橋本病は、自己免疫の異常により甲状腺に炎症が起きる状態をいう。
原因	甲状腺の障害
症状	疲れやすい、集中力の低下、活気がなくなる、寒気、便秘、発汗低下、皮膚の乾燥、浮腫《ふしゅ》　など
治療法	甲状腺ホルモンの服用

❷ 甲状腺機能亢進症《こうしんしょう》

特徴	甲状腺ホルモンが多量に分泌される状態。バセドウ病がよく知られている。
原因	甲状腺を刺激する抗体の過剰産生
症状	甲状腺腫大、頻脈、眼球突出、動悸、発汗、手足のふるえ、体重減少　など
治療法	薬物療法、手術　など

❸ 更年期障害

特徴	性腺ホルモンの機能低下によって引き起こされる身体的・精神的症状
原因	性腺ホルモンの機能低下。女性は閉経後にエストロゲンが減少し、男性は加齢にともないテストステロンが減少する。
症状	頻脈、動悸、微熱、頭痛、めまい、耳鳴り　など
治療法	ホルモン補充療法（HRT）

❹ 脂質異常症

特徴	血液中のコレステロールや中性脂肪（トリグリセリドなど）が増加し、血管内壁に付着することで血流を阻害する。生活習慣病の一つ。かつては高脂血症と呼ばれていた。
原因	暴飲暴食、運動不足、肥満　など
症状	自覚症状がほとんどない。放置すると、動脈硬化が進行し、心筋梗塞《こうそく》や脳梗塞のリスクが高くなる。
治療法	食事療法、運動療法、薬物療法

脂質異常症の人には、動物性脂肪とコレステロールを控え、バランスのよい食事にすることが大切だよ

❺ 高尿酸血症（痛風）

特徴	血液中の尿酸値が高くなった状態。体内でプリン体からつくられる尿酸が増加することによって起こる。プリン体は、体内の細胞からつくられるほかに、食品に含まれている。
原因	肥満、飲酒、ストレス　など
症状	放置すると、足の親指の付け根などに、激痛、発赤《ほっせき》、腫《しゅ》脹《ちょう》を伴う痛風《つうふう》の症状が現れる。
治療法	食事療法、薬物療法

尿酸の排泄《はいせつ》を促すために、1日1リットル程度の水分を余分に摂るといいよ。ただし、水分摂取制限のある人は、注意が必要だよ

Q&Aコラム

フク先生、プリン体ってよく耳にするけれど、どんな食品に多く含まれているんですか

どんな食品にも含まれているけれど、例えば煮干しや干しシイタケ、鳥のレバーには、多く含まれているよ

理解度○×チェック！

1. 甲状腺機能低下症の症状としては、浮腫があげられる。 出29-74
2. 脂質異常症は、食事のタンパク質制限が必要な疾患《しっかん》である。 出27-102改

答　1. ○　2. ×（タンパク質の制限は必要ない）

12……骨・運動器系の疾患

キーワード　骨粗鬆症　変形性関節症　関節リウマチ　骨折

出題頻度 ★★★

主な骨・運動器系の疾患

人体には、約200本の骨があり、人体の骨格を形成しています。また、骨にはカルシウムを貯蔵する役割もあります。骨《こつ》粗《そ》鬆《しょう》症《しょう》や関節の変形など、老化に伴って起こる疾《しっ》患《かん》について整理しておきましょう。

ここをチェック！

❶ 骨粗鬆症

特徴	骨密度が低下し、骨折しやすくなる疾患。高齢者に多く、女性は閉経後、男性でも70歳以降に発症しやすいといわれている。骨折を伴う骨粗鬆症は、介護保険の特定疾病《しっぺい》の一つとなっている。
原因	●原発性*骨粗鬆症……カルシウム・ビタミンD不足、加齢、遺伝、閉経後のエストロゲン低下（女性）など ●続発性骨粗鬆症……バセドウ病、副甲状腺機能亢進症《こうしんしょう》など
症状	症状は特にない。骨折すると疼痛などの症状が出る。低身長化、脊柱の変形がみられる。
治療法	食事療法、運動療法　など

原発性
最初、第一または他に原因がないという意味で使われる。対義語は、続発性。
⇒P.165参照

❷ 脊柱管狭窄症《せきちゅうかんきょうさくしょう》　〔特定疾病〕

特徴	介護保険の特定疾病の一つ。椎間板の変形などにより、背骨に囲まれた脊柱管の内部を通っている神経が圧迫され、腰痛や下肢のしびれなどを生じさせる。
原因	加齢
症状	背中や腰の痛み。長い間歩いていると足のしびれなどが出現して歩けなくなる（間欠性《かんけつせい》跛《は》行《こう》）。
治療法	薬物療法、運動療法、手術　など

間欠性跛行
⇒P.119参照

❸ 後縦靱帯骨《こうじゅうじんたいこつ》化《か》症《しょう》　〔特定疾病〕

特徴	頸椎《けいつい》をつなぐ靱帯が骨のように固くなり、脊髄《せきずい》を圧迫する状態。介護保険の特定疾病の一つ。
原因	不明だが、遺伝的要因が指摘されている。
症状	手足のしびれ、感覚障害、巧《こう》緻《ち》運動障害《うんどうしょうがい》*、歩行障害、排尿・排便障害　など
治療法	薬物療法、頸椎装具の装着などの保存療法、手術　など

巧緻運動障害
手指の細かい作業が困難になること。

❹ 変形性関節症

特徴	加齢や関節への負荷により、関節軟骨がすり減ることで、関節可動域が狭くなり、動かしたときに痛みが生じる。高齢者では変形性膝関節症《しつかんせつしょう》、変形性股関節症が多くみられる。早期の治療が有効である。
原因	加齢。膝《ひざ》の場合は、肥満、膝周辺の筋力低下　など
症状	関節の痛みや腫《は》れ、関節の変形、関節の動きにくさ　など
治療法	運動療法、福祉用具などの使用、手術　など

❺ 関節リウマチ　〔特定疾病〕

特徴	全身の関節に炎症を起こし、進行すると骨や軟骨が破壊され、関節に変形が起こる疾患《しっかん》。膝、股関節、指の第2関節などに起こりやすい。女性に多い。
原因	不明。自己免疫システムの異常と考えられている。
症状	関節の痛み・発赤・腫れ、朝方の関節のこわばり、関節変形　など
治療法	薬物療法、自助具などの使用、関節再建手術　など

❻ 骨折

特徴	高齢者では脊椎《せきつい》圧迫骨折、大腿骨頸部《だいたいこつけいぶ》、橈骨遠位端《とうこつえんいたん》、上腕骨近《じょうわんこつきん》位部《いぶ》、肋骨などの骨折が多く、寝たきりの原因となりやすい。
原因	転倒　など
症状	疼痛、腫れ、変形、皮下出血　など
治療法	保存療法、手術

頻出
骨折しやすい部位

全身の骨格
⇒ P.93参照

❼ 筋強直性《きんきょうちょくせい》ジストロフィー

特徴	筋萎縮《きんいしゅく》と筋強直を特徴とする。
原因	遺伝によるもので、発症時期から先天型、幼年・若年型、成人型に分類される。
症状	握った手を離せなくなる（ミオトニー）などの筋の強直（こわばり）、筋萎縮、筋力低下、多臓器障害　など
治療法	対症療法（福祉用具などの使用、リハビリテーション、薬物療法　など）

理解度○×チェック！

1. 変形性膝関節症の利用者に、体重を減らすように助言した。 出 31-76
2. 老年期の変形性膝関節症の罹患《りかん》率は、男性のほうが女性より多い。 出 35-37
3. 高齢期に多い変形性膝関節症では、X脚に変形する。 出 36-38

答…………　1. ○　2. ×（女性のほうが男性より多い）　3. ×（O脚に変形する）

13…… 消化器系の疾患

キーワード　胃潰瘍　大腸がん　急性肝炎

出題頻度 ★★☆

主な消化器系の疾患

消化器系は口から肛門へ食物が流れる際に通る器官の総称です。ここでは、胃・腸・肝臓の疾患《しっかん》について、特徴や原因、治療法などを確認しておきましょう。

ここをチェック！

❶ 胃潰瘍《いかいよう》・十二指腸潰瘍

消化性の潰瘍では、タール便（黒色便）がみられるよ

特徴	消化性の潰瘍。胃酸が胃壁や十二指腸壁をとかし、傷つけることで生じる。高齢者の場合は胃潰瘍のほうが多くみられ、男性のほうが発生率が高い。
原因	ピロリ菌（ヘリコバクター・ピロリ）、薬の副作用、喫煙、アルコール、ストレス　など
症状	通常みられるみぞおちの痛みが、高齢者では起こらないことが多く、吐血や下血で潰瘍に気づく場合もある。
治療法	薬物療法、手術

❷ 逆流性食道炎

近年は胃・食道逆流症（GERD）とも呼ばれているよ

特徴	加齢に伴い、下部食道括約筋の働きが悪くなることで、強酸性の胃液が食道に逆流し、食道の粘膜を傷つけて炎症を起こす。
原因	加齢、食生活の欧米化
症状	胸焼け、胸痛、咳《せき》、喉《のど》の違和感　など
治療法	薬物療法、手術

❸ 腸閉塞《ちょうへいそく》

特徴	胃から流れてきた消化物が腸（小腸もしくは大腸）に詰まった状態。イレウスともいう。
原因	大腸がんなどによる腫瘍《しゅよう》、ヘルニアもあるが、高齢者の場合は便秘によるものが多いとされている。
症状	腹痛、嘔吐《おうと》、腹部膨満感、発熱、脱水　など
治療法	点滴などの薬物療法が主流。緊急時には手術を行うこともあるが、再発の可能性が高いことや、体力の問題などから高齢者の場合は避けられる傾向にある。

❹ 大腸がん

特徴	大腸にできる悪性腫瘍《しゅよう》。高齢者では近位側《きんいそく》結腸がん（右側のがん）の頻度が増す。女性では、がんの主な部位別死亡率で第1位となっている。
原因	食生活の欧米化、加齢、遺伝　など
症状	早期は、目立った自覚症状がない。進行すると血便、便通異常、貧血、体重減少などがみられる。
治療法	内視鏡治療、手術。手術後に消化管ストーマ（人工肛門）の造設が必要な場合がある。

❺ 急性肝炎

特徴	ウイルス感染が原因となって発症する肝機能障害。日本ではA型、B型、C型が多い。若年者に比べると高齢者の発症は少ないが、発症すると慢性化することが多い。
原因	肝炎ウイルス。A型は経口感染、B型とC型は血液感染
症状	黄疸《おうだん》、食欲不振、全身倦怠感《けんたいかん》　など
治療法	薬物療法、食事療法、インターフェロン治療*

A型は慢性化することはないよ。B型はまれに慢性化することがあり、C型は6～7割が慢性肝炎に移行するよ

インターフェロン治療

体内にウイルスが侵入したときに細胞でつくられるインターフェロンというタンパク質を投与する治療法。C型肝炎の治療で行われる。

❻ 慢性肝炎

特徴	6か月以上肝炎ウイルス感染が持続している状態。慢性肝炎は、肝硬変、肝がんへと進行するため注意が必要
原因	肝炎ウイルス。慢性化しやすいのはC型肝炎で、まれにB型肝炎も慢性化する。
症状	自覚症状はほとんどみられないが、食欲不振、全身倦怠感がみられる場合がある。
治療法	インターフェロン治療、薬物療法、食事療法。肝硬変に進行する前に治療することが大切

高齢者の慢性肝炎は、ほとんどC型だよ

❼ 肝硬変

特徴	慢性肝炎の長期化により、肝臓が硬くなった状態
原因	肝炎ウイルス（特にC型肝炎）、アルコール　など
症状	黄疸、腹水、消化管出血　など
治療法	薬物療法、手術

理解度○×チェック！

1. 胃潰瘍《いかいよう》はカンピロバクターが一因である。 出22-59
2. 大腸がんでは、消化管ストーマが必要となる場合がある。 出24-90
3. B型肝炎は、慢性肝炎になることはない。 出26-73

答 ………… 1. ×（ヘリコバクター・ピロリ） 2. ○ 3. ×（なることもある）

14……循環器系の疾患

キーワード　不整脈　動脈硬化症　心筋梗塞　心不全

出題頻度 ★★

主な循環器系の疾患

循環器系とは、全身に血液を循環させるために必要な器官で、主に心臓と血管を指します。ここでは心臓・血管の主な疾患《しっかん》について整理しておきましょう。

ここをチェック！

❶ 不整脈

特徴	心拍数やリズムが一定でない状態のこと。通常より少ないものを徐脈、多いものを頻脈という。加齢とともに増える不整脈には、心房細動*がある。
原因	加齢、ストレス　など
症状	急な失神状態、強い息切れ、突然の動悸は要注意。
治療法	薬物療法、カテーテルアブレーション*、ペースメーカー

心房細動
心房が細かく不規則に震えて、頻脈性不整脈になる状態。脳塞栓《のうそくせん》を引き起こすこともある。
⇒ P.168参照

カテーテルアブレーション
足の付け根や首の静脈などの太い血管から心臓内にカテーテルを入れて、不整脈を引き起こす部分を高周波電流で焼き切る治療法。

❷ 動脈硬化症

特徴	動脈の内側の壁が肥厚《ひこう》し、硬化した状態。進行すると、脳梗塞《のうこうそく》や心筋梗塞などを引き起こす場合がある。
原因	脂質異常症、糖尿病、高血圧、喫煙、加齢　など
症状	動脈硬化のみでは、ほとんど自覚症状が出ない。
治療法	食事療法、運動療法、薬物療法

❸ 狭心症

特徴	心筋に酸素等を供給する冠状動脈が一時的に狭くなることによって心筋が酸素不足を起こす状態。運動時に引き起こされる労作性《ろうさせい》狭心症、夜間や未明など安静時に冠状動脈の痙攣《けいれん》によって起こる安静時狭心症がある。新規に発症した狭心症や狭心発作が増悪《ぞうあく》するタイプを不安定狭心症と呼び、心筋梗塞へ移行する危険性が高いため、予防が大切となる。
原因	動脈硬化症　など
症状	胸痛、胸部圧迫感
治療法	発作時はニトログリセリンの舌下投与、薬物療法、手術

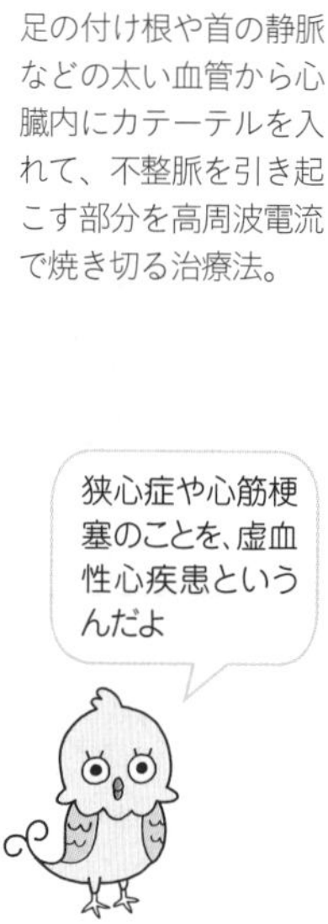

❹ 心筋梗塞《しんきんこうそく》

特徴	冠状動脈が閉塞《へいそく》し、その先に血液が行かなくなることにより、心筋の壊死《えし》、ポンプ機能の低下を引き起こすものをいう。
原因	動脈硬化症
症状	突発的で30分以上続く強い胸痛や呼吸困難など。高齢者は自覚症状がないこともある。
治療法	薬物療法、冠状動脈形成術、冠状動脈バイパス術　など

❺ 心臓弁膜症

特徴	心臓内の弁に障害が起きたため、血流が悪くなったり、逆流したりする状態。高齢者には、大動脈弁狭窄症《だいどうみゃくべんきょうさくしょう》、僧《そう》帽弁逆流症《ぼうべんぎゃくりゅうしょう》が多い。特に大動脈弁狭窄症は、失神や突然死の原因となるので注意が必要。
原因	心臓弁の障害、動脈硬化症　など
症状	動悸、息切れ、胸痛、呼吸困難など。軽症の場合は自覚症状がないこともある。
治療法	食事療法、薬物療法、手術　など

❻ 心不全

特徴	さまざまな原因により、心臓のポンプ機能が低下し、臓器が必要とする血液を十分に送り出すことができない状態。
原因	心筋梗塞、狭心症、心臓弁膜症、高血圧　など
症状	息切れ、倦怠感《けんたいかん》、下肢のむくみ、尿量の減少、チアノーゼの出現、体重増加など。心臓に疾患《しっかん》を抱えている高齢者は、夜間に急激に呼吸困難を起こすことがある。
治療法	薬物療法、ペースメーカー

理解度〇✕チェック！

1. 心房細動の合併症として脳出血が多い。 ◀出 26-75
2. 急性心筋梗塞は狭心症の痛みに比べて軽度なことが多い。 ◀出 24-75
3. 高齢者の心不全が進行したときに現れる症状として、チアノーゼがある。 ◀出 32-73

答 ………… 1. ✕（脳梗塞が多い）　2. ✕（狭心症よりも強い）　3. 〇

15……皮膚系疾患

キーワード　褥瘡　老人性皮膚掻痒症　疥癬

出題頻度 ★★★

頻出
皮膚系疾患の特徴と褥瘡の頻発部位や対応策

主な皮膚系疾患

老化に伴い皮膚系の疾患《しっかん》も増えていく傾向にあります。高齢者では皮膚が薄くなり、乾燥し、しわが寄ってくるなどの現象が出てきます。ここでは、皮膚系疾患全般について確認をしておきましょう。

ここをチェック!

❶ 褥瘡《じょくそう》

（⇒ P.133、400 参照）

特徴	からだの一部が体重により持続的に圧迫されることで、血液循環障害が起こる。一般的に床ずれといわれる。寝たきりの人にできやすく、一度できてしまうと治りにくい。
原因	体重による骨部分への持続的圧迫、皮膚の湿潤や摩擦、低栄養、浮腫《ふしゅ》、不潔　など
症状	発赤《ほっせき》（皮膚が赤くなる）が初期症状であり、疼痛《とうつう》、潰《かい》瘍《よう》、壊死《えし》と進行する。
治療法	塗り薬やドレッシング材の使用、手術。 体位変換、清潔・栄養管理、床ずれ防止用具の使用で予防することが大切である。

▶ 褥瘡の好発部位

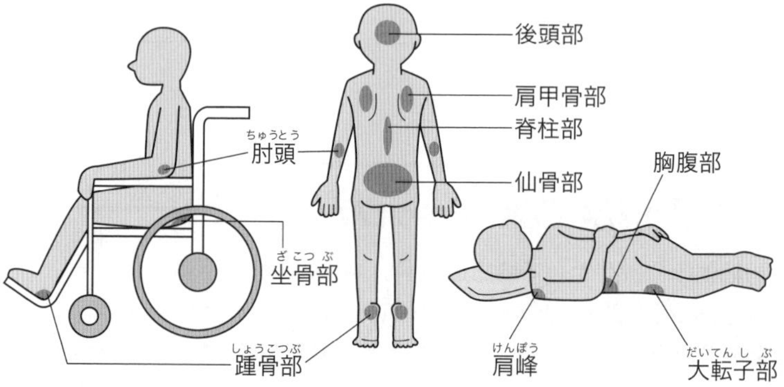

❷ 老人性皮膚《ひふ》掻痒症《そうようしょう》

特徴	老化に伴う皮脂の減少で皮膚が乾燥し、かゆみを生じる。かゆみの部位が限られる限局性皮膚掻痒症と、広範囲にかゆみがある汎発性皮膚掻痒症に分けられる。
原因	皮脂欠乏症、薬剤、糖尿病、肝硬変、慢性腎不全　など
症状	かゆみ、皮膚の乾燥　など
治療法	外用剤・保湿剤の使用

❸ 白癬《はくせん》（水虫）

特徴	カビの一種である白癬菌（皮膚糸状菌）の感染によって起こる。白癬が足の指の間にできると水虫になり、爪にできると爪白癬と呼ばれる。白癬菌は高温多湿の場所で繁殖するため、夏場に症状が出やすい。
原因	白癬菌
症状	環状紅斑《こうはん》*、水疱（水ぶくれ）、角質増殖
治療法	薬物療法

❹ 疥癬《かいせん》

特徴	ヒゼンダニが皮膚表面に寄生して起こる伝染性疾患。通常疥癬と角化型疥癬（ノルウェー疥癬）がある。角化型では集団感染の危険性があり、個室管理が必要。
原因	ヒゼンダニ
症状	激しいかゆみ、丘疹《きゅうしん》*、水疱
治療法	薬物療法

❺ カンジダ症

特徴	カビの一種であるカンジダの感染によって起こる皮膚感染症。カンジダは、皮膚粘膜に存在しているが、おむつの中、口腔内、腋下部など多湿の場所で繁殖する。
原因	おむつ、不潔、糖尿病　など
症状	紅斑、小膿疱《しょうのうほう》*
治療法	薬物療法

老人性皮膚掻痒症
⇒ P.133、418参照

紅斑
血管拡張や充血により、皮膚が赤くなる状態。

丘疹
直径1cm以下の隆起した発疹。

膿疱
ウミがたまった皮疹。

理解度〇✕チェック！

1. 褥瘡《じょくそう》の発生部位として、最も頻度の高いのは、仙骨部である。 出27-74
2. 疥癬は、マダニが皮膚に寄生することで発生する皮膚病である。 出27-31

答…………　1. 〇　2. ✕（ヒゼンダニ）

16……感染症

キーワード　インフルエンザ　MRSA　ノロウイルス

出題頻度 ★★

主な感染症

感染症
⇒P.76、349参照

老化に伴い、自己免疫機能が低下することによって感染症にかかりやすくなります。また、重症化することも多いため、早期発見・早期治療が求められます。ここでは高齢者がかかりやすい感染症について確認しておきましょう。

溶連菌による飛沫感染である、劇症型溶結性レンサ球菌感染症（STSS）の患者数が急激に増えているので関心をもとう

ここをチェック！

❶ インフルエンザ（ウイルス性呼吸器感染症）

特徴	インフルエンザウイルスによって引き起こされる感染症。冬季に流行し、周囲への感染の危険が高い。高齢者の場合は肺炎を併発することも多く注意が必要。
原因	インフルエンザウイルス
症状	高熱、関節痛、筋肉痛　など
治療法	薬物療法。重症化を防ぐため、予防接種を受けておくことが望ましい。

❷ メチシリン耐性黄色ブドウ球菌感染症（MRSA）

特徴	抗生物質に耐性ができてしまった黄色ブドウ球菌による感染症。黄色ブドウ球菌は弱毒性の常在菌*であり、免疫機能が低下した高齢者などが発症することがある。感染経路が接触感染のため、MRSA感染症の利用者と接する際は、手袋の着用や手洗いを徹底する。
原因	黄色ブドウ球菌
症状	感染部位によって症状が異なる（咳や痰、下痢など）。
治療法	薬物療法

常在菌
体内の主として鼻腔《びくう》や咽頭《いんとう》、皮膚、腸管などに存在している菌。

❸ 感染性胃腸炎（ノロウイルス）

特徴	ノロウイルスにより胃腸炎を起こす感染症。カキなどの二枚貝の生食による経口感染が主で、便や嘔吐物《おうとぶつ》からの接触感染によっても感染する。消毒にはアルコールが効かず、塩素系の次亜塩素酸ナトリウムが有効。
原因	ノロウイルス
症状	嘔吐、下痢、腹痛
治療法	対症療法、場合によって輸液

下痢便や嘔吐物を処理する際は、使い捨ての手袋とマスクを着用して、処理後は手洗いをしよう

❹ 結核

特徴	結核菌による感染症。幼少期に感染した高齢者が、加齢による全身状態の悪化や免疫力の低下によって発病することがある。空気感染するため、マスクの着用、隔離、換気を行う。
原因	結核菌
症状	咳《せき》、痰《たん》、血痰、微熱　など
治療法	薬物療法

2020（令和2）年から猛威をふるっている、新型コロナウイルス感染症についても注意しておこう

❺ 腸管出血性大腸菌感染症《ちょうかんしゅっけつせいだいちょうきんかんせんしょう》

特徴	ベロ毒素を産生するO《オー》-157などの腸管出血性大腸菌による感染症。感染源は食肉、生食用の野菜。感染経路は経口感染で、菌に汚染された飲食物の摂取や患者の便に手で触れることで感染する。菌は熱に弱く、75℃で1分間以上の加熱で死滅するため、食品の十分な加熱で予防することができる。食中毒が発生しやすい夏から初秋に多発し、介護施設での集団感染もみられる。
原因	腸管出血性大腸菌
症状	激しい下痢、腹痛と血便。死亡する場合もある。
治療法	対症療法

腸管出血性大腸菌感染症は、抵抗力の弱い高齢者や乳幼児が感染すると、重症化しやすいよ

Q&Aコラム

フク先生、冬に多い感染症は、風邪やインフルエンザだけじゃないって聞いたんですが、本当ですか

ノロウイルスによる感染症は、夏より冬の方が多いよ。食べ物に気をつけるのは、夏も冬も一緒だよ

理解度〇✕チェック！

1. インフルエンザに肺炎が合併することはまれである。 ◀出27-75
2. ノロウイルスによる感染症の感染経路は、主に接触感染である。 ◀出26-31
3. ノロウイルスの感染症患者の嘔《おう》吐《と》物《ぶつ》は、次亜塩素酸ナトリウム溶液で消毒する。 ◀出28-118

答 ………… 1. ✕（合併することも多い）　2. ✕（主に経口感染）　3. 〇

17…… 先天性疾患

キーワード　ダウン症候群（ダウン症）　脳性麻痺

出題頻度 ★☆☆

主な先天性疾患

生まれつきの異常や疾患《しっかん》を先天性疾患といいます。ここでは、ダウン症候群と脳性麻痺《まひ》について確認しておきましょう。

ここをチェック！

❶ ダウン症候群

特徴	染色体異常が原因の先天性疾患。通常ヒトの染色体は、1番目から22番目までの常染色体2本（1対）ずつと、性染色体2本からなるが、ダウン症候群の場合は、21番目の常染色体が3本ある（21トリソミー）。
原因	染色体異常
症状	顔に特徴があり、知的障害、難聴、先天性心疾患などを合併することが多い。
治療法	特になし。合併症への配慮を行う。

❷ 脳性麻痺

脳性麻痺
⇒ P.225参照

特徴	受胎から生後4週以内までに、何らかの原因で起こった脳の損傷により、運動機能の障害が引き起こされたもの。筋緊張が亢進《こうしん》する痙直型《けいちょくがた》、不随意運動*が主症状のアテトーゼ型、動作のバランスが悪く、ふらつきがみられる失調型、さまざまな病型が混ざった混合型などがあり、痙直型が最も多い。
原因	出産時のトラブル（仮死産など）、出生後の脳炎、髄膜炎《ずいまくえん》
症状	運動障害、言語障害　など
治療法	完治する治療法はない。症状を改善するために、薬物療法、手術、リハビリテーションを行う。

不随意運動
自分の意思とは関係なく、からだが勝手に動いてしまうこと。

理解度〇✕チェック！

1. ダウン症候群の原因は先天性代謝異常である。 出25-92
2. ダウン症候群の症状として、難聴を合併することが多い。 出28-90改
3. 脳性麻痺は運動障害を伴う。 出23-23

答…………　1. ✕（染色体異常）　2. 〇　3. 〇

6

認知症の理解

認知症高齢者は、年々増えているんだよ。認知症の特徴的な症状と原因疾患《しっかん》、対応方法について理解しよう
認知症によって生活にどんな影響があるんだろう？　介護福祉職はどのようにかかわったらいいのかな？

1……認知症ケアの歴史と理念

キーワード　パーソン・センタード・ケア　認知症疾患医療センター

出題頻度 ★☆☆

パーソン・センタード・ケアは、認知症の人の「その人らしさ」を支えることを中心とする考え方だよ

痴呆性老人処遇技術研修事業
すべての特別養護老人ホームにおいて、認知症の人を受け入れるように実施された介護福祉職を対象とした研修。

認知症疾患医療センター
地域における認知症医療と介護の連携拠点として、都道府県および指定都市から指定を受けた医療機関。

認知症ケアの歴史

認知症を取り巻く状況を把握するためには、認知症ケアの歴史を知ることが大切です。歴史をふまえて、現在の認知症に関する法制度や介護の実態などを理解しましょう。

ここをチェック!

❶ 認知症ケアの主な歴史

1984年	痴呆性《ちほうせい》老人処遇技術研修事業*がスタート
1980年代	老人病院や施設が急増。キットウッドがパーソン・センタード・ケアの考え方を提唱
1987年	日本で初めての認知症グループホームが誕生
2000年	介護保険制度が開始
2003年	「2015年の高齢者介護」の策定
2004年	「痴呆」から「認知症」に呼称変更、統一
2006年	地域密着型サービスが新設
2012年	厚生労働省が「今後の認知症施策の方向性について」を報告。認知症疾患《しっかん》医療センター*の設置などの取り組みを提示
2015年	新オレンジプランの策定（⇒ P.196参照）
2019年	認知症施策推進大綱とりまとめ

理解度○×チェック!

1. パーソン・センタード・ケアの考え方は、認知症の人の「その人らしさ」を支えることである。出 27-77改
2. 認知症疾患医療センターは、地域の認知症医療の連携を強化する役割を持つ。出 26-85

答…………1. ○　2. ○

2……認知症高齢者の現状

キーワード　認知症の原因疾患　地域密着型サービス

出題頻度 ★

■データで見る認知症高齢者

認知症高齢者は増え続けています。認知症高齢者の数の推移、原因疾患《しっかん》など、認知症高齢者の現状を理解しましょう。

認知症高齢者の約半数は自宅にいるよ

ここをチェック!

❶ 認知症高齢者の数の推移

厚生労働省によると、2020（令和2）年時点での65歳以上の認知症高齢者は、全国で約600万人と推計されている。これは、65歳以上人口の約17%になる。さらに、2040年には約800万人と、その数は増え続けると推計されている。

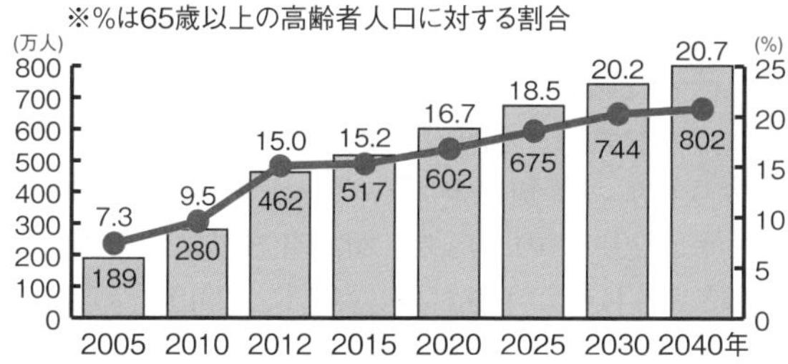

資料：厚生労働省「認知症施策の総合的な推進について（参考資料）」2019年ほか

❷ 認知症の原因疾患（高齢者）

高齢者の認知症の原因疾患別内訳は、アルツハイマー型認知症、血管性認知症、レビー小体型認知症の順に多い。

アルツハイマー型認知症
⇒ P.200参照

レビー小体型認知症
⇒ P.203参照

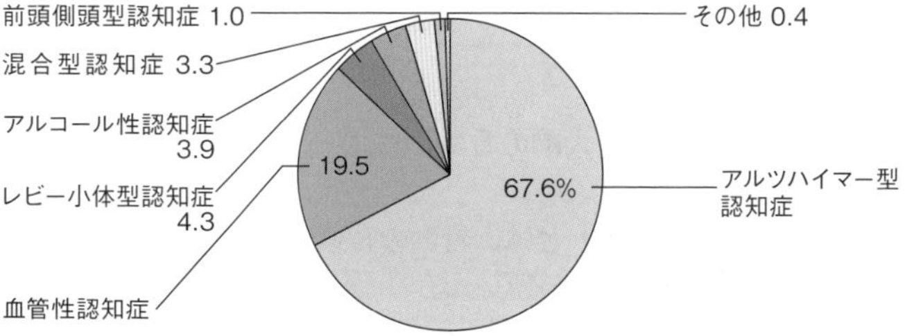

資料：厚生労働省ウェブサイト、2020年

出題頻度 ★★

認知症に関する施策

増え続ける認知症高齢者に対応するため、行政はさまざまな施策を打ち出しています。認知症の人が安心して生活できる地域づくりを目標にした取り組みを理解しましょう。

共生社会の実現を推進するための認知症基本法が2023(令和5)年6月に成立し、1年以内に施行されることになったので、その内容も押さえておきたいね

ここをチェック！

❶ 介護保険制度

2014（平成 26）年の介護保険法の改正により、地域支援事業の包括的支援事業に認知症総合支援事業が加わった。また、2006（平成 18）年に創設された地域密着型サービスは、認知症高齢者や中重度の要介護高齢者が、できる限り住み慣れた地域での生活を継続できるよう整備されている。

❷ 認知症施策推進総合戦略（新オレンジプラン:2015 年）

認知症の人の意思が尊重され、住み慣れた地域で自分らしく暮らし続けることができる社会をめざす国家戦略。認知症サポーターの養成が盛り込まれた。また、「認知症カフェ」は、認知症の人や家族、地域の人などが集い、介護の悩みなどを語り合う場で、認知症サポーターが運営するものもある。2017（平成 29）年の改訂で、2020 年までに全市町村に普及させるという目標が示された。さらに、2019（令和元）年に認知症施策推進大綱がとりまとめられた。

2019(令和元)年に認知症施策推進大綱がとりまとめられたよ

認知症サポーター
⇒ P.213参照

❸ 認知症高齢者の権利擁護対策

成年後見制度、日常生活自立支援事業、「高齢者虐待の防止、高齢者の養護者に対する支援等に関する法律」（高齢者虐待防止法）などがある。

成年後見制度
⇒ P.72参照

日常生活自立支援事業
⇒ P.73参照

理解度〇✕チェック！

1. 2019（令和元）年の認知症施策推進大綱の５つの柱の一つには、認知症初期集中支援チームの設置がある。 出35-39
2. 認知症ケアにおける「ひもときシート」とは、言動の背景要因を分析して認知症の人を理解するためのツールである。 出34-77

答…………　1. ✕（普及啓発・本人発信支援。認知症初期集中支援チームの設置は2013(平成25)年の「オレンジプラン」で掲げられた）　2. 〇

3……医学的側面から見た認知症の基礎

キーワード　中核症状　行動・心理症状（BPSD）　うつ病　せん妄

もの忘れと軽度認知障害

出題頻度 ★★

高齢者に多くみられる、加齢に伴うもの忘れや軽度認知障害（MCI）について理解しましょう。

ここをチェック！

❶ もの忘れ

加齢に伴うもの忘れは、体験の一部分を忘れるものであり、認知症のもの忘れは体験全体を忘れる。これはエピソード記憶の障害といわれる。

❷ 軽度認知障害（MCI）

加齢に伴うもの忘れでも、短期間に急に多くなったり、心理テストで年齢相応の記憶低下を超える所見が出たりした場合には、認知症に発展する可能性が高いとされる。これを軽度認知障害の状態という。

認知症の症状と類似症状の区別はしっかりと押さえておこう

朝ごはんに何を食べたかを忘れてしまうことと、朝ごはんを食べたこと自体を忘れてしまうこととの違いだね

認知症による障害

出題頻度 ★★★

認知症の原因疾患の違いにかかわらず、共通して現れる症状が中核症状*で、症状が現れないこともあるのが行動・心理症状（BPSD）です。認知症の医学的側面の基礎知識を押さえ、認知症を正しく理解しましょう。

中核症状
認知症において、多少の差はあるものの、誰にでも認められる中心となる症状。記憶障害、見当識障害、失語・失行・失認、計算力の低下などがある。

頻出
認知症の中核症状の具体例

ここをチェック！

▶ 中核症状と行動・心理症状（BPSD）

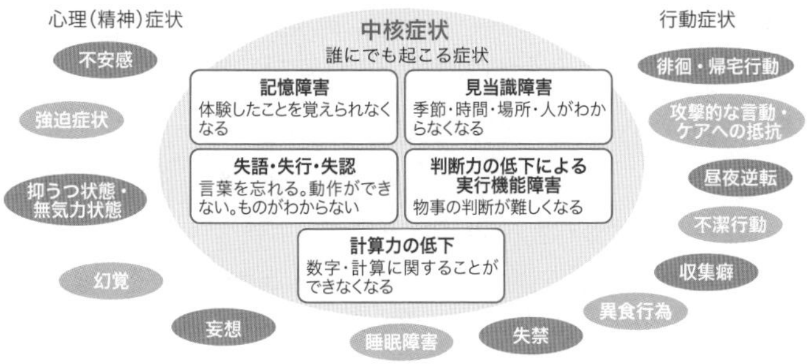

❶ 中核症状

認知症の中核症状は、脳の認知機能の障害が原因とされ、記憶障害、見当識障害、失語・失行・失認、計算力の低下、実行機能障害がある。

● 記憶障害

記憶障害は、次の2つに分類できる。

- 記銘の障害……新しいことを覚えることができない。
- 想起の障害……記憶したことを思い出せない。

認知症の記憶障害は、まず最近の日常に関する出来事の記憶が障害される。その後、古い記憶にまで障害が及び、やがて自分の名前や年齢も忘れてしまう。

● 見当識障害（失見当識）

時間、いる場所、自分の名前、年齢、自分と周囲の関係などの日常生活に必要な情報を理解する能力が失われること。認知症の進行に伴って障害の程度も変化する。

● 失語・失行・失認

- 失語……構音機能や聴覚に障害がないのに、話す・聞く・書く・読むという言語機能が選択的に失われた状態。言葉のやりとりができない状態として認知症の軽度から現れる。
- 失行……運動機能は損なわれていないのに、目的に沿った適切な行動がとれなくなる（「着衣失行」＝衣服を適切に着ることができないなど）。
- 失認……感覚機能は損なわれていないのに、見たり聞いたりしたことが正しく認識できなくなる（「鏡像認知障害＝鏡に映った自分が誰だかわからない」や相貌《そうぼう》失認など）。

● 計算力の低下

簡単な計算力が低下し、基本的な数の概念が崩壊する。

● 実行機能障害

判断力の低下により、計画立てた行動ができなくなる。

❷ 行動・心理症状（BPSD）

- 行動症状……徘徊、興奮などの行動異常、不潔行為、異食*、うなり声などの行動に現れる症状。
- 心理症状……不安感、不眠、抑うつ、幻覚*、妄想*などがある。

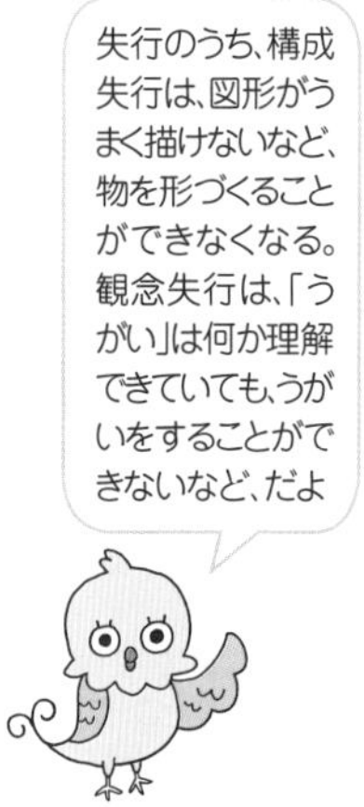

📖 異食

食べ物以外のものを食べること。

📖 幻覚

現実にはないことを見たり（幻視《げんし》）、聞いたり（幻聴）すること。一定の時間経過の中で、その体験が継続する。

📖 妄想

あり得ないことを強く確信し、訂正しないもの。

認知症と間違えられやすい症状

出題頻度 ★★★

うつ病とせん妄《もう》では、認知症によく似た症状が現れます。うつ病は初期症状が認知症と似ていますが、絶えず自殺のリスクがあるので注意が必要です。せん妄は意識障害の一つで、原因が急性疾患《しっかん》の場合もあるため、経過によっては生命の危険があることを理解しましょう。

頻出
うつ病の症状

ここをチェック！

❶ うつ病とは

うつ病は、うつ気分、意欲の低下、頭痛、不眠、食欲不振などの身体症状が現れ、認知症に似た状態になる。長谷川式認知症スケールなどの得点も低下する。しかし、回復すると元に戻るので、仮性認知症として、真の認知症とは区別されている。

うつ病
⇒ P.127、161、231、352、364参照

長谷川式認知症スケール
⇒ P.208参照

❷ せん妄とは

せん妄は、意識の混濁、錯覚《さっかく》、幻覚、妄想、不穏、興奮などを伴う複雑な意識障害である。夜間起こることが多い（夜間せん妄）。幻覚や妄想など認知症に似た症状を示すが、認知症との大きな違いは、急激な変化がみられることと、1日の中で症状が変動すること（日内変動）。主な原因は、脳梗塞《のうこうそく》などの脳の循環障害で、心筋梗塞、肺炎などの感染症、高熱、下痢などによる脱水、栄養失調、睡眠薬や向精神薬の過剰投与、アルコール中毒などが原因となることもある。

理解度〇×チェック！

1. 加齢による物忘れと比べたときの、認知症による物忘れの特徴は、物忘れが進行しないことである。 出 31-80
2. うつ病による仮性認知症と比べて認知症に特徴的な事柄としてあげられるのは、判断障害がみられることが多いことである。 出 33-77
3. 認知症の人にみられるせん妄は、体調の変化が誘因となり、ゆっくりと発症する。 出 36-41改

答……　1. ×（認知症による物忘れは進行する）　2. 〇　3. ×（体調の変化が誘因となるが、発症は急である）

4 …… 認知症の代表的な原因疾患

キーワード　アルツハイマー型認知症　血管性認知症

出題頻度 ★★

アルツハイマー型認知症

ドイツの精神科医師アルツハイマーによって報告された認知症疾患《しっかん》です。高齢者の認知症で最も多い原因疾患で、進行性の脳疾患です。大脳皮質の神経細胞が消失し、脳萎縮《いしゅく》が生じます。特徴や治療法を整理しましょう。

ここをチェック！

❶ 特徴

- 老人斑《ろうじんはん》*、神経原線維変化《しんけいげんせんいへんか》*、神経細胞萎縮が生じる。側頭葉から頭頂葉にかけて著しく生じる。進行すると前頭葉に及ぶ。
- 記憶に関する側頭葉の海馬《かいば》、大脳辺縁系《へんえんけい》に明らかな病変がみられる。末期を除けば運動機能は保持される。
- 女性に多くみられる。
- 徐々に進行する。

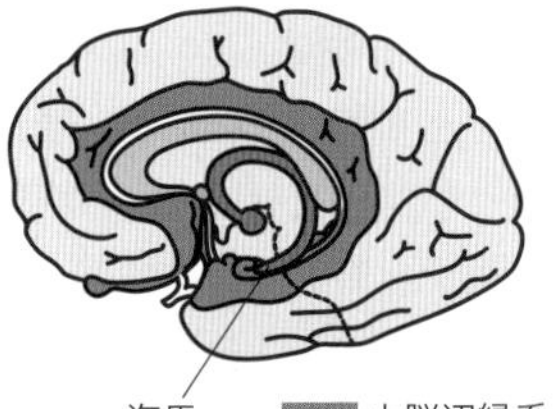

老人斑
脳の神経細胞からつくられるタンパク質がアミロイドβというタンパク質に変性し、大脳皮質の神経細胞に沈着し老人斑となる。脳の神経細胞を圧迫し、死滅させる。

神経原線維変化
神経細胞の中に線維状の物質がついている状態。増加すると正常な神経細胞が減少し、脳が正常に機能しなくなる。症状が進行すると現れる。神経原線維変化がなぜ起こるのかは未解明。

❷ 認知症の進行に伴う症状の変化

平均8年をかけて進行（約3～20年と幅がある）。死亡原因は、感染症、心不全が多い。

重症度	中核症状	行動・心理症状（BPSD）
正　常	異常なし＝正常人格	
軽　度	記憶障害	抑うつ症状、物盗られ妄想など
中等度	記憶障害、高次脳機能障害	迷子、帰宅願望など
重　度	記憶障害、高次脳機能障害、人格崩壊	徘徊《はいかい》
極めて重度（寝たきり）	記憶障害、高次脳機能障害、人格崩壊、行動能力消失	―

❸ 症状

発症時期は明確ではなく、いつとなくもの忘れが始まり、ゆっくり進行する。症状は記憶障害から人格にかかわるものまで、多岐にわたる。

▶アルツハイマー型認知症の主な症状

症状	状態や特徴等
記憶障害	同じことを繰り返し話す。出来事(エピソード記憶)を忘れる。記憶低下の頻度が高い。物盗られ妄想《もうそう》など。
思考と判断力の障害	物事の適切な判断ができない。遂行機能障害*が、初期からみられる。
巣《そう》症状	病巣のある領域における脳の機能が失われる。失行、失認、失語、失計算など。
見当識障害 (失見当識)	時と場所がわからなくなる。「時→場所→人物」の順にわからなくなることが多い。
人格の変化	人格は比較的保たれる。進行すると顕著に変化する。暴言、暴力などがみられる。
神経症状	筋肉が緊張して固くなる、歩行障害、末期には自発性の喪失《そうしつ》、寝たきり状態になる。

❹ 治療薬

記憶に関連のある脳内アセチルコリンの濃度を高めるため、アセチルコリン分解《ぶんかい》酵素《こうそ》阻《そ》害薬《がいやく》が使用される。

▶アルツハイマー型認知症の治療薬

症状	治療薬	副作用
軽度〜 高度	ドネペジル塩酸塩（アリセプト®）。原因治療薬ではなく、服薬で10か月間程度、進行を抑制。効果は1～2年経つと少なくなる。	食欲低下、消化不良、下痢などの胃腸障害。心機能に異常がある場合には慎重に投与される。
軽度・ 中等度	ガランタミン臭化水素酸塩（レミニール®）、リバスチグミン（イクセロン®、リバスタッチ®）	食欲低下、嘔吐《おうと》、下痢、腹痛などの消化器症状。心機能に異常がある場合には慎重に投与される。
中等度 以上	メマンチン塩酸塩（メマリー®）	けいれん、めまい、頭痛、眠気、便秘、食欲低下など。

遂行機能障害
例えば、家事などの手順を踏んで、一連の作業を行うことができないこと。

出題頻度
★★★

血管性認知症

脳の血液の流れが障害されて起こる脳血管疾患により脳細胞が部分的に壊死《えし》し、その結果認知症が引き起こされます。アルツハイマー型認知症との違いを整理して覚えましょう。

ここをチェック！

❶ 特徴

- 原因は脳血管疾患。病変の部位により、障害が異なる。
- 記憶障害、見当識障害、感情失禁*、妄想《もうそう》、せん妄などのほか、言語障害、知覚障害、片麻痺《かたまひ》などの神経症状を伴う。
- 障害の現れ方にむらがある（まだら認知症)。
- 原因治療薬はなく、障害の再発予防と対症療法が中心。

❷ 発作型と緩徐型の症状

- 発作型……急激な脳出血などがきっかけ。片麻痺、言語障害などの局所症状を伴う。さらに皮質を含む広範梗塞型《こうはんこうそくがた》と、大脳深部小梗塞《しょうこうそく》多発型に分類できる。

皮質を含む広範梗塞型	病変が大きいと発作直後から認知症症状が発症する。多くは発作後数年後以内に発症。
大脳深部小梗塞多発型	多発する梗塞巣《こうそくそう》が原因となり発症する。多発性脳梗塞認知症といわれる。

- 緩徐型《かんじょがた》……神経衰弱様症状が多くみられる。出現頻度が高い症状として、頭重（頭痛)、めまい、もの忘れの3つがある。

❸ アルツハイマー型認知症と血管性認知症の違い

血管性認知症は、初期段階で自覚症状を伴うことが多い。

	アルツハイマー型認知症	血管性認知症
発症年齢/男女比	70歳以上に多い。女性に多い。	60～70歳に多い。男性に多い。
自覚症状	なし。	頭痛、めまい、もの忘れなど。
経過	徐々に進行する。	急激に進行することがある。
特徴	病識がない。	病識があるため、うつ状態。

原因となる脳血管疾患には、脳出血(脳内出血)、くも膜下出血、脳梗塞などがあるよ

脳血管疾患
⇒P.170参照

感情失禁
感情の調整がうまくいかず、わずかな刺激で泣いたり笑ったりすること。

脳血管疾患の発作を何回か繰り返すと、認知症になることもあるよ

頻出
アルツハイマー型認知症と血管性認知症の違い

出題頻度 ★★★

レビー小体型認知症／前頭側頭型認知症

レビー小体型認知症は、脳全体にレビー小体といわれる異常物質が沈着して生じますが、病態の原因は不明です。前頭側頭型認知症は、初老期に発症する代表的な認知症疾《しっ》患《かん》です。この原因も不明です。それぞれの特徴を理解しましょう。

ここをチェック！

❶ レビー小体型認知症

- 特徴……パーキンソン症状として、からだ全体の動きが悪くなる、足がすくんだようになり最初の一歩が踏み出しにくい、小刻み歩行、前傾姿勢、急に止まれず突進するように歩いたりする、転倒を繰り返すなどがある。このほか、自然の景色が見えてくるなど、現実的で繰り返し起こる幻視体験、頭がはっきりしている状態とボーッとしている状態が入れ替わる認知機能の動揺、失神、症状の日内変動、一過性の意識障害などがみられる。また、誤嚥性肺炎《ごえんせいはいえん》を合併することが多い。
- 治療……ドネペジル塩酸塩（アリセプト®）での効果があるとされる。

頻出
レビー小体型認知症の特徴（パーキンソン症状、現実的な幻視《げんし》など）

❷ 前頭側頭型認知症（ピック病など）

- 特徴……前頭葉と側頭葉に限定して脳が萎縮《いしゅく》していく。初期には記憶低下や生活障害は軽度だが、万引き、不精な生活、自分勝手、わがまま、性的行動など、社会ルールや常識的な規範がわからなくなり、人が変わったような行動を繰り返すような人格変化がみられる。また、決まった食事しかとらないなどの決まりごとがよくみられる（常同行動）。進行すると、言葉の意味が理解できないなどの症状がみられる。動作についての記憶や意味記憶は保たれる。見当識障害はない。
- 治療……症状を改善し、進行を遅らせるなどの有効な治療法はない。

出題頻度 ★★

クロイツフェルト・ヤコブ病／慢性硬膜下血腫

脳を包んでいるのは外側から順に、硬膜、くも膜、軟膜の3枚の膜だよ

クロイツフェルト・ヤコブ病は、クロイツフェルトとヤコブによって報告された認知症で、急速に進行する認知症の原因疾患《しっかん》です。慢性硬膜《まんせいこうまく》下《か》血腫《けっしゅ》は、脳を包む３枚の薄い膜のうち、一番外側の硬膜の下に血腫ができる疾患です。それぞれの疾患の特徴を理解しましょう。

牛海綿状脳症(BSE、狂牛病)にかかった牛の肉を食べたことによってヒトに感染し、クロイツフェルト・ヤコブ病を発症することがあるよ

ここをチェック！

❶ クロイツフェルト・ヤコブ病

- 特徴……発症は50～60歳代に多い。初発症状から６～12か月で死に至る。
- 原因……プリオンタンパクによるプリオン病の一種と考えられている。
- 症状……認知障害と運動失調がある。筋固縮、運動麻痺《まひ》、舞踏病様運動、興奮、幻覚など、さまざまな症状がみられる。
- 治療法……見つかっていない。

❷ 慢性硬膜下血腫

- 特徴……徐々に進行し、打撲後1～3か月くらいで頭痛やもの忘れがみられる。治る認知症の代表的疾患。
- 原因……転倒による頭部打撲。打撲時には、痛みのほかに症状がみられない。
- 症状……打撲により硬膜の血管が破れてじわじわと出血し、血液の塊ができ、それが脳を圧迫して神経細胞に支障をきたす。頭痛、意識障害、記憶力の低下、尿失禁、寝たきりを誘発しやすい。

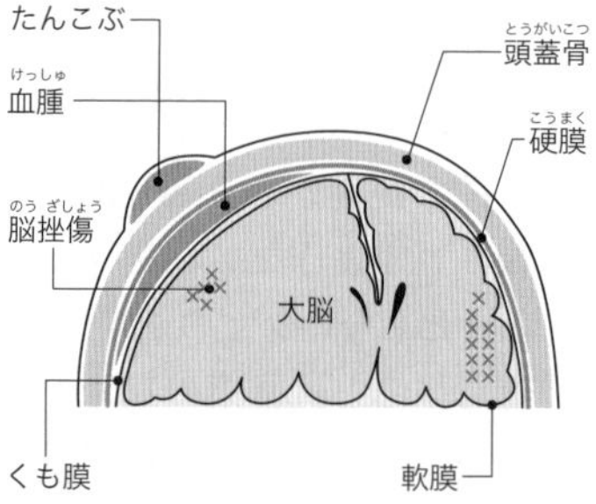

- 治療……簡単な脳手術で血腫を取り除くことができる。適切な治療をすれば、認知症の症状が改善する可能性がある。

慢性硬膜下血腫が原因の認知症は、改善できる認知症の一つだよ

出題頻度 ★★

若年性認知症

18 歳以上 64 歳までに認知症を発症した場合、高齢になってから発症した認知症とは異なる疾患の特徴があるとともに、高齢者にはない生活上の課題が存在するため、若年性認知症として別に考えられています。若年性認知症の特徴や課題について理解しましょう。

ここをチェック！

❶ 若年性認知症の現状

2020（令和 2）年の厚生労働省の調査では、全国における若年性認知症患者の推計数は約 3 万 6 千人で、18 歳以上 64 歳未満の人口 10 万人当たり約 50.9 人となる。発症年齢の最も多い年代は 60 歳代である。

❷ 若年性認知症の原因疾患の特徴

高齢者では、アルツハイマー型認知症が最も多いが (⇒ P.195)、若年性認知症の場合もアルツハイマー型認知症が最も多く、次いで血管性認知症、前頭側頭型認知症となっている。男性の方が、発症率が高いのも特徴である。

❸ 生活上の課題と必要な支援・施策

働き盛り世代の発症は、経済的な困難が大きいほか、育児や子どもの就学、就職などにも影響が及ぶ。また、親の介護との重なりや、高齢の親による介護も課題となる。2015（平成 27）年に策定された「新オレンジプラン」では、柱となる施策の一つとして「若年性認知症施策の強化」が位置づけられている。具体的には、

- 早期診断・早期対応につなげるための普及啓発
- 発症初期から適切な支援を受けられるよう若年性認知症ハンドブックを配布
- 若年性認知症の人の自立支援に関わる関係者のネットワークの調整役（若年性認知症支援コーディネーター）の配置

などがあげられている。

若年性認知症の人とその家族が抱える問題

若年性認知症と診断された人は、現役で働き、家庭を持っていることも少なくない。若いがゆえに、社会生活上のさまざまな困難に直面することがある。

❶ 診断が遅れる

もの忘れや行動の変化など、何らかの異常に気付いても、認知症だとは思わず、見過ごしがちである。また、更年期障害やうつ病だと思って、医療機関を受診しているケースもある。認知症と診断されたときには、かなり進行していることも珍しくない。認知症は、早期発見・早期治療が重要。少しでも認知症を疑ったら、かかりつけ医、専門医、相談窓口に相談することが大切である。

❷ 約８割が職を失っている

認知症を発症したからといって、必ずしも仕事を辞めなければならないというわけではない。軽度であり体調が安定していれば、治療を受けながら仕事をすることは可能である。しかし現状は、多くの人が診断後に失職している。ＡＭＥＤ（国立研究開発法人　日本医療研究開発機構）によるＡＭＥＤ研究「若年認知症の有病率・実態把握と多元的データ共有システム」（2020年）による調査報告では、就労していたときに発症した人のうち、退職した人・解雇された人は合わせて約73％にのぼっている。このような現状に対応するため、国は若年性認知症支援コーディネーターを配置して、就労支援をしている。さらに、再就職を希望する場合は、障害者の雇用・就労に対する支援事業（⇒P.71 参照）を利用することができる。

❸ 収入減により、家計が苦しくなる

ＡＭＥＤ研究「若年認知症の有病率・実態把握と多元的データ共有システム」（2020年）による調査報告では、発症後の収入が「減った」人が約64％となっている。自立支援医療（⇒P.65 参照）、年金や手当（⇒P.71 参照）などを利用するのが一般的だが、経済的な困難を感じている人は多い。

❹ 子どもに影響が及ぶ

親の若年性認知症が子ども世代に与える心理的影響は大きい。進学・就職・結婚などの人生設計にかかわる場合もある。子どもが親の病気を理解し、不安を取り除いて自分なりの人生を歩めるよう支援することが求められている。

❺ 若年性認知症に特化した支援・サービスが充実していない

施策を強化しているとはいえ、若年性認知症向けの支援・サービスは十分でない。多くの介護者が経済的支援と、若年性認知症に特化した福祉サービスや専門職の充実の必要性を訴えている。

出題頻度 ★★

その他の疾患

認知症をきたす原因疾患《しっかん》は、その他にも数多くあげられます。効果的な治療がないものもありますが、早めの診断で症状の改善や根本的な治療が可能な場合もあります。それぞれの特徴を理解しておきましょう。

ここをチェック！

❶ 認知症の原因となる疾患

- 甲状腺機能低下症（分泌・代謝性疾患）……甲状腺ホルモンが慢性的に低下し、精神機能が低下して認知症につながる。眠気、記憶障害、抑うつ、無気力が生じる。
- 慢性アルコール中毒（中毒性疾患）……脳が萎縮《いしゅく》し、慢性的にビタミンＢ群が不足、低栄養などが複合的に生じる。ビタミン B_1 欠乏による脳症をウェルニッケ脳症と呼ぶ。
- 正常圧水頭症……脳脊髄液《のうせきずいえき》の吸収障害や循環異常により、髄液が脳の中心にある脳室にたまり、周囲の脳を圧迫し、認知症、歩行障害、失禁などを生じる。シャント手術*により改善が期待できる。

▶ 認知症の原因となる主な疾患

各種の原因疾患	診断名
脳血管疾患	脳出血、脳梗塞《のうこうそく》
退行変性疾患	アルツハイマー型認知症、レビー小体型認知症、前頭側頭型認知症
分泌・代謝性疾患	甲状腺機能低下症、ビタミン B_{12} 欠乏症
中毒性疾患	有機化合物などの中毒、慢性アルコール中毒
感染症疾患	クロイツフェルト・ヤコブ病、髄膜炎《ずいまくえん》、進行麻痺《まひ》、エイズ
腫瘍性疾患《しゅようせいしっかん》	脳腫瘍、転移性腫瘍
外傷性疾患	頭部外傷後後遺症、慢性硬膜下血腫
その他	正常圧水頭症、多発性硬化症

シャント手術

脳室にたまった髄液を、腹腔などへ常に流れこませるために、カテーテル(管)を埋め込む手術。

頻出

治療・改善が可能な認知症の原因疾患

出題頻度
★★

認知症の検査・治療

認知症の原因疾患をさぐり診断をするために、脳の画像検査、記憶に関する心理検査など、さまざまな検査が行われます。治療は、中核症状の進行を遅らせる薬物療法や作業療法などが行われます。検査や治療について理解しましょう。

ここをチェック!

❶ 認知症評価スケール

認知症のスクリーニング検査として用いられる、長谷川式認知症スケール（HDS-R）、ミニ・メンタル・ステート検査（MMSE）がある。重症度を評価する場合は、日常生活にみられる行動の観察に基づいて行うFAST、CDR、認知症高齢者の日常生活自立度判定基準がある。

認知症高齢者の日常生活自立度判定基準
⇒P.465参照

▶ 認知機能評価スケール

名称	主な内容
長谷川式認知症スケール（HDS-R）	年齢、日時、場所、計算、記憶などを評価する9つの質問で、正誤を点数化し認知症の可能性を測る。30点満点で20点以下のとき認知症を疑う。
ミニ・メンタル・ステート検査（MMSE）	日時、場所、計算、記憶、言語力などを評価する11の質問の正誤を点数化し認知症の可能性を測る。図形模写がある。30点満点で23または24点以下で認知症を疑うことが多い。
Functional Assessment Staging（FAST）	生活機能面から観察を行い評価する。①認知症の障害なしから、⑦非常に高度の認知機能低下まで7段階のステージがある。1985年アメリカのライスバーグらが考案した。
Clinical Dementia Rating（CDR）	記憶、見当識、社会適応など6項目について、それぞれの度合を5段階評価で行う。それらを総合して、健康、認知症の疑い、軽度認知症、中等度認知症、高度認知症に評定する。
認知症高齢者の日常生活自立度判定基準	厚生労働省が作成した指標。日常生活に関する支障などの症状や行動を目安に、判定基準によりランク付けする。

FAST
⇒P.465参照

❷ 画像検査

認知症の疑いがある場合、精密な脳の検査を行う。MRI（磁気共鳴画像）、CT（コンピュータ断層撮影）、脳血流検査で脳の萎縮《いしゅく》や血流に異常があるかどうかなどを確認する。

❸ 薬物以外の治療方法

認知症に対して効果的な薬物が開発途上なこともあり、認知症高齢者のQOLを高めるため、非薬物療法が重要であると考えられている。

薬物療法
⇒P.201参照

- 回想法……自分の思い出を話し、聴き手が共感的にとらえることで、心理的な安定や高齢者同士の交流を図り、豊かな情動をもたらすことが期待できる。毎回同じ場所で開催し、家族も参加して昔の写真を見ながら話を聞くなどすると、記憶を呼び起こしやすい。事実関係が違っていても否定せず、思い出したくない話は無理にさせない。
- リアリティ・オリエンテーション（RO）……現実見当識訓練。少人数のグループでプログラムに沿って実施する。日付や場所を、繰り返し質問するなどして現実認識を高める。
- 音楽療法……歌ったり、簡単な演奏をしたり、音楽に合わせてからだを動かしたりすることで、心身ともにリラックスし、不安やストレスを軽減させる。自発性の向上、記憶力の改善、体力の強化なども図る。
- 運動療法……認知症の早期に行うことにより、精神活動の活発化を図る場合と、進行後に、関節可動域訓練などにより、日常生活能力を向上させる場合とがある。

理解度○×チェック！

1. 軽度認知障害は、CDRのスコアが2である。 出34-79
2. レビー小体型認知症にみられる歩行障害は、動きがぎこちなく、酔っぱらったように歩く。 出36-42
3. 軽度の認知症の人に、日付、季節、天気、場所などの情報を日常会話のなかで伝えて認識してもらうケアを、リアリティ・オリエンテーションという。 出34-82
4. 前頭側頭型認知症の人に常同行動がみられたので、介護福祉職は本人と周囲の人が納得できる生活習慣の確立ができるように努めた。 出32-83
5. 若年性認知症は、高齢の認知症に比べて症状の進行速度が緩やかなことが多い。 出36-43

答…… 1. ×（CDR2は中等度認知症。軽度認知障害〈認知症の疑い〉は0.5） 2. ×（歩行の特徴は、最初の一歩が踏み出しにくく、小刻み歩行） 3. ○ 4. ○ 5. ×（高齢の認知症と比べて、症状の進行は早い）

5……認知症に伴う心身の変化と日常生活

キーワード　中核症状　行動・心理症状（BPSD）
トランスファーショック

■認知症の人の特徴的な心理・行動

認知症になると、中核症状は初期から少しずつ進行していきますが、認知症の行動・心理症状（BPSD）は、環境に左右されやすいため、適切な環境を整えることが大切です。BPSDについて理解しましょう。

ここをチェック！

❶ 認知症が及ぼす心理障害

- 初期には不安や気分の沈みといった精神症状が多く、中等度になると幻覚や妄想《もうそう》が出てくる。
- 感情……不安、気分の沈み、感情失禁（感情が抑えられなくなる）は血管性認知症に多くみられる。
- 意欲……意欲低下、無関心、無気力、無為《むい》*など。
- 知覚……幻覚、錯覚《さっかく》*。レビー小体型認知症では、現実的で繰り返し起こる幻視《げんし》が特徴。
- 思考……妄想、誤認*など。認知症の妄想は、「財布を盗まれた」「誰かが部屋に入ってきた」「食事に毒が入っている」などの被害感がある。
- 睡眠……日中の傾眠、夜間の不眠。初期に抑うつ気分が表面化しているときには、中途覚醒と早朝覚醒が混在した不眠がみられる。

❷ 認知症の人の特徴的な行動障害

- 徘徊《はいかい》、常同行動*……理由や目的が存在するもの、不安感や不快感などが誘因となるものなどさまざまである。抑制・禁止すると不安感を助長させてしまうので、行動・言動をよく観察・分析し、行動の背景を理解する。
- 失禁……尿意・便意を感じた後、トイレの場所や使い方がわからず間に合わなくなることから始まる場合もある。

出題頻度 ★★★

中核症状
⇒P.197-198参照

うつと似た症状にアパシーがある。違いを気分でみると、
うつ：悲哀・絶望
アパシー：無感情・無気力
なお、どの型の認知症でも重度になるとアパシーが出現する

無為
なにもしないでいること。

錯覚
存在する物を誤って認識すること。

誤認
誤って認めること。見間違えること。

常同行動
同じ行動を繰り返すこと。前頭側頭型認知症でみられることが多い。

頻出
認知症の中核症状とBPSDの具体的な内容

認知症に伴う機能の変化と日常生活への影響

出題頻度 ★★★

認知症の発症・進行に伴って、利用者のもつ機能が変化するだけでなく、周辺の環境が利用者に影響を与えることもあります。環境の変化が、認知症の人に与える影響を理解しましょう。

75歳以上の高齢者が自動車運転免許証を更新するときには、認知機能検査が義務づけられているんだ

ここをチェック！

❶ 認知症の人に影響を与える環境

①感覚的な刺激や物品、②介護福祉職のかかわりや組織体制、③ほかの利用者との交流など、幅広いものが含まれる。利用者が保っている能力（残存能力）と低下している能力、家族との関係などを把握し、支援の方法を検討する。

認知症の人が、夕方から夜にかけて怒りっぽくなったり、大声を出したりすることを「夕暮れ症候群」というよ

❷ 環境の変化が認知症の人に与える影響

- 人的環境……介護福祉職、ほかの認知症の人、家族など、幅広い人的環境が影響。
- 対人関係のストレス……無視された存在として扱われること、一貫性を欠く職員の対応などが生むストレスが影響を与える。認知症の人の言動には、受容的態度で対応する。
- 住環境……認知症の進行に合わせて、物理的な環境特性（刺激の質の調整）や、危険回避のための工夫をする。部屋やトイレに表示や目印をつけるなどの配慮をする。

▶ 目印が目の高さにあることも重要

頻出
認知症の人の心理的安定を図るための対応

入所施設などでの居室の変更により、「自分の部屋でない」と思い込み、「家に帰らなければならない」という帰宅願望につながることもあるよ

認知症の理解

認知症の人が入所や入院をするときには、トランスファーショックを防ぐため、自宅から思い出の品や家具を持ってきて、落ち着ける空間にすることが大切だよ

❸ トランスファーショック

環境が変化することによって受ける精神的なダメージのことで、リロケーションダメージともいう。トランスファーショックを小さくするため、居室を個室とする、慣れ親しんだ家具などを持ち込むなどの配慮が必要。

❹ グループホーム（認知症対応型共同生活介護）

職員と利用者および利用者同士が「なじみの関係」になることを重視する。家庭的な環境や地域との交流において、利用者の力が発揮できるよう働きかけ、BPSDの軽減を図る。

理解度○✕チェック！

1. 介護老人福祉施設に入所している重度のアルツハイマー型認知症であるAさんは、終末期状態にあり、医師から「死が極めて近い状態である」と伝えられた。施設で看取ることになった介護福祉職は、Aさんに苦痛があるかないか、状態を観察する対応をとった。 出33―86改
2. Bさん（78歳・女性・要介護1）は、3年前にアルツハイマー型認知症と診断され、訪問介護を利用しながら夫の介護を受け二人暮らしをしている。訪問介護員に夫が「用事で外出しようとすると、妻が『外で女性にあっている』といって興奮することが増えて困っている」と相談をした。このようなBさんの症状は観念失行である。 出36-44

答………… 1. ○　2. ✕（嫉妬妄想である。観念失行は、物の名前は説明できるのに、使い慣れている物の使用や日常の動作を順序正しく行えないなど）

6…… 連携と協働・家族への支援

キーワード　地域包括支援センター　チームアプローチ

地域におけるサポート体制

出題頻度 ★

認知症の人の介護には、地域やコミュニティと協力したサポート体制が望まれます。国や自治体が進める、地域を基盤とした認知症の総合的な対策を理解しましょう。

ここをチェック！

❶ 地域での日常生活を支えるために

国や自治体が示す地域を基盤としたサポート体制では、日常の暮らしを支えるために、認知症の①早期診断・発見・専門医療、②地域の見守り・支援等、③相談、④介護サービスが一体的に地域の中に構築されることが望まれる。これらに関する施策として、認知症施策推進大綱、地域支援事業の認知症総合支援事業など、総合的な対策が進められている。また、認知症になった人のために、その人の状態に応じた適切なサービス提供の流れとして「認知症ケアパス」が示されている。

認知症ケアパス
⇒ P.214参照

❷ 認知症疾患医療センター

地域における認知症治療の中核機関。認知症の的確な診断と専門医療の提供、介護サービス業者との連携を担う。2022（令和4）年10月時点で、全国に499か所ある。

❸ 認知症サポーター

地域で暮らす認知症の人やその家族を応援する「認知症サポーター養成講座」を受講した人のこと。講座の実施主体は、①都道府県および市町村などの自治体、②全国的な職域団体および企業など。認知症サポーターに期待されることは、認知症を正しく理解すること、本人や家族を見守ること、自分なりにできることを実践すること、地域で協力、連携することなどである。認知症サポーターによって運営される認知症カフェも存在する。認知症サポーターは、2023（令和5）年12月末現在で約1510万人が誕生している。

認知症カフェ
⇒ P.196参照

▶ 認知症ケアパスの概念図

認知症ケアパスは、認知症を発症したときから、生活機能障害が進行していく中で、その進行状況に合わせて、いつ、どこで、どのような医療・介護サービスを受ければよいのかをあらかじめ標準的に決めておくものである。

2020（令和2）年の認知症ケアパスの作成状況は、全国で1590市町村（作成率88.5%）となっている。

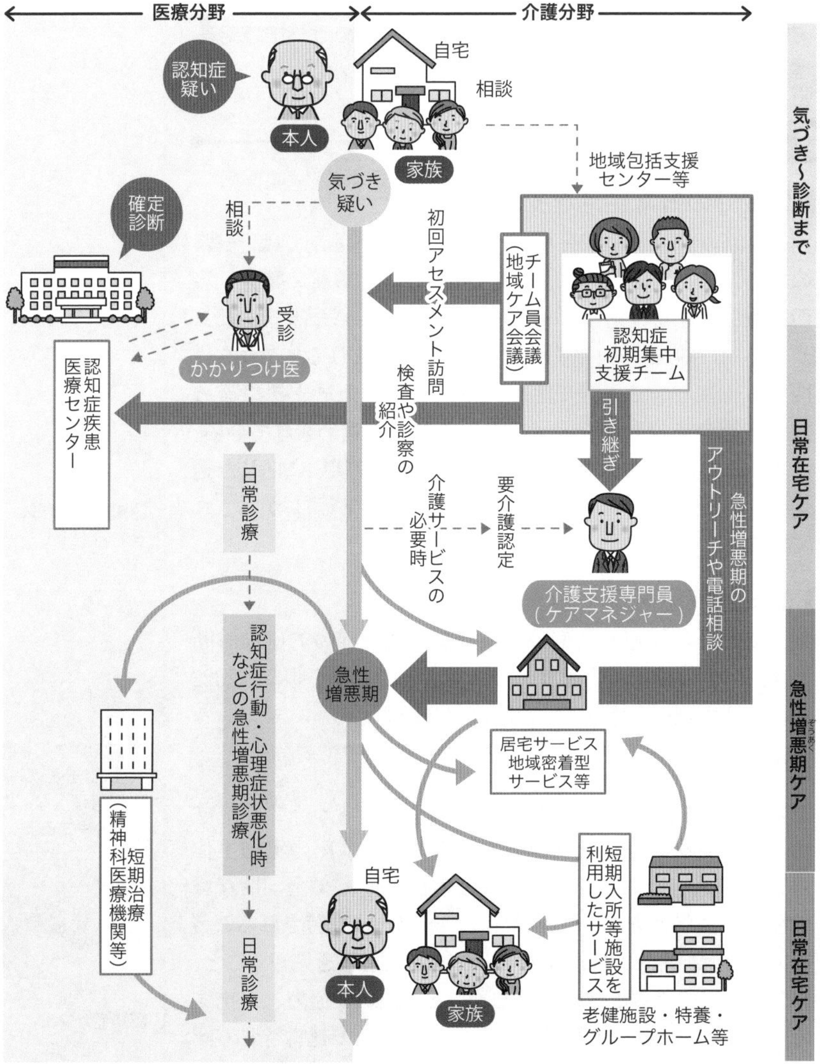

資料：厚生労働省『今後の認知症施策の方向性について』2012年

出題頻度 ★

チームアプローチ

認知症ケアにおけるチームアプローチとは、認知症の人の自分らしい生活の継続をめざして、多くの職種が協働し、かかわることをいいます。介護と医療の連携について理解しておきましょう。

ここをチェック!

❶ 認知症初期集中支援チーム

地域包括支援センターなどに配置され、認知症の初期段階に本人および家族にかかわり、介護支援専門員（ケアマネジャー）・介護サービス事業者・かかりつけ医に引き継ぐ役割を担う。

❷ 認知症疾患医療センター

地域の医療と介護の連携拠点。認知症の診断、かかりつけ医や地域包括支援センターとの連携を強化する役割を担う。

出題頻度 ★

家族への支援

家族への支援では、家族の介護方法を尊重し、理解することが大切です。そのうえでアセスメントを行い、本人の状態に合った介護方法を見出していくことが、家族の介護負担の軽減につながることを理解しましょう。

ここをチェック!

❶ 介護家族の４つの苦しみ

- 気の休まるときのない介護で、心身ともに疲労している。
- 家庭生活が混乱している。
- 先行きに大きな不安がある。
- 苦労が周りの人にわかってもらえず孤立無援の思いでいる。

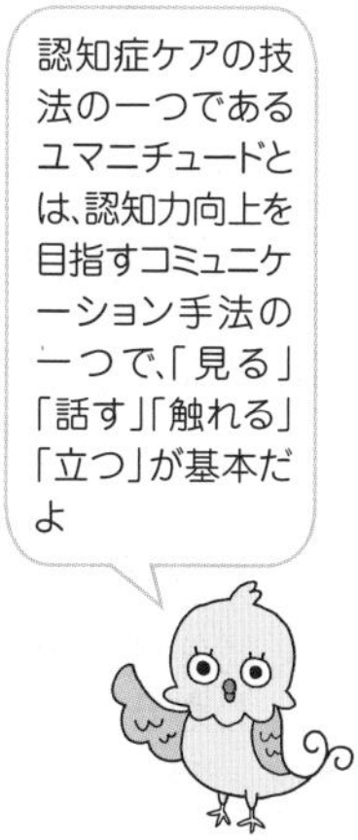

❷ レスパイト、レスパイトケア

レスパイトとは、家族が介護を続けていくために、本人から離れて、一時的に休息（レスパイト）する時間をとることをいう。また、この支援のことをレスパイトケアという。介護保険サービスを利用したレスパイトケアには次のようなものがある。

- 訪問介護や通所介護（デイサービス）の利用
- 短期入所生活介護（ショートステイ）の利用
- 介護保険施設、認知症対応型共同生活介護（グループホーム）への入居
- 認知症以外の疾患《しっかん》があり、行動・心理症状（BPSD）が出現している場合に、治療のために本人が入院することもレスパイトケアの一つである。

❸ 介護教室

認知症に関する正しい知識を得て、上手な介護の仕方を学ぶ場として各地で開かれている。家族を対象として開催する場合は、家族同士の交流が図れるよう配慮される。

❹ 家族会

家族介護者と本人が一緒に参加できるものもある。家族介護者と本人が別れて過ごしたり、一緒にリフレッシュするプログラムが工夫されていたりする。

❺ ピア・カウンセリング

家族介護者同士のカウンセリングの場。同じ悩みをもつ者同士が問題を乗り越えた体験を話し合ったりする。

❻ 家族へのエンパワメント・アプローチ

家族が本来もっている力を出せるように支援すること。家族の気持ちを受容し、できているところをほめたり、これまで十分介護してきたことを伝えたりする。

理解度〇×チェック！

1. 認知症初期集中支援チームの支援対象には、家族は含まれない。 ◀出 33-80改
2. 認知症初期集中支援チームの一員には医師が含まれる。 ◀出 34-86
3. 認知症ケアの技法の一つであるユマニチュードにおいて、「立つ」とは、立位をとる機会をつくることである。 ◀出 35-44
4. 認知機能障害による生活への影響として、相貌失認により目の前にいる家族がわからないことがあげられる。 ◀出 36-45

答……… 1. ×（支援対象に家族は含まれる） 2. 〇 3. 〇 4. 〇

7

障害の理解

障害には、身体障害、精神障害、知的障害、発達障害があるよ。それぞれの障害の原因と特性、介護のポイントを押さえよう
障害の種類と程度は利用者によって異なるから、一人ひとりに応じた支援が求められるんですよね
障害者の家族への支援についても学ぶんですね

1……障害の基礎的理解

キーワード　ICF　ノーマライゼーション　リハビリテーション

出題頻度 ★★★

■障害の概念

「障害は個性」として、障害のある人が自分自身を肯定的に受け入れる考え方があります。障害のある人が意欲的に生き、自立した生活を送れるための支援が大切です。障害の概念と手帳制度について理解を深めておきましょう。

ここをチェック！

❶ ICIDH と ICF

マイナス面に焦点をあてたICIDH（国際障害分類）に代わるものとして、生活機能というプラス面からの視点をもつICF（国際生活機能分類）が、人間の生活機能と障害の分類法として、世界の共通認識になっている。

頻出
ICFの考え方と具体例

ICIDH と ICF
⇒ P.299、376、463参照

❷ 身体障害者手帳

身体障害者福祉法に基づいて交付される。交付対象は、身体障害者障害程度等級表の６級まで。等級は７級まであるが、７級では手帳は交付されない。なお、７級の障害が２つ以上ある場合や等級の異なる障害が重複してある場合などには、身体障害者手帳交付の対象となることがある。15歳以上の本人に交付。15歳未満は、その保護者に交付する。

頻出
身体障害者手帳の等級と交付対象

身体障害者福祉法
⇒ P.70参照

❸ 療育手帳

交付対象は児童相談所または知的障害者更生相談所において知的障害と判定された者であり、知的障害は知能指数（おおむね70まで）と、日常生活能力によって判断される。障害の程度はＡ（重度）とＢ（その他）に区分される。様式や区分は地方自治体によって異なる部分がある。

❹ 精神障害者保健福祉手帳

精神保健及び精神障害者福祉に関する法律（精神保健福祉法）に基づいて交付される。１～３級までの等級がある。手帳所持者は、税制の優遇措置などが受けられる。

精神保健福祉法
⇒ P.70参照

障害者福祉の流れと基本理念

出題頻度 ★★★

1970年代に国連で障害者の権利宣言が採択され、世界的に障害者福祉向上の取り組みが本格的に始まり、ノーマライゼーションの思想が日本でも取り入れられるようになりました。障害者福祉の流れと基本理念を整理しましょう。

ここをチェック！

❶ 障害者の権利宣言

国連で1971年に知的障害者の権利宣言、1975年に障害者の権利宣言を採択。また、1981年を国際障害者年とし、1983～1992年を「国連・障害者の十年」とした。さらに1993～2002年を「アジア太平洋障害者の十年」(2012年まで延長)とした。

❷ ノーマライゼーション

- ノーマライゼーションの思想は、デンマークのバンク＝ミケルセンにより1959年法で導入。
- スウェーデンのニィリエは、1日のノーマルなリズム、経済水準など、ノーマライゼーションの8つの原理をあげた。

❸ インテグレーション

障害者も非障害者も分け隔《へだ》てのない仲間となり、区別や差別のないシステムがつくり出される状態をいう。例として、普通学級に障害児を積極的に受け入れ、一定教科を一緒に学習する統合教育がある。

❹ インクルージョン

2006年、「私たち抜きに私たちのことを決めるな」の考えのもと、国連で「障害者の権利に関する条約（障害者権利条約)」を採択。条約の理念はインクルージョンとし、国際条約上初めて「合理的配慮*」の概念が取り上げられた。

❺ リハビリテーション

リハビリテーションとは、何らかの障害を受けた人が、人として尊厳、権利、資格などを回復する全人間的復権を意味する。日本では、2002（平成14）年に決定された「障害者基本計画」の基本理念として、ノーマライゼーションとリハビリテーションが位置付けられている。

頻出
ノーマライゼーションの考え方と関連施策

ノーマライゼーション
⇒ P.296参照

インクルージョンとノーマライゼーションとの違いは、①対象を高齢者、外国籍の人にも広げた、②個別のニーズに応じた支援を保障、③物理的なことだけではなく、地位、役割、関係性も大切にする、などがあげられるよ

合理的配慮
障害者が権利を行使するために必要かつ適当な変更や調整のこと。

障害者･高齢者などのあらゆる人々を一つに包み込んで、共に生きていく社会であるソーシャルインクルージョンの考えを理解しておこう

障害の理解

❻ 日本の障害者福祉制度の歴史

年	法律	関連事項
1949（昭和24）年	身体障害者福祉法	福祉三法の一つ
1960（昭和35）年	精神薄弱者福祉法（現・知的障害者福祉法）	18歳以上の知的障害者に対する法的な援助が可能になる。
1970（昭和45）年	心身障害者対策基本法	障害者の総合的な福祉施策
1993（平成5）年	心身障害者対策基本法→障害者基本法	精神障害者を障害者に位置付ける。
1995（平成7）年	精神保健法→精神保健及び精神障害者福祉に関する法律	3障害の法律が整う。
2004（平成16）年	発達障害者支援法	発達障害者への施策が整う。
2005（平成17）年	障害者自立支援法（現・障害者総合支援法）	3障害の一元化。措置から契約への移行
2011（平成23）年	障害者虐待の防止、障害者の養護者に対する支援等に関する法律	養護者や福祉施設従事者等および使用者による虐待を定義
	障害者基本法改正	精神障害に発達障害含む。
2012（平成24）年	障害者の日常生活及び社会生活を総合的に支援するための法律（障害者総合支援法）	障害者自立支援法が改正・改称。基本理念が新たに掲げられる。障害者の範囲に難病等が加わる。
2013（平成25）年	障害を理由とする差別の解消の推進に関する法律（障害者差別解消法）	障害者基本法を受け、差別を解消するための措置や支援措置を規定
2014（平成26）年	難病の患者に対する医療費等に関する法律	難病患者のデータ収集、治療研究を推進。長期の療養による医療費の経済的負担を支援

「障害者総合支援法」の基本理念は、共生社会実現のために、社会的障壁を除去することだよ

2006（平成18）年には、「障害者の権利に関する条約」が、国連で採択されたよ。日本は、2007（平成19）年に署名、2014（平成26）年に発効したよ

理解度〇✕チェック！

1. 障害の特性に応じた休憩時間の調整など、柔軟に対応することで障害者の権利を確保する考えを示したものが、意思決定支援である。 出36-56

答　1. ✕（合理的配慮である）

2…… 感覚機能障害

キーワード　全盲　弱視　ろう　難聴　構音障害　失語症

視覚障害と介護

出題頻度 ★★

視覚障害の種類や程度、視覚障害を引き起こす疾患《しっかん》について整理し、視覚障害が生活に与える影響を理解しましょう。

ここをチェック!

❶ 視覚障害の種類

- 視覚障害は、全く見えない全盲と少しは見える弱視（ロービジョン）がある。
- 視力*障害、視野*障害、色覚障害、光覚障害（明順応《めいじゅんのう》障害、暗順応《あんじゅんのう》障害）などがある。

視力
物の形や存在を認識する能力。ランドルト環を用いて視力を測定する。

視野
眼球を動かさないで見える範囲を指す。一般的には、耳側100度、鼻のある側と上方が60度、下方が70度までといわれている。

視覚障害
⇒ P.172参照

❷ 視覚障害の原因疾患とその特徴

疾患	特徴
白内障	水晶体が白濁し、目のかすみがある。屋外でまぶしさを感じる。階段や看板の認識が困難になる。
緑内障	眼圧上昇が視神経に影響を与え、失明する可能性がある。視《し》野《や》狭窄《きょうさく》、視力低下など。正常眼圧緑内障*もある。
網膜色素変性症	網膜視細胞の変性により、夜盲、視野狭窄、視力低下などの症状がある。進行すると失明する場合がある。
糖尿病性網膜症	網膜の血管に異常があり、視力低下が起こる。糖尿病の合併症の一つ。
ベーチェット病	原因不明で、特定疾患治療研究事業の対象疾患。ぶどう膜炎、口内炎、陰部潰瘍《かいよう》などの症状を伴う。網膜浮腫《もうまくふしゅ》で網膜剥離《もうまくはくり》を引き起こすと失明することがある。
加齢黄斑《おうはん》変性症	網膜の中央にある黄斑に病変が起こり、物の見え方に支障が出る、視力低下などが起こる。高齢者に多い。

❸ 視覚障害者への支援

- 歩行手段……手引き、白杖《はくじょう》、盲導犬、残存視覚による歩行などがある。安全を優先させる。
- コミュニケーション手段……点字、音声言語、弱視眼鏡、拡大鏡、拡大読書器、パソコン、スマートフォンなどがある。
- その他……身の回りの物の位置、買い物の際の紙幣や硬貨の識別などに支援が必要。

正常眼圧緑内障
眼圧が正常であっても、視神経萎縮《ししんけいいしゅく》が進行し、視野狭窄の症状がでる。

点字
⇒ P.360参照

出題頻度 ★★

聴覚障害と介護

聴覚障害の種類や程度について学び、聴覚障害が生活に与える影響と適切な介護について理解しましょう。

ここをチェック！

❶ 聴覚障害者の分類

- ろう者……ほとんど耳が聞こえない人
- 難聴者……補聴器などを使えば少し聞こえる人
- 中途失聴者……人生の途中から耳が聞こえなくなった人

❷ 難聴の分類

種類	特徴
伝音性難聴	外耳・中耳（伝音機構）の障害による。滲出性中《しんしゅつせいちゅう》耳炎《じえん》、慢性中耳炎、先天性の外耳、中耳の形態異常などが原因になる。
感音性難聴	内耳から大脳皮質（感音機構）までの部分の障害による。音がひずんで聞こえ、言葉がはっきり聞こえない。補聴器を使用しても改善しないことがある。加齢性難聴*の多くは感音性難聴である。
混合性難聴	伝音性難聴と感音性難聴が合併。両方の症状がある。中程度の感音性難聴と伝音性難聴の合併により高度の難聴となる。

❸ 聴覚障害者の生活上の困難

聴覚を通して日常的な情報が入らない、周囲の聞こえる人とのコミュニケーションや交流が困難、その結果として日常生活上のさまざまな場面で孤立しやすいなど。また3歳以前の幼児期から重度の聴覚障害があると、発声が不明瞭になることや音声言語の理解面で困難に直面する。

❹ 聴覚障害者とのコミュニケーション

手段として手話、筆談、メール、FAXなどがある。ろう者は発語が不明瞭な場合が多く、日常的には手話を使用する。難聴者には静かな場所でゆっくり話すことを心がける。中途失聴者は筆談を活用することが多い。その他にもパソコン、音声認識ソフトなど、話の内容を表示できるものを活用する。

加齢（老人）性難聴

高齢者の難聴は、感音性難聴であることが多く、高音が聞き取りにくい。

⇒P.118、173参照

感音性難聴よりも伝音性難聴のほうが、補聴器の使用による効果が高いよ

手話を習得するには時間がかかるため、中途失聴者の場合は、筆談などのほうがよい場合もあるよ

聴覚障害者とのコミュニケーション

⇒P.360参照

言語機能障害と介護

出題頻度 ★★

言語機能障害の種類や程度について学び、言語機能障害が生活に与える影響と適切な介護について理解しましょう。

ここをチェック！

❶ 言語機能障害の分類

言語機能障害には、発声発語障害（音声障害・構音障害）と脳の言語機能中枢に障害（高次脳機能障害）のある失語症がある。

分類	状態	
発声発語障害	音声障害…発声器官の障害で音声が発せられない。 構音障害…発音器官の疾病・障害で語音が作れない。	
失語症	感覚性失語（ウェルニッケ失語）	聞く・読むことによる理解ができない。話を聞いて復唱ができない。流暢《りゅうちょう》に話すことはできるが、意味を伴わない。正確に書くことができない。
	運動性失語（ブローカ失語）	考えをうまく言葉にすることができない。聞く・読むことによる理解はできる。

- 全失語

「聞く」「話す」「読む」「書く」のすべてが困難な状態をいう。

❷ 言語機能障害者の生活上の困難と介護

- 構音障害の場合

言葉が思うように発音できないため、話すことに消極的になりがちである。話の内容は理解できているため、意思疎通を図ることはできる。筆談、五十音表での指さしや、コミュニケーションエイド*やパソコンなどを使用すると有効。

- 失語症の場合

左大脳半球の損傷で起こる右片麻痺は、失語症を伴うことがある。聞く・読む・書くともに障害があり、話の内容を理解することが困難なことも多い。失語症のタイプによって、はっきりした言葉で、ゆっくりと話しかける、閉じられた質問*（クローズドクエスチョン）や絵カードを活用するなど有効な対応を心がける。

構音器官

口唇《こうしん》、舌、口蓋《こうがい》、咽頭《いんとう》などの言語音をつくる器官。

構音障害

⇒ P.127、361、408参照

コミュニケーションエイド

キーボードなどを押すことで、合成の音声が出せる機器。

失語症

⇒ P.361参照

閉じられた質問

「はい」「いいえ」で答えることができる質問。

⇒ P.358参照

出題頻度 ★

重複障害と介護

盲ろう重複障害やろう重複障害の人など、いくつかの障害が重なっている人に対する適切な介護について理解しましょう。

ここをチェック！

❶ 重複障害者とは

- 盲ろう重複障害は、目と耳に障害がある。「全盲ろう」「弱視ろう」「全盲難聴」「弱視難聴」に分類される。
- ろう重複障害は、聴覚障害に加えて、知的障害、精神障害、視覚障害、肢体不自由、内部障害などの障害を併せてもっている状態。

❷ 重複障害者への支援

- 盲ろう者……孤立させないことが大切。触手話《しょくしゅわ》*、指点字《ゆびてんじ》*、手書き文字*、パソコン通訳などのコミュニケーション方法がある。介護上の留意点として、盲ろう者はそばに人がいてもわからないので、そっと手で肩や腕に触れ、名乗ってから話しかけるようにする。あいづちなども手でそっと触れるなどの方法で行う。
- ろう重複障害者……生活や作業にかかわる支援員のほか、看護師、理学療法士、手話通訳士など各分野の専門家と連携をとる必要がある。家庭・教育・職場の環境、社会的入院や施設利用に至る経緯などを把握し、その人の気持ちを理解することが大切である。

触手話
話し手の手話を盲ろう者に触ってもらい意思伝達する。

指点字
盲ろう者の両手の人差し指・中指・薬指の計6本の指を点字の6つの点に見立てて指で打つことにより、意思を伝達する。

手書き文字
手のひら書き。盲ろう者の手のひらに言葉を書いて伝える。

理解度○×チェック！

1. 網膜色素変性症の初期症状として、眼圧上昇がある。 出31-93
2. 言語障害を来す難病として、クローン病があげられる。 出30-93
3. 失語症の聴覚的理解を補うためには、はっきりした言葉でゆっくりと話しかける。 出24-91

答……

1. ×（網膜色素変性症は、網膜視細胞の変性により、夜盲、視野狭窄《しやきょうさく》、視力低下などの症状があるが、眼圧上昇は生じない）
2. ×（クローン病は、腹痛、血便、下痢などの症状を起こすが、言語機能障害は生じない）
3. ○

3……身体機能障害・内部障害

キーワード　肢体不自由　内部障害

■肢体不自由と介護

出題頻度 ★★

肢体不自由とは、原因にかかわらず、上肢、下肢の欠損あるいは体幹（胸背部や腰部）における麻痺《まひ》などの永続的な運動機能障害のことです。適切な支援を行うために、肢体不自由の原因や障害について理解しましょう。

ここをチェック！

❶ 肢体不自由の原因と支援

- 関節リウマチ……関節に炎症が起こり、痛み、動きの制限などが生じる。関節に負担をかけないよう自助具を使用し、自立度を保つ。
- 脳性麻痺……受胎から生後 4 週以内に生じた非進行性の脳病変による運動と姿勢の障害。病型により運動障害に特徴がある。障害の重症化や二次障害予防のため適切な姿勢管理を行う。

▶ 脳性麻痺の病型

病型	特徴
痙直型《けいちょくがた》	筋緊張が亢進《こうしん》し、関節が固定化し変形を起こす。脳性麻痺で最も多い。
アテトーゼ型	意思とは無関係に手足が動く不随意運動がある。下肢より上肢にみられることが多い。
強直型《きょうちょくがた》（固縮型）	関節の動きが硬く動作が遅い。筋の収縮が持続するため、手足を動かそうとしても抵抗がある。
失調型	平衡感覚に障害があり、自立歩行でバランスをくずし転倒しやすい。
混合型	異なる病型が混合しているもの。痙直型とアテトーゼ型の混合が最も多い。

- 脊髄損傷《せきずいそんしょう》……外傷などによる脊髄損傷は、損傷部位により障害が異なる。残存能力を生かし、自立度を保つよう支援する。

▶ 脊髄損傷の種類

種類	麻痺の部位
頸髄《けいずい》損傷	四肢麻痺
胸髄《きょうずい》損傷	体幹、下肢麻痺（対麻痺）
腰髄《ようずい》損傷	下肢麻痺（対麻痺）

▶ 脊髄損傷の症状

症状	留意点
運動・知覚障害	● 知覚麻痺《ちかくまひ》があるため、同じ部位の皮膚が圧迫されやすく、褥瘡《じょくそう》が生じやすい。 ● 損傷部位が頭に近い（高位である）ほど麻痺の範囲が広くなり、褥瘡になりやすい。
発汗障害	● 発汗されず、体内に熱がこもり、うつ熱*が起こる。 ● うつ熱の対応として、冷房を使用する、濡れタオルで冷やすなどがある。
排便・排尿障害	● 尿路感染防止のため、陰部の清潔を保ち、水分摂取に留意して、残尿を減らす。
起立性低血圧	● 起立性低血圧への対応は、頭部を心臓の高さと同じにする、または下げる。
自律神経過反射	● 麻痺した膀胱《ぼうこう》の充満や便秘などにより、自律神経過反射が起こり、血圧が上昇する。

うつ熱
体温調整ができなくなって熱が体内にこもること。熱中症の原因となる。

出題頻度 ★★

内部障害と介護

内部障害は、行動の制約が多く、また、一見して障害がわからないため、周囲の理解を得にくいことがストレスになります。疾患《しっかん》を理解し、必要な介護を整理しましょう。

内部障害
⇒ P.313参照

ここをチェック！

❶ 心臓機能障害と介護

心臓機能障害は、心臓の血管や心筋に異常が生じ、心臓の機能が低下することで発生する。

▶ 心臓機能障害の主な原因疾患

疾患名	特徴
虚血性《きょけつせい》心疾患 （狭心症*、心筋梗塞《しんきんこうそく》*）	寒いときには、軽度の労作でも発作が起きやすい。
心不全*	動悸《どうき》、息切れ、呼吸困難、むくみなどがある。生活習慣、食生活を見直す必要がある。

▶ 介護の際の留意点

- 塩分や水分、動物性脂肪の摂取制限など、食事に注意する。
- 便秘のときの排泄《はいせつ》に注意が必要である。
- 入浴は、ぬるめのお湯で心臓の負担を軽減する。
- 呼吸困難などを軽快させる睡眠支援を行う。

狭心症
動脈硬化による血流障害で、心筋に酸素不足が生じ、痛みを感じる。
⇒ P.186参照

心筋梗塞
心臓の冠動脈の血流が通じなくなり、心筋の一部が壊死し、心臓に激しい痛みを感じる。
⇒ P.187参照

心不全
心臓の能力低下で起こる体の不調。息切れ、体のだるさなどの症状がある。
⇒ P.187参照

- ペースメーカー装着者には、脈の管理のほか腎臓や呼吸器の状況について注意が必要。医師の指示に基づいて支援する。
- 人工弁置換手術*を受けている人は、血栓ができやすく、血液が固まりにくくなる薬を服用しているため、出血傾向にある。打撲や擦過傷《さっかしょう》に注意する。

❷ 腎機能障害と介護

腎機能障害のレベルは個人によってさまざまである。合併症などもあり、個人に合った介護を行う。

▶ 腎機能障害の種類

種類	特徴
急性腎不全	急速に機能障害が生じたもの。食欲不振、悪心《おしん》、嘔吐《おうと》、けいれんや昏睡《こんすい》の症状がある。
慢性腎不全	数か月ないし数年をかけて、持続性の機能不全に陥ったもの。むくみ、疲れ、吐き気、食欲低下、息切れなどの症状がある。

- 糸球体濾過量《しきゅうたいろかりょう》……腎機能の低下を表す指標。この値が正常な人の値の30%以下になったときに、慢性腎不全と診断される。15%にまで低下すると生命の維持ができなくなり、末期腎不全の治療として透析療法や腎移植の対象となる。

▶ 人工透析*の種類

種類	特徴
血液透析（HD）	人工膜を利用する。週2～3回の定期的な通院が必要。治療を始めると、途中でやめられない。
腹膜透析（PD）	腹膜を介して水や老廃物を引き出し、内部環境を正常化する。一定期間、腹腔内《ふくくうない》への透析液の注入と廃液を反復する。腹膜カテーテルが挿入されているので、感染への注意が必要。
連続携行式腹膜透析（CAPD）	腹膜透析の一種。連続的に腹腔に透析液を注入して行う。1日に3～4回透析液を交換する。通院は、月に1～2回でよい。

- 腎機能障害の介護

塩分・タンパク質・水分の制限などの食事管理、軽い運動と十分な睡眠、細菌性感染症の予防などに留意する。また、薬の排泄《はいせつ》が不十分で、副作用が強く出ることがあるため、注意が必要である。

人工弁置換手術

弁膜症などの治療に行われる手術。障害のある弁を取り除き、人工弁に置き換える。

腎不全

⇒ P.179、412参照

腎臓の働きだよ
①老廃物の排出
②血圧の調整
③赤血球の産生亢進
④体液量と電解質の調節
⑤活性型ビタミンDの産生

人工透析

腎不全で機能が低下した腎臓にかわり、水分や電解質の調節、老廃物の除去を人工的に行う方法。

📖 慢性閉塞性肺《まんせいへいそくせいはい》疾患《しっかん》（COPD）

主に喫煙が原因。肺に慢性の炎症が起こり、肺胞が壊れる。息切れや咳嗽《がいそう》、喀痰《かくたん》が増加する。食事は高カロリーのものとし、入浴時はぬるめの湯温にする。
⇒ P.177 参照

❗頻出

慢性閉塞性肺疾患の症状と介護上の留意点

起座位
⇒ P.401参照

❸ 呼吸器機能障害と介護

▶ 呼吸器機能障害の基礎疾患

疾患名	状態
慢性閉塞性肺疾患（COPD）* 肺結核後遺症 肺気腫・気管支炎	肺自体が侵され、ガス交換がしにくくなる。
脳出血、脳梗塞《のうこうそく》	脳の障害により換気が困難になる。
喘息《ぜんそく》	気道が狭められ換気が困難になる。
筋萎縮性側索硬化症《きんいしゅくせいそくさくこうかしょう》（ALS） 筋ジストロフィー症	神経や筋肉の障害により換気が困難になる。

- 呼吸器機能障害の介護の留意点

① 慢性呼吸不全は、仰臥位《ぎょうがい》より起座位《きざい》が楽に呼吸できる。
② 気道感染に注意する。
③ 塵《ちり》、埃《ほこり》を室内から除去し、常に衛生に配慮する。
④ 温度、湿度の調整を行う。
⑤ 室内は禁煙。強い香りや臭気など刺激のあるものも避ける。

- 在宅酸素療法（HOT）

在宅で高濃度の酸素を含む空気を鼻カニューレを使い酸素濃縮器から吸入する。携帯酸素ボンベを用いれば、外出が可能。酸素ボンベは爆発のおそれがあるので、火気厳禁。

❹ 膀胱・直腸機能障害と介護

膀胱《ぼうこう》・直腸機能障害がある人は、ストーマと呼ばれる人工肛門や人工膀胱を造設することがある。

- 消化管ストーマ

直腸がん、大腸がんなどの手術で腸の一部を切除し、便を体外へ排出できなくなった場合につくられる人工肛門のこと。造設された位置で便の性状や排泄《はいせつ》回数が異なる。

▶ ストーマの位置による便の性状と排泄回数

ストーマの種類	便の性状	排泄回数
回腸ストーマ	液状便	持続的に排泄
上行結腸ストーマ	液状便～粥状便《かゆじょうべん》	多い
横行結腸ストーマ	粥状便～軟便	多い
下行結腸ストーマ	軟便～固形便	多い
S状結腸ストーマ	硬便	少ない

- 尿路ストーマ

尿の排泄《はいせつ》のためにつくられた人工膀胱《ぼうこう》の排泄口。排尿困難で残尿が多い場合、自分で尿道に管を入れて残尿を排泄する自己導尿を行う。

- ストーマをつけた人の介護

介護福祉職は、排泄物の入ったパウチ（袋）の交換を行う。

❺ ヒト免疫不全ウイルスによる免疫機能障害と介護

ヒト免疫不全ウイルス（HIV）が増殖すると、からだの免疫機能を維持することが難しくなる。その結果、弱い菌やウイルスなどが活性化して、感染症（日和見感染症《ひよりみかんせんしょう》*）が起こる。

- エイズ（AIDS）

後天性免疫不全症候群の略称。HIV に感染して免疫機能が低下し、厚生労働省が定めた 23 の合併症（日和見感染症）のいずれかを発症した場合に、エイズと診断される。HIV とエイズとは異なることに注意する。感染経路は、性行為、輸血血液、血液製剤、母乳、臓器移植など。

- 介護の留意点

手洗いをきちんとし、血液、体液、分泌液、汚染物に触れるときには手袋をする。感染防御のため、標準予防策（スタンダード・プリコーション）を採用する。

❻ 肝機能障害と介護

- 肝機能障害には、脂肪肝・肝炎・肝硬変などがある。肝硬変は肝臓がんになる確率が高いとされている。肝硬変の症状として、倦怠感、黄疸《おうだん》、全身水腫などがある。

- 介護の留意点

肝臓は、障害が起きても自覚症状がないため、発見が遅れがちである。倦怠感、浮腫（むくみ）、黄疸などがみられたら、肝機能障害を疑い、早期に診察を勧めるようにする。

ストーマをつけた人の介護
⇒ P.418、433参照

介護福祉職がストーマ装具を交換できるのは、皮膚の状態が安定していて、専門的な管理が不要な場合だよ

日和見感染症
免疫力が低下したときにかかる感染症。ヘルペスウイルス感染症、ニューモシスチス肺炎、カンジダ症などがある。

手洗い
⇒ P.350参照

標準予防策
⇒ P.252参照

理解度○×チェック！

1. 関節リウマチの人が身体を洗うときにはループ付きタオルを使う。◀出 31-95
2. 筋ジストロフィーは、中脳の黒質が病変部位となる。◀出 33-92

答 ………… 1. ○　2. ×（筋線維に病変が生じる。中脳の黒質の病変はパーキンソン病）

4 …… 精神障害・知的障害・発達障害

キーワード　統合失調症　うつ病　高次脳機能障害

出題頻度 ★★

頻出
統合失調症の症状と介護の留意点

精神障害と介護

精神障害者は、精神疾患《しっかん》を慢性的にかかえ、生活上の障害とも向き合っています。精神疾患の特徴を理解し、介護の留意点を学びましょう。

ここをチェック！

❶ 精神障害の種類、原因と特性

『令和５年版　障害者白書（全体版）』によると、精神障害者の概数は614万８千人であり、そのうち、入院患者は28万８千人、外来患者は586万１千人となっている。入院患者では、統合失調症が最も多い。

▶精神障害の例と原因等

種類	例	原因等
内因性精神障害	統合失調症、気分障害、非定型精神障害など。	原因は解明されていない。
外因性精神障害	器質性精神障害（脳の病変によるもの）、症状性精神障害（からだの病変が脳に影響）、中毒性精神障害（アルコールや薬物によるもの）	脳やからだの病変や薬物による影響により精神障害となる。
心因性精神障害	神経症、心因反応、パーソナリティ障害など。	ストレス、性格的要因、対人関係などの環境的要因などが複雑にからみあって精神症状が生じる。

統合失調症
⇒P.364参照

水中毒
水分の過剰摂取により低ナトリウム血症を起こす中毒症状。神経の伝達が阻害され、呼吸困難で死亡することがある。統合失調症の患者に多い。

❷ 統合失調症と介護

青年期に多く発病する原因不明の疾患。陽性症状（健康な心理状態では認められない症状）として幻覚・妄想《もうそう》など、陰性症状（健康な心理状態から欠如した症状）として感情の平板化、意欲の欠如などがある。幻聴の影響で、集中力の低下、恐怖感、不安感などを体験する。長期間にわたる入退院で、症状が悪化することがある。服薬と治療する意欲をもつことが大切。水中毒《みずちゅうどく》*に注意する。介護福祉職と保健・医療関係者との連携が重要である。統合失調症の回復期の患者は、疾病《しっぺい》の体験と現実との間に葛藤《かっとう》を感じていることを理解して支援する。

❸ 気分（感情）障害（うつ病、双極性障害《そうきょくせいしょうがい》*）

• うつ病

気分が沈み、行動や動作が緩慢《かんまん》になる。食欲低下、不眠、頭痛などの身体症状で日常生活が成り立たなくなる。不安、悲観的感情、自責感、自殺念慮《ねんりょ》*などをもつこともある。自殺を図ろうとしている場合は、冷静かつ真剣な態度で説得する。緊急性が高い状態では、かかりつけ医などに連絡する。

▶うつ病に関する留意事項

- 励ましや元気づけは症状が悪化することもある。
- 医師による専門的な治療を受ける必要がある。
- うつ病と認知症は似ているため、鑑別は難しい。

双極性障害

躁《そう》うつ病ともいう。躁状態とうつ状態の2つの状態を繰り返す。一定期間を経過すると回復することが多い。

自殺念慮

自殺したいと思い巡らすこと。うつ病などの精神症状の一つ。

❹ アルコール依存症による精神障害

アルコールに精神・身体的に依存し、生活・健康面に問題が生じる。振戦《しんせん》せん妄《もう》*、アルコール幻覚症、アルコール妄想症、アルコール性コルサコフ症*がある。

振戦せん妄

アルコールが切れたときの離脱症状で、からだの震え、意識混濁、幻《げん》視《し》、不眠などが生じる。

アルコール性コルサコフ症

離脱症状後に記銘力障害、見当識障害、作話などが出現。

❺ 精神障害者の治療

薬物療法、精神療法、生活療法を行う。精神療法とは、臨床心理士などが話を聞くなどして、患者の苦痛を取り除いていく療法。精神分析療法、カウンセリングなどがある。生活療法とは、日常生活の調整・指導・訓練を行って症状の改善を図り、社会参加を促す療法。レクリエーション療法、作業療法などがある。

❻ 精神障害者の介護の原則

- ありのままに受容し、共感する態度を示す。
- 何もかも一人で行いがちなので、助け合いの必要性を理解してもらい、援助する。
- 精神障害者の被害的な訴えを重視し、言動を認める。
- 動きの少ない人はその意欲を引き出すため、歯磨きや洗顔などの日常生活行動を促す。
- 治療に必要な薬の服用ができているか確認する。

出題頻度 ★★★

高次脳機能障害と介護

頻出

高次脳機能障害の症状と対応の留意点

高次脳機能障害は、脳の障害によって、言語、記憶、理解、判断、学習、行為、感情などの機能が障害された状態です。高次脳機能障害の症状について理解し、支援の留意点を学びましょう。

ここをチェック！

❶ 高次脳機能障害の主な症状

- 記憶障害……物の置き場所、新しい出来事を忘れる。
- 注意障害……ぼんやりしてミスが多い。2つのことを同時にしようとすると混乱する。
- 遂行機能障害……自分で計画を立てて実行することや状況に応じた判断ができない。
- 社会的行動障害……依存、退行を起こす。欲求や感情がコントロールできない。人の立場や感情が理解できにくいなど。

高次脳機能障害の一つの「半側空間無視」は、大脳半球の損傷により生じるもので、右半球損傷で左半側の刺激に対する処理に障害が起こることが多いよ

⇒ P.394参照

❷ 精神障害者保健福祉手帳の交付

高次脳機能障害は、器質性精神障害として、精神保健福祉法に基づいて、精神障害者保健福祉手帳の交付の対象になる。

❸ 高次脳機能障害者の自立

地域や就労の場に適応していくために、職場適応援助者*（ジョブコーチ）が本人への支援と周囲の人に対して、対応方法をアドバイスする。

職場適応援助者

ジョブコーチともいう。職場などに出向き、障害者の就労を円滑にする役割を担う。

❹ 高次脳機能障害のある人への支援・対応の留意点

- 直接支援より、見守りや声かけなどの間接支援が中心。
- 支援者が決めて指示するのではなく、本人がからだで覚えられることを促し、行動が定着するよう支援する。
- かかわる支援者が変わっても同じ方法で支援する。支援方法を変えると、本人が混乱し、行動の定着を阻害する。
- 説明は簡潔にする。メモにして渡すとよい。
- 問題が生じたときは、その都度、すぐに対応する。
- プライドを重んじ、相手を尊重する。
- 退行がみられる場合は、支援者が距離をとる。

高次脳機能障害のある人は、まず、自分の障害に気づくことがリハビリテーションのカギとなることがあるよ

出題頻度 ★★

知的障害と介護

知的障害とはどのような障害か、また、障害が生活に与える影響を理解し、知的障害者の介護の留意点を学びましょう。

ここをチェック！

❶ 知的障害の分類

知的障害*は、WHO の国際疾病《しっぺい》分類（ICD）では、知能テストによって測定した知能の状態で分類される。

軽度	IQ69 〜 50	自立可能
中度	IQ49 〜 35	おおむね自立可能
重度	IQ34 〜 20	部分的には自立可能
最重度	IQ20未満	自立できない。

知的障害
知的機能の障害が発達期（おおむね18歳まで）に現れ、日常生活に支障が生じているため、何らかの特別な援助を必要とする状態にあるもの。なお、知的障害の障害程度に応じて、都道府県知事から療育手帳が交付される。

❷ 知的障害の原因

病理作用により脳の発達に支障が生じた病理型と原因不明の生理型がある。病理型が約 4 分の 1、生理型が約 4 分の 3 を占める。

- 病理型の原因……染色体異常、胎生期の感染症、アルコールなどの中毒、代謝障害、内分泌系の疾患《しっかん》、栄養不良、出生時障害、発育期の高熱、その他の疾病や傷害による脳障害。

❸ ダウン症候群

知的障害と難聴や先天的な心疾患などの合併症がある。ほとんどのダウン症候群は、21 番染色体が 1 本多い染色体異常の「21 トリソミー」型である。

ダウン症候群
⇒ P.192参照

頻出
知的障害のある人への支援（事例）

❹ 知的障害のある人のライフサイクルに応じた支援

ライフサイクル	支援内容
乳児期	家族の障害受容を支援する。
幼児期	保育園や幼稚園の障害児の受け入れにより、地域での生活を支援する。
学童期	特別支援教育がある。学校の長期休みや放課後には、放課後等デイサービスにより、家族の介護負担の軽減を図る。
成人期	地域で生活を続けるための、自立プログラムや福祉サービスの利用を支援する。
壮年期	親と死別した後の生活への適応を支援する。
老年期	地域で生活を続けるために、障害のある高齢者に適した支援体制やサービスを提供する。

出題頻度
★★★

2010（平成22）年の障害者自立支援法の改正により、発達障害は精神障害に含まれると法律上に明記されたよ

発達障害と介護

発達障害は、脳の機能の障害であって、その症状が、一般的に、低年齢において発現するものをいいます。発達障害は、特に個人差が大きいことを踏まえ、適切な対応法について理解しておきましょう。

ここをチェック！

❶ 発達障害の分類

自閉症スペクトラム障害*（ASD）	● 特有の対人関係やコミュニケーションの症状…社会性や情緒的な交流に問題がある、言語を伴わないコミュニケーションが苦手である、他者と年齢相応の関係が築けない。 ● 強いこだわり行動や感覚の過敏さ（反対に鈍感さ）…興味が限定され執着がある、日常生活に融通が利かない、同じ動作を繰り返す（常同行動）。  ● 女性より男性に多い。 ● 成人期まで症状が継続する傾向が強い。 ● 人と目を合わせず、一人遊びをする。 
強度行動障害 注）精神医学的な診断名ではない	本人の健康を損ねる自傷行為などがみられる。また、周囲の暮らしに影響を及ぼす他害行為などが著しく高い頻度で起こる。
学習障害（LD） （限局性学習障害［SLD］）	読み、書き、計算のいずれか（または複数）において困難があるが、全般的な知的障害は伴わない。 
注意欠如・多動性障害 （注意欠如・多動症） （ADHD）	不注意（気が散りやすい）、多動性（じっとしていられない）、衝動性（順番を待つことができない）といった行動障害。知能の遅れはほとんどみられない。 

自閉症スペクトラム障害

発達障害の分類については、アスペルガー症候群や自閉症などのサブカテゴリーを用いて分類されてきたが、2013（平成25）年5月に発表された「精神疾患の診断・統計マニュアル第5版（DSM－5）」では、これらのサブカテゴリーを「自閉症スペクトラム障害」として統合しており、以降、サブカテゴリーは用いられなくなった。なお、自閉症スペクトラム障害は広汎性発達障害とほぼ同じ意味で使われている。

頻出

自閉症スペクトラム障害の特徴と対応方法

▶ 発達障害の特性

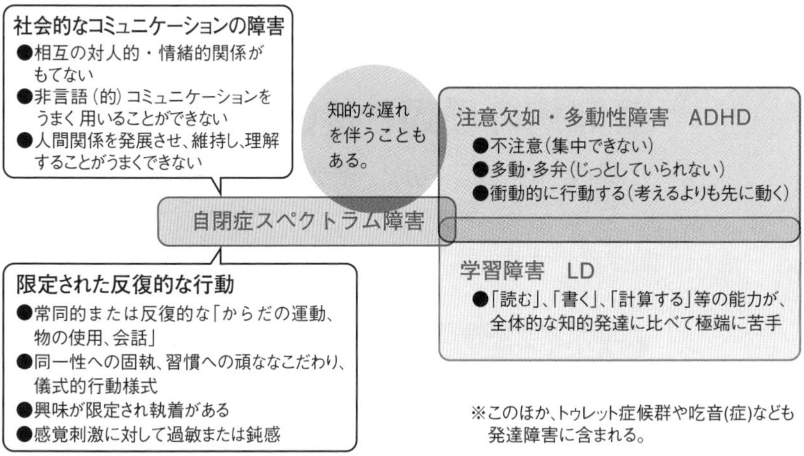

※このほか、トゥレット症候群や吃音(症)なども発達障害に含まれる。

❷ 発達障害のある人の介護

- できるだけ情報を減らし、同時に2つの情報を出さない。
- 変化に対する不安があるので、変化を避けるか、変化する場合は予告する。
- 抽象化が苦手なので、絵などを用いて具体的に話す。メモを渡し、視覚的にわかりやすく説明する。
- 感覚過敏な場合は、パニックを起こす場所を避ける。

理解度〇×チェック！

1. Aさん（26歳）は重度知的障害があり、施設入所支援を利用している。Aさんが地域移行するときの社会資源として適切なものは共同生活介護（グループホーム）である。 ◀出 32-91
2. 発達障害者が一般就労に向けて利用するサービスとして適切なのは、就労定着支援である。 ◀出 31-92
3. 自閉症スペクトラム障害で顕著なのは、社会性の障害である。 ◀出 32-92
4. 高次脳機能障害による着衣失行のある人に対する着衣の介護として、衣服を畳んで渡した。 ◀出 32-38
5. 統合失調症の特徴的な症状としては、強迫性障害がある。 ◀出 36-52

答……… 1. ○　2. ×（ジョブコーチによる支援である）　3. ○　4. ×（畳んである衣服を開くことが困難。左右がわかるように衣服に印をつけるとよい）　5. ×（妄想が顕著。強迫性障害は精神疾患の一つで、日常生活に支障が出るほどの強い不安やこだわりにとらわれる病態を呈する）

5……難病

キーワード　ベーチェット病　パーキンソン病
筋萎縮性側索硬化症（ALS）

出題頻度 ★★

■難病の種類と特性

難病
⇒P.77参照

難病とは、原因不明で、確かな治療方法もなく、徐々に進行していき、重いからだの障害や後遺症の残る疾患《しっかん》の総称です。主な難病の特性を学び、日常生活に必要な介護を理解しましょう。

ここをチェック！

❶ 難病とは

難病法（難病の患者に対する医療等に関する法律）において、「発病の機構が明らかでなく、かつ、治療方法が確立していない希少な疾病《しっぺい》であって、当該疾病にかかることにより長期にわたり療養を必要とすることとなるもの」と定義されている。難病のうち、医療助成の対象となるものが指定難病で、341疾病が対象となっている。

❷ 主な難病

- 潰瘍性《かいようせい》大腸炎

大腸の粘膜に潰瘍やびらんができる炎症性疾患。便に血が混じる、下痢、腹痛が特徴的な症状。発症は20歳代が最も多いが、若年者から高齢者まで発症する。

全身性エリテマトーデス
⇒P.179参照

蝶形紅斑
赤い斑点が顔面に蝶が羽を広げたような形で出現する。

- 全身性エリテマトーデス（SLE）

すべての年齢層で発症がみられ、9：1で女性の発症が多い。全身疾患であり、顔面の蝶形紅斑《ちょうけいこうはん》*、発熱、関節炎、腎障害などの症状がある。

ベーチェット病
⇒P.111、221参照

口腔内アフタ
直径数ミリの円形または楕円形の浅い潰瘍。
⇒P.110参照

- ベーチェット病

再発性口腔内《こうくうない》アフタ*、皮膚症状、眼の症状（ぶどう膜炎）、外陰部潰瘍、関節炎などの症状がある全身性炎症疾患。

脊髄小脳変性症（SCD）
⇒P.119、171参照

- 脊髄小脳変性症（SCD）

運動失調症状があり、小脳・脊髄《せきずい》に関連した神経経路に病変がみられる変性疾患の総称で、進行性。自律神経障害として起立性低血圧、排尿障害、発汗障害など。

- パーキンソン病（ホーエン・ヤール重症度分類）

以下の症状に基づきステージⅠ〜Ⅴに分類する。

Ⅰ	体の片側にふるえがみられる。
Ⅱ	体の両側にふるえ・固縮。日常生活にやや不便を感じる。
Ⅲ	小刻み歩行・すくみ足。日常生活に支障はあるが、介助不要。
Ⅳ	立ち上がりや歩行が困難。生活の多くで介助が必要。
Ⅴ	車いすが必要。ベッドでの生活が多くなる。

- 筋萎縮性側索硬化症《きんいしゅくせいそくさくこうかしょう》（ALS）

手・指など上肢の筋萎縮から始まることが多い。延髄運動神経核の変性による球麻痺《きゅうまひ》*症状がある。顔面・咽喉頭《いんこうとう》・舌の筋萎縮により発声や嚥下障害《えんげしょうがい》を生じる。呼吸筋の筋力低下により呼吸困難が生じると、人工呼吸器が必要になる場合がある。

- シャイ・ドレーガー症候群

自律神経症状を主症状とする多系統萎縮症の中の一つである。起立性低血圧、発汗減少、排尿障害、インポテンツ（ED）、便秘などの症状がある。パーキンソン症状、小脳障害が加わることもある。遺伝性はなく、中年以降に発症する。

- ハンチントン病

常染色体顕性《けんせい》遺伝（優性遺伝）による神経変性疾患《しっかん》。舞踏《ぶとう》運動などの不随意運動、精神症状、行動異常、認知障害などの症状がある。40歳前後の発症が多い。

- 後縦靭帯骨化症《こうじゅうじんたいこっかしょう》

脊髄《せきずい》の中を縦に通る後縦靭帯が骨化し、脊髄や神経が押されて感覚障害や運動障害などの神経症状を引き起こす病気。手足のしびれや四肢全体の麻痺などの症状がある。骨化部位の摘出手術をする場合がある。

パーキンソン病
⇒ P.119参照

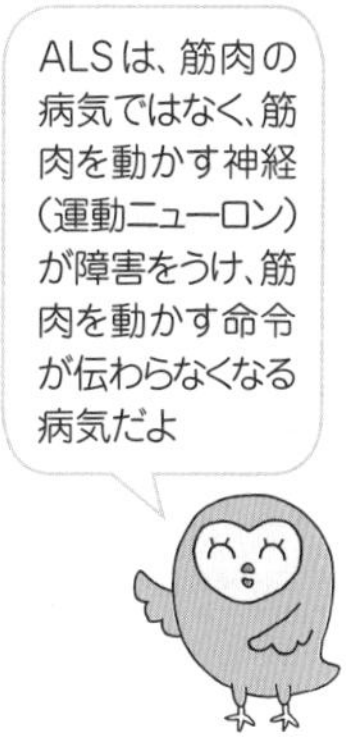

球麻痺

延髄にある運動神経の障害による麻痺。嚥下《えんげ》障害《しょうがい》や構音障害など、喉《のど》や舌に関連した麻痺が多い。

⇒ P.127参照

後縦靭帯骨化症
⇒ P.182参照

障害の理解

理解度○×チェック！

1. パーキンソン病患者で、立位で重心が傾き、歩行中に停止や向きを変えることが困難な症状としては、姿勢保持機能の障害が考えられる。 出 34-92
2. ALSでは出現しにくい症状として、呼吸障害がある。 出 34-90

答 ………… 1. ○　2. ×（呼吸障害や運動障害などが出現しやすく、感覚障害は出現しにくい）

6……障害のある人の心理

キーワード　障害受容の過程　適応機制

出題頻度 ★★

■障害のある人の心理の変化

事故や疾病《しっぺい》等により、障害を負った人やその家族は、その事実を受け入れるのに一定の過程をたどると言われています。障害受容の過程と、受容過程で働く適応機制について理解しておきましょう。

ここをチェック！

❶ 障害受容の過程

一般的に、下記の5つの段階をたどる。この過程は、一段階ずつ前進するものではなく、一進一退しつつ移行する。

ショック期	障害が残るかもしれないことを知り、冷静に受け止めることができない状態
↓	
否認期	治療が一段落し、自分の障害に気づくが、障害を認めず、不安や苦痛を意識下に抑圧しようとする。
↓	
混乱期	障害が残ることを告知され、受容ができず、苦しみ、混乱する。抑うつ症状を示す。自殺企図もある。
↓	
適応への努力期	現実を理解し、現状をよくするために前向きに努力を始める。
↓	
適応期	現状を認め、障害に適用しようとする。残存機能の活用や価値観の転換を図る。

❷ 障害受容に影響を及ぼす要因

障害発生年齢、障害を負う以前の性格、障害の原因と程度、社会的環境、時間的経過などがある。また、これらの要因は相互に関連している。障害後の性格にも大きな影響を及ぼす。

❸ 混乱期の支援

混乱期には、障害についての客観的情報を伝えるとともに、本人の感情を受け止めることや、障害が残ってもさまざまなことができることなど、これからの多様な可能性をていねいに伝えていく支援が重要である。これらを乗り越えていくには、ピア・カウンセリング*などが有効である。

❹ 障害の種類別にみた心理的影響

- 中途視覚障害者……身体的な打撃である視覚障害という事実に対し、精神的にも大きなダメージを受ける。障害を負ってからの心理的プロセスは、リハビリテーション・プロセスの観点から大きく5つの時期に分けられる。

ピア・カウンセリング
同一の障害がある人によるカウンセリング。
⇒ P.216参照

失明恐怖の時期	失明に対する恐怖や生活への不安を抱く時期
葛藤の時期	失明直後の精神的打撃が最も大きい時期。感情麻痺《まひ》やうつ状態になることもある。
生活適応の時期	現実を直視し、生きる意欲をもとうとする時期。訓練により生活技術を身につける段階
職業決定の時期	視覚障害者の就労状況を知り、経済的安定を取り戻せるかという不安を抱く時期
職業獲得の時期	職業を獲得し、困難を克服しながら、経済的基盤を確保する時期

- 聴覚・言語障害者……全般的にコミュニケーションや対人関係に影響を受ける。スムーズな情報交換が阻害されるため、情緒的な孤立感がもたらされる。
- 肢体不自由……活動制限や役割意識の喪失《そうしつ》などによる心理的影響が大きい。入浴や排泄《はいせつ》などの介護を受けることで、プライバシーをさらすことがストレスとなることもある。
- 内部障害……一見して障害がわからず、周囲の理解を得にくいことなどもあり、うつ状態になる人が多いと言われている。

❺ 適応機制

適応機制とは、欲求不満や不快な緊張感から解放され、心理的満足を得ようとする際に、無意識にとる解決方法。例えば、中途障害者が社会復帰に向けた訓練を「やっても無駄だ」と思ってしまうのは「合理化」の心理が働いている。

適応機制
⇒ P.86参照

理解度〇✕チェック！

1. 障害を受容した心理的段階にみられる言動としては、価値観が転換し始めることがあげられる。 出36-51
2. 上田敏の障害受容のモデルにおける受容期とは、障害に対する価値観を転換し、積極的な生活態度になることをいう。 出35-52

答…………1. ✕（できることに目を向けて行動することがみられる） 2. 〇

7……連携と協働・家族への支援

キーワード　相談支援専門員　レスパイトケア

出題頻度 ★★

■地域におけるサポート体制

26ページのチームマネジメントと関連して押さえておこう

障害者が地域で生活し続けるには、自立支援給付と総合的な生活支援体制を併せもった継続的支援が必要です。地域の社会資源の利用と継続的支援を実施する体制について理解しましょう。

ここをチェック！

❶ 継続的支援

障害者総合支援法に定めのある協議会は、地域の実情に応じた支援体制の整備について協議する機関だよ

障害者が地域で暮らし続けるためには、ライフステージを一貫して支援する体制をつくることが必要。障害者総合支援法では、地方公共団体は、障害者支援のための「協議会」を置くよう努めなければならないとされ、障害者自立支援協議会、障害者地域自立支援協議会などの名称で設置されている。

❷ フォーマルな資源とインフォーマルな資源

社会資源といわれる機能には、フォーマルな資源（医療、保健、福祉、教育、労働分野など公的なサービス）と、インフォーマルな資源（当事者団体、ボランティア団体、身近な人、地域の人による協力）がある。

出題頻度 ★★

■チームアプローチ

障害の種類は多岐にわたり、専門的領域も広いことから、専門職がチームアプローチの体制を築き、支援にあたります。チームアプローチについて理解しましょう。

ここをチェック！

❶ 相談支援専門員

特定相談支援事業所*と一般相談支援事業所*に配置され、ケアマネジメント業務を実施する専門職。ケアマネジメントを通じて、情報共有などを行い、連携する。

特定相談支援事業所
計画相談支援および基本相談支援を行う。

一般相談支援事業所
地域相談支援および基本相談支援を行う。

❷ サービス管理責任者

障害福祉サービスを提供する事業所等において、生活支援、個別支援計画の作成、職員研修等、サービスの質の向上を担う。

❸ 医療職

服薬の中断、症状の変化のほか、医療的な関与が必要なときは、本人や家族に医療機関への受診や連絡を勧める。

❹ 地域の保健福祉サービスの窓口

入院・通院先での医療福祉相談、行政機関では精神保健福祉センターや保健所、市町村障害福祉担当課、地域では地域生活支援センターや相談支援事業者など。

相談支援事業では、基幹相談支援センターが地域における相談支援の中核的な役割を担っているよ

▶ 障害者総合支援法に基づく給付・事業

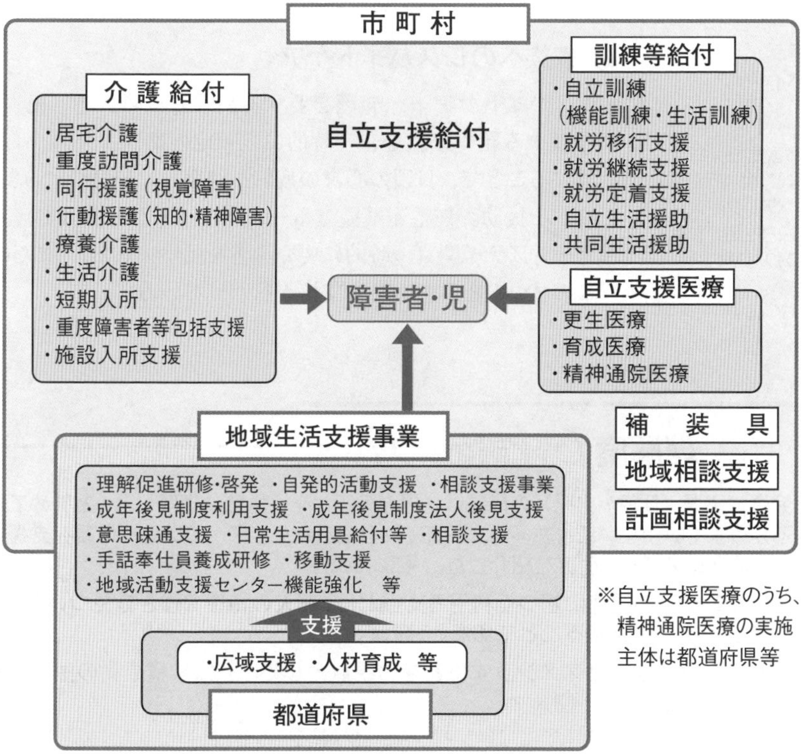

※自立支援医療のうち、精神通院医療の実施主体は都道府県等

出題頻度
★★

家族への支援

障害者を支える家族も支援の対象です。家族への支援について理解しておきましょう。

ストレングスとは、その人の「できることに着目」して支援しようというものだよ

ここをチェック！

❶ 家族の障害の受容

障害の受容の主体は、障害のある人だけでなく、家族や社会も含まれることから、家族への支援も必要である。支援の方法として、家族心理教育プログラム*などがある。

❷ 本人と家族の考えを聞く

- 家族の支援をするため、家族の考えを明確に聞く。
- 家族の経済的側面、環境的側面、心理的側面を理解する。
- 本人、家族とともに支援の検討を行う。

❸ 家族へのレスパイトケア

- レスパイトケア……介護を要する高齢者や障害者（児）を介護する親や家族を、一時的に、一定の期間、介護から解放することで、日頃の心身の疲れを回復し、一息つけるようにする援助。在宅派遣型（ホームヘルパーなどを派遣）、ショートステイ型（一時的に要介護者を受け入れる）、または、この２つの組み合わせで支援が行われている。

家族心理教育プログラム
障害について知識を得ることにより、家族が障害者（児）への適切な対応や望ましい接し方などを学べるセミナーやカウンセリングなどを行う。

レスパイトケア
⇒ P.215参照

障害児を持つ親など、相談できる「ペアレント・メンター」を紹介するのもいいね

理解度○×チェック！

1．発達障害児（５歳・男児）の母親は、男児のことを一生懸命理解しようと努めているがうまくいかないことも多く、子育てに自信をなくし悩んでいる。母親を支援するため、レスパイトケアを紹介した。 出 33-95改

2．ストレングスの視点に基づく利用者支援とは、個人の特性や強さを見つけて、それを生かす支援をすることである。 出 35-49

3．家族の介護力をアセスメントするときの視点としては、家族構成員の主観の共通部分を重視する。 出 36-58

答…………
1．×（レスパイトケアより、同じ立場にあるペアレント・メンターを紹介するのがよい）
2．○　3．×（主観を重視するのは不適切。各個人と家族全体の生活を見るべき）

8

医療的ケア

2011（平成 23）年に社会福祉士及び介護福祉士法が改正されて、一定の条件のもとに、介護福祉士が医療的ケアを実施できるようになったんだよ
利用者の生命にかかわる行為だから、しっかり勉強しなくちゃ

1…… 医療的ケア実施の基礎

キーワード　喀痰吸引　経管栄養　医行為

医療的ケア実施の定義

社会福祉士及び介護福祉士法
⇒P.290参照

医行為
⇒P.334参照

2011（平成23）年の社会福祉士及び介護福祉士法の改正により、2012（平成24）年4月より一定の条件のもとに介護福祉職が「喀痰《かくたん》吸引」や「経管栄養」など、医行為の一部を業《ぎょう》として行うことができるようになりました。これらの医療的ケアを行うための基本知識として、医療的ケアとはどういうものなのかを理解しましょう。

ここをチェック！

❶ 医療的ケアとは

医療的ケアとは、日常生活を営むのに欠かせない喀痰吸引と経管栄養の医行為を指す。

❷ 介護福祉職が実施可能な医療的ケア

介護福祉職は、医師の指示のもとで、次の行為を行うことができる。

実施可能な行為		注意点
喀痰吸引	口腔《こうくう》内の喀痰吸引	咽頭の手前までを限度とする。
喀痰吸引	鼻腔《びくう》内の喀痰吸引	咽頭の手前までを限度とする。
喀痰吸引	気管カニューレ内部の喀痰吸引	吸入チューブが、気管カニューレの先端を越えないようにする。
経管栄養	胃ろうまたは腸ろうによる経管栄養	胃ろうまたは腸ろうの状態に問題がないことの確認を、医師または看護職（看護師、准看護師、保健師、助産師）が行う。
経管栄養	経鼻経管栄養	栄養チューブが正確に胃のなかに挿入されていることの確認を、医師または看護職が行う。

医療的ケア実施の要件

医療の資格をもたない介護福祉職が医療的ケアを行うために、満たすべき条件を確認しておきましょう。

ここをチェック！

❶ 医療的ケアを実施できる者――認定特定行為業務従事者

- 2012（平成 24）年 4 月以降に都道府県または登録研修機関による研修を受けてから、都道府県に登録して、認定特定行為業務従事者認定証の交付を受けた者。
- 認定特定行為業務従事者認定証には、第 1 号、第 2 号、第 3 号の 3 種類がある。

医療的ケアの実施には、介護福祉士の国家資格の有無にかかわらず、認定特定行為業務従事者認定証が必要だよ

▶ 認定証の種類と対象者および実施できる医療的ケア

認定証	対象者	喀痰吸引《かくたんきゅういん》			経管栄養	
		口腔《こうくう》内（咽頭《いんとう》の手前まで）	鼻腔《びくう》内（咽頭の手前まで）	気管カニューレ内部	胃ろう 腸ろう	経鼻経管栄養
第1号	不特定多数の者	すべての行為				
第2号		○	○	○	○	○
第3号	特定の者	特定の者が必要とする行為				

注：第 1 号研修については、すべての喀痰吸引等の行為が可能。第 2 号研修については、喀痰吸引等の各行為のうち、任意の行為について実地研修を修了した場合、個別に認定特定行為業務従事者認定証の交付を受けられる。第 3 号研修は、重度障害児・者など特定の者への実施を前提としている。

❷ 事業所の登録

医療的ケアを実施する事業者は、事業所ごとに都道府県知事の登録が必要。登録には、次の要件を満たす必要がある。

① 医師、看護職等の医療関係者との連携の確保
- 医師の文書による指示や医療関係者との連携確保と役割分担
- 喀痰吸引等計画書・喀痰吸引等実施状況報告書の作成
- 緊急時の連絡方法の取り決め

② 喀痰吸引等を安全・適正に実施するための基準
- 実地研修を修了していない介護福祉士に対し、医師・看護職等を講師とする実地研修の実施
- 安全確保のための体制の確保、感染症予防措置、秘密保持等

医療的ケア

理解度○×チェック！

1. 喀痰吸引等を実施する訪問介護事業所として登録するときに、事業所としては介護支援専門員の文書による指示を受ける必要がある。◀出 36-59
2. 介護福祉士が医師の指示で行うことができる喀痰吸引の範囲は、喉頭までである。◀出 32-109

答…………　1. ×（まずすべきは、医療関係者との連携体制の確保）　2. ×（咽頭の手前まで）

2……医療的ケアの安全な実施

キーワード　ヒヤリハット　アクシデント

■安全に医療的ケアを実施するために

医療的ケアは人の命にかかわる行為であり、安全で確実に行うことが求められます。安全に医療的ケアを実施するために知っておくべきことを整理しましょう。

ここをチェック！

❶ 安全に医療的ケアを実施する重要性

安全で確実な医療的ケアを実施するには、以下のことが重要である。

- 命を守ることを最優先にする

適切な知識や技術を修得する。自信のない行為は行わないか、確実に実行できる人に依頼する。失敗した場合は、速やかに報告する。

- 介護福祉職ができる範囲、役割を正しく理解する

介護福祉職が医療的ケアを実施するには、医師の指示と承認が必要で、吸引が必要な状態かどうかの判断・確認は看護職の役割である。介護福祉職は、ふだんとの違いや異常を発見したときは、速やかに看護職に連絡・報告して、新たな指示を受ける。

- 安心につながる冷静で確実な行為をする

実施する介護福祉職の緊張や不安は、利用者に伝わる。利用者が不安になったり、不信感を抱いたりすることがないよう、冷静に確実に実施する力をつける。

- 失敗などを隠さずに報告する

失敗したこと、ヒヤリとしたこと、ハッとしたことは、一人でかかえ込まずに、速やかに報告し、再発防止に向けて情報を共有する。

❷ ヒヤリハットとアクシデント

医療的ケアを実施するときにヒヤリハットやアクシデント*が発生したら、決められた手順に従い、すぐに医師・看護職に連絡して、対応する。発生の原因やプロセスは、記録に残す。

❸ 出来事の影響度分類

「出来事の影響度分類」では、レベル0からレベル3aをヒヤリハット（インシデント）、レベル3bからレベル5をアクシデントに分類している。

▶出来事の影響度分類

0	エラーや医薬品・医療用具の不具合がみられたが、対象者には実施されなかった。
1	対象者への実害はなかった（何らかの影響を与えた可能性は否定できない）。
2	処置や治療は行わなかった（対象者観察の強化、バイタルサインの軽度変化、安全確認のための検査などの必要性は生じた）。
3a	簡単な処置や治療を要した（消毒、湿布、皮《ひ》膚《ふ》の縫合、鎮痛剤の投与など）。
3b	濃厚な処置や治療を要した（バイタルサインの高度変化、人工呼吸器の装着、手術、入院日数の延長、外来患者の入院、骨折など）。
4a	永続的な障害や後遺症が残ったが、有意な機能障害は伴わない。
4b	永続的な障害や後遺症が残り、有意な機能障害の問題を伴う。
5	レベル4bを超える影響を与えた。

資料：厚生労働省

ヒヤリハットとアクシデント
⇒P.345、369参照

アクシデント
利用者の身体上の損傷の程度や有無にかかわらず、実際に事故が発生した場合を指す。

理解度○×チェック！

1. 医療的ケアの中で自信のない行為は行わないか、確実に実行できる人に依頼する。
2. 医療的ケアの実施中にヒヤリとしたことがあったが、利用者への実害がなかったので、医師や看護師に報告しなかった。

答…………　1. ○　2. ×（速やかに連絡・報告する）

3…… 救急蘇生

キーワード　一次救命処置　胸骨圧迫　気道確保

■救急蘇生とは

救急蘇生《そせい》とは、病気や事故によって、突然に心停止、またはこれに近い状態になった人の命を救うために行う応急手当のことです。正しい知識にもとづいた迅速な救急蘇生の必要性を理解しましょう。

ここをチェック！

❶ カーラーの救命曲線

フランスのカーラーが作成したもの。緊急事態では、できるだけ早く適切な救急蘇生を行う必要がある。

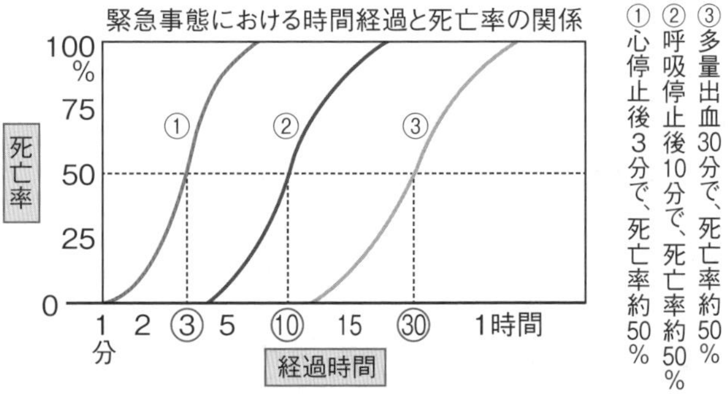

❷ 救命の連鎖（チェーン・オブ・サバイバル）*

「救命の連鎖」を構成する「心停止の予防」「心停止の早期認識と通報」「一次救命処置」「二次救命処置*と心拍再開後の集中治療」の４つの輪がすばやくつながると、救命効果が高まる。

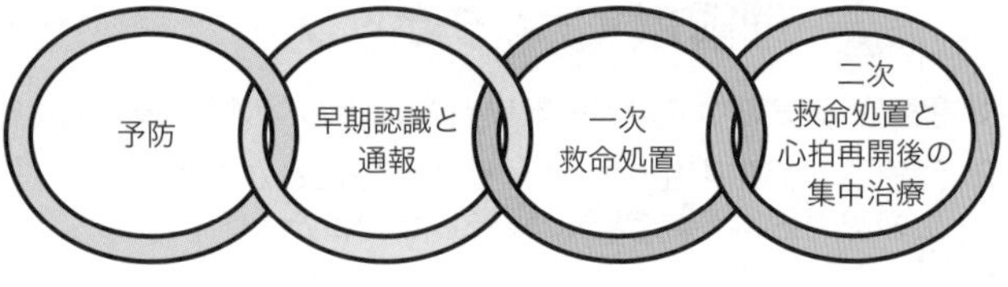

救命の連鎖（チェーン・オブ・サバイバル）

急変した人を救命し，社会復帰をさせるために必要となる一連の行いのこと。

二次救命処置

救急車内や病院で、救急救命士や医師が行う高度な救命医療。

一次救命処置

一次救命処置は、誰でもできる心肺蘇生法です。その場に居合わせた人が心肺蘇生を行うと、傷病者の生存率が高くなります。手順と手技を押さえましょう。

ここをチェック！

❶ 一次救命処置の手順

『JRC蘇生ガイドライン 2020』は、傷病者を発見したときの対応として、次のような手順を示している。

① 声をかけて反応を確認する。応援を呼び、119番通報する。
② 呼吸を確認*する。呼吸があれば、回復体位*をとる。
③ 呼吸がない場合や判断に迷う場合には、ただちに胸骨圧迫を開始する（成人の場合5cm以上6cmを超えず、100 ～ 120回/分以上を絶え間なく）。
④ 人工呼吸ができる場合は気道を確保し、胸骨圧迫30に対して人工呼吸2を行う。人工呼吸ができない、または、ためらわれる場合は、胸骨圧迫のみを行う。
⑤ AEDを装着する。ECG（心電図）解析の結果、電気ショックの必要があれば、電気ショックを1回行い、すぐにCPR（心肺蘇生法、③～④の処置）を再開する。電気ショックの必要がなければ、すぐにCPRを再開する。
⑥ 救急隊に引き継ぐまで、CPRを続ける。

❷ 胸骨圧迫（心臓マッサージ）

胸の真ん中、胸部の下半分に利き手の手掌基部《しゅしょうきぶ》を置き、その上に他方の手の手掌基部を重ねて圧迫する。目的は、胸骨を圧迫することで人工的に心臓から血液を送り出し、からだの各部に血液を送るためである。

- 速さ……100 ～ 120 回／分のテンポ
- 深さ……胸が5 ～ 6cm 沈む程度

▶胸骨圧迫の位置

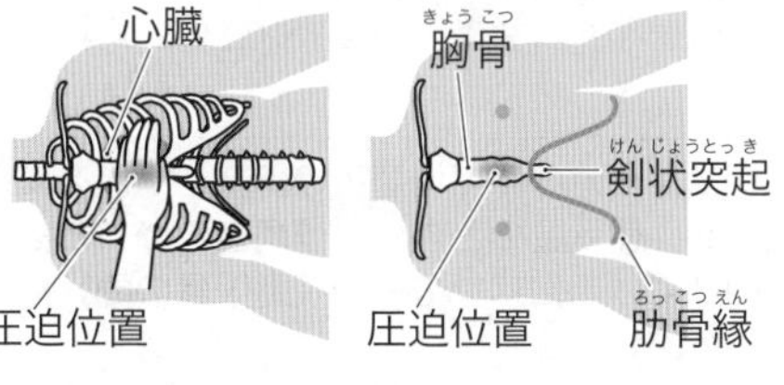

▶胸骨圧迫の断面図

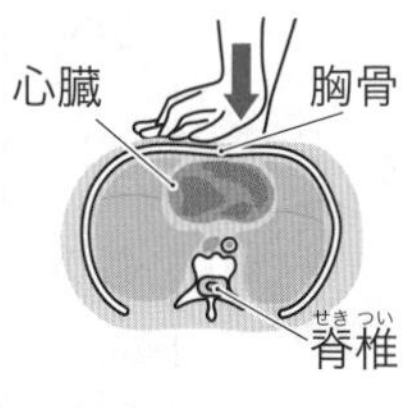

回復体位

回復体位とは、傷病者を横向き（側臥位）にして、下あごを前に出して気道を確保し、両肘を曲げて上側の手の甲を頭の下に入れ、上側の膝を約90度に曲げて後ろに倒れないようにした体位のこと。この体位にすると、吐出物を口内から取り出しやすく、窒息防止に役立つ。

呼吸を確認

「死戦期呼吸」という心停止直後によく見られる、しゃくりあげるような呼吸がある。呼吸の確認の際、死戦期呼吸を正常な呼吸と勘違いしてしまう可能性があるので、胸やお腹で呼吸の確認をし、正常な呼吸かわからないなど判断に迷った場合は、ただちに胸骨圧迫を開始する。

AED
⇒ P.251参照

❸ 気道確保

舌根沈下《ぜっこんちんか》*や異物などで気道がふさがれたときは、次の方法によって、口・鼻から吸入された空気の通り道を確保する。

- 顎先挙上法《あごさききょじょうほう》（頭部後屈《とうぶこうくつ》顎先挙上法）

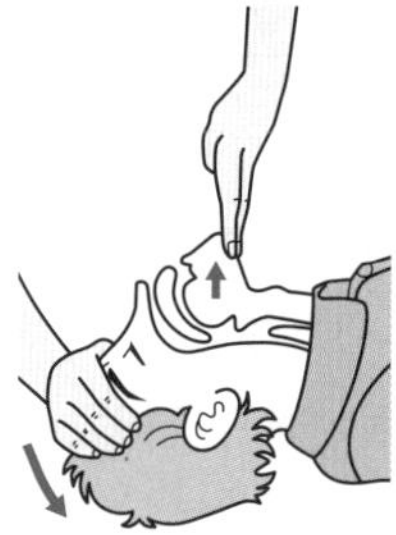

対象	舌根沈下などによる気道閉塞《きどうへいそく》
方法	頭側にある手を額に当てて、もう一方の手の人差し指と中指であご先を上げる。

- 指交差法と指拭法《ししょくほう》

▶ 指交差法

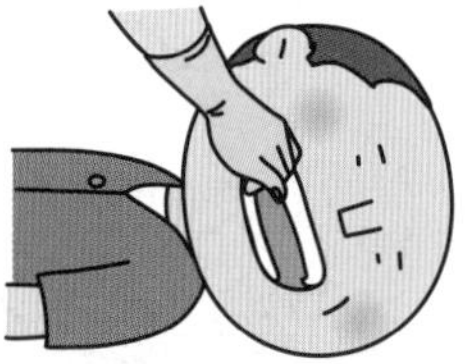

▶ 指拭法

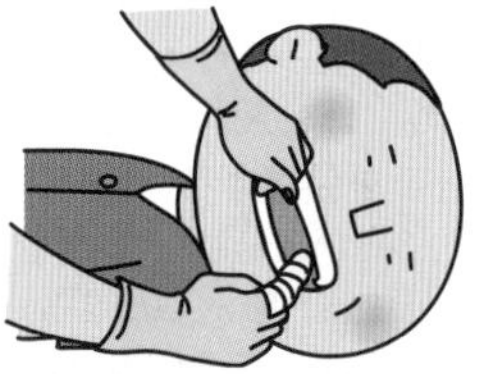

対象	異物や分泌物による気道閉塞。意識なし
方法	顔を横に向けて、左手を用いて指交差法で口を開け、右手人差し指にガーゼやハンカチを巻いて口腔内の異物を取る。

- 背部叩打法《はいぶこうだほう》

▶ 立位

▶ 側臥位

対象	異物による気道閉塞。意識のある人は立位《りつい》、意識のない人は側臥位《そくがい》
方法	立位のときは、一方の手で傷病者の胸部と下顎《したあご》を支えてあごを反らせ、側臥位のときは、傷病者のからだを自分のほうに向けて、手掌基部《しゅしょうきぶ》で脊中（肩甲骨の間）を4～5回連続して叩打する。

舌根沈下
舌の根元が咽頭《いんとう》のほうへ落ち込んだ状態。

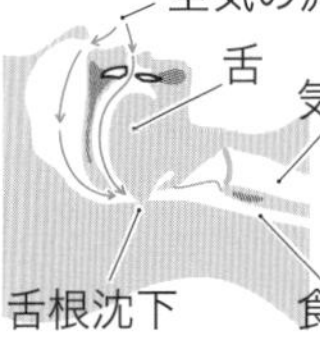

窒息した人が無意識に起こす行動をチョークサインと言うよ
⇒ P.129参照

妊婦や乳児には背部叩打法《はいぶこうだほう》だよ

▶ 乳児の場合の背部叩打法

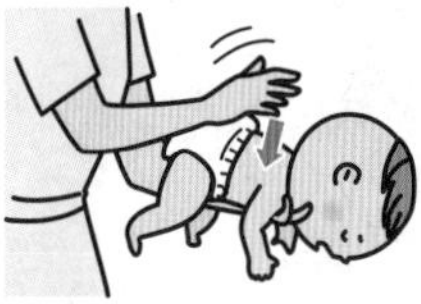

- 腹部突き上げ法（ハイムリック法）

対象	異物による気道閉塞。意識あり。内臓損傷の危険があるので、妊婦や乳児には行わない。
方法	傷病者の後ろに回り、両方の手を脇の下から通し、片方の手でもう一方の手をつかんで、圧迫するように斜め上方へすばやく突き上げる。

❹ 口対口人工呼吸法

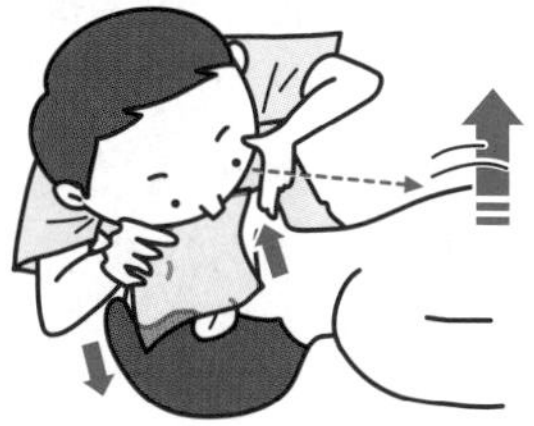

顎先挙上法《あごさききょじょうほう》で気道を確保したあと、額を押さえている手の親指と人差し指で傷病者の鼻翼をつまんで鼻孔を閉じ、自分の口を大きく開け、傷病者の口をすべておおうように密着させる。胸の上がりが見える程度の量（500～800mL）を約1秒かけて静かに2回吹き込む。

❺ AED（自動体外式除細動器）

自動的に心電図の解析を行い、必要があれば心臓に電気ショック（除細動）を与えて、心臓の働きを正常に戻す医療機器。音声メッセージの指示通りに処置すればよい。

医療的ケア

理解度○×チェック！

1. 気管粘膜のせん毛運動は、空気中の異物をとらえる運動である。 ◀出 33-110
2. ガス交換は、肺胞内の空気と血液の間で行われる。 ◀出 34-111
3. AED には人工呼吸の機能がある。
4. 訪問先の利用者が倒れているのを発見したとき、最初にすることは救急車を呼ぶことである。 ◀出 30-116改

答……… 1. ×（痰を口腔の方へ移動させる運動） 2. ○ 3. ×（人工呼吸の機能はない） 4. ×（意識を確認する）

4……清潔保持と感染予防

キーワード　標準予防策（スタンダード・プリコーション）
消毒　滅菌

■感染予防

病気のもとになる細菌やウイルスの感染を防ぐには、予防を徹底することが大切です。利用者や介護福祉職への感染を防ぐための予防策を整理しましょう。

感染源
病気の原因となる細菌やウイルスなどを保持し、それを他の人に感染させる人や物のこと。血液、尿、便、嘔《おう》吐物《とぶつ》、感染者が使用したタオルなどがある。

感染経路
病気の原因となる微生物が生態に侵入する経路。口から入る経口感染、咳《せき》やくしゃみによる飛沫感染、空中をただよう微生物を吸引する空気感染、微生物に汚染された物を触る接触感染などがある。

ここをチェック！

❶ 感染の要因と予防

感染が起きる要因には、①感染源*、②生体の防御機構（人間がもつ病気を防ぐ働き）の低下、③感染経路*の3つがある。感染の予防には、次のことが重要である。

- 感染源の排除
- 個人の抵抗力の向上
- 感染経路の遮断

❷ 標準予防策（スタンダード・プリコーション）

予防方法	予防策を実施する状況
手指消毒、手洗い実施	血液、体液、痰《たん》や唾液《だえき》、嘔吐物、排泄物《はいせつぶつ》（便や尿）に接触したときや、手袋をはずした後に実施する。誤って手に付着した場合には、流水と石けんでよく手洗いを行う。
手袋	血液、体液、痰や唾液、嘔吐物、排泄物（便や尿）に接触するときに装着する。汚染された寝具や寝衣の交換など、これらを触るときも手袋を装着する。
マスク、ゴーグル、ガウン	血液、体液、痰や唾液、嘔吐物、排泄物（便や尿）が飛び散る可能性のあるケアを行うときに装着する。
汚染した器具やリネンの消毒等	リネンや機器・器具等が汚染した場合には、決められた安全で適切な方法で消毒・処理・清掃を行う。医療廃棄物*1のうち注射針など鋭利なものは、医療関係者、患者、家族が医療機関に持ち込み、感染性廃棄物*2として処理する。その他の非鋭利なものは市町村が一般廃棄物として処理する。
咳エチケット（マスクの着用）	風邪《かぜ》やインフルエンザなどの感染症症状のある人がくしゃみや咳をする場合、飛沫《ひまつ》が飛ばないように口と鼻をティッシュペーパーで覆うようにする。口や鼻に接した部分には手を触れないように、ごみ箱に捨てるようにする。

＊１：医療廃棄物とは、医療処置に伴い発生する廃棄物のこと。鋭利なものは危険なので一般廃棄物として処理してはいけない。
＊２：感染性廃棄物とは、以下のいずれかに該当するものである。①血液、血清、血漿《けっしょう》および体液（精液を含む）：感染者の体内から出てきたもの、②病理廃棄物（臓器、組織、皮膚など）、③病原微生物に関連した試験、検査に用いられたもの、④血液等がついた鋭利なもの（破損したガラスくずなどを含む）

❸ 手洗い

感染予防のもっとも有効な方法は手洗いである。手洗いは、流水と石けんで、もみ洗いを行う。一つのケアごとにケアの前後に15秒以上かけて行う。

▶ 手洗いの方法

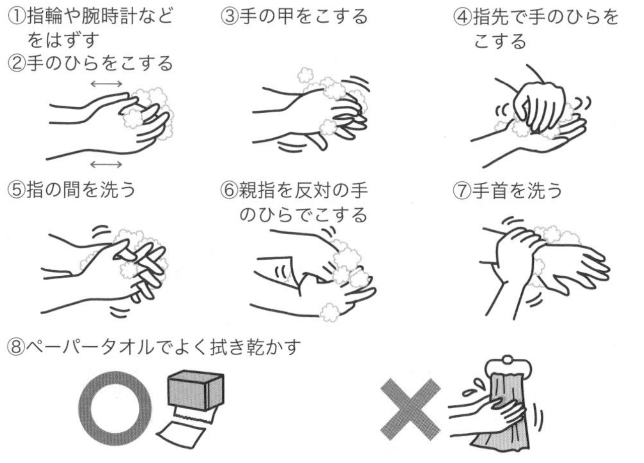

❹ 消毒薬（剤）を用いた手指消毒

- 流水の設備がない場合や、感染者への生活支援を行う場合には、消毒薬（剤）を用いて手指消毒をする。
- 手洗いと同じように、指先、手のひら、手の甲、指の間、手首まで消毒薬（剤）をすりこむ。
- 消毒薬は、乾燥することで薬効が出るので、途中で薬液を拭き取らないようにし、よく乾燥させる。

❺ 使い捨て手袋

- 血液、体液、排泄物《はいせつぶつ》、嘔吐物《おうとぶつ》、痰《たん》、唾液《だえき》に接触する可能性があるときは、医療職と相談のうえ、使い捨て手袋を使用する。
- １回のケアごとに交換する。
- 同じ利用者のケアであっても、ケア実施後には手袋を外して手洗いを行い、新たな使い捨て手袋を着用して次のケアを行う。

消毒と滅菌

「消毒」と「滅菌」は、どちらも微生物を死滅させるために行いますが、対象や程度が異なります。消毒と滅菌の違いを理解しましょう。

ここをチェック！

❶ 消毒と滅菌の定義

- 消毒……病原性の微生物を死滅させること、弱くすること。
- 滅菌……すべての微生物を死滅させること、除去すること。
  専門の施設・設備で行う。

❷ 消毒の方法

熱水または薬液（消毒薬）によって行う。熱水消毒には、家庭用の食器洗浄機を利用し、80℃、10 分程度のすすぎをする。MRSA（メチシリン耐性黄色ブドウ球菌）、大腸菌、B 型肝炎ウイルスなどへの効果が期待できる。

❸ 消毒薬（剤）の使用法と留意点

消毒薬	使用濃度	消毒対象	留意点
次亜塩素酸ナトリウム	0.01%	経管栄養セット 器具・器材 リネン類や食器類	金属の腐食 酸性との作用による塩素ガスの発生（酸性洗剤と混ぜない）
アルコール 消毒用エタノール（70%）	原液	正常皮膚 医療器具・器材やドア	引火性に注意 粘膜や損傷皮膚には禁忌
塩化ベンザルコニウム 塩化ベンゼトニウム	0.1 ～ 0.2%	器材等 手指	誤飲に注意 適用濃度に注意

理解度〇✕チェック！

1. スタンダード・プリコーションにおいて、感染する危険性のあるものとして取り扱う対象には、唾液がある。◀出 31-109
2. 滅菌物には、有効期限がある。◀出 35-59

答…………　1. 〇　2. 〇

5……健康状態の把握

キーワード　バイタルサイン　急変状態

健康状態を知る項目

介護福祉職は、利用者の健康状態を常に把握している必要があります。健康状態を知る方法を整理しましょう。

ここをチェック！

❶ 観察

測定機器を使わなくても、利用者と話したり、外観や行動をよく見たりすることで、多くの情報を得ることができる。

- 観察項目……意欲、顔貌《がんぼう》、顔色、皮膚《ひふ》、食欲、動作、行動、姿勢など。行動の不自然さや、ちぐはぐな点がないかも確認する。

❷ バイタルサイン

人が生きていくうえで最低限必要な生体情報。一般には、体温、脈拍、呼吸、血圧を指す。意識の状態を含むこともある。

❸ 体温

- 正常（腋窩温《えきかおん》・成人）……36℃～37℃未満
- 体温に影響を与えるもの
  - 基礎代謝……乳幼児では高く、高齢者では低めになる。
  - 外気温……午後２～６時がもっとも高くなる。
  - 運動、食事、精神的興奮によって上昇する傾向がある。
- 体温測定*箇所……わきの下（腋窩）、外耳、口腔内《こうくうない》、直腸。体温の高い順に測定箇所を並べると以下のようになる。
  直腸＞外耳＞口腔内＞腋窩
- 体温計の種類……腋窩体温計、耳式体温計、口腔体温計、直腸体温計、非接触型体温計
- 体温上昇に悪寒《おかん》やふるえ（戦慄《せんりつ》）が伴う場合は、感染を疑い、全身を十分に保温する。早急に医療との連携を図ることも重要。

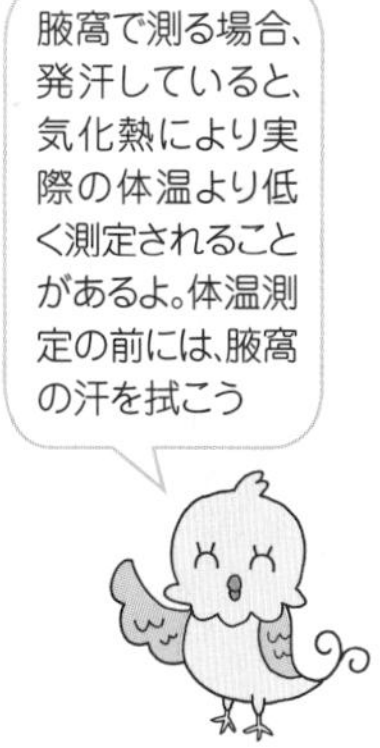

体温測定
介護福祉職が行う体温測定のうち、水銀体温計・電子体温計での腋窩での測定、耳式電子体温計による外耳道での測定は、原則「医行為」ではない。

❹ 脈拍

- 正常（成人）……１分間に 60 ～ 80 回程度
- 頻脈《ひんみゃく》……１分間に 100 回以上
- 不整脈……脈のリズムが一定でない状態

不整脈
⇒ P.186参照

▶ 脈拍の測れる主な部位

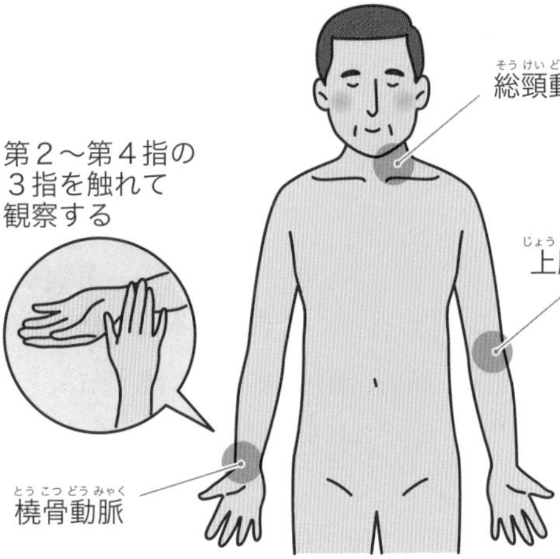

❺ 呼吸

- 正常の目安……1 分間に 12 ～ 18 回程度で規則的。観察されていることに気づかれると、呼吸が変化するので、気づかれないように注意する。
- 換気（空気を吸って吐く）が十分かどうかをチアノーゼを観察したり、医師の指示のもとでパルスオキシメーター*で動脈血酸素飽和度を測定したりする。

チアノーゼ
⇒ P.147、177参照

パルスオキシメーター
手指などにセンサーをつけて、動脈の血液中の酸素の量（動脈血酸素飽和度）を測定する機器。基準値は100～95％程度。

❻ 血圧

- 個人差や１日のなかでの変動が大きい。その人の正常値を知ることが大切。
- 血圧に影響を及ぼすもの……心臓の収縮力、血液の量、血液の粘り気、末梢血管の抵抗など。
- 測定方法……電子血圧計を用いて上腕で行うのが一般的。拘縮《こうしゅく》があり、上腕で測定できない場合は、手首などで測る。動脈を圧迫するマンシェット*の巻き方が不適切であると，正確に測定できないため注意が必要。

血圧・高血圧
⇒ P.103、167参照

マンシェット
血圧計の部品の一つで、ゴム袋が中に入った細長い布。環状帯ともいう。ゴム袋にポンプで空気を送り込み、動脈を圧迫する。

■急変状態

利用者の急変は、いつでも起こり得ることです。いざというときに、迅速かつ的確に対応できるよう、急変状態への対応方法を確認しましょう。

ここをチェック！

❶ 急変状態とは

急激に意識の状態が悪くなったり、呼吸が浅くなったり、脈拍が弱くなったり、今までにない強い痛みを訴えたり、苦痛の表情が強くなったりしたときなど、通常の介護では対応しきれず、早急に救急車もしくは医師や看護職への連絡が必要な状態。

❷ 急変時の対応

- 利用者のからだに変化があったときは、わずかな変化であっても、必ず担当の医師や看護職に連絡する。
- 連絡すべき内容：①急変の状態（何が）、②急変後の状態の変化（どうした）、③本人の精神状態、④家族の精神状態
- 急変の状態によって、処置や対応が異なるが、常に次のことを心得ておく。

  - 落ち着く。
  - 自己判断で行動しない。
  - 複数の職員で対応する。
  - 利用者（家族）の同意を得る。

- 急変状態が起きた状況をメモにとり、記録に残す。

理解度〇×チェック！

1. 成人の正常な呼吸状態は、下顎《かがく》を上下させて呼吸している状態である。 出35-60
2. 体重はバイタルサインに含まれる。
3. 発汗している利用者の腋窩で体温を測定するときは、汗を拭いてから行う。

答 ………… 1. ×（下顎呼吸は死の直前にみられる呼吸） 2. ×（含まれない） 3. 〇

6…… 喀痰吸引の基礎

キーワード　呼吸困難　痰　口腔内吸引　鼻腔内吸引
人工呼吸器　気管カニューレ

呼吸状態の観察

空気の流れは、「口・鼻→咽頭→喉頭→気管→気管支→肺→肺胞」の順番で取り込まれ、肺胞から血液中に入るよ

呼吸に異常があると、体内のさまざまな機能が低下して、生命維持が困難になります。呼吸状態を把握するための観察のポイントを押さえましょう。

ここをチェック！

❶ 呼吸の正常と異常

	正常	異常
呼吸の回数	成人：1分間に12～18回程度 乳児：1分間に約30回 5歳児：1分間に約25回	呼吸回数の増加：障害、発熱など、いつもより体内で酸素を必要とするとき。呼吸器系の病気の人が歩行や入浴などの活動をするとき 呼吸回数の減少・停止：体内（脳）の酸素不足
呼吸の音	「スースー」といった空気の通るかすかな音	「ヒューヒュー」「ゼーゼー」（喘鳴《ぜんめい》）：気管支喘息など。 「ゴロゴロ」：痰《たん》や分泌物がたまっている。
呼吸の仕方	胸や腹部が比較的一定のリズムで呼吸に合わせてふくらんだり縮んだりする。	リズムが速くなったり、呼吸の間隔が不規則に長くなったり短くなったりする：体内の酸素不足 肩を上下させる、口をすぼめる：呼吸困難
呼吸の苦しさ	感じない。	呼吸困難を訴える、訴えなくても苦痛の表情や胸をかきむしる行為がみられる、息が荒くなる。

意識のない人や話すのが困難な人も何らかのサインを出すはずなので、よく観察しよう

❷ 呼吸困難による苦痛と障害

- 呼吸困難は不安と恐怖をもたらす。
- 呼吸困難からくる体内の酸素不足によって、行動や意識に変化が生じる。
- 軽度の酸素不足は注意力・判断力の低下が見られ、長期化すると意識が薄れて反応がとぼしくなる。

- 利用者の呼吸がいつもと違うと感じたら、早急に医師・看護職に連絡する。

喀痰吸引とは

喀痰吸引《かくたんきゅういん》は、のどや気管にたまった痰を自力で出すことが難しい場合に、器具を使って痰を吸い出す医行為です。安全に、確実に実施するための、喀痰吸引の基本的な知識を押さえましょう。

喀痰吸引
⇒ P.244参照

ここをチェック！

❶ 痰

- 痰は、ちりや異物をとらえた余剰な分泌物のこと。
- 通常は咳《せき》や咳払いをして排出する。

▶ 痰の正常と異常

	正常	異常
色	無色透明またはやや白色ににごっている	白色の強いにごり、黄色、緑色：何らかの感染 うっすらした赤色、赤い点々：口・鼻・喉《のど》・気管などに傷 鮮やかな赤色：口・鼻・喉・気管などからの出血 黒ずんだ赤色：口・鼻・喉・気管などから以前に出血
粘性（粘り気）	やや粘り気がある	サラサラしている：透明色で量が増える場合は急性の気道の炎症、鮮やかな赤色の場合は緊急対処を伴う出血 粘り気がある：体内の水分不足、色の変化（黄色・緑色）を伴うときは何らかの感染
におい	強いにおいはない	腐敗臭、甘酸っぱいにおい：何らかの感染

❷ 痰の貯留を示す状態

- 痰は量が増えたり、粘性が増したりすると、口・鼻・喉・気管にたまる。
- 口の中や喉でゴロゴロという音や、鼻の奥のほうでズルズル、ゼロゼロという音が聞こえる。
- 痰がからむような音を伴いながら咳を繰り返す。
- 痰の貯留によって気道閉塞《きどうへいそく》になった場合は、体内の酸素が不足するため、呼吸の苦しさや呼吸の仕方が変化して、顔色が青紫色っぽくなる（チアノーゼ）。まったく空気が入らなくなると、窒息する可能性もある。

❸ 喀痰吸引が必要な状態

- 痰《たん》が増加している。
- 咳をするための喉《のど》の反射や咳の力が弱くなり、痰を排出しにくい。
- 痰がかたくなり、排出しにくい。

❹ 喀痰吸引の注意点

- 介護福祉職が喀痰吸引《かくたんきゅういん》をするときは、医師の指示書が必要である。
- 口のなかから管を挿入する場合を口腔内《こうくうない》吸引、鼻の穴から挿入する場合を鼻腔内《びくうない》吸引という。口から吸引したからといって鼻からの吸引が不要とは限らない。また、鼻から吸引したからといって、口からの吸引が不要とは限らない。

▶ 口腔内吸引

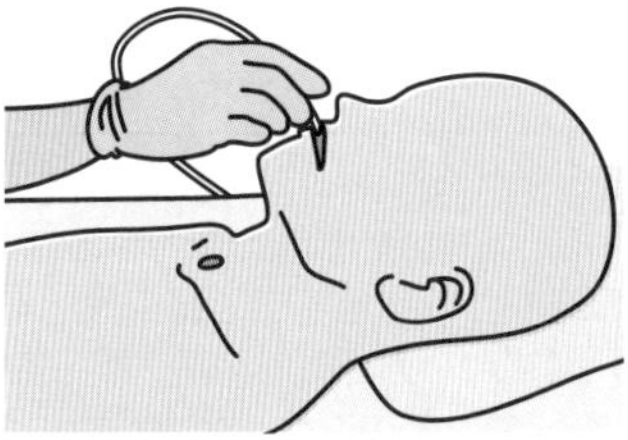

▶ 鼻腔内吸引

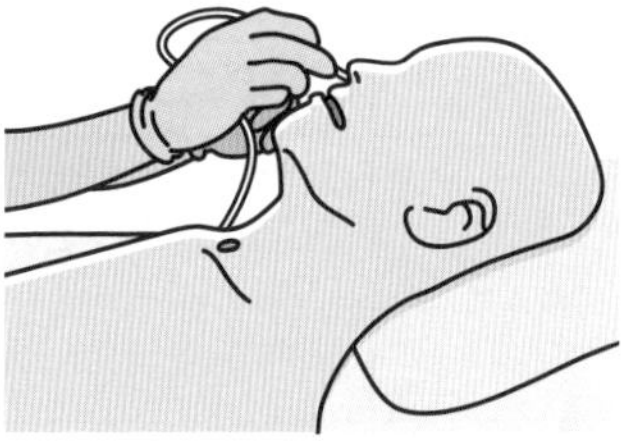

- 吸引チューブなどの使用する器具や実施する人の清潔を保持する。

▶ 吸引チューブ

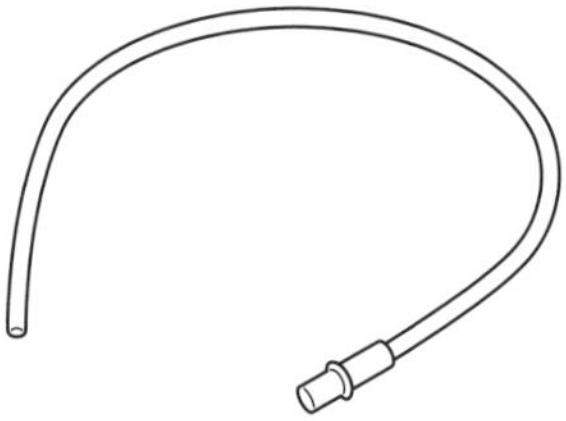

- 吸引チューブによって口や鼻を傷つけないよう、静かに挿入する。
- 利用者ごとに決められた吸引チューブの挿入の深さや痰を吸い取る圧（吸引圧）を守る。
- 吸引チューブの挿入時間を守る。
- 吸引前後の利用者の状態をよく観察する。

痰が増加する原因は、感染症や誤嚥性《ごえんせい》肺炎、治療器具等が口や鼻から入れっ放しになっていることなどが考えられるよ

からだの水分が不足していたり、乾燥した外気を吸っていたりする場合にも痰の粘り気が強くなるよ

喀痰吸引
⇒ P.244参照

吸引中、利用者は十分な呼吸ができなくなるから、からだのなかの酸素が不足することがあるよ。状態をしっかり観察しよう

人工呼吸器と吸引

人工呼吸器を装着している利用者には、気管カニューレ内部の吸引を行います。人工呼吸器について理解し、吸引を実施する際の注意点を確認しましょう。

ここをチェック!

❶ 人工呼吸器とは

- 圧力をかけて酸素を肺に送り込む医療機器。体内に酸素を取り込んで、体外に二酸化炭素を排出する換気を助ける。
- 気管に空気を出入りさせる穴をあけて（気管切開）、気管カニューレを挿入し、そこからホース（蛇管《じゃかん》）を通して空気を送り込む侵襲的《しんしゅうてき》*人工呼吸療法と、口と鼻または鼻のみを覆ったマスクを通して空気を送り込む非侵襲的人工呼吸療法がある。

❷ 人工呼吸器のしくみ

- 人工呼吸器は、人工呼吸器本体と回路などの付属品を接続して使用する。
- 回路には多くの付属品を接続するため、接続がゆるんだり、ねじれたり、破損したりすることによって空気が漏れることがある。
- 本体には、人工呼吸器が正常に作動していないときに鳴るアラームがついている。
- 停電時に備えた電源の確保が必要

▶ 人工呼吸器のしくみ（侵襲的人工呼吸療法）

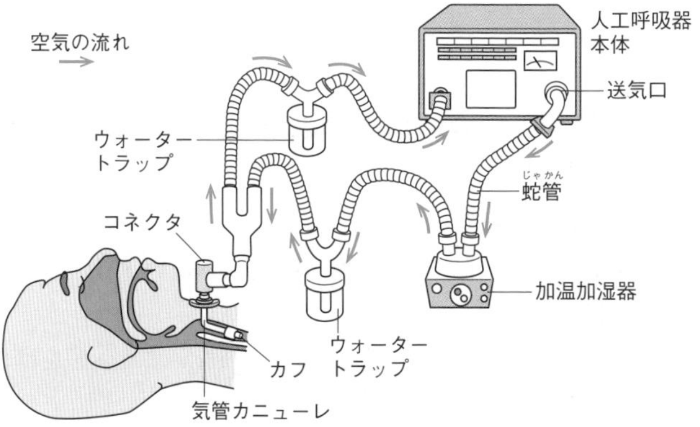

侵襲的
手術のように、生体を傷つけること。

❸ 気管カニューレ

- 気管カニューレは首の中央部から気管に挿入されている。
- 気管カニューレの外側周囲には、小さい風船のようなカフがついている。
- カフには、チューブがずれないよう固定したり、十分な換気を維持したり、口や鼻からの分泌物が気管に入り込まないようにしたりする役割がある。

▶ 気管カニューレと装着した状態

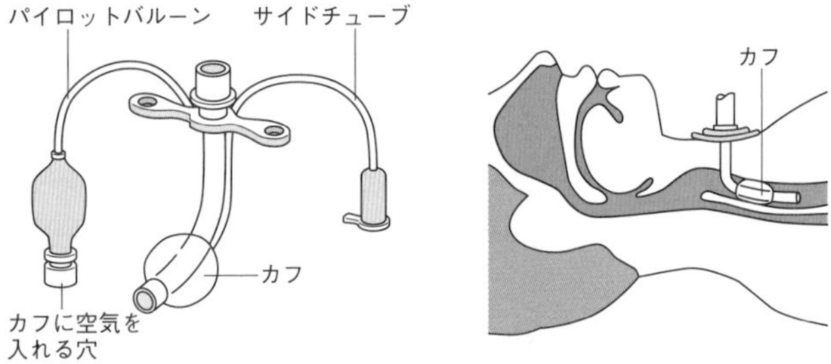

カフがついていない気管チューブもあるよ

❹ 気管カニューレ内部の吸引の留意点

- 「気管カニューレ内部の吸引」とは、気管カニューレからはみ出さない深さまでの吸引をいう。
- 吸引時に気管カニューレと回路をつなぐコネクターをはずすときは、清潔に取り扱い、はずした回路内の水滴が気管カニューレや利用者の口に入らないようにする。
- 吸引チューブを深く挿入しすぎて、気管カニューレの先端を超えないようにする。
- 前屈しない姿勢を保って、適切な吸引圧と吸引時間を守る。
- 清潔な吸引チューブや滅菌精製水等を用いた無菌的な操作を行う。

気管カニューレの先端を超えると、迷走神経を刺激して、心停止や血圧の低下を引き起こす場合があるよ

❺ 非侵襲的人工呼吸療法の場合の口腔内・鼻腔内吸引の留意点

- 適切にマスクを着脱する。
- マスクを取りはずしている状態が長くならないよう、確実で速やかに実施する。
- 吸引による嘔吐《おうと》の誘発で気道がふさがれないよう、顔を横に向けて姿勢を整える。

人工呼吸器使用者の喀痰吸引が終了した後は、人工呼吸器の作動状況を確認しよう

▶ 口鼻マスク（非侵襲的人工呼吸療法）

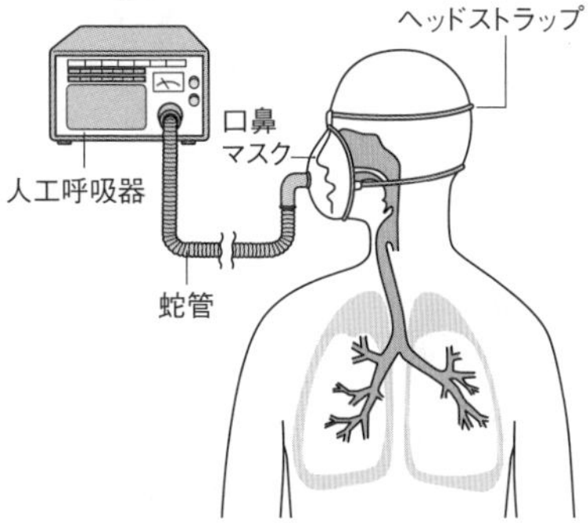

吸引が終わった後は、マスクが確実に装着されているか、確認しよう

子どもの吸引

子どもと成人の吸引の方法には、大きな違いはありません。しかし、子どもに実施する場合に注意すべきことがいくつかあります。整理しておきましょう。

子どもは体調の悪さを訴える表現力が未熟なため、異常の発見が遅れる場合があるよ

ここをチェック！

❶ 吸引が必要な子どもとは

- 自分で咳《せき》ができない
- 体位ドレナージ*などの侵襲性《しんしゅうせい》の少ない方法で、気道内から痰や異物・血液などを出すことができない。

❷ 子どもの吸引の留意点

- 子どもにとって吸引は、恐怖と苦痛を伴うので、子どもの理解力に応じた説明をして、心理的準備（プレパレーション*）が行えるようにする。
- 医師の指示に従い、子どもの身体的特徴に合わせた吸引チューブを用意する。
- 通常、吸引圧は成人よりも低く設定する。
- 医師の指示による吸引圧・吸引時間を厳守する。
- 泣いたり、手足をばたつかせたりしたときは、落ち着くまで待つ。
- 説明の理解が十分でなく、処置に協力が得られないときは、半座位《はんざい》、だっこなどで頭部を固定する。
- 気管カニューレ内部の吸引では、吸引チューブをゆっくり回転させながら、5～10 秒以内で引き上げる。

体位ドレナージ
体位を変えることで、重力を利用して痰を排出させる方法
⇒ P.273参照

心理的準備（プレパレーション）
子どもの発達に応じて、処置についてわかりやすく説明し、子どもの正直な気持ちを表現させる。だましたりせず、誠実な態度で接し、頑張る力を引き出す働きかけのこと。

喀痰吸引時のトラブル

喀痰吸引《かくたんきゅういん》は、安全で確実に実施されなければなりません。しかし、十分に注意していても、予期せぬトラブルが発生することがあります。主なトラブルの原因と介護福祉職の対応方法を確認しましょう。

ここをチェック！

❶ 想定されるトラブルと対応

トラブル	介護福祉職の対応
吸引器が正しく作動しない	以下の確認を行う。 ● 電源 ● 吸引瓶のふた（密閉状態か） ● 吸引瓶の中身（いっぱいなら廃棄） ● 吸引チューブの接続 ● 吸引圧（チューブの接続部を折り曲げ、吸引圧が上昇するか確認）
呼吸状態が悪い 顔色が悪い	● ただちに吸引を中止し、気道確保 ● 看護職に連絡
嘔吐《おうと》する	● ただちに吸引を中止し、誤嚥《ごえん》を防ぐため顔を横に向ける。 ● 看護職に連絡 ● 嘔吐物は、確認後、すみやかに片づける。
出血する	● 少量：ただちに吸引を中止し、看護職に連絡 ● 多量：ただちに吸引を中止し、顔を横に向け、看護職に連絡 ● 決められた吸引圧だったかを確認
痰がかたく、吸引が困難	● 室内の空気の乾燥を防ぐ。 ● 看護職に報告
痰の色がいつもと違う	● 体温を測り、看護職に報告 ● 全身状態の観察
吸引ができない（チューブをかむ、口を開けないなど）	● ゆっくりと吸引チューブを引き抜き、全身を観察して、看護職に報告

❷ 緊急を要する状態

次の場合は、早急に医師・看護職に連絡する。

- 呼吸が停止している。
- 呼吸状態が悪化している。
- 顔が青白い。
- 多量に出血している。
- 嘔吐《おうと》して気管に嘔吐物がつまっている。

利用者が人工呼吸器を装着している場合は、次のような状態も緊急対応を要する。

- 人工呼吸器の音に合わせて胸のふくらみがない（弱い）。
- 痰《たん》を吸引して除去したにもかかわらず「呼吸が苦しい」という訴えがある、または苦しい表情である。
- 気管カニューレが抜けている。
- 人工呼吸器のアラームが鳴りやまない。
- 停電などにより、人工呼吸器の作動が停止している。

❸ 喀痰吸引に伴う呼吸器系の感染

次の症状が現れたら、感染を疑い、医師・看護職に連絡する。

- 呼吸器官の粘膜が赤くなる。
- 痰の色が黄色や緑色っぽくなる。
- 喉《のど》に痛みがある。
- 痰が増える。
- 発熱する。

喀痰吸引に伴う感染を予防するために、次のことに留意する。

- 吸引器材は毎回洗浄・消毒して清潔に保管する。
- 口腔《こうくう》内・鼻腔《びくう》内吸引の後に、同じ吸引チューブで気管カニューレ内部の吸引をしない。
- 吸引前後は手洗い、手指消毒をする。
- 吸引を実施する者が風邪のときは、マスクを着用する。

■吸引を受ける利用者と家族への対応

吸引を必要とする利用者とその家族は、現状について不安や苦痛を抱えています。利用者や家族に対して、吸引に関する十分な説明と気持ちに沿った対応を行い、信頼関係を築くことが大切であることを理解しましょう。

ここをチェック!

傾聴、共感、受容は、介護の基本だね

❶ 利用者と家族の気持ちへの対応と留意点

- 利用者・家族の気持ち（気持ちの変化）を否定せずに受け止める。
- 療養生活の不安や希望などについて具体的な話を聞く。
- 吸引に対して激しく抵抗されるときは、医師・看護職とともに、理解を得るよう説明し、複数名でかかわるようにする。
- 利用者の気持ちについて、医師・看護職と共有する。

❷ 吸引の説明と同意

利用者の年齢や理解力に応じた説明をしよう。実際の吸引器具を見せながら説明するのも一つの方法だよ

- 吸引にあたっては、利用者に十分な説明（声かけ）をして、同意を得る必要がある。

▶ 吸引に関する説明項目

- なぜ吸引が必要なのか
- 吸引の目的や方法
- 吸引により予想される結果や危険性
- 吸引以外にも痰《たん》を取り除く方法が可能かどうか（また、その方法について）
- 吸引をしないことにより予想される結果

理解度○×チェック!

1. 介護福祉士が鼻腔内の吸引を行うときに、吸引チューブを挿入できる範囲の限度は、咽頭の手前までである。 出 29-111改
2. 介護福祉職が実施する気管カニューレ内部の吸引では、頸部を前屈した姿勢で行う。 出 33-111改
3. 人工呼吸器を使用している人の喀痰吸引では、吸引後に人工呼吸器の作動状況を確認する。 出 31-111

答…………　1. ○　2. ×（前屈しない姿勢で行う）　3. ○

7 …… 喀痰吸引の実施手順

キーワード　吸引器　浸漬法　体位ドレナージ

喀痰吸引の必要物品

喀痰吸引《かくたんきゅういん》に必要な物品は、吸引する部位によって異なります。物品の清潔保持とあわせて確認しましょう。

ここをチェック！

❶ 必要物品

▶ 吸引の必要物品

必要物品	用途	吸引部位と必要なもの		
		口腔内	鼻腔内	気管カニューレ内部
吸引器（吸引瓶・接続チューブ・連結管）	圧がかかる装置と排液をためるもの	○	○	○
吸引チューブ	人体に挿入し、分泌物を吸引する*	○*	○*	○*
保管容器（ふた付き）	再利用時、吸引チューブを保管する容器	○	○	○
清浄綿等	吸引チューブの外側を清拭する	○	○	○
洗浄水	吸引チューブの内側を洗浄する	○ 水道水	○ 水道水	○ 滅菌精製水
消毒液（浸漬《しんし》法の場合）	再利用時、吸引チューブを消毒する	△	△	○
清潔な手袋、滅菌された清潔な手袋またはセッシ*（攝子）	吸引チューブを操作するため	○	○	○

○：必ず必要なもの、△：適時必要なもの
＊：吸引チューブの太さや材質は、吸引を行う部位別に異なる。

セッシ
吸引チューブをつかむための大きなピンセットのような器具。

▶ 吸引器と必要物品

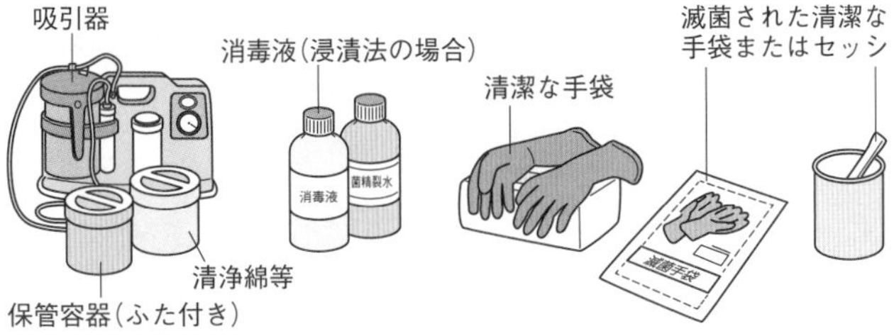

❷ 吸引器

- 吸い込む力によって、痰《たん》などを口腔内《こうくうない》、鼻腔内《びくうない》、気管カニューレ内部から吸い出す機器。
- 電動式が主流。手動式と足踏式は、震災などの非常用に備えておく。

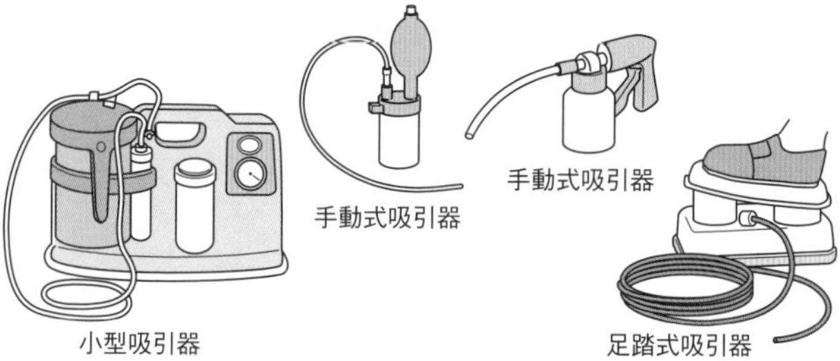

- 陰圧を起こすモーター部分、痰をためる吸引瓶、痰を吸い出すためのホース部分（接続チューブ）で構成。
- 吸引瓶はこまめに観察、あるいは定期的に廃液し、逆流しないようにする。

❸ 必要物品の清潔保持

- 物品を準備する前に手洗いをする。
- 吸引器の表面は、日常的に清掃する。
- 吸引瓶・接続チューブも定期的に洗浄・交換する。
- セッシを使用する場合は、先端が不潔にならないようにする。
- 気管カニューレ用の吸引チューブは、1回の吸引ごとに使い捨てが原則。
- 吸引チューブの清潔保持方法には、次の2つがある。

  - 浸漬《しんし》法…消毒液に漬けて保管する。
  - 乾燥法…乾燥させてふた付きの乾燥容器に保管する。

- どちらの方法で保管する場合も、吸引後はチューブの外側を清浄綿等でふき、チューブの内側の粘液除去のため、滅菌精製水（口腔・鼻腔は水道水でも可）を吸引する。

吸引の実施

安全で確実に喀痰吸引《かくたんきゅういん》を実施するには、手順通りに進めることが不可欠です。吸引の手順とポイントを押さえましょう。

ここをチェック！

❶ 必要物品の準備

- 必要物品の準備・設置については、次のことを確認する。

① 吸引器

- 落下や逆流の起きない水平な場所に設置
- 電源コードに引っかからない電源配置
- 引っ張らなくても十分届く接続チューブの長さ

② その他の必要物品

- 気管カニューレ内用と口腔《こうくう》・鼻腔用《びくうよう》の物品をわかりやすく区別する。
- トレイなどに乗せ、安定した台に置く。

❷ 吸引前の利用者の状態観察と準備

- 吸引が必要な状態かを判断するにあたっては、口腔内の状態と全身状態を観察する。
- 義歯（入れ歯）を装着している場合は、種類と装着状態を確認する。
- 実施前には、実施者の目で利用者の状態を観察する。
- 利用者に吸引について説明して、同意を得る。
- 施設等では、プライバシー保護のため、カーテン・スクリーンをする。
- できる限り楽に受けられるよう、姿勢を整える。
- 食後の吸引は避けるようにする。

❸ 吸引実施準備

- 医師の指示書、看護職の指示・引き継ぎ事項の確認
- 手洗い、手指消毒
- 必要物品の確認と設置

❹ 吸引の実施

- 「清潔→確認→挿入→吸引→抜去→終了時の清潔→終了」の順に実施する。

▶ 吸引の手順

清潔	① 石けんと流水で手を洗ってから清潔な手袋(気管カニューレ内部の吸引は原則として滅菌手袋)をつける。またはセッシを持つ。 ② 吸引チューブを連結管に接続して、吸引器と連結する。 ③ 吸引チューブを浸漬法《しんしほう》で保管している場合は、チューブの外側についている消毒液を清浄綿等で拭く。
確認	④ 吸引器の電源を入れて、水(気管カニューレ内部の吸引は原則として滅菌精製水)の入った容器に吸引チューブを入れて、吸引圧を確認する。 ⑤ 挿入前に吸引チューブ先端の水をよく切る。
挿入	⑥ 人工呼吸器装着者の場合、鼻・口鼻マスクは、事前の取り決めに沿って、はずすか鼻マスクに変更する。気管切開の場合は、人工呼吸器の吸気を確認してから接続をはずす。 ⑦ 声をかけて、吸引チューブを静かに挿入する。
吸引	⑧ 吸引チューブを回したり(手袋の場合)、ずらしたり(セッシの場合) しながら、吸引圧が1か所にかからないよう吸引する。
抜去	⑨ 吸引チューブを静かに抜く。 ⑩ 人工呼吸器装着者の場合は、鼻・口鼻マスクまたは人工呼吸器の接続を元に戻す。
終了時の清潔	⑪ 吸引チューブの外側を清浄綿等で拭く。 ⑫ 洗浄水を吸引し、吸引チューブの内側のよごれを落とす。 ⑬ 吸引器の電源を切る。 ⑭ 吸引チューブを連結管からはずし、保管容器に吸引チューブを戻す。単回使用の場合は、原則として廃棄する。 ⑮ 手袋をはずす。
終了	⑯ 利用者に吸引が終了したことを告げ、ねぎらいの言葉をかける。痰《たん》が取り切れたかどうかを確認する。 ⑰ 利用者の希望の姿勢に整える。 ⑱ 人工呼吸器装着者の場合は、人工呼吸器の作動状況を確認する。また、鼻・口鼻マスクの確認をする。 ⑲ 石けんと流水で実施者の手を洗う。または手指消毒を行う。 ⑳ 次回使用物品の確認。水や足りない物品を補充する。

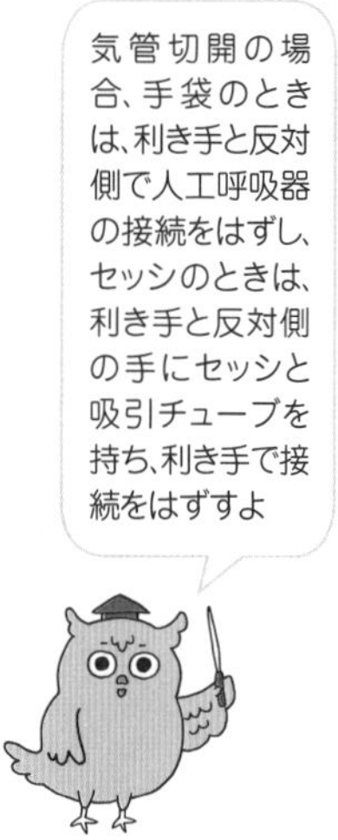

▶ 口腔内吸引

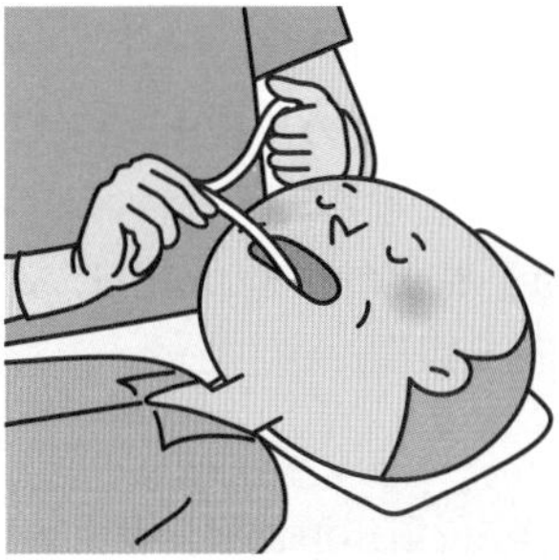

▶ 気管カニューレ内部の吸引

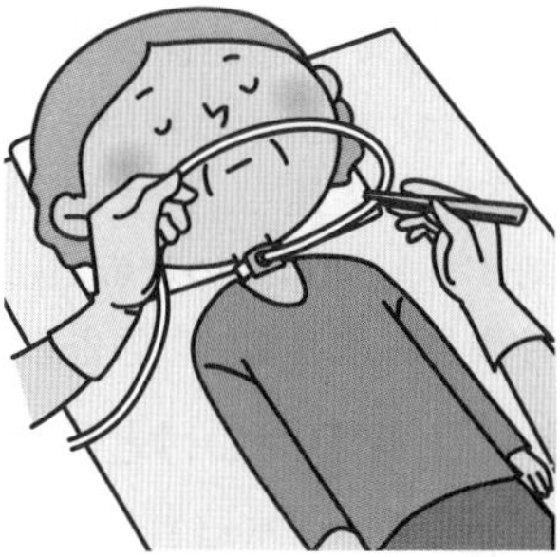

❺ 吸引実施に伴う観察と確認

- 吸引中から直後にかけては、利用者の状態に変化がないかを観察・確認する。異常がある場合やいつもと違う場合は、医師・看護職に報告する。

▶ 観察・確認項目

- 呼吸状態
- 表情、顔色（青白さ）
- 唇や爪床《そうしょう》が青紫色（チアノーゼ）になっていないか。
- 全身状態（意識状態の低下はないか）
- 吸引による弊害（嘔吐《おうと》、むせこみなど）
- 貯留物（痰《たん》や唾液《だえき》）の残留の有無
- パルスオキシメーターを用いた低酸素状態の確認
- 経鼻経管栄養チューブの確認（口腔内《こうくうない》に出てきてしまっていないか）
- 人工呼吸器回路、口鼻マスクの確認
- 声かけへの返答の有無、発声できるかどうか。

口腔内、鼻腔内、気管孔の出血や傷の有無も確認しよう

パルスオキシメーター
⇒ P.256参照

Q&Aコラム

フク先生。喀痰吸引の実施で、いちばん気をつけないといけないことは何ですか？

利用者の状態がいつもと違っていると思ったときは、吸引をすぐに中止し、医師か看護職に報告しないといけないね。何を観察・確認するかは、上にまとめてあるよ

❻ 吸引実施後の吸引物の確認

- 吸引後は、痰の色、粘性、においを毎回確認する。
- 粘性は、吸引中の吸引チューブや、吸引器の接続チューブ内の通過の速度、詰まり具合によって推測する。
- 吸引物や利用者の状態については、異常の有無にかかわらず看護職に日常的に報告して、連携を図る。

❼ 吸引後の片づけと留意点

- 洗浄用の水（水道水、滅菌精製水）、浸漬用《しんしよう》消毒液、吸引チューブは定期的に交換する。保管容器は定期的に交換、消毒する。
- 吸引瓶《びん》の排液量が瓶の 70 ～ 80%になる前に排液を捨てる。
- 排液の廃棄は、自宅ではトイレ等の下水に流すのが一般的。施設の場合は、感染予防のため施設が定めた指針に従い処理をする。

喀痰吸引に伴うケア

喀痰吸引《かくたんきゅういん》が必要な人や、痰がたまりやすい人は、痰を出しやすくするケアを行うことが大切です。ケアの方法とポイントを押さえましょう。

ここをチェック！

❶ 痰を出しやすくするケア

- 痰を出しやすくするには、①重力を利用する、②痰の粘性を保つ、③空気の量と速さ（咳《せき》の力）が大切である。
- 適度な痰の粘性を維持するには、身体全体の水分バランスを整える健康管理が必要になる。
- 気管切開をしている場合は、気道に適切な加湿が必要である。

❷ 体位ドレナージ

- 体位を変えることで、重力を利用して痰を排出しやすい位置に移動させる。
- 痰がたまっているほうを上にした姿勢をとる。
- 同一体位を長時間続けないようにする。

▶ **痰を出しやすくする姿勢（体位ドレナージ）**

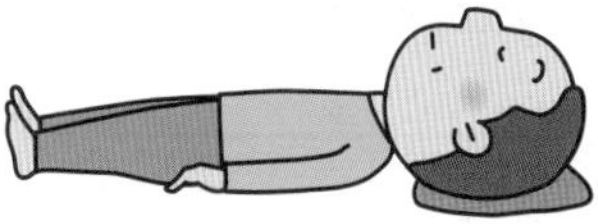

仰《ぎょう》臥《が》位《い》（あお向け）

腹《ふく》臥《が》位《い》（うつぶせ）

鼻と口をふさがないように注意すること

側《そく》臥《が》位《い》（横向き）

前方へ 45 度傾けた側臥位

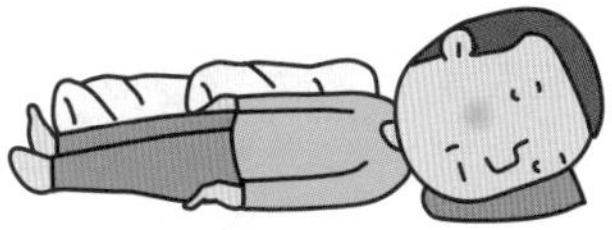

後方へ 45 度傾けた側臥位

理解度〇✕チェック！

1. 気管カニューレ内部の喀痰吸引で、指示された吸引時間より長くなったとき、吸引後に注意することは動脈血酸素飽和度である。◀出 34-110
2. 喀痰吸引を行う前の準備として、対象者を腹臥位の姿勢にした。◀出 35-61
3. 痰の吸引準備では、吸引瓶は滅菌したものを用意する。◀出 36-61

答………… 1. 〇　2. ✕（対象者を仰向けの姿勢にすると、チューブが挿入しやすくなる）　3. ✕（吸引瓶や接続するチューブは洗浄してあればよい。吸引器は陰圧になることを確認しておく）

8 …… 経管栄養の基礎

キーワード　胃ろう経管栄養　腸ろう経管栄養　経鼻経管栄養

■経管栄養とは

経管栄養は、口から食事を摂れない、あるいは摂取が不十分な人の消化管内にチューブを挿入して、栄養補給を行う方法です。経管栄養の基本的知識を押さえましょう。

ここをチェック！

❶ 経管栄養が必要な状態

- 嚥《えん》下《げ》障害が起きている状態

嚥下障害
⇒ P.127、348、362、409 参照

▶ 嚥下障害の症状

- 飲みこむときにつかえる。
- むせる。

- 誤嚥による気道の閉塞や下気道感染症（肺炎）を繰り返している場合
- 栄養が不十分と推測される状態

▶ 栄養不良の症状

- 空腹感
- 無力感
- 頭《ず》重感《じゅうかん》
- 四肢の冷感
- 貧血
- 消化機能・免疫力の低下
- 体重減少
- 血清タンパク質の減少
- おなかが膨れて顔がむくむ
- 目がうつろ
- 髪の毛が色あせる
- 体重や身長が増えない（子どもの場合）

❷ 経管栄養のしくみと種類

チューブを挿入した経路により、胃ろう経管栄養、腸ろう経管栄養、経鼻経管栄養などがある。

▶ 経管栄養の種類

種類	しくみ	利点・欠点
胃ろう	腹部に小さな穴を開けて、直接胃に栄養剤を注入する。	**利点** ● チューブが抜けにくい。 ● チューブの交換が4～5か月ごとでよい。 **欠点** ● 利用者の状態などによっては、胃・食道の逆流が起こりやすい。
腸ろう	空腸に小さな穴を開けてチューブを留置して、または胃ろうからカテーテルを通し、その先端を十二指腸または空腸に留置して、栄養剤を注入する。	**利点** ● 胃・食道の逆流が起こりにくい。 **欠点** ● 胃ろうより細く長いチューブでゆっくり注入する必要があるため詰まりやすい。 ● 注入速度が速いと、下痢や急速な高血糖症状を起こしやすく、これによってインスリンが過剰に分泌され、低血糖症状を起こすこともある。
経鼻経管栄養	左右どちらか一方の鼻腔《びくう》から胃にチューブを挿入留置して、栄養剤を注入する（十二指腸、空腸に留置する場合もある）。	**利点** ● チューブの挿入、抜去が容易。 **欠点** ● 鼻腔・喉《のど》の違和感や不快感を感じやすい。 ● チューブが抜けやすくて、詰まりやすい。

胃ろう経管栄養

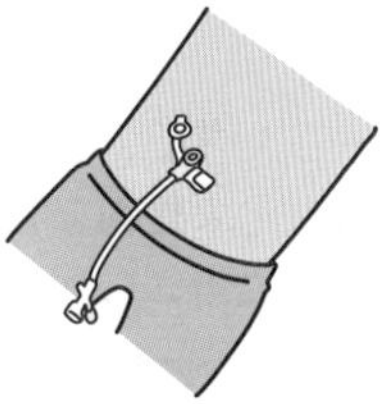

経鼻経管栄養

腸ろう経管栄養

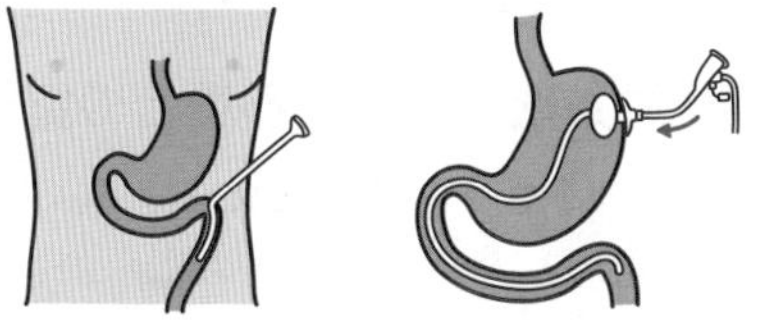

経鼻経管栄養
⇒ P.124参照

胃ろうチューブの種類
⇒ P.125参照

経管栄養で注入する内容

栄養剤（流動食）は、利用者の状態に合うものを選ぶ必要があります。栄養剤の種類と特徴を整理しましょう。

ここをチェック！

❶ 栄養剤の種類

- 食品タイプ……濃厚流動食、ミキサー食
- 医薬品タイプ……栄養剤等

	食品タイプ（濃厚流動食）	医薬品タイプ（経腸栄養剤）
保険適用	なし	あり
医師の指示	必要	必要
医師の処方箋	不要	必要
個人購入	可能	不可能

❷ 経管栄養の栄養剤（流動食）の条件

- 少量で高カロリーが得られる。
- 栄養のバランスがとれている。
- 消化吸収がよく副作用が少ない。
- 栄養剤でチューブが詰まらない。
- 調整が簡単にできる。

❸ 半固形化栄養剤

- 基本的には経鼻経管栄養では用いられず、胃ろうまたは腸ろう造設患者に用いる。
- ①液状の栄養剤が胃食道逆流を起こしやすい場合、②座位《ざい》の時間を短縮する必要がある場合、③半固形化栄養剤を利用することで腸のぜん動を改善したい場合などに用いられる。
- 半固形化栄養剤には、市販の栄養剤、流動食に半固形化剤（寒天や増粘剤）を加えて粘度を調節したもの、粘度調節したミキサー食などがある。

寒天
⇒P.439参照

❹ 半固形化栄養剤を使用する場合の留意点

- 短時間で栄養剤を注入することから、腸のぜん動が亢進《こうしん》することもあるため、医師や看護職の指示のもと実施する。
- いつもと違う状態がみられたり、本人からの訴えがあった場

合は看護職に相談する。

- 注入時は、上半身を 30 ～ 45 度程度起こす。
- 市販の半固形化栄養剤の入っているパウチ容器にアダプタをつけて注入する場合は、容器と栄養チューブが外れないように注意する。
- 注入速度は、医師の指示に従う。
- 利用者が咳き込んだり、ゼコゼコという呼吸音がしたりする場合は一時中止し、医師・看護職に連絡する。
- 注入後は、カテーテルチップシリンジを利用し、白湯で洗い流す。
- 注入する栄養剤には、市販の半固形化栄養剤や増粘剤、寒天などを用いる。

子どもの経管栄養

成人に経管栄養を実施する場合とは異なる、子どもならではの留意点を押さえましょう。

ここをチェック！

❶ 経管栄養が必要な子ども

- 先天的に脳に重い障害があり、食べるための機能を十分に獲得できていない。
- 事故や腫瘍《しゅよう》などによる後天的な障害により、食べるための機能が低下している。

❷ 子どもの経管栄養の留意点

- 子どもの成長段階や体型に合わせ、医師により決定されたチューブやテープを使用する。
- 注入する内容と量を守り、余った栄養剤は適切に保管し、決められた使用期間内に使用する。
- 嘔吐《おうと》や誤嚥《ごえん》を防ぐため、栄養剤の注入前に排痰《はいたん》を十分に行い、呼吸状態を整えておく。
- からだの成長に合わせて胃ろうボタンを交換する。
- だっこなどの体位では、栄養剤が漏れることがあるので、十分に観察する。

経管栄養のトラブル

経口摂取が難しい場合の栄養補給法として、経管栄養は比較的安全性の高い方法ですが、トラブルが生じる可能性もあります。主なトラブルと介護福祉職の対応方法を確認しましょう。

ここをチェック！

❶ 想定されるトラブルと対応

トラブル	対応
チューブ・胃ろう（PEG）の脱落・抜去	●注入せずに、すぐに看護職に連絡する。
出血	●看護職に連絡する。
嘔吐《おうと》	●ただちに注入を中止する。 ●誤嚥《ごえん》を防ぐため顔を横に向ける。 ●看護職に連絡する。
息が苦しそう・顔色が悪い	●ただちに注入を中止する。 ●看護職に連絡する。
痰《たん》がからんでいる	●続くようなら注入を中止し、ベッドを起こしたまま様子を見る。改善すれば注入を再開し、しなければ看護職に連絡する。
腹部膨満《ぼうまん》	●看護職に連絡して、医師に注入速度の判断を仰ぐ。
チューブ挿入部からの注入液の漏れ	●発見したら、看護職に連絡する。 ●少しずつ漏れることが常態化している場合でも、量が多いときは看護職に連絡する。
注入液が注入されない・体内に入りにくい	●決められたとおりに実施しても、注入液が滴下《てきか》しない場合は、滴下を中止し、看護職に連絡する。
しゃっくり	●注入開始後に起こったら、ただちに注入を中止する。 ●下半身を挙上し、口腔内《こうくうない》を観察する。 ●看護職に連絡する。
げっぷ	●げっぷと同時に嘔吐があったら、注入を中止し、看護職に連絡する。

❷ 下痢

- 下痢は、経管栄養を行ううえで、最も多い合併症の一つである。

▶ 経管栄養による下痢の原因と対応

原因	対応
注入速度	• 医師の指示に基づき、滴下速度を遅くする。
経管栄養の濃度（高浸透圧性の下痢症）*	• 浸透圧の高いものを使用する場合はあらかじめ希釈する。
不潔な状態での操作	• 器具類は清潔な状態で使用する。 • 器具類は注入後、十分洗浄し乾燥させる。
低温の経管栄養剤の注入	• 保存場所や利用時の気温・室温に注意する。判断が難しい場合は、医師・看護職に相談する。

❸ 誤嚥性肺炎

- 経管栄養を行ううえで最も重篤な合併症である。
- 原因として、以下のようなことが考えられる。
  - 嚥《えん》下《げ》障害《しょうがい》で口腔《こうくう》内の汚染物質が気道へ流れてしまう。
  - 胃の内容物が逆流し、気道に入ってしまう。
  - 食道《しょくどう》裂孔《れっこう》ヘルニア*やサイズが大きすぎる経管栄養チューブを使用しているときに逆流が起きてしまう。
- 経鼻経管栄養の場合は、鼻からのチューブが胃ではなく、気道に留置されていることに気づかないまま、栄養剤を注入してしまうことがないように注意する。
- 逆流を防止するため、栄養剤の注入時は、上半身を30～45度程度起こす（半座位）。

❹ 経管栄養チューブによるスキントラブル

- 経管栄養チューブ挿入部のスキントラブルを防ぐには、利用者に合うサイズ・材質の経管栄養チューブを選択することと、挿入部周囲を清潔に保つことが大切である。
- 経管栄養チューブ挿入部もしくはろう孔部周囲が、赤くなったり、滲出液が出たり、痛みがあったり、出血したり、悪臭がしたりする場合には、医師や看護職に連絡する。

下痢
⇒ P.140、163、431参照

高浸透圧性の下痢症
腸管で吸収されなかった物質が、高濃度で腸管に滞留することにより、腸管内の浸透圧が高まり、これを希釈するために多量の体液が腸管内に移行することが原因で起こる下痢。

誤嚥性肺炎
⇒ P.176、409参照

食道裂孔ヘルニア
食道が横隔膜を通る孔（食道裂孔）を通って、胃の一部が胸腔部へ脱出している状態。

経鼻経管栄養チューブの挿入留置は、必ず医師や看護職が行うよ。また、医師や看護職による定期的な確認が必要だよ

座《ざ》位《い》が確保できる人は座位で行うなど、個別計画に基づいた方法で行うよ

医療的ケア

❺ 経管栄養に伴う感染と予防

- 経管栄養を行っている人は、免疫力や体力が低下していることが多く、消化器感染が起こりやすい。

▶ 消化器感染の原因と予防

原因	予防
注入物の不適切な取り扱い	● 栄養剤の賞味期限に留意し、期限内の古いものから順に使用する。
器具類の汚染	● 使用した物品は、中性洗剤でよく洗浄し、乾燥させる。 ● 栄養点滴チューブは、流水を通し、よく洗浄する。定期的な交換も必要。
実施者の手指の汚染	● 十分な手洗いをする。 ● エプロンなどの衣類の汚染にも注意する。

経管栄養を受ける利用者や家族への対応

経管栄養を必要とする利用者や家族の気持ちに沿った対応法を理解しましょう。

ここをチェック！

❶ 利用者と家族の気持ちへの対応と留意点

- 介護福祉職は利用者と家族の気持ちや価値観を尊重しながら、生きる喜びをそこなわないケアをする。
- 利用者や家族を認め、自己効力感*が得られるような会話を心がける。

自己効力感
人が行動を起こすときに抱く「自分はここまでできる」という自信や期待のこと。

❷ 経管栄養の説明と同意

- 利用者の同意が得られない場合は利用者の話を傾聴する。
- 実施前に説明をし、同意を得る。実施中と実施後には声かけをする。無言で行わない。

傾聴
⇒ P.357参照

理解度〇✕チェック！

1. 経管栄養において、注入速度が速いと嘔吐を起こす可能性がある。 ◀出 36-62
2. 胃ろう造設の男性が、最近「便が硬くて出にくい」と訴えたので、経管栄養を行っていないときの歩行運動を勧めた。 ◀出 33-112改

答 ………… 1. ○　2. ○

9…… 経管栄養の実施手順

キーワード　必要物品　利用者の準備

経管栄養の必要物品

経管栄養に必要な物品は、胃ろう・腸ろうと経鼻経管栄養では異なります。それぞれの場合で用いる物品を確認しましょう。

ここをチェック！

❶ 必要物品

- 胃ろう・腸ろう・経管栄養の場合の必要物品は、イリゲーター（栄養剤を入れる容器）、栄養点滴チューブ、50mL のカテーテルチップシリンジ、計量カップ、点滴スタンドまたは鴨居にかけるＳ字フック（Ｓ字ワイヤー）、常温に近い温度の経管栄養剤である。
- 経鼻経管栄養は、上記に加えて経鼻経管栄養チューブの栓が必要。
- 感染症が疑われる利用者の場合は、使い捨て手袋を準備する。

▶ 経管栄養の必要物品

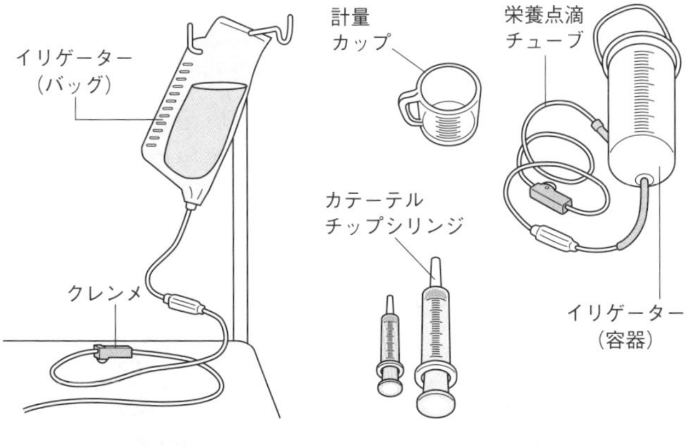

❷ 必要物品の清潔保持

- 栄養剤の注入終了時には、使った物品の洗浄と消毒を毎回行う。

経管栄養の実施

利用者が安心して経管栄養を受けられるための、手順と留意点を押さえましょう。

必要部品の劣化や漏れ、汚染状況もしっかり観察しよう

ここをチェック！

❶ 必要物品の準備・設置の留意点

- 手洗い後に必要物品を準備する。
- 経管栄養剤は、原則として常温に近い状態で使用する。栄養剤の温度が室温より低い場合は、人肌程度に温める。
- イリゲーター、栄養点滴チューブ、カテーテルチップシリンジは、利用者専用のものを使用する。
- イリゲーターに直接日光が当たらないように、ベッドの位置調整や遮光《しゃこう》をする。
- 原則として、注入部位より50cm程度の高さから滴下できるように点滴スタンド等の高さを調整する。
- 栄養チューブのねじれや圧迫がないように、周囲の環境を整える。

❷ 利用者の準備

経管栄養の注入時間は、30分～2時間かかるから、途中で抜去することがないよう十分な説明をしよう

- 利用者に十分な説明をして同意を得る。
- 体温、呼吸、ろう孔の周囲の状態、チューブの抜けや固定状態などを確認する。異常があれば、速やかに医師・看護職に伝える。
- 栄養剤が逆流することがないよう、医師・看護職の指示に従って、半座位《はんざい》の姿勢に体位を整える。半座位にできない場合は、医師・看護職と相談し、適切な体位にする。

半座位（ファーラー位）
⇒ P.401参照

▶ 半座位

●ベッドの上での半座位の工夫　●在宅における半座位の工夫

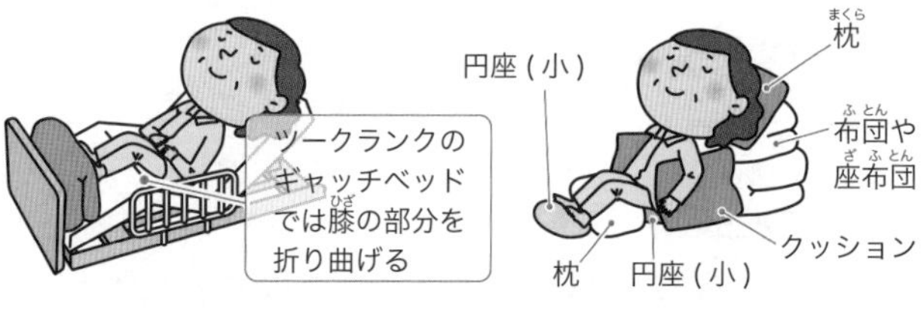

- スクリーンやカーテンで利用者のプライバシー保護に努める。

❸ 経管栄養の実施

確認	①栄養剤と利用者の本人確認をする。 ②栄養チューブの状態を確認する。 **胃ろう・腸ろう**：栄養チューブがねじれたり折れたりしていないか、固定がはずれていないかを確認する。 **経鼻経管栄養**：栄養チューブが胃の中に挿入されているかは、看護職が確認する。
接続	③栄養点滴チューブ（または半固形化栄養剤の注入接続口）の先端と胃ろう・腸ろう・経鼻経管栄養チューブがはずれないようにしっかり接続する。 **胃ろう**：注入口が複数口ある場合は、つなげていない口を閉じる。 ④利用者の体位や環境を整える。
注入	⑤利用者に注入を開始する旨を声かけしてから、注入を開始する。 **胃ろう・腸ろう・経鼻経管栄養**：クレンメをゆっくりゆるめ、点滴筒と時計を見ながら滴下数を合わせる。注入速度が速いと嘔吐《おうと》・下痢や急速な高血糖症状を引き起こし、遅いと利用者の拘束時間が長くなり活動が制限される。 ⑥適切に注入がはじまったことを利用者に伝え、注入直後、注入中の状態を観察する。
終了	⑦利用者に栄養の注入が終了したことを伝える。 ⑧接続をはずす。 ⑨胃ろう・腸ろう・経鼻経管栄養チューブから、カテーテルチップシリンジに入れておいた白湯《さゆ》（30～50mL）をゆっくり注入する。 ⑩胃ろう・腸ろう注入口のストッパー（栓）とボタンのふた、または経鼻経管栄養チューブのふたを確実に閉める。 ⑪栄養チューブをしっかりと固定する。 ⑫注入後は、注入物の嘔吐《おうと》や食道への逆流防止のために上半身を起こした姿勢を30分～1時間保つ。

▶ クレンメによる
滴下調整

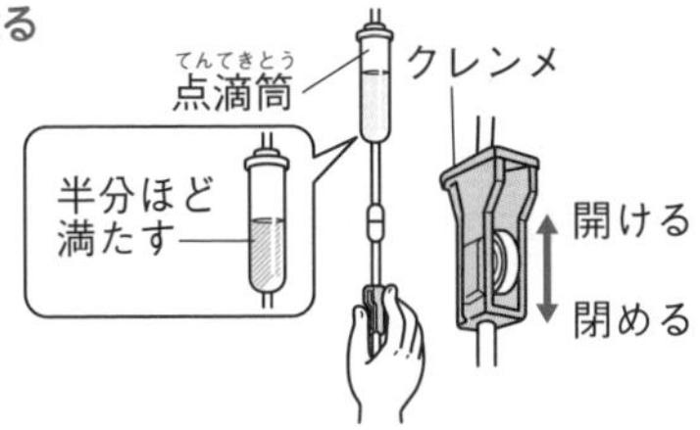

実施前には、石けんと流水で手指を洗浄しよう

テープの貼り直しは、介護福祉職がしてはいけないよ

経管栄養チューブ内に栄養剤や白湯が貯留していないか確認しよう

実施後には、口《こう》腔《くう》ケアを行うよ

医療的ケア

❹ 経管栄養に伴う観察と確認

- 経管栄養中から直後は、利用者の表情や状態に変化がないかを観察・確認する。異常がある場合やいつもと違う場合は、いったん注入を止め、医師・看護職に報告する。

▶観察・確認項目

- しゃっくり
- 嘔気《おうき》・嘔吐《おうと》
- むせこみ
- 腹部膨満感《ぼうまんかん》
- 腹鳴《ふくめい》（おなかが鳴る）の違和感
- 呼吸困難
- 利用者の体位
- 排ガスの有無
- 便意
- 尿意　など

経管栄養に必要なケア

経管栄養に伴うケアとしては、消化機能を促進するケア、体位を整えるケア、口腔内《こうくうない》や鼻のケア、胃ろう部（腸ろう部）のケアがあります。それぞれのケアのポイントを押さえましょう。

ここをチェック！

口腔ケア
⇒P.174、393参照

❶ ケアのポイント

消化機能を促進するケア	• 腸ぜん動を促すため、運動や歩行を支援する。 • 食事の内容、量、時間を適切に管理する。
体位を整えるケア	• 半座位《はんざい》の姿勢をとって注入を行う。
口腔内や鼻のケア	• 注入直後には口腔ケアを行わない。
胃ろう部（腸ろう部）のケア	• チューブ固定部分の皮膚《ひふ》にかぶれや水疱《すいほう》がないかを確認し、異常があるときは医師・看護職に相談する。 • 入浴後や清拭《せいしき》後は、医師・看護職の判断・指示のもと、保湿クリームを塗るなどのケアを行う。

理解度〇✕チェック！

1．脳梗塞の後遺症があるAさんに対して胃ろうによる経管栄養を半座位で行っている。半分程度を順調に注入したところで、Aさんが「少しお腹が張ってきたような気がする」と言った。意識レベルや顔色に変化はなく、腹痛・嘔気はみられない。このようなとき、介護福祉士は看護職に相談する前に栄養剤の注入を終了した。 出 36-63改

答 ………… 1．✕（腹部が圧迫されていないかを確認する。注入の終了は医療職の判断）

9

介護の基本

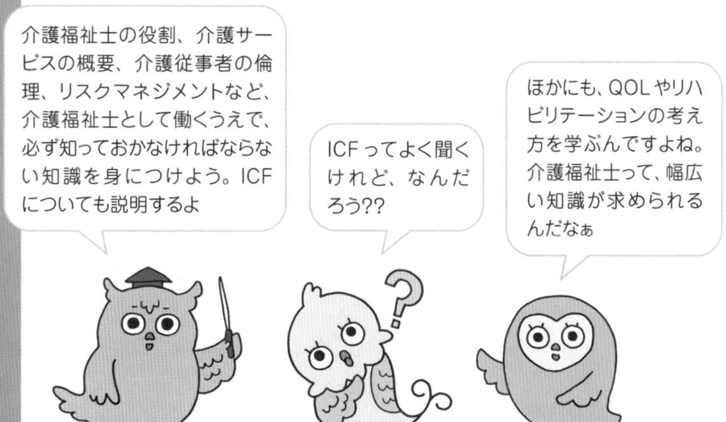
介護福祉士の役割、介護サービスの概要、介護従事者の倫理、リスクマネジメントなど、介護福祉士として働くうえで、必ず知っておかなければならない知識を身につけよう。ICFについても説明するよ
ICFってよく聞くけれど、なんだろう??
ほかにも、QOLやリハビリテーションの考え方を学ぶんですよね。介護福祉士って、幅広い知識が求められるんだなぁ

1……介護の歴史と介護問題の背景

キーワード　老人福祉法　社会福祉士及び介護福祉士法
少子高齢社会

出題頻度 ★

介護の歴史

介護の歴史は、身近な人たちとの生活のなかでの助け合いや、社会的な集団として相互に助け合うといったものから始まりました。近代では制度化され、社会全体で担うものとして変化しつつあることを理解しましょう。

ここをチェック！

❶ 介護の制度化の歩み

介護の制度化の主な流れは、次のようになっている。

- 1963（昭和 38）年以前

家族や篤志家《とくしか》*などによる介護が中心。国の救済制度はそれらを補う程度のものだった。

篤志家
慈善事業や社会奉仕などを熱心に行ったり支援したりする人。

- 1963（昭和 38）年

「老人福祉法*」の制定。各種高齢者施設が設置され、介護を“主な業”とする「介護職」が登場した。当時の特別養護老人ホームは、「収容の場」と位置づけられており、入所条件は次のように定められていた。

①65 歳以上の者
②身体上または精神上著しい欠陥がある者
③常時の介護を必要とし、居宅でこれを受けることが困難な者

老人福祉法
高齢者の心身の健康保持と生活の安定に必要な措置を定め、高齢者の福祉を図ることを目的とした法律。

- 1987（昭和 62）年

「社会福祉士及び介護福祉士法」が制定され、両職種が福祉の専門職として確立される。

- 1997（平成 9）年

「介護保険法」制定。同法に基づき、高齢化に伴う医療費増加の解消や、介護サービスの格差解消などを目的とした介護保険制度が、2000（平成 12）年より施行される。

介護保険法
⇒ P.49参照

- 2007（平成 19）年

「社会福祉士及び介護福祉士法」の改正。両職種の定義規定、義務規定、資格取得の方法などが見直される。

社会福祉士及び介護福祉士法
⇒ P.290参照

介護問題の背景

出題頻度 ★

核家族化、少子高齢化の進展に伴い、高齢者を介護する家族の負担が増加し、老老介護、認認介護といった介護問題、さらに近年はヤングケアラーも増加している。その背景と介護サービスの変革について理解しましょう。

少子高齢社会の進展が何をもたらしたのかを理解しよう

ここをチェック！

❶ 少子高齢社会の進展と老老介護の増加

日本は少子化が進んでおり、1997（平成9）年には少子社会*となった。また、2007（平成19）年に高齢化率*が21％と超高齢社会になり、併せて少子高齢社会と呼ばれる。介護の担い手不足のため、高齢者が高齢者の介護をせざるを得ない「老老介護」が社会問題となっている。

少子社会
14歳以下の人口が65歳以上の人口を下回った社会。

高齢化率
総人口に占める65歳以上人口の割合。高齢化率が21％を超えた社会を超高齢社会という。2022（令和4）年は、29.1％。
⇒P.40、46、154参照

▶日本の高齢者人口および割合の推移

1970（昭和45）年	高齢化率が7％を超え、高齢化社会に
1994（平成6）年	高齢化率が14％を超え、高齢社会に
2007（平成19）年	高齢化率が21％を超え、超高齢社会に
2025（令和7）年	高齢化率が30％を超えると予想

❷ 65歳以上の者のいる世帯の現状

「令和4年国民生活基礎調査」によると、65歳以上の者のいる世帯は、全世帯の50.6％（2747万4千世帯）で、そのうち、単独世帯（31.8％）と夫婦のみの世帯（32.1％）で過半数を占めている。

単独世帯は、男性よりも女性のほうが多いんだ。年齢構成は、男性は65～69歳、女性は75～79歳が最も多くなっているよ

❸ 介護の社会化

家族による介護が困難な状況を受け、社会全体で介護サービスなどを分担し、介護を担っていこうという動きが進んでいる。社会保険制度は、介護の社会化を図ることを大きな目的としている。

❹ 介護サービスの変化

介護保険制度がスタートし、介護サービスが、措置制度から利用契約制度へと変革された。併せて、40歳になれば介護保険料を払い、利用したサービスに応じて利用料の一部を自己負担する「応益負担」となった。これにより、「金銭を意

措置制度、利用契約制度
⇒P.48参照

介護の基本

「尊厳の保持」は高齢者介護で最優先すべき事項であることを覚えておこう

識する」「利用者主体の生活を実現する」ことが可能となるシステムになった。

❺ 自立支援と尊厳の保持

高齢者介護の理念は、介護保険制度が目指す「自立支援」と、その根底にある「尊厳の保持」とされた（2003（平成15）年6月にまとめられた報告書『2015年の高齢者介護～高齢者の尊厳を支えるケアの確立に向けて～』による）。

出題頻度 ★

「求められる介護福祉士像」とは

2006（平成18）年の「介護福祉士のあり方及びその養成プロセスの見直し等に関する検討会」の報告書では、介護福祉士が専門職として目指すべき目標（課題）と、求められる介護福祉士像が示されました。求められる介護福祉士像は、さらに2017（平成29）年にP.289の囲みのように見直されました。

ここをチェック！

▶ 介護福祉士養成の目標

資格取得時の到達目標

1 他者に共感でき、相手の立場に立って考えられる姿勢を身につける
2 あらゆる介護場面に共通する基礎的な介護の知識・技術を習得する
3 介護実践の根拠を理解する
4 介護を必要とする人の潜在能力を引き出し、活用・発揮させることの意義について理解できる
5 利用者本位のサービスを提供するため、多職種協働によるチームアプローチの必要性を理解できる
6 介護に関する社会保障の制度、施策についての基本的理解ができる
7 他の職種の役割を理解し、チームに参画する能力を養う
8 利用者ができるだけなじみのある環境で日常的な生活が送れるよう、利用者一人ひとりの生活している状態を的確に把握し、自立支援に資するサービスを総合的、計画的に提供できる能力を身につける
9 円滑なコミュニケーションの取り方の基本を身につける
10 的確な記録・記述の方法を身につける
11 人権擁護の視点、職業倫理を身につける

多職種協働では、福祉分野の職種だけでなく、医療・保健・福祉の各専門職と協働することが求められているよ

資格取得時の介護福祉士

介護を必要とする幅広い利用者に対する基本的な介護を提供できる能力

求められる介護福祉士像

1 尊厳と自立を支えるケアを実践する
2 専門職として自律的に介護過程の展開ができる
3 身体的な支援だけでなく、心理的・社会的支援も展開できる
4 介護ニーズの複雑化・多様化・高度化に対応し、本人や家族等のエンパワメントを重視した支援ができる
5 ＱＯＬ（生活の質）の維持・向上の視点を持って、介護予防からリハビリテーション、看取りまで、対象者の状態の変化に対応できる
6 地域の中で、施設・在宅にかかわらず、本人が望む生活を支えることができる
7 関連領域の基本的なことを理解し、多職種協働によるチームケアを実践する
8 本人や家族、チームに対するコミュニケーションや、的確な記録・記述ができる
9 制度を理解しつつ、地域や社会のニーズに対応できる
10 介護職の中で中核的な役割を担う

＋

高い倫理性の保持

資料：厚生労働省「介護人材に求められる機能の明確化とキャリアパスの実現に向けて」2017年

理解度〇✕チェック！

1. 介護を取り巻く状況の変化としては、家族が担っていた介護の役割は、家族機能の低下によって社会で代替する必要が生じたことである。 出36-64改
2. 介護福祉士には、信用を傷つけるような行為は禁止されている。 出36-65
3. 2022（令和4）年「国民生活基礎調査」で、同居の主な介護者の悩みやストレスの原因として最も多いのは、家族との人間関係である。 出33-17改

答…………　1. 〇　2. 〇　3. ✕（最も多いのは、家族の病気や介護である）

2……介護福祉士の役割と機能を支えるしくみ

キーワード　介護福祉士の定義　義務規定　名称独占　欠格事由

出題頻度 ★

社会福祉士及び介護福祉士法

1987（昭和62）年に制定された社会福祉士及び介護福祉士法により、介護福祉士は多様化する福祉ニーズに対応する専門職として定義されました。近年実施された定義の見直しの内容について確認しておきましょう。

ここをチェック！

心理的支援、社会的支援もするよう規定されたということだね

❶ 2007年改正：介護福祉士の定義規定

心身の状況に応じた介護の実施、要介護者とその介護者に対する指導の実施について規定され、介護福祉士は身体面だけでなく、心理的支援、社会的支援も求められるようになった。

改正前

「専門的知識及び技術をもって、入浴、排せつ、食事その他の介護等を行うことを業とする者」

⬇

改正後

「専門的知識及び技術をもって、身体上又は精神上の障害があることにより日常生活を営むのに支障がある者につき心身の状況に応じた介護を行い、並びにその者及びその介護者に対して介護に関する指導を行うことを業とする者」（社会福祉士及び介護福祉士法　第2条第2項）

喀痰吸引（咽頭《いんとう》の手前までを限度）のほかに、経管栄養（胃ろうまたは腸ろう、経鼻経管栄養）の一部が加えられたよ

❷ 2011年改正：介護福祉士の定義規定

介護福祉士の業に「喀痰《かくたん》吸引その他のその者が日常生活を営むのに必要な行為であって、医師の指示の下に行われるもの（厚生労働省令で定めるものに限る。）を含む」が加えられた。実施は2012（平成24）年4月。

医療的ケア
⇒ P.244、335参照

❸ 医療的ケア

喀痰吸引等の医療的ケアの実施には、基本研修（実時間50時間以上）、演習、実地研修*の修了が必要。

実地研修
都道府県に登録した登録研修機関や実地研修施設で実施される。

介護福祉士の義務

出題頻度 ★★★

社会福祉士及び介護福祉士法には、介護福祉士の義務が規定されています。2007（平成19）年の改正により、義務規定が見直され、「誠実義務」と「資質向上の責務」が追加されました。「連携」については、医療関係者から福祉サービス関係者等との連携に範囲が拡大されました。

ここをチェック！

❶ 介護福祉士に求められる義務

	条項	内容（要約）
誠実義務	第44条の2	担当する者が個人の尊厳を保持し、自立した日常生活が営めるよう、誠実に業務を行わなければならない。常に担当する利用者の立場に立って業務を行う。
信用失墜行為の禁止	第45条	介護福祉士の信用を傷つけるような行為をしてはならない。
秘密保持義務	第46条	正当な理由なく、業務に関して知り得た人の秘密を漏らしてはならない。介護福祉士でなくなった後も同様とする。
連携	第47条第2項	担当する者に、認知症であること等の心身の状況その他の状況に応じて、福祉サービス等が総合的かつ適切に提供されるよう、福祉サービス関係者等との連携を保たなければならない。
資質向上の責務	第47条の2	介護を取り巻く環境の変化による業務内容の変化に適応するため、知識及び技能の向上に努めなければならない。

頻出
介護福祉士の業務を辞めた後の、秘密保持義務の継続

❷ 名称独占と登録

介護福祉士は名称独占資格*である。また、介護福祉士になるには、資格取得後、公益財団法人社会福祉振興・試験センターに、氏名や生年月日などの登録を行う必要がある。

名称独占資格
資格取得者のみが名称を名乗ることが許された資格。業務の実施については、資格取得者でなくとも可能である（第48条）。

介護の基本

出題頻度 ★★★

介護福祉士の義務規定違反と罰則

頻出
各義務規定の違反に対する罰則

介護福祉士は義務規定に違反すると罰則が科せられます。どの義務規定違反にどのような罰則があるか、数字も含めて正確に覚えておきましょう。また、欠格事由についても把握しておきましょう。

ここをチェック!

❶ 義務規定違反と罰則

義務規定違反には、次の罰則が科せられる（第53条）。

秘密保持義務違反	• 1年以下の懲役または30万円以下の罰金 • 登録の取り消し、または期間を定めて介護福祉士の名称の使用停止
名称の使用制限違反	30万円以下の罰金
信用失墜行為の禁止違反	登録の取り消し、または期間を定めて介護福祉士の名称の使用停止
喀痰《かくたん》吸引業務等違反	30万円以下の罰金

❷ 欠格事由

「介護福祉士の欠格事由*」のいずれかに該当する者は、介護福祉士になれない（第3条）。

- 心身の故障により介護福祉士の業務を適正に行うことができない者として厚生労働省で定める者。
- 禁錮《きんこ》以上の刑に処せられ、その執行を終わり、または執行を受けることがなくなった日から起算して2年を経過しない者
- この法律の規定その他社会福祉または保健医療に関する法律の規定であって政令で定めるものにより、罰金の刑に処せられ、その執行を終わり、または執行を受けることがなくなった日から起算して2年を経過しない者
- 規定により介護福祉士の登録を取り消され、その取消しの日から起算して2年を経過しない者

欠格事由
欠格とは、資格を失うこと。欠格事由とは、欠格となる事柄のこと。

専門職能団体の活動

出題頻度 ★

介護福祉士の全国的な専門職能団体である「公益社団法人日本介護福祉士会」について、団体の目的と、主な活動を理解しておきましょう。

ここをチェック！

❶ 日本介護福祉士会とは

介護福祉士の全国的な職能団体として、1994（平成6）年に設立された。介護福祉士の職業倫理の向上、介護に関する専門的教育および研究を通して、その専門性を高め、介護福祉士の資質の向上と介護に関する知識・技術の普及を図り、国民の福祉の増進に寄与することを目的としている。

❷ 日本介護福祉士会の活動

研修活動事業、学術研究事業（日本介護学会による学術集会の開催、学会誌の発行など）、広報・普及啓発に関する事業、調査研究に関する事業など幅広い活動を行っている。

日本介護福祉士会倫理綱領
⇒ P.338参照

❸ 日本介護福祉士会倫理綱領

介護福祉の専門職能団体としての倫理綱領で、1995（平成7）年に宣言された。「利用者本位、自立支援」「専門的サービスの提供」「プライバシーの保護」「総合的サービスの提供と積極的な連携、協力」「利用者ニーズの代弁」「地域福祉の推進」「後継者の育成」について触れている。

理解度〇✕チェック！

1. 介護福祉士の職業倫理としては、全ての人々が質の高い介護を受けることができるように後継者を育成することがあげられる。 ◀出 34-24
2. 介護保険施設において、施設サービス計画の作成は、介護福祉士がする。 ◀出 35-71
3. 介護福祉士が個人情報の取扱いについて利用者に説明と同意を得ることは、介護福祉士の倫理に沿うものである。 ◀出 32-25改

答……
1. ○　2. ✕（施設サービス計画を作成するのは、介護支援専門員）
3. ○（倫理綱領3に、「プライバシーを保護するため、職務上知り得た個人の情報を守ります」とある）

介護の基本

3…… 尊厳を支える介護

キーワード　尊厳の保持　QOL　ノーマライゼーション

出題頻度 ★★

さまざまな法律と尊厳の保持

社会福祉にかかわる多くの法律に、「尊厳の保持」の規定が明記されています。介護サービスの利用者は、人権や生命をおびやかされる可能性が高いので、介護福祉士には、利用者の人権擁護《ようご》に努め、尊厳の保持を支えるケアの実行が求められていることを理解しましょう。

ここをチェック！

❶ 各法律における「尊厳*の保持」の規定

尊厳
「尊厳」とは、尊《とうと》く、厳《おごそ》かで犯しがたいこと（さま）。

日本国憲法	第11条の基本的人権の尊重が根本的原理。生命・自由・幸福追求権の尊重を規定する第13条、生存権を規定する第25条も尊厳の保持を規定している。
社会福祉法	2000（平成12）年に改正された社会福祉法第3条に「福祉サービスは、個人の尊厳の保持を旨とし」と明記されている。
社会福祉士及び介護福祉士法	第44条の2で「個人の尊厳の保持」が明記されている。
介護保険法	2005（平成17）年に改正された介護保険法第1条でも、尊厳の保持が明記されている。

介護保険法
⇒P.49参照

❷ 尊厳を支えるケア

2006（平成18）年の全国社会福祉協議会の研究会提言「介護サービス従事者の研修体系のあり方について（最終まとめ)」で、尊厳を支えるケアを行うために介護福祉職に求められる能力を開発するとともに、尊厳を支えるケアのあり方として、次の3項目をあげている。

① 利用者が自尊心をもちその人らしく生きることを支える
② できるだけ日常生活行為の自立を保持し、人々との関係性、精神的な主体性を支える
③ 医療・看護と連携し尊厳ある穏やかな終末期を支える

現代社会で重要視されるQOL

出題頻度 ★

現代社会の医療や介護は、「命の長さ」だけに価値を置くのではなく、よりよく生きることが重視されています。介護福祉士に求められる、利用者の自立的な生活のための支援やQOL（生活の質）を高める必要性について理解を深めましょう。

ここをチェック！

❶ QOL（Quality Of Life）

生活の質。ほかに「人生の質」「生命の質」などとも訳される。一般的には、生活者の満足感、安定感、幸福感を規定している要因の質のこと。

QOL
⇒P.377、461参照

❷ ADL重視からQOLも視野に入れた介護に

日常生活動作のことをADL*という。利用者のADLだけではなく、QOLも高めていくことが介護サービスの目的である。以前は、介護サービスの目的は、ADLの向上や自立であったが、それが達成できない場合でも、利用者の要望を尊重し、介護福祉士の支援により、利用者のQOLを高めることも目的としている。

ADL
Activities of Daily Livingの略。食事、排《はい》泄《せつ》、整容、移動、入浴などの日常生活動作。
⇒P.113、461参照

❸ 介護福祉士の定義の見直し

社会福祉士及び介護福祉士法の2007（平成19）年の改正により、介護福祉士の定義が見直された。

介護福祉士の定義
⇒P.290参照

改正前	改正後
専門的知識・技術をもって、入浴、排せつ、食事その他の介護等を行うことを業とする者	専門的知識・技術をもって、心身の状況に応じた介護等を行うことを業とする者

介護の基本

出題頻度 ★★☆

ノーマライゼーション

ノーマライゼーションの理念や1959年にデンマークで導入された背景を理解しましょう。また、具体的に現代の介護の現場でどのように取り入れられているか整理しておきましょう。

ここをチェック！

❶ ノーマライゼーションとは

ノーマライゼーションとは、障害者が健常者と同じように社会生活をするのが本来の望ましい姿とする思想や運動、施策のこと。1959年にデンマークの「1959年法」で導入された。

▶ノーマライゼーションの実施例

- 環境……建物・道路・乗り物などを、誰もが使いやすくなるよう改良する。
- 制度……障害のある人や高齢者でも社会に積極的に参加できる制度をつくる。
- 精神……障害のある人や高齢者について正しい知識をもち、立場を尊重して差別することなく接する。
- バリアフリー……障害者が生活する際の障害となるものを排除していくという考え方。
- ユニバーサルデザイン……障害の有無にかかわらず、あらゆる人が不便さを感じることなく使用できる施設や製品などの設計。

❷ ノーマライゼーションの父

ノーマライゼーションの父と呼ばれるバンク＝ミケルセンは、人間主義*をうたった。これをもとにしたのがノーマライゼーションといわれている。

❸ 介護におけるノーマライゼーション

ノーマライゼーションの体現方法として、高齢者や障害者が住み慣れた地域、住み慣れた家で、尊厳をもって普通の生活ができるよう支援していくことがあげられる。画一的な傾向にある福祉施設でも、個別性を尊重した普通の生活が求められる。

ノーマライゼーションは、どこの国で提唱されたかが、過去に出題されているよ

ノーマライゼーション
⇒ P.219、375参照

「価値のある社会的役割」を目指す「ソーシャルロール・バロリゼーション」という考え方も提唱されてきているよ

バリアフリー
⇒ P.388参照

ユニバーサルデザイン
⇒ P.388参照

人間主義（バンク＝ミケルセン）
当たり前の人間として生き、扱われる基本的権利の確立を目指したもの。

利用者主体の考え方

出題頻度 ★

日本介護福祉士会倫理綱領（1995（平成 7）年）には、「利用者本位、自立支援」が宣言されています。介護福祉士は、利用者本位の立場から自己決定権を最大限尊重し、介護福祉サービスを提供していくことが求められます。

日本介護福祉士会倫理綱領
⇒ P.338参照

ここをチェック！

❶ 利用者自身による選択と決定

利用者の主体性を尊重するためには、利用者が自己決定権を行使できるよう支援することが重要である。利用者が選択と決定を行えるよう、十分な情報を提供する必要がある。

❷ 措置制度から利用契約制度へ

2000（平成 12）年、社会福祉事業法が社会福祉法に改正・改称されたことにより、福祉サービスは、行政処分によってサービスの内容を決定する措置制度から、利用者自身が事業者と対等な関係でサービス内容を選択・決定する利用契約制度へ転換された。これは、利用者個人の尊厳の保持を旨とする社会福祉の理念を示したものである。

❸ 介護サービス情報の公表制度

介護サービス利用者が、適切、円滑にサービス利用の機会を確保できるよう、介護サービスの内容や事業者・施設の運営状況などの介護サービス情報の公表が義務づけられている。これにより、利用者は介護サービス事業者の事業内容を確認・比較し、主体的に選択できるようになっている。

理解度○×チェック！

1. 生活習慣を生活してきた環境から理解するのは、個別性や多様性を踏まえた介護といえる。 出 36-67改
2. 85 歳（女性・要介護 1）の A さんは夫と二人暮らしで訪問介護を利用中だが、A さんは認知症の進行で理解力の低下がみられる。A さんは訪問介護員に「受けているサービスを変更したい」「夫とは仲が悪いので話したくない」と相談があったので、訪問介護員は、A さんと話す前に相談内容を夫に話した。 出 35-67

答 ………… 1. ○　2. ×（意思決定支援で、本人の意向を無視して夫に話すのは間違い）

4……自立に向けた介護

キーワード　自立支援　ICF（国際生活機能分類）

出題頻度 ★

自立支援

介護では、利用者の自立に向けた「自立支援」が求められています。介護福祉士は、利用者が自分でできることと、できないことを踏まえて、自立した生活を送る手助けをすること、その際、利用者が判断するための情報提供が必要であることを理解しましょう。

ここをチェック！

❶ 自立支援とは

自立支援とは、身体的行為としての自立はもちろん、こころの自立をも支援することである。日常生活をセルフケアによって営むだけではなく、自らの意思決定（自己決定）で可能な限り社会での役割をもち、活動することを目指す。

自分のことは自分でするというセルフケアの意思を尊重しながら、身体的な支援だけでなく、精神的、社会的な支援をしていくことが求められるよ

❷ 自立生活の支援

自立生活の支援のためには、①利用者がどこまで自分でできるのかを確かめ、②手を出すよりも忍耐強く見守り、③利用者がもっている力を活用する。また、福祉用具等も活用し、介護福祉士は利用者のできない部分のみを手助けする。

❸ インフォームド・コンセント

インフォームド・コンセントとは、「説明に基づく同意」「説明に基づく選択」と訳される。①治療に先立ち、②それを承諾し選択するのに必要な医学的根拠の説明を医師から受け、③了解したうえで医師とともに治療法などを決定していくこと。

用語の定義を問う問題が出題されることもあるので、定義は正しく覚えておかないとね

❹ エンパワメント・アプローチ

エンパワメント・アプローチとは、利用者がもっている力に着目し、その力を引き出して積極的に利用、援助すること。1976年にアメリカの社会福祉学者バーバラ・ソロモンによってはじめて用いられた。

個別ケア

出題頻度 ★★

利用者には、一人ひとりの思いや習慣があり、また、家族や友人などとの思い出や人生の歴史があります。個別ケアの考え方では、一人ひとりの価値観を大切にし、「その人らしい」生活を送ることができるよう支援していくことが望まれています。

ここをチェック!

❶「その人らしさ」とは

その人らしさを理解するうえでは、今の姿や生活歴だけでなく、「暮らしてきた姿」、つまり一人ひとりの価値観や生活習慣、体験、地域性、時代性などを考えることが重要な意味をもつ。

❷「個別的な介護技術」と「個別的な生活支援」

個別ケアには、実際的な介護場面での「個別的な介護技術」と、一人ひとりの人生の歴史を踏まえた「個別的な生活支援」という、2つの意味が含まれている。

ICFとICIDH

出題頻度 ★★★

ICF(国際生活機能分類)は、人間の生活機能と障害の分類法として、2001年にWHO(世界保健機関)総会で採択されました。ICFの特徴は、これまでのICIDH(国際障害分類)*がマイナス面を重視する考え方だったのに対し、生活機能というプラス面からみるように視点を変換したことです。関連する用語も含めて理解を深めましょう。

ここをチェック!

❶ ICFの考え方

ICFとは、生活機能という「人が生きることの全体像」を表すことで、プラス面もマイナス面も中立的に捉える。生活機能とは、①心身機能・身体構造、②活動、③参加、の3つの概念。生活機能は健康状態(病気、変調、けがなど)と背景因子(環境因子、個人因子)との相互作用があるとされている。

頻出

ICFの背景因子と生活機能に含まれる要素

ICF

⇒P.218、376、463参照

ICIDH(国際障害分類)

1980年に定められた障害の分類法。病気などにより回復不能な生物学的状態である「機能障害」となり、その結果生じた「能力障害・機能低下」により、社会の中で権利を侵害される「社会的不利」に陥るという構造を示していた。

利用者の心身を活性化させることを目的に行われる、体操・演芸・料理などさまざまな活動を、アクティビティといい、これらを提供することをアクティビティ・サービスというよ

例えば歩けるようになることで、レクリエーションに参加できたり、新しい趣味ができたりと、いろんなことにプラスに働くね

❷ ICFの構成要素間の相互作用

各要素は、お互いが網の目のようにからまり、ダイナミックな相互関係を構築している。そのため一つの要素が変化すると、その他の要素も変化させる可能性がある。

▶ ICFの生活機能モデル

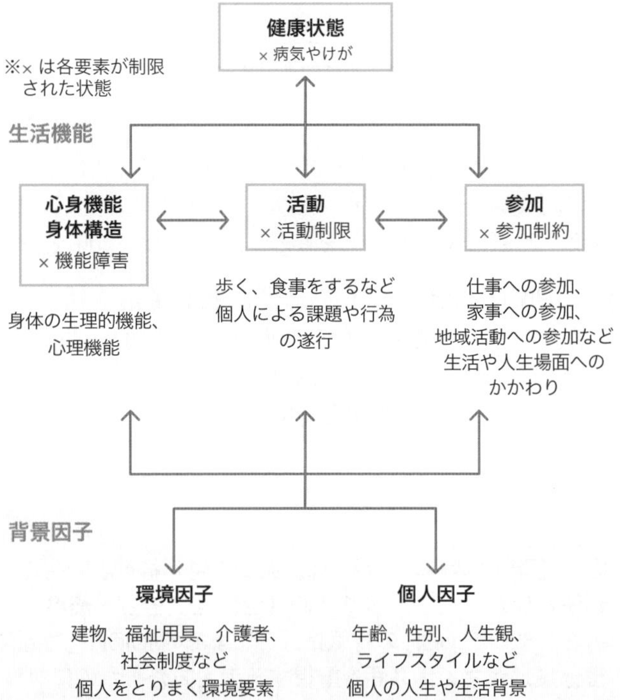

理解度〇×チェック！

1．Aさん(48歳、女性、要介護1)は若年性認知症で、夫、長女(高1)と同居。Aさんは家族と過ごすことを希望し、小規模多機能型居宅介護で通いを中心に、利用を始めた。母のことが心配な長女は、部活動を諦めて学校が終わるとすぐに帰宅していた。夫が「長女が、学校の先生たちにも相談しているが、今の状況をわかってくれる人がいないと涙を流すことがある」と介護福祉職に相談した。このとき介護福祉職は、介護老人福祉施設への入所を勧めた。 出 36-68改

答………… 1．×（Aさんは家族との同居を望んでいる。課題は長女への対応なので、同じような体験をしている人と交流できる場の情報を提供することが大事）

5……介護の視点とリハビリテーション

キーワード　リハビリテーション　リハビリテーション専門職

リハビリテーションとは

出題頻度 ★★

リハビリテーションの語源は「再び適したものにすること」であり、その目標は、人間としてふさわしい権利の状態に回復させる「全人間的復権」を目指すことです。医学の視点に基づくリハビリテーションを理解し、さらに介護の視点をもったリハビリテーションに必要な支援やアプローチの方法を理解しましょう。

リハビリテーションは身体的機能の回復だけを目的にするのではなく、主体性、自立性、自由などの人間本来の生き方を目標に行うものだよ

ここをチェック！

❶ リハビリテーションの考え方

リハビリテーション*は、加齢や疾病《しっぺい》で心身の機能が低下した高齢者や障害者に対して行うもので、「心身の機能が低下→生活の自立困難→さらなる心身の機能が低下」という悪循環を断ち切るのが目的。残存機能を活用して、心身機能の水準を維持・向上させ、心身機能や環境に適した生活を再獲得する視点が重要である。

リハビリテーション

WHO（世界保健機関）はリハビリテーションを「能力低下やその状態を改善し、障害者の社会的統合を達成するためのあらゆる手段を含んでいる」と定義している。

❷ 介護の視点に基づくリハビリテーション

現在では、医学の視点とともに、介護の視点に基づくリハビリテーションも求められている。

① 心身機能面への支援
② 生きがいづくりへの働きかけ
③ 心理・社会面への援助
④ 日常生活面への援助
⑤ ネットワークとチームアプローチ　など

日々の生活もリハビリテーションの一環であるという視点が求められるよ

出題頻度 ★★★

さまざまなリハビリテーション

WHO、国際連合などの各機関は、リハビリテーションを医学的・教育的・職業的・社会的の４つの専門領域に分けています。対象や状況に応じて、リハビリテーションを組み合わせていく必要があることを理解しましょう。

頻出
４つの専門領域の具体的な内容

ここをチェック！

医学的リハビリテーションには、「利き手の交換」などがあるよ

❶ 医学的リハビリテーション

医学的リハビリテーションは、二次的障害の発生予防や機能維持、障害のある人々に対応した全人間的復権のための医学およびサービスを指す。急性期、回復期、維持期において段階的に実施される。急性期と回復期は主に病院で行われるが、維持期には通院や介護施設などで行われる。各専門職種がチームを組み、意見を交わして進める（リハビリテーションカンファレンス）。

特別なニーズとは、特別支援教育、人種、国籍、不登校、虐待などの問題を抱える場合だよ

❷ 教育的リハビリテーション

教育的リハビリテーションは、障害者の自立や社会参加を促す教育的支援。特別なニーズをもつ学齢期の子どもを支援する統合教育（インテグレーション）が普及しつつある。養護学校などの特別支援学校、障害児施設、リハビリテーションセンターなどで行われる。

インテグレーション
⇒P.219参照

❸ 職業的リハビリテーション

1955年のILO（国際労働機関）の勧告では、職業的リハビリテーションについて、「職業指導、職業訓練、職業選択などの職業的なサービスの提供を含んだ、継続的、統合的なリハビリテーションの一部であって、障害者の適切な就職の確保と継続ができるように計画されたもの」と定義。障害者職業センター、ハローワーク（公共職業安定所）、障害者職業能力開発校などで行われる。

❹ 社会的リハビリテーション

社会的リハビリテーションは、高齢者や障害者の社会生活力*（SFA）*を高めることを目的とする支援。健康管理や時間・金銭管理、介助や住宅、外出などを支援する。行政などのソーシャルワーカー（生活相談員）が中心となって支援を実施。

社会生活力（SFA）
Social Functioning Ability：社会で自分のニーズを満たし、可能な限り豊かな社会参加をするために、その権利を行使する力。

リハビリテーション専門職

出題頻度 ★★★

リハビリテーションは、それぞれの専門職によって相談や訓練が行われます。介護福祉士は、専門職のチームの一員として生活の範囲内での訓練などを行います。それぞれの専門職の業務内容を理解しましょう。

ここをチェック！

❶ リハビリテーション関連職種

治療・訓練職種と相談・調整職種があり、それぞれの専門職がチームをつくり、チーム全体で利用者の自立や社会参加を目標にして支援をする体制をとることが多い。

国家資格*	医師、看護師、保健師、視能訓練士、義肢装具士、理学療法士（PT）、作業療法士（OT）、言語聴覚士（ST）、精神保健福祉士、社会福祉士、介護福祉士、公認心理師など
公的資格*	訪問介護員（ホームヘルパー）、介護支援専門員（ケアマネジャー）など
民間資格*	臨床心理士、健康運動指導士、音楽療法士など

※各職種の業務内容については、P.332-333参照。

❷ 代表的なリハビリテーション専門職

名称	業務内容
リハビリテーション医	障害を医学的に診断・治療し、機能回復と社会復帰を総合的に支援する。
理学療法士（PT）	身体機能に障害がある人に、医師の指示に基づいて運動療法や物理療法などを用いて基本的動作能力（座る、立つ、歩くなど）の回復を図る。
作業療法士（OT）	身体機能や精神に障害がある人に、医師の指示に基づいて作業療法（手芸や工作など）を用いて日常生活で必要となる応用動作能力の回復を図る。
言語聴覚士（ST）	音声機能、言語機能、聴覚機能に障害がある人に、医師の指示に基づき、検査を行い、訓練や助言などの支援を行う。摂食・嚥《えん》下《げ》障害にも対応する。

頻出
介護福祉士が名称独占資格であること

国家資格
ある分野において、知識や技術が一定以上の水準に達していると、国が法律に基づき認定する資格。有資格者のみ業務を行える業務独占資格、有資格者のみ名乗ることを許される名称独占資格、特定の事業を行う事業所に有資格者の配置が義務付けられている設置義務資格、業務知識や技能などを評価する技能検定がある。

公的資格
法律には基づかないが、各省庁や地方自治体などの後援を受けるなど、認定にあたり公的な性質を帯びている資格。

民間資格
団体や企業など民間組織が認定を行っている資格。

介護の基本

視能訓練士	医師の指示に基づき、眼科の視能検査、斜視や弱視の視能矯正、視力低下者のリハビリテーション指導を行う。
義肢装具士	医師の指示に基づき、切断等により欠損した四肢の義手や義足の製作、適合（義肢を体に合わせる）を行う。

❸ リハビリテーションにおける介護福祉士の役割

介護福祉士は、医師、理学療法士、作業療法士などの指示に従い、関節可動域保持のための他動運動、姿勢の保持と変換、移動訓練などを日常生活で必要な範囲内で行う。

関節可動域
⇒ P.107参照

他動運動

歩行訓練

食事介助

理解度○×チェック！

1. リハビリテーションの重要な理念は、「全人的復権」である。 ◀出 28-21
2. 機能訓練を 1 回の量を少なくして複数回に分けて行うことは、高齢者のリハビリテーションとして適切である。 ◀出 33-21改
3. WHOのリハビリテーションの定義で「利き手の交換」は、職業的リハビリテーションである。 ◀出 31-88

答 ………… 1. ○　2. ○　3. ×（医学的リハビリテーションである）

6……介護を必要とする人の理解

キーワード　高齢者の定義　高齢者のくらし
高齢者の意識調査

出題頻度 ★

■人間の多様性・複雑性の理解

人はそれぞれ、生活経験に裏付けられた習慣や価値観をもっています。利用者に合わせた介護を実践するためには、ライフサイクルの個性化や人の多様性、複雑性を理解する必要があります。

ここをチェック！

❶ ライフサイクルの個性化

ライフサイクルとは、誕生・乳児期・幼児期・児童期・青年期・成人期・老年期・死までの一般的で規則的な変化のこと。各時期における発達課題は、社会や時代の人間観、文化に影響を受ける。ライフサイクルも社会との相互作用で変化するものであり、ライフサイクルは個性化している。発達課題、ライフサイクルの観点からも、その人らしさを重視し、個別ケアに努めなければならない。

年齢を重ねるにつれ、価値観や志向は明確になり、環境の変化への対応は困難になってくるよ

Aさんの場合

Bさんの場合

▶就学、就職、結婚、子の誕生、孫の誕生など、人のライフサイクルは時代や社会状況、その人自身の個性や経験によって変化する

2025年からすべての企業に対して65歳までの雇用確保を義務化するとともに、70歳までの就業確保を努力義務としたよ

出題頻度 ★

高齢者の理解

現在、日本では人口の約４人に１人が65歳以上の高齢者ですが、高齢者といっても、年齢や個人差によりさまざまな違いがあります。年齢や世代による違いを知り、高齢者がどのような体験をしているかを理解しましょう。

ここをチェック！

高齢者の定義
⇒P.154参照

❶ 高齢者の定義

- 世界保健機関（WHO）の定義では、65歳以上を高齢者としており、日本ではその内65～74歳を前期高齢者、75歳以上を後期高齢者としている。
- 人口構造の統計に用いる老年人口の定義は、65歳以上。15～64歳は生産年齢人口*、0～14歳は年少人口。
- 多くの会社が採用している定年制では、60歳を定年の基準としている場合が少なくない。老齢年金給付開始を区分とする場合もある。

生産年齢人口
生産活動に従事する中心的な年齢の人口。

「団塊の世代」は1976（昭和51）年の堺屋太一の小説から生まれた言葉だよ。そこでは、団塊の世代の人々が歳を重ねてから、雇用制度や社会保障制度の問題点に直面する様子が描かれているよ

❷ 高齢者と世代区分

65歳以上の高齢者は、さまざまな世代区分がある。①大正以前生まれ（100歳代後半）、②大正生まれ（100歳前後）、③昭和初期生まれ（80歳代）、④昭和前半～終戦生まれ（70歳代）など。

❸ 団塊の世代

戦後生まれの「団塊《だんかい》の世代」の人々（1947（昭和22）～1949（昭和24）年生まれ）が、高齢者となった。高齢者とひとくくりに考えてしまうと、戦争体験の有無など、その人の生い立ちや考え方などを理解することができない。高齢になるにつれ、世代区分で見る視点が必要である。

▶ 世代によって会話の内容を変えていく必要がある

高齢者のくらしと地域とのつながり

出題頻度 ★★

「老い」に対して新しい価値観をもつ高齢者が増えてきています。また、「衰え」という現実を受け入れつつ、新しいことを学んだり経験したりして「成長」を望む高齢者の姿は少なくありません。高齢者の意識調査から、その実情を確認しておきましょう。

ここをチェック!

❶ 高齢者の学習活動

内閣府が2022（令和4）年に実施した「生涯学習*に関する世論調査」によると、1年間に月1日以上の学習をしたことのある人の割合は、60歳代で76％、70歳以上でも65％以上あり、高齢者の学習に対する関心の高さがうかがえる。高齢者が学習に参加する主な理由としては、「家庭や日常生活に生かすため」「人生を豊かにするため」「健康の維持・増進のため」「他の人との親睦を深めたり、友人を得たりするため」などがあげられている。

生涯学習
何かを学んだり、学習する活動を生涯にわたり続けること。1965年にユネスコで提唱され、現在世界中で実践されている。社会人が職業能力向上などを目指して、大学などの教育機関で再び教育を受ける「リカレント教育」などは、この考え方を発展させたものである。

❷ 地域社会への参加

内閣府が2013（平成25）年に実施した「高齢者の地域社会への参加に関する意識調査」によれば、高齢者が参加した活動は「健康・スポーツ」が最も多く、「趣味」「地域行事」と続く。高齢者の約6割が何らかのグループ活動に参加している。また、地域活動に参加したいと考える高齢者は7割を超え、増加傾向にある。

❸ レクリエーション

高齢者のレクリエーションは、老人クラブを中心にはじめられ、楽しさや心地よさを育む活動や参加を通じて、人間性の回復を図ることをすすめてきた。要介護高齢者のレクリエーション援助では、QOL（生活の質）の向上を目標におき、機能訓練の一環としても取り入れられている。介護予防を目的としたレクリエーションでは、運動機能の向上と日常生活の活性化を図る。

出題頻度 ★★

高齢者の経済生活と世話の費用

高齢者になると、定年などで収入が減る傾向にあります。「国民生活基礎調査」のさまざまなデータから、高齢者の決して楽ではない経済生活を見て取ることができます。世話の費用の意識調査と合わせて押さえておきましょう。

ここをチェック！

❶ 高齢者の経済生活

2022（令和4）年の「国民生活基礎調査」によると、高齢者の生活意識には、以下のような特徴がみられることがわかる。

- 高齢者世帯1世帯あたりの平均所得は、全世帯の平均所得の約59％にとどまる（表1）。
- 高齢者世帯の主な収入源は公的年金・恩給*であり、全体の62.3％を占めている（表1）。
- 公的年金・恩給の総所得に占める割合が100％の世帯が44.0％になっている（グラフ1）。
- 高齢者世帯は、現在の生活意識について、約50％が苦しいと答えており、ゆとりがある世帯は約5％しかない。この傾向は、全世帯でもほぼ同じである（グラフ2）。

恩給
共済年金制度に移行する以前に、一定期間勤務した公務員に対して、退職あるいは死亡後に支給されていた年金や一時金。現在は制度移行前に受給権が発生していた人に対してのみ支給されている。

▶表1　所得の種類別にみた1世帯当たり平均所得金額および構成割合

（上段：所得金額（万円）、下段：構成割合（％））

	総所得	稼働所得	公的年金・恩給	財産所得	年金以外の社会保障給付金	仕送り・企業年金等その他の所得
全世帯	545.7 (100)	399.6 (73.2	109.7 (20.1)	15.3 (2.8)	6.0 (1.1)	15.1 (2.8)
高齢者世帯	318.3 (100)	80.3 (25.2)	199.9 (62.8)	17.2 (5.4)	1.8 (0.6)	19.0 (6.0)

資料：厚生労働省『令和4年国民生活基礎調査の概況』2022年

▶ グラフ1　公的年金・恩給を受給している高齢者世帯における公的年金・恩給の総所得に占める割合別世帯数の構成

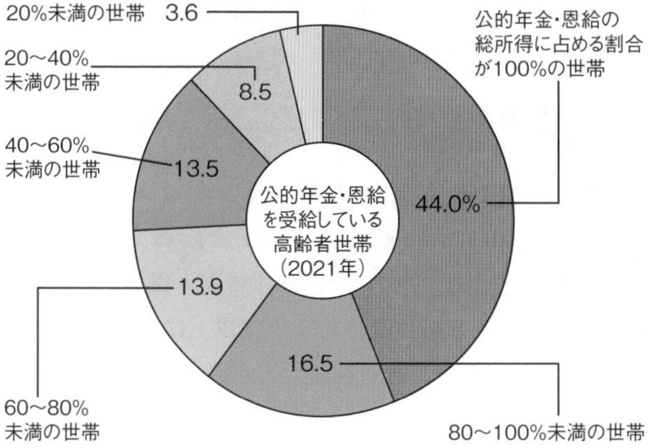

資料：厚生労働省『令和４年国民生活基礎調査の概況』

▶ グラフ2　各種世帯の生活意識

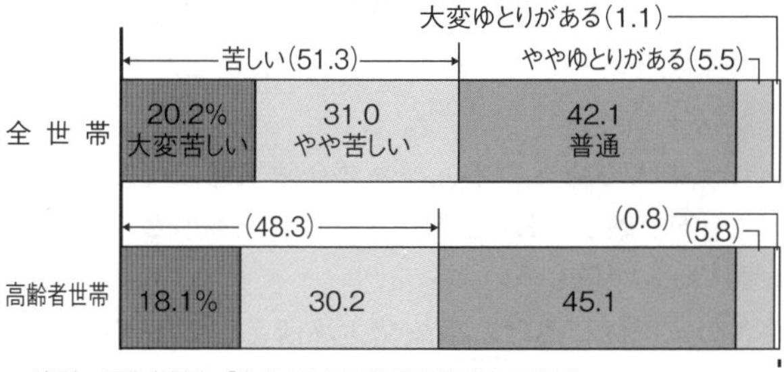

資料：厚生労働省『令和４年国民生活基礎調査の概況』

❷ 世話の費用

介護の際に必要となる「世話の費用」をどのようにまかなうかについては、年金等の収入、貯蓄、資産の売却等でまかなうと考えている世帯が約86％を占めている（グラフ3）。

▶ グラフ3　世話の費用

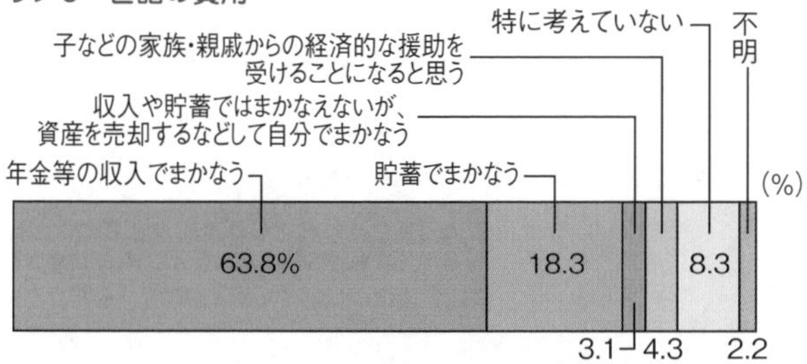

資料：内閣府『令和４年　高齢者の健康に関する調査結果（概要版）』2022年

出題頻度 ★★☆

高齢者の日常生活と QOL

高齢者の日常生活に関するさまざまな調査をもとに、高齢者の日常生活の現状を把握し、理解しましょう。

ここをチェック！

❶ 高齢者の日常生活と健康

- 約８割の人が生きがいを感じており、約９割の人が日常生活に満足している。その一方で、「将来の自分の日常生活全般について不安を感じる」人は９割以上に達している。
- 「おしゃれをしたい」と回答した人が約７割で、女性に限れば８割がおしゃれをしたいと回答している。
- 食生活について、単身世帯、経済的にゆとりが少ない人ほど、欠食《けっしょく》傾向にある。
- 居住する地域における不便な点として、日常の買い物、病院等への通院といった、日常生活に不可欠な事柄を挙げる傾向にある。
- 75歳以上の人の約５割が、将来要介護状態になるのではないかと不安を感じており、介護を受けたい場所として、自宅を希望する人が最も多い。
- 高齢者の家庭内における事故発生場所として圧倒的に多いのは住宅（屋内）であり、住宅（屋内）における事故発生場所として多い順をみると、「居室→階段→台所・食堂→玄関→洗面所→風呂場→廊下→トイレ」の順である。

  なお、高齢者介護施設における介護事故の発生については、P.347に記載してあるので混同しないようにしたい。。
- 65歳以上の有訴者率《ゆうそしゃりつ》*は男性397.6、女性435.2となっており、その主な症状は男性では腰痛、肩こり、せきやたん、女性では肩こり、腰痛、手足の関節痛などとなっている。
- 65歳以上では7割弱、75歳以上では７割以上の人が傷病により通院している。

資料：2021（令和３）年度「高齢者の日常生活に関する意識調査」、2022（令和４）年「国民生活基礎調査の概況」、2019（令和元）年度「高齢者の住宅と生活環境に関する意識調査」、2021（令和３）年度「高齢者の健康に関する意識調査」、「令和５年版高齢社会白書」等より

有訴者率
人口1000人あたりに占める、病気やけがなどで自覚症状のある者の割合。

出題頻度 ★

高齢者とこころの問題

老年期は、一般的に新しく得るものは少なく、失うものは多くなります。喪失《そうしつ》に対する適応はさまざまで、複合喪失により、悲嘆《ひたん》感や不安感を強めていく人は少なくありません。また、こころの問題が身体に与える影響も理解しましょう。

ここをチェック！

❶ 高齢者が失っていくさまざまなもの

高齢者は、仕事・社会的役割、配偶者や友人・知人、健康、財産など、かけがえのないものを失いがちである。この複合喪失*により、感情が不安定になりやすくなる。

複合喪失
社会的役割の喪失、経済力の減退、心身機能の低下、親しい人たちとの死別などが重複すること。

❷ 不安や恐怖感、環境適応力の低下

高齢者は、自らの病気、認知症などにより要介護状態になること、そして死への不安や恐怖感を抱えている人が多い。また、環境への適応力も低下する。高齢者になってからの生活環境の変化は心理的な負担となり、心身の健康に影響を及ぼすこともある。援助の際は、これまでの生活歴を考慮する必要がある。

❸ 身体と精神の相互の影響

高齢者では、身体疾患《しっかん》による入院などの環境の変化が、こころに大きな影響を与えることがある。反対に、精神疾患が身体疾患を誘発することもある。例えば、入院に伴う環境の変化が精神障害の発症につながったり、うつによる食欲不振から脱水、肺炎や脳梗塞《のうこうそく》を誘発したりすることなどがある。

理解度〇✕チェック！

1. 17 歳の男子高校生、75 歳の祖母（要介護２）と二人暮らし。祖母は通所リハビリテーションを利用している。「祖母の世話で家事や勉強への不安がある」と介護福祉職へ相談があったので、「家事が大変なら介護老人保健施設への入所を勧めましょう」と回答した。 出 34-21改
2. フォーマルサービスに該当するものとして、地域包括支援センターがある。 出 34-23

答 ………… 1. ✕（ヤングケアラーの問題。まずは介護支援専門員に相談することを勧める） 2. 〇

7……障害のある人のくらしの理解

キーワード　障害者の定義　障害者のくらし　障害者の意識調査

出題頻度 ★★

障害者を取り巻く状況

介護福祉士は、障害者のくらしにかかわる仕事もしています。身体障害者、精神障害者、知的障害者の定義を理解し、障害者に関する調査を参考に、障害者を取り巻く状況を理解しましょう。

ここをチェック！

❶ 障害者の定義

身体障害、精神障害、知的障害のそれぞれについて、身体障害者福祉法その他の法律で規定されている。なお、18歳以上の者を障害者、18歳未満の者を障害児という。

- 身体障害者：身体障害者福祉法第4条に定められた、視覚障害、聴覚または平衡機能障害、音声機能・言語機能またはそしゃく機能障害、肢体不自由、心臓・腎臓または呼吸機能の障害その他政令で定める障害（内部障害）がある者。
- 精神障害者：精神保健及び精神障害者福祉に関する法律第5条で、統合失調症、精神作用物質による急性中毒又はその依存症、知的障害、精神病質その他の精神疾患を有する者と規定。
- 知的障害者：個別の法律による定義はない。障害の程度は、重度とそれ以外の区分の基準があり、児童相談所または知的障害者更生相談所で判定が行われる。判定は自治体の裁量にゆだねられており、統一した定義規定、認定基準はない。

❷ 障害者の総数

身体障害、知的障害、精神障害を合計した障害者の総数は965万人で、日本の総人口の約8%に相当する。施設入所の状況でみると、特に知的障害者は割合が高くなっている。

（注：精神障害者については、外来患者数、入院患者数で示している。）　（万人）

	在宅	施設	合計
身体障害者（児）	429	7（1.6%）	436
知的障害者（児）	96	13（11.9%）	109
精神障害者	586	29（4.7%）	615

資料：内閣府『令和5年版障害者白書』より概数表示

❸ 障害別の特徴

「国民の福祉と介護の動向」(2023/2024年)によると、障害者について以下のようなことがわかる。

- **身体障害者手帳所持者の種類別割合**

  高い方から順に肢体不自由、内部障害*、聴覚・平衡機能障害、視覚障害となっている。

> **内部障害**
> ①心臓機能、②腎臓機能、③呼吸器機能、④膀胱・直腸機能、⑤小腸機能、⑥ヒト免疫不全ウイルス(HIV)による免疫機能、⑦肝臓機能のいずれかに障害があると認められる場合。
> ⇒ P.226参照

- **精神障害者の疾患《しっかん》別構成割合**

  入院患者では統合失調症、統合失調症型障害および妄想性障害が、外来患者では躁《そう》うつ病を含む気分(感情)障害が最も多くなっている。

▶精神疾患を有する総患者数の推移

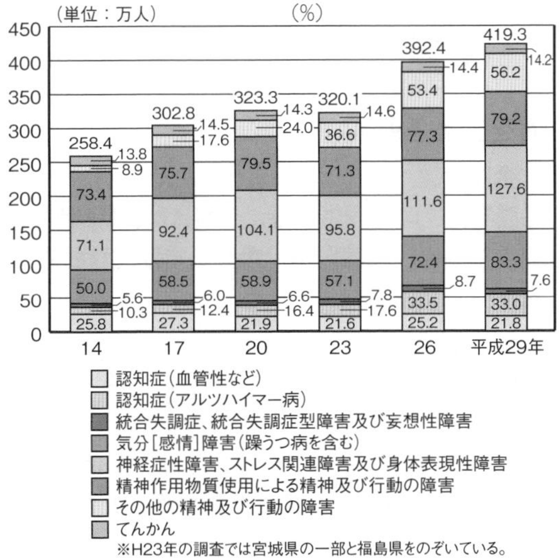

資料：内閣府『平成28年度障害者施策に関する基礎データ集』

- **障害の程度別にみた知的障害児・者数**

  総数約121万人のうち、重度障害児・者数は約43万人(約36%)を占めている(2021年3月現在)。

(人)

	総数	重度	中軽度
総数	1,213,063	428,890	784,173
知的障害児	299,008	73,428	225,580
知的障害者	914,055	355,462	558,593

資料：厚生労働省「福祉行政報告例」(「国民の福祉と介護の動向2023/2024」による)

出題頻度 ★★☆

障害のある人のくらしの実際

障害のある人のくらしと、生活のしづらさの要因を理解しましょう。高齢であり、かつ障害のある人は、自分で社会資源を選択・行使することが困難となります。障害のある人に情報を提供できるよう、制度や社会資源について理解しておきましょう。

生活のしづらさに関しては、2022（令和4）年の調査結果の発表が2024（令和6）年度にあるよ。関心をもっておこう

ここをチェック！

❶ 生活のしづらさ

2016（平成28）年の「生活のしづらさなどに関する調査」によると、障害者の「生活のしづらさの頻度」は、「毎日」の割合が65歳未満で35.9％、65歳以上で42.8％と、ともに最も多い。

❷ 生活を支える基盤

- 各種年金制度

障害基礎年金、障害厚生年金、手当には、特別障害者手当、経過的福祉手当、障害児福祉手当、特別児童扶養手当などがある。

年金制度
⇒ P.43参照

- 生活保護制度

賃金や年金が一定水準に満たない場合、生活保護を受給できる。被保護世帯数165万3,002世帯のうち、高齢者世帯の90万7,424世帯に次ぎ、障害者世帯・傷病者世帯が41万1,673世帯となっている（令和5年11月被保護者調査）。

生活保護制度
⇒ P.78参照

- 介護保険制度

障害者総合支援法の規定により、65歳以上の障害者および40歳以上65歳未満の特定疾病《しっぺい》者が要介護、または要支援状態になった場合は、原則、介護保険サービスが優先される。障害者固有のサービスなどは継続利用できる。

介護保険制度
⇒ P.48、318参照

障害者総合支援法は、2013（平成25）年4月に障害者自立支援法が廃止され、その後制定された法律だよ

❸ 知的障害者、精神障害者へのホームヘルプサービス

- 知的障害者のホームヘルプサービスの留意点

利用者が①何ができるか、②身の回りの世界をどのように認識しているか、③どういう人か、を理解する。利用者がさまざまな経験を積み重ねながら、意欲をもって主体的な行動がとれるよう支援する必要がある。

- **精神障害者のホームヘルプサービスの留意点**

日常生活の中でできること、できないことを判断し、そのニーズに配慮した対応を行う。具体的には ①日常生活行動や生活の仕方（暮らし方）への支援、②社会の人々とのつきあい方への助言、③安心感が得られるような支援などが求められる。

▶障害高齢者の日常生活自立度（寝たきり度）判定基準

	日常生活の状況
生活自立 （ランクJ）	•何らかの障害等を有するが、日常生活はほぼ自立しており独力で外出する。 ①交通機関を利用して外出する。 ②隣近所へなら外出する。
準寝たきり （ランクA）	•屋内での生活はおおむね自立しているが、介助なしでは外出しない。 ①介助により外出し、日中はほとんどベッドから離れて生活する。 ②外出の頻度が少なく、日中も寝たり起きたりの生活をしている。
寝たきり （ランクB）	•屋内での生活は何らかの介助を要し、日中もベッド上での生活が主体であるが、座位を保つ。 ①車椅子に移乗し、食事、排泄はベッドから離れて行う。 ②介助により車椅子に移乗する。
寝たきり （ランクC）	•１日中ベッド上で過ごし、排泄、食事、着替において介助を要する。 ①自力で寝返りをうつ。 ②自力で寝返りもうたない。

注：平成3年　厚生労働大臣官房老人保健福祉部長通知　による。

障害児への支援は、2012（平成24）年より児童福祉法に基づいて体系化されているよ。障害児施設（通所、入所）、居宅サービスと通所サービスなどがあるよ

理解度〇✕チェック！

1．66歳のAさん（戸籍上は男性。要介護３）は、性同一性障害であることから施設入所を避けてきたが、一人暮らしが難しくなってきたので、担当の訪問介護員に「性同一性障害でも施設に受け入れてもらえるか」と相談があったので、「施設での生活で心配なことは何か」と尋ねた。◀出 34-17改

2．知的障害者は、知的障害者福祉法に定義されている。◀出 34-87

答…………　1．〇　2．✕（知的障害者について、個別の法律による定義はない）

介護の基本

8……介護を必要とする人の生活環境

キーワード　介護者の状況　エコ・マップ　育児・介護休業法

出題頻度 ★★

介護を必要とする人の生活環境の理解

介護を必要とする高齢者や障害者が最も密接にかかわるのが同居の家族です。家族の中で、誰が主に介護を行っているか、介護に費やしている時間がどのくらいかなどを知ることが大切です。また、介護者の仕事や育児と、介護を両立させるための法律についても覚えておきましょう。

2023（令和５）年の日本人の平均寿命は、女性87.09年、男性81.05年だよ

ここをチェック！

❶ 主な介護者の続柄

2022（令和４）年の「国民生活基礎調査」によると、介護者は要介護者と同居する者が全体の６割近くを占めており、その内訳は上から順に配偶者、子、子の配偶者となっている。また、その中でも女性と高齢者が介護をしている比率が高くなっていることが分かる。

同居の主な介護者は男女とも7割が60歳以上となっているんだね

▶主な介護者の状況（2022年）

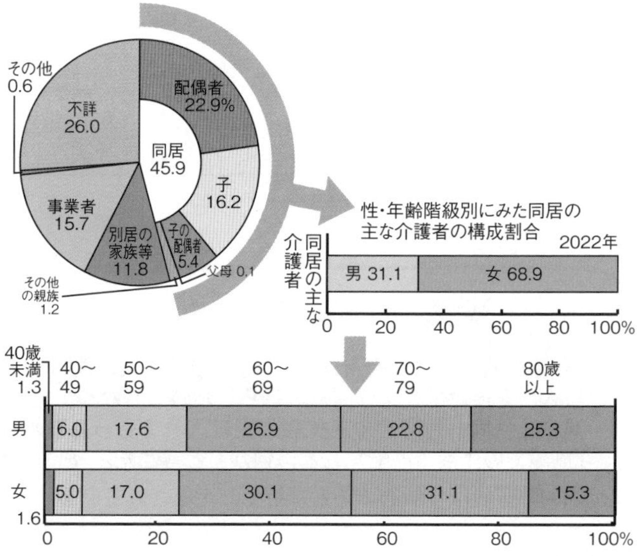

資料：厚生労働省『令和４年国民生活基礎調査の概況』

高齢になった要介護者を高齢になった配偶者や子が介護する「老老介護」の現状を示しているね

❷ 同居の主な介護者の介護時間

2022（令和4）年の「国民生活基礎調査」によると、介護時間は要介護3以上では「ほとんど終日」が最も多くなり、要介護5では6割近くが「ほとんど終日」となっている。

▶ 要介護度別にみた同居の主な介護者の介護時間の構成割合（2022年）

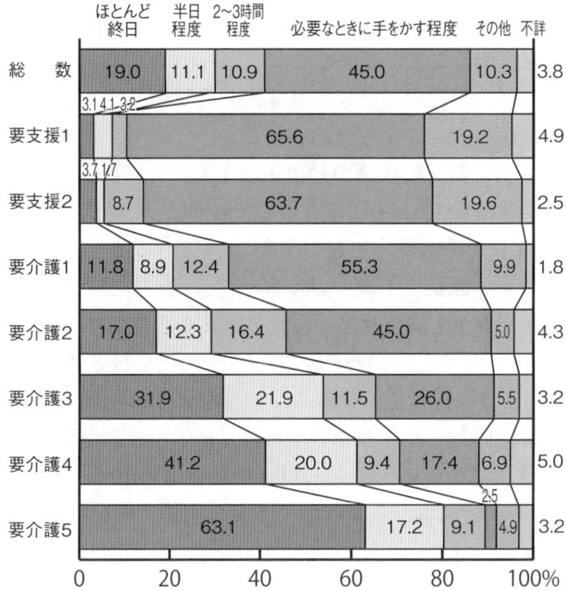

資料：厚生労働省『令和4年国民生活基礎調査の概況』

❸ エコ・マップとジェノグラム

- エコ・マップ（生態地図）：支援が必要な家族を中心として、その家族を支援する人や公的・私的機関を記載したもの。
- ジェノグラム（親族関係図）：支援が必要な家族を中心として、性別、年齢、婚姻などの家族関係を記載したもの。

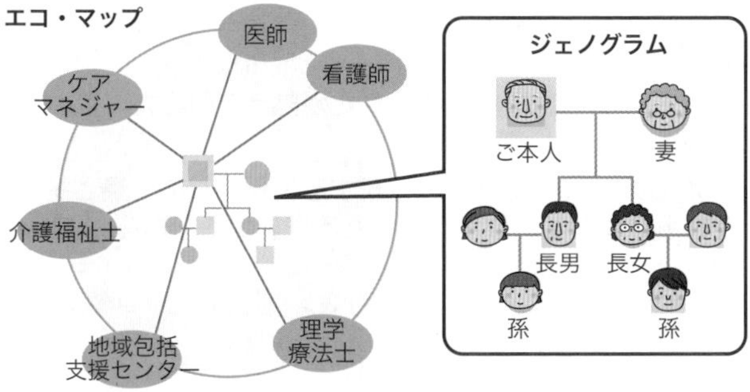

❹ 介護者を支援する制度

育児・介護休業法
⇒ P.354参照

- 育児・介護休業法

労働者が仕事と育児・介護を両立できるよう支援することを目的とした法律。

介護休業：家族が要介護状態になった場合、対象家族１人につき通算 93 日まで、３回を限度として、分割して介護休業を取得することができる。

休業中は、所定の計算により算出した賃金日額× 67% 分の給付金が雇用保険から支給される。

介護休暇：要介護状態の対象家族１人につき年５日、２人以上の場合は年 10 日を限度として、原則として時間単位もしくは1日単位で介護休暇を取得することができる。

育児休業：原則として１歳に満たない子１人につき１回取得でき、条件を満たせば、最長２年まで延長できる。

産後パパ育休（出生時育児休業）：子の出生後８週間以内に４週間まで取得可能。分割して２回の取得が可能。

子の看護休暇：小学校第３学年修了前の子が病気をしたときは、子１人につき年５日（２人以上の場合は年 10 日）を限度に、原則として時間単位もしくは1日単位で看護休暇を取得できる。

厚生労働省の調査では、2022（令和4）年度の育児休業の取得率は女性 80.2％、男性 17.13％、介護休業の取得率は女性 0.10％、男性 0.04％だよ

介護保険制度
⇒ P.48、314参照

- 介護保険制度

介護保険制度の主な対象は、要介護者であるが、家族の介護負担を軽減することも期待され、サービスの利用度は高い。在宅介護を行っている家族の負担が大きい場合は、施設や在宅サービスなどの利用を検討することが多い。

理解度〇✕チェック！

1.「育児・介護休業法」のもとでは、配偶者、父母、子、配偶者の父母は、介護休業の対象家族である。 出31-8

2.訪問介護員が、利用者に後ろから急に抱きつかれたが黙って耐えた。これは訪問介護員として適切な対応である。 出34-26改

3.介護を必要とする人のためのエコ・マップに記載する情報として、最も重視するものは、親、兄弟及び祖父母など、数世代にわたる家族関係である。 出26-24

答…………
1. 〇（第2条に規定）　2. ✕（「やめてください」と伝えるとともに、上司に相談する）
3. ✕（利用者や家族を取り巻くさまざまな支援システムとの関係を重視する）

9…… 介護サービス ケアマネジメント

キーワード　ケアマネジメント　ケアプラン
介護支援専門員（ケアマネジャー）

■介護サービスの概要

出題頻度 ★

介護保険法による介護サービスを受けるには「ケアプラン」を作成する必要があります。ケアプランは、ケアマネジメントの流れに沿って実施されるため、ケアマネジメントの内容についても理解しておきましょう。

ここをチェック！

❶ 介護サービスの種類

- フォーマルサービス（社会的サービス）：行政、企業、社会福祉法人、NPO などによるサービス。専門性が高く、契約によるサービスが確実に提供される。
- インフォーマルサービス（私的サービス）：家族、親族、近隣、友人、ボランティアなどによるサービス。専門性は低く、サービスの提供は不安定になる可能性はあるが、個々の利用者への柔軟な対応が可能。

❷ 介護サービスの利用方法

介護保険制度やその他のサービスを利用するには、まず、介護サービス計画（ケアプラン）を作成する。利用者自らケアプランを作成することも可能であるが、介護支援専門員（ケアマネジャー）に依頼し、ケアプラン（居宅サービス計画や施設サービス計画）を作成してもらうこともできる。

❸ ケアマネジメントとは

ケアマネジメントは、アメリカやカナダで、精神保健プログラムや老人福祉分野に取り入れられていた手法で、日本には1980 年代後半に導入された。利用者の生活課題（ニーズ）に対し、保健・医療・福祉など適切なサービスを利用できるように調整（コーディネート）を行い、課題解決を図ることを目的としている。

ケアマネジメント
⇒ P.466参照

アセスメント
⇒ P.456、458参照

❹ ケアマネジメントの手順

相談の受付	主として、地域包括支援センターが、介護や支援の必要な人の相談を受ける。
アセスメント（再アセスメント）	利用者の状況や課題を把握する。
ケアプランの作成	居宅の場合は介護支援専門員（ケアマネジャー）が居宅サービス計画を作成する。入所の場合は、入所施設の介護支援専門員が施設サービス計画を作成する。
ケアプランの実施	ケアプランは利用者本人の同意を得て実施。
モニタリング	ケアプランに基づくサービスの実施後、少なくとも1か月に1回は利用者の自宅や通所先などを訪問し、面接して、その結果を記録する。
評　価	モニタリングの結果を評価し、再アセスメントの実施、ケアプランの継続・変更・終結を判断する。
終　結	

Q&Aコラム

「ケアマネジメント」と「介護過程」の関係を教えてください！

ケアマネジメントの手順のなかで、「ケアプラン」に「訪問介護」や「通所介護」が位置づけられると、「介護過程」がスタートするんだよ

つまり、ケアマネジャーが「ケアプラン」を作成し、その趣旨に沿って、「訪問介護計画」や「通所介護計画」を作成するということなんですね！

ケアプラン作成

出題頻度 ★★★

介護支援専門員（ケアマネジャー）はアセスメントの結果をふまえて利用者の生活課題に沿って達成目標を設定し、その目標達成に向けたケアプランの原案を作成します。ケアプラン作成の基本原則やケアプランに基づくサービスを実施するまでのプロセスを理解しましょう。

ここをチェック！

❶ ケアプラン作成の７つの基本原則

1　利用者の機能的アセスメントに基づく
目標達成のために何が支障となっているか見極める

2　利用者や家族が作成過程に参加
利用者本位のケアプランが作成可能となる

3　決められた目標に向けて作成
ケアプランは目標達成に向けた計画である

4　特定期間の計画（永続的でない）
状況により目標の変更などがありうる

5　フォーマル・インフォーマルな援助を含む

6　利用者・家族の負担額を考慮
自己負担額の予算を確認しておく

7　定型化された計画用紙で文書化
目標達成に向けたサービスであること、自己負担額などの明確化

頻出
ケアマネジメントへの利用者と家族のかかわり

❷ ケアプラン作成と実施までの手順

ケアプランの原案を作成 → サービス担当者会議 → 利用者の承認とケアプランの確定 → サービス実施

- サービス担当者会議：各種サービスの提供事業者、利用者とその家族とともにケアプラン原案の内容等を検討する会議。

サービス担当者会議は、ケアカンファレンスの一種だよ
⇒ P.331、346、372、466 参照

介護の基本

出題頻度 ★

■モニタリングから援助の終結まで

モニタリングは、ケアプランに基づくサービスを実施した後の評価のために行われ、その結果に応じて、ケアプランの継続や見直し（再アセスメント）、終結を判断します。その内容について理解しておきましょう。

モニタリングは、少なくとも1か月に1回、テレビ電話等を活用する場合は少なくとも2か月に1回、利用者の居宅を訪問して面接し、その結果を月1回記録することになっているよ
⇒テレビ電話を活用すれば、隔月訪問でもよいということだね

ここをチェック！

❶ モニタリングと評価

- モニタリング：ケアプランの目標達成に向けて、① 計画どおりに支援が実施されているか、② 目標に対する到達度はどうか、③ サービスの種類や支援内容・支援方法は適切か、④ 利用者に新しい課題や可能性が生じていないか、⑤ サービスの質と量に対する利用者・家族の満足度はどうかなどを確認する。利用者と援助者および各サービス提供事業者に意見を聞き、サービスの実施状況を把握する。
- 評価：モニタリングの結果やケアマネジメントのプロセスを評価し、今後の支援について継続・変更・終結を判断する。

❷ 援助の終結

援助の終結には、施設等への入所、居宅介護支援事業所の変更、転居、死亡、認定結果が自立となった場合、介護保険サービスの利用が必要なくなった場合などのケースがある。援助は、下記の①～④の条件のもと、本人や家族の申出により、終結となる。

▶ 援助の終結の条件

① 課題が利用者の力によって解決された。
② 課題が解決されたことについて、援助者と利用者の判断が一致している。
③ 今後いくつか解決すべき課題はあるものの、その解決は利用者が自ら対応できる。
④ 援助者と利用者の間で①～③のことが共通理解となっている。

出題頻度 ★

介護支援専門員と主任介護支援専門員

介護支援専門員（ケアマネジャー）と、介護支援専門員が研修を受けて資格を取得する主任介護支援専門員（主任ケアマネジャー）は、ともに、介護保険サービスを提供するうえで、重要な役割を果たしています。介護支援専門員と主任介護支援専門員の役割とその違いを理解しましょう。

ここをチェック！

❶ 介護支援専門員（ケアマネジャー）

介護支援専門員（ケアマネジャー）の主な役割は、要介護者などからの相談に基づいて介護サービス計画（ケアプラン）を作成し、適切なサービス利用のために各所と連絡・調整を行うことである。2005（平成17）年の介護保険制度改正で、① 資格の更新制（5年間）、② 二重指定制（居宅介護支援事業所とは別に介護支援専門員も指定を受ける）の導入、③ 更新時研修の義務化・体系化、④ 主任介護支援専門員（主任ケアマネジャー）の創設などが行われた。

❷ 主任介護支援専門員（主任ケアマネジャー）の条件

5年（60か月以上）の実務経験がある介護支援専門員（ケアマネジャー）が、主任介護支援専門員研修を修了すると、資格が与えられる。地域包括支援センターへの配置が義務付けられている。

理解度○×チェック！

1. サービス提供責任者は、利用者の希望があれば、居宅サービス計画の変更を行う。 ◀出 27-25改
2. 介護保険制度の居宅サービスにおけるケアマネジメントにおいて、利用者や家族は、居宅サービス計画の立案・作成にはかかわることができない。 ◀出 24-25
3. サービス担当者会議は、利用者とその家族の参加を基本とする。 ◀出 28-25
4. 介護保険制度の居宅サービスにおけるケアマネジメントにおいて、少なくとも2か月に1回は、モニタリングの結果を記録する。 ◀出 24-25

答…………
1. ×（ケアマネジャーが行う）　2. ×（利用者や家族もかかわる）
3. ○　4. ×（少なくとも1か月に1回）

介護の基本

10…… 介護サービス サービス提供の場

キーワード　居宅サービス　施設サービス　地域密着型サービス

出題頻度 ★★

■居宅サービス

介護保険制度の居宅サービスについて、留意点、サービスの種類や内容などのポイントを押さえておきましょう。

ここをチェック！

❶ 居宅における介護の留意点

- 利用者の生活経験や価値観を知る。
- 利用者の機能障害や残存機能を把握する。
- 本人や家族の思い、家族の介護負担（介護力）の現状を知る。
- 住環境、経済環境、地域の社会資源、医療関係者との連携のあり方を確認する。
- 利用者、介護者が使いやすい福祉用具の情報提供を行う。
- 下記のマークは、国に登録された第三者認証機関によって、品質が保証された介護用品についているマークである。

介護保険法による福祉用具
⇒ P.378-379参照

❷ 居宅サービスに関する法改正

- 居宅サービスのうち、訪問介護および通所介護については、2014（平成26）年の介護保険法改正により、これまで要支援1・2の利用者に対し実施されていた「介護予防訪問介護」「介護予防通所介護」が、介護保険制度の予防給付の対象から除外された。
- 要支援者に対する「介護予防訪問介護」と「介護予防通所介護」については、地域支援事業の「介護予防・生活支援サービス事業」として実施されている。

介護保険法の改正
⇒ P.49、62参照

❸ 居宅サービス等の種類と内容

サービスの種類	サービスの内容
訪問介護 （ホームヘルプサービス）	訪問介護員（ホームヘルパー）が、要介護者の居宅を訪問して、入浴、排泄《はいせつ》、食事等の介護、掃除等の家事、生活に関する相談、助言、その他必要な日常生活上の世話を行う。
訪問入浴介護	入浴車等で居宅を訪問して、浴槽を提供し入浴の介護を行う。
訪問看護	看護師が、病状が安定し訪問看護を要すると主治医が認めた要介護者の居宅を訪問して、療養上の世話または必要な診療の補助を行う。
訪問リハビリテーション	理学療法士、作業療法士、言語聴覚士等が、病状が安定し医学的管理下におけるリハビリテーションを要すると主治医が認めた要介護者等の居宅を訪問して、必要なリハビリテーションを行う。
居宅療養管理指導	医師、歯科医師、薬剤師等が、通院困難な要介護者の居宅を訪問して、心身の状況等を把握し、療養上の管理および指導を行う。
通所介護 （デイサービス）	老人デイサービスセンター等で、入浴、排泄、食事等の介護、生活に関する相談、助言、健康状態の確認、その他必要な日常生活の世話および機能訓練を行う。
通所リハビリテーション （デイケア）	病状が安定し医学的管理下におけるリハビリテーションを要すると主治医が認めた要介護者等に、介護老人保健施設、病院または診療所等で、必要なリハビリテーションを行う。
短期入所生活介護 （ショートステイ）	老人短期入所施設、特別養護老人ホーム等に短期間入所し、入浴、排泄、食事等の介護、その他日常生活上の世話および機能訓練を行う。
短期入所療養介護 （ショートステイ）	病状が安定しショートステイを必要とする要介護者等に、介護老人保健施設、介護医療院等に短期間入所し、看護、医学的管理下の介護、機能訓練、その他必要な医療や日常生活上の世話を行う。
特定施設入居者 生活介護 （有料老人ホーム等）	有料老人ホーム、軽費老人ホーム等に入居している要介護者等に、その施設で特定施設サービス計画に基づき、入浴、排泄、食事等の介護、生活に関する相談、助言等の日常生活上の世話、機能訓練および療養上の世話を行う。
福祉用具貸与	在宅の要介護者等に、福祉用具の貸与を行う。
特定福祉用具販売	福祉用具のうち、入浴と排泄のための福祉用具、その他厚生労働大臣が定める福祉用具の販売を行う。
居宅介護住宅改修費 （住宅改修）	手すりの取り付け、その他厚生労働大臣が定める種類の住宅改修費の支給を行う。
居宅介護支援	在宅の要介護者等の依頼を受けて、利用する居宅サービス等の種類、内容、担当者、健康上・生活上の問題点、解決すべき課題、達成目標等を定めた居宅サービス計画を作成し、その計画に基づくサービス提供が確保されるよう、事業者等との連絡調整を行う。介護保険施設への入所が必要な場合は、施設への紹介等を行う。

資料：厚生労働統計協会編『国民の福祉と介護の動向　2023/2024』を一部改変

❹ 特定施設*

- 軽費老人ホーム（ケアハウス）：老人福祉法に規定された老人福祉施設で、食事の提供のほか、介護サービスも利用できる施設。2010（平成 22）年からは都市部で、居室面積や職員配置基準の特例を設けて低《てい》廉《れん》化《か》を図った都市型軽費老人ホーム（定員 5 人以上 20 人以下）も設立されている。
- 有料老人ホーム：老人福祉法に規定された居宅施設。民間業者により運営され、4 つの類型表示が義務付けられている。2011（平成 23）年 10 月から「サービス付き高齢者向け住宅*」として登録可能。サービス付き高齢者住宅には、60 歳以上または要介護／要支援認定を受けている 60 歳未満の単身・夫婦世帯が入居できる。

▶ 有料老人ホームの類型

介護付有料老人ホーム（一般型特定施設入居者生活介護）	介護等のサービスは、施設内スタッフが提供する。介護専用型（要介護または要支援の人が対象）と混合型（自立、要支援、要介護のいずれの人も対象）がある。
介護付有料老人ホーム（外部サービス利用型特定施設入居者生活介護）	介護等のサービスは、外部の事業所が提供する。介護専用型と混合型がある。
住宅型有料老人ホーム	生活支援等のサービスが付いた居住施設。自立または要支援の人が対象だが、介護が必要になっても、軽度の場合は訪問介護等のサービスを利用しながら生活を続けられる。
健康型有料老人ホーム	食事等のサービスが付いた居住施設。自立または要支援の人が対象で、介護が必要となった場合は退去しなければならない。

- 養護老人ホーム：老人福祉法に規定された福祉施設。対象は経済的、社会的理由で、地域で生活を維持、継続できない人。外部サービスの利用や施設自体に介護職員等を配置することを前提に、特定施設の指定を受けることができる。

特定施設
定員が30人以上であり、都道府県から「特定施設入居者生活介護」の事業者指定を受けている施設。なお、定員が29人以下の施設は地域密着型特定施設に区分される。

サービス付き高齢者向け住宅
高齢者の居住の安定を確保することを目的に設立された。バリアフリー構造、介護・医療と連携し高齢者を支援するサービスを提供する。必須のサービスは安否確認と生活相談のみ。

出題頻度 ★★

施設サービス

施設サービスは、あくまで在宅生活の延長線上に位置づけられるサービスであり、利用者の生き方を尊重することを忘れてはなりません。サービス利用者は、急な環境の変化に戸惑い、心身に変調をきたす場合もあります。認知症高齢者の場合は、特に環境の変化に配慮する必要があることも理解しましょう。

ここをチェック！

❶ 介護保険適用の施設サービス

生活介護のほか、医学的管理下におけるリハビリテーションや看護などのサービスが提供される。

介護老人福祉施設（特別養護老人ホーム）	高齢により身体・精神の著しい障害のため、常時介護を必要とする高齢者のうち、居宅で介護を受けることが難しい人（要介護３以上）を入所させ、日常生活の介護を行う。
介護老人保健施設	慢性期、維持期にある、治療を要する状態ではない高齢者で、退院後に在宅生活を送ることが難しい人に対し、医学的管理のもとで、在宅復帰に向けたリハビリテーション等を行う施設。
介護医療院	長期療養の要介護１以上の要介護者に対し、医療と介護を一体的に提供する施設。看取りやターミナルケアも行う。2017（平成29）年の介護保険法改正によって、2018（平成30）年４月より創設。創設の届出は都道府県に行う。入所者のためのレクリエーション行事を行うよう努めることが求められている。

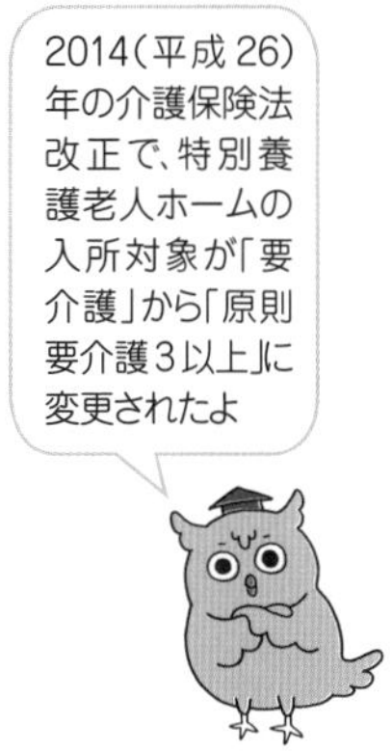

❷ ユニットケア

介護保険施設では、ユニットケアを採用する施設が増えている。

- ユニットケアは、高齢者を「原則としておおむね10人以下とし、15人を超えない」グループに分け、1グループを生活の単位（ユニット）とし、自宅に近い環境の中でケアを行うもので、生活単位*と介護単位*を一致させたケアを提供する。
- グループの人数分の居室（プライベート空間）と共用空間を1単位とする。居室は個室とし、リビングのような小さな共用スペースで食事をしたり、談話などを楽しむ。

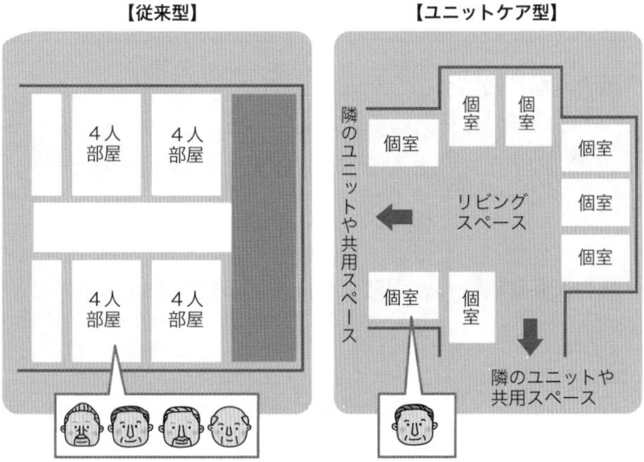

- 入居者が相互に社会的関係を築き、自律的な日常生活を営むことを支援する必要がある。
- 職員は少人数単位でケアにあたるため、職員間の情報の共有・意見交換の機会を意識的に設ける必要がある。

▶ユニットケアのメリット・デメリット

メリット	・個室のためプライバシーが確保できる。 ・少人数で交流できる共用スペースがあり、不特定多数が利用する空間よりもストレスが少ない。 ・専任スタッフで顔なじみになることができる。 ・個室のため利用者家族が訪問しやすい。 など
デメリット	・個室を確保することにより、利用者の負担額が大きくなる。 など

生活単位
利用者が生活しやすい人数を1単位とする。法令では1単位は「原則としておおむね10人以下とし、15人を超えない」とされている。

介護単位
介護を行う側から考えた利用者の人数。従来型の施設では、1単位数十人とされていた。ユニットケアでは、生活単位=介護単位とする。

地域密着型サービス

出題頻度 ★★★

頻出
地域密着型サービスの種類と内容

地域密着型サービスは、介護保険法に基づく市町村主体のサービスです。

ここをチェック！

❶ 地域密着型サービスの種類とサービス内容

▶ 介護保険制度における地域密着型サービス

サービスの種類	内容
定期巡回・随時対応型訪問介護看護	重度者をはじめとした要介護高齢者に対し、日中・夜間を通じて訪問介護と訪問看護が連携しながら、短時間の定期巡回型訪問と随時の対応を行う。
小規模多機能型居宅介護	要介護者に対し、居宅またはサービスの拠点において、家庭的環境と地域住民との交流の下で、入浴、排泄《はいせつ》、食事等の介護その他の日常生活上の世話および機能訓練を行う。
夜間対応型訪問介護	居宅の要介護者に対し、夜間の定期的な巡回訪問や通報により居宅を訪問し、排泄の介護、日常生活上の緊急時の対応を行う。
地域密着型通所介護	居宅の要介護者に対し、小規模の老人デイサービスセンター等において、入浴、排泄、食事等の介護、日常生活上の世話および機能訓練を行う。
認知症対応型通所介護	居宅の認知症要介護者に、特別養護老人ホームまたは老人デイサービスセンターにおいて、介護職員、看護職員等が、入浴、排泄、食事等の介護その他の日常生活上の世話および機能訓練を行う。
認知症対応型共同生活介護（グループホーム）	認知症の要介護者に対し、住居において共同生活を営み、家庭的な環境と地域住民の交流の下で、入浴、排泄、食事等の介護その他の日常生活上の世話および機能訓練を行う。
地域密着型特定施設入居者生活介護	入所・入居を要する要介護者に対し、小規模型（定員29人以下）の施設において、地域密着型特定施設サービス計画に基づき、入浴、排泄、食事等の介護その他の日常生活上の世話、機能訓練および療養上の世話を行う。
地域密着型介護老人福祉施設入所者生活介護	入所・入居を要する要介護者（原則要介護３～５）に対し、小規模型（定員29人以下）の施設において、地域密着型施設サービス計画に基づき、在宅生活への復帰を念頭に置き、入浴、排泄、食事等の介護その他の日常生活上の世話、機能訓練、健康管理、療養上の世話を行う。
看護小規模多機能型居宅介護（複合型サービス）	小規模多機能型居宅介護と訪問看護など、複数の在宅サービスを組み合わせて提供する。

資料：厚生労働統計協会編『国民の福祉と介護の動向　2023/2024』を一部改変

地域密着型通所介護に含まれるものとして、「療養通所介護（医療型デイサービス）」がある。難病などの重度の要介護者、末期がんの方などが対象だよ

❷ 夜間対応型訪問介護の類型

夜間帯（18～8時）に介護福祉士または訪問介護員が定期的に訪問し、排泄《はいせつ》介助や安否確認などを行う「定期巡回」と、ベッドからの転落や急な体調不良など緊急時に通報により訪問し、対応を行う「随時対応」の2種類がある。

❸ 定期巡回・随時対応型訪問介護看護の類型

1つの事業所で訪問介護、訪問看護のサービスを一体的に提供する「介護・看護一体型」と、訪問介護、訪問看護を行う事業所が別にあり、互いに連携してサービスを提供する「介護・看護連携型」の2種類がある。

❹ 看護小規模多機能型居宅介護（複合型サービス）

小規模多機能型居宅介護と訪問看護などの複数のサービスを組み合わせた複合型事業所を創設し、看護と介護の一体的サービスを提供する。医療ニーズに応じた柔軟なサービス提供が可能。2015（平成27）年度から「看護小規模多機能型居宅介護」と呼ぶこととなった。

運営推進会議は、各事業所の設置する会議で、利用者や家族、市町村職員、地域包括支援センターの職員等が参加するよ

❺ 地域密着型サービス事業所の特徴

①利用者や家族、市町村職員、地域住民の代表者などにサービス内容などを明らかにし、地域に開かれたサービスを行う、②事業所による利用者の「抱え込み」を防止し、サービスの質の確保と向上を図ることを目的に、「夜間対応型訪問介護」を除く各事業所に運営推進会議または介護・医療連携推進会議の設置が義務づけられている。

理解度○✕チェック！

1. 介護医療院の開設は市町村から許可を得なければならない。◀出 33-23
2. 小規模多機能型居宅介護は、地域密着型サービスの一つである。◀出 26-25
3. 定期巡回・随時対応型訪問介護看護は、要支援者は利用できる。◀出 31-21
4. 訪問介護事業所のサービス提供責任者の役割として、利用者の生活課題に沿って、居宅サービス計画書を作成することがある。◀出 32-23

答…………　1. ✕（開設申請は都道府県にする）　2. ○　3. ✕（要介護者が対象である）
4. ✕（具体的な援助目標及び援助内容を記載した「訪問介護計画書」を作成する）

11……介護実践における連携

キーワード　多職種連携　チームアプローチ　地域連携

出題頻度 ★

多職種連携（チームアプローチ）

チームアプローチ（多職種連携）の目的は、異なる専門性をもつ多職種がチームとなって、互いの専門能力を活用し、サービスをより効果的に提供することで、利用者を支えることです。キーワードを整理しておきましょう。

ここをチェック！

❶ チームアプローチとは

多職種のチームで援助を行うことをいう。それぞれの専門職の視点で情報収集やアセスメントを行い、目標や方針を共有し、専門性を発揮して総合的な援助を行う。

利用者がチームアプローチの中心だよ

❷ チームアプローチを支えるケアシステム

チームアプローチを支えるケアシステムには、①介護福祉士が利用者を支える１対１の支援、②チーム全体で利用者を支えるチームの支援、③組織や基盤を整備する組織的な支援の３つのレベルがあり、それらが連動する必要がある。

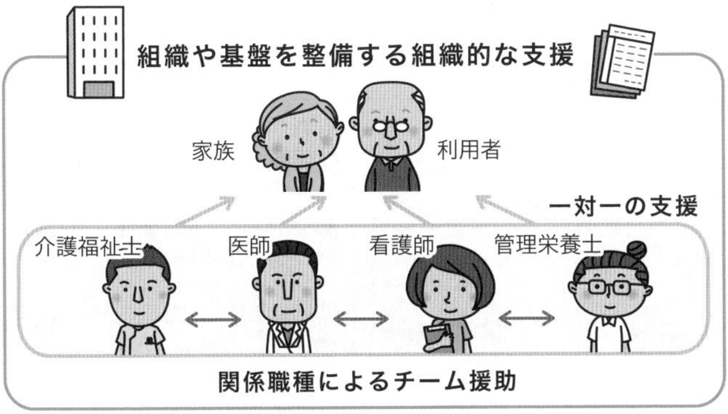

チームアプローチでは、
- 共通の目標をもつ
- 互いの専門性を理解し、尊重する
- 定期的なケアカンファレンスをもち、情報交換を行い、オープンな議論を行う

などに留意する必要があるよ

❸ ケアカンファレンス

チームで情報を共有し、総合的な援助を行うために実施される、チームの各専門職間での話し合い。利用者本人、家族、ボランティアなどが参加することもある。

出題頻度
★★

■連携の主となる社会福祉関係職種

チームアプローチでは、介護福祉士や介護支援専門員（ケアマネジャー）をはじめ、さまざまな職種が連携し、支援を進めていきます。チームアプローチの際に連携が必要となる社会福祉関係職種の業務内容を理解し、それぞれの専門性の果たす役割を覚えておきましょう。

ケアチームの全員が、役割と責任をしっかりと認識して、到達目標達成のために多様な資源を有効的・効率的に活用するしくみを、チームマネジメントというよ

PSW
Psychiatric Social Worker

MSW
Medical Social Worker

専門性のある職種でも、国家資格や公的資格ではないものもあるんだね

ここをチェック！

▶主な社会福祉関係職種

国家資格（名称独占）	社会福祉士（SW）	福祉の相談に応じ、各所と連絡調整、ならびに援助を行う。
	精神保健福祉士（PSW*）	精神障害の医療を受けている人の相談に応じ、援助を行う。
	介護福祉士	身体および精神に障害があり、日常生活を営むのに支障がある者の介護、介護者に対する指導を行う。
公的資格	介護支援専門員（ケアマネジャー）	要介護者などからの相談を受け、適切なサービス利用のために各所と連絡・調整を行う。
	訪問介護員（ホームヘルパー）	介護が必要な人の居宅で、身体介護と生活援助を必要に応じて行う。
その他	医療ソーシャルワーカー（MSW*）	患者や家族の抱えるさまざまな問題を解決・調整・援助し、社会復帰の促進を図る。社会福祉士や精神保健福祉士の資格をもつ者が多い。
	ケースワーカー	福祉事務所の職員で相談援助を行う。
	民生委員・児童委員	地域関係者のインフォーマルな情報収集や相談、見守りなどを行い、関係機関につなぐ。
	ボランティア	友人、認知症・障害者サポーター、手話通訳者などの支援者。

民生委員・児童委員
⇒P.336参照

連携の主となる医療関係職種

出題頻度 ★★★

身体機能の低下や疾病などに悩まされがちな高齢者の介護では、医療関係職種との連携も重要です。それぞれの医療関係職種の専門性を知り、役割を把握しておきましょう。

理学療法
治療体操、電気刺激、マッサージ、温熱、など。

作業療法
手芸や工作、その他の作業、など。

ここをチェック！

▶主な医療関係職種

医師 （業務独占）	診断、投薬（注射）、手術、生理学的検査などを行う。
看護師 （業務独占）	療養上の世話、診療補助を行う。病院、診療所、訪問看護ステーションなどに勤務する。
助産師 （業務独占）	助産行為、妊婦・褥婦《じょくふ》・新生児の保健指導を行う。療養上の世話、診療補助も行う。看護師資格ももつため、上記の業務も可能である。
薬剤師 （業務独占）	調剤や医薬品の供給、薬事衛生を行う。特に、調剤業務は独占的な業務（例外として、医師または歯科医師が法令で定める特別の場合は、自己の処方箋により自ら調剤することが認められている）。
義肢装具士（PO） （名称・業務独占）	義肢装具の採型・採寸、適合・調整を行う。
保健師 （名称独占）	療養上の世話、診療補助を行う。地域包括支援センターや市町村、保健所などに勤務する。
視能訓練士（ORT） （名称独占）	視能検査、斜視や弱視の訓練・治療を行う。
理学療法士（PT） （名称独占）	身体の基本的動作能力の回復を図る。医師の指示のもと、理学療法*を行う。
作業療法士（OT） （名称独占）	主に、障害のある人に対して、応用的動作能力、社会的適応能力の回復を図るため、作業療法*を行う。
言語聴覚士（ST） （名称独占）	言葉や聴こえ方、嚥下《えんげ》に障害がある人に対して、訓練・検査、助言・指導等を行う。
栄養士 （名称独占）	栄養の指導を行う。食物栄養の専門家として、食生活を支える。
管理栄養士 （名称独占）	栄養士免許取得後、国家試験に合格し、資格を取得する。学校給食、病院、保健所・市町村保健センター、福祉施設、外食産業、食品メーカーなどで栄養指導や栄養士の指導を行う。
臨床心理士・公認心理師 （名称独占）	心理学の知識や技法を使い、問題の克服や困難の軽減に向けて支援を行う。

介護福祉士ができる医療的ケアと実施のための研修等の条件について知っておこう

❶ 医行為でないものとは

医行為とは、医師法により「医師の医学的判断及び技術をもってするのでなければ人体に危害を及ぼし、又は危害を及ぼすおそれのある行為」と規定されている。2005（平成17）年と2022（令和4）年に厚生労働省は、「原則として医行為ではないと考えられる行為」について示した。

▶ 原則として医行為でないもの

- 水銀体温計や電子体温計により腋下で体温を計測すること、および耳式電子体温計により外耳道で体温を測定すること。
- 自動血圧測定器や半自動血圧測定器により血圧を測定すること。
- 新生児以外の者であって入院治療の必要がないものに対して、動脈血酸素飽和度を測定するため、パルスオキシメータを装着すること。
- 軽微な切り傷《きず》、擦《す》り傷、やけど等について、専門的な判断や技術を必要としない処置をすること（汚物で汚れたガーゼの交換を含む）。
- 一定の条件を満たしたうえで、皮膚への軟膏の塗布（褥瘡《じょくそう》の処置を除く）、皮膚への湿布の貼付、点眼薬の点眼、一包化された内用薬の内服（舌下錠《ぜっかじょう》の使用も含む）、肛門からの坐薬挿入または鼻腔粘膜への薬剤噴霧《やくざいふんむ》を介助すること。
- 在宅看護等の介護現場におけるインスリン注射の準備・血糖値の確認・片付け等をすること。
- 持続血糖測定器のセンサーの貼付や測定値の読み取りをすること。
- 経管栄養の準備及び片付けをすること。
- 喀痰吸引の吸引器に溜まった汚水の廃棄や吸引器へ入れる水の補充、吸引チューブ内の洗浄に使用する水を補充すること。
- 在宅酸素療法を実施している患者が援助を必要としている場合に、医師から指示された酸素流量の設定、酸素マスクや経鼻カニューレ装着等の準備や酸素離脱後の片付けを行うこと。

その他、膀胱留置カテーテルの操作、服薬介助、食事介助、有床義歯の操作などがある。

介護現場における行為のうち「原則として医行為でないもの」として、2022(令和4)年に新たな行為が追加されたので、押さえておこう

▶ 原則として医行為として規制する必要がないもの

- 爪そのものに異常がなく、爪の周囲の皮膚にも化膿《かのう》や炎症がなく、かつ、糖尿病等の疾患《しっかん》に伴う専門的な管理が必要でない場合に、その爪を爪切りで切ることや爪ヤスリでやすりがけすること。
- 重度の歯周病等がない場合の日常的な口腔内《こうくうない》の刷掃《さっそう》・清拭《せいしき》において、歯ブラシや綿棒または巻き綿子などを用いて、歯、口腔粘膜、舌に付着している汚れを取り除き、清潔にすること。

爪や口腔内に病気やケガがある場合は、医行為とみなされることがあるよ

- 耳垢《じこう》を除去すること（耳垢塞栓《じこうそくせん》の除去を除く）。
- ストーマ装具のパウチにたまった排泄物《はいせつぶつ》を捨てること（肌に接着したパウチの取り替えを除く）。
- 自己導尿を補助するため、カテーテルの準備、体位の保持などを行うこと。
- 市販のディスポーザブルグリセリン浣腸器を用いて浣腸すること。

❷ 医療的ケア*

2011（平成23）年の社会福祉士及び介護福祉士法改正により、介護福祉士の業務に「喀痰《かくたん》吸引その他のその者が日常生活を営むのに必要な行為であって、医師の指示の下に行われるもの（厚生労働省令で定めるものに限る）を含む」が加えられた。介護福祉士が喀痰吸引等を行うためには、基本研修と演習を修了後、実地研修を修了し、修了証の交付を受ける必要がある。また、一定の研修を修了し、認定を受けた介護福祉職も、喀痰吸引等を実施できることになっている。

医療的ケア
実施可能な行為は、喀痰吸引（口腔内《こうくうない》、鼻腔《びくう》内《ない》、気管カニューレ内部）と、経管栄養（胃ろう、腸ろう、経鼻）。

医療的ケア
⇒ P.244、290参照

地域連携

出題頻度 ★★★

地域連携は、生活の場やその地域で、利用者が求める生活を支援するものです。チームアプローチを具体的に形にするための方法の一つでもあります。地域連携を支える組織や職種の役割や業務、連携のしかたなどを覚えておきましょう。

ここをチェック！

❶ 3つのレベル

- 個人レベルの地域連携：地域の関係機関や関係者が、利用者の支援のために互いに連絡を取り合って連携するレベル。
- 組織間レベルの地域連携：関係機関間で「このようなときには、このように連携しましょう」と約束して対応する連携レベル。
- 制度レベルの地域連携：特定の組織間で結ばれる連携を越えて、制度となった連携レベル。

介護の基本

❷ 関係職種や関係団体・機関

- 民生委員：地区を担当して相談活動を行い、関係機関につなぐ。都道府県知事の推薦によって、厚生労働大臣が委嘱《いしょく》し、任期は３年間。児童委員も同時に委嘱される。
- NPO 法人：特定非営利活動（NPO）法人には保健・医療または福祉関係の団体が多い。小規模多機能型居宅介護など介護保険事業や送迎サービスなどを行う。

❗頻出
社会福祉協議会の役割、民生委員の決め方や任期、仕事など

- 社会福祉協議会：公共性が高い非営利民間福祉団体で、都道府県、市区町村単位で設置される。訪問介護、通所介護などの事業運営、ボランティアセンターの設置、高齢者の見守り支援ネットワークや地域組織化の推進などを行う。

  日常生活自立支援事業は、認知症高齢者などの判断力が不十分な人が自立した生活を送れるよう、福祉サービスの利用や日常的な金銭管理に関する援助などを行うもので、実施主体は都道府県社会福祉協議会、指定都市社会福祉協議会。窓口業務は市区町村社会福祉協議会等で実施。
- 福祉事務所：都道府県および市（特別区含む）に設置義務がある。都道府県の福祉事務所は、生活保護法、児童福祉法、母子及び父子並びに寡婦《かふ》福祉法、市町村の福祉事務所はこの三法に加え、老人福祉法、身体障害者福祉法、知的障害者福祉法の六法を対象とする。それぞれの権限で援護、育成、更生に関する業務を行う、社会福祉行政機関である。

そのほかの社会福祉行政機関には、児童相談所、身体障害者更生相談所、知的障害者更生相談所、婦人相談所などがあるよ

❸ 地域包括支援センター

地域住民の保健医療の向上および福祉の増進を包括的に支援することを目的とし、包括的支援事業等を一体的に実施する中核的機関として設置された。

地域包括支援センター
⇒ P.20、60、214参照

❗頻出
地域包括支援センターの事業内容や配置されている職種

- 包括的支援事業……①介護予防ケアマネジメント業務、②総合相談支援業務、③権利擁護《ようご》業務、④包括的・継続的ケアマネジメント支援業務などを行う。さらに、2014（平成26）年の介護保険法改正で、在宅医療・介護連携推進事業、認知症総合支援事業、生活支援体制整備事業の実施が加えられた。
- 設置主体……市町村または市町村から委託を受けた法人等で、市町村が責任主体となる。

- 職員体制……第1号被保険者3000人以上6000人未満につき、原則として保健師、社会福祉士、主任介護支援専門員等をそれぞれ1人配置する。

▶ 地域包括支援センターの役割

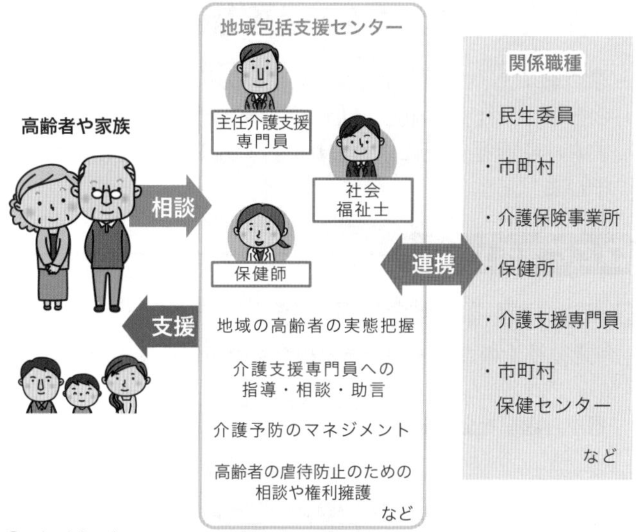

地域包括支援センターの権利擁護業務の一つとして、地域での高齢者虐待防止ネットワーク構築の中心機関になることがあるよ

❹ 保健所

都道府県が設置する、住民の健康や衛生を支える行政機関。対人保健サービスとして、生活習慣病の集団検診や予防接種、妊婦や乳児の検診や保健指導、肺結核などの感染症や精神保健福祉や難病に関する業務を行う。

保健所は広域的・専門的な保健サービスを、市町村保健センターは地域レベルの身近な保健サービスを提供するよ

❺ 市町村保健センター

市町村レベルの地域における保健活動・保健サービスの拠点。地域住民の健康相談、保健指導、健康診査などの直接的な保健サービスを提供する。

介護の基本

理解度〇✕チェック！

1. 社会奉仕の精神で、住民の立場に立って相談に応じ、必要な援助を行い、社会福祉の増進に努める者として民生委員がいる。◀出 36-70
2. 介護実践における多職種連携では、民生委員やボランティアは連携チームから除かれる。◀出 32-24

答…………　1. 〇　2. ✕（連携チームに含まれる。多職種間での情報共有が大事）

12……介護従事者の倫理

キーワード　倫理綱領　身体拘束　虐待　個人情報

出題頻度 ★

専門職としての職業倫理

専門職である介護福祉士には、法令遵守《ほうれいじゅんしゅ》*はもちろん、自らを律し、社会貢献し、人の幸福を追求する姿勢が望まれます。介護福祉士に求められる行動規範（倫理）について学びましょう。

法令遵守
法令を守ること。「コンプライアンス」ともいう。

エンパワメント・アプローチ
⇒P.298参照

ここをチェック！

❶ 日本介護福祉士会倫理綱領

介護福祉士の職業倫理をまとめたものが倫理綱領である。

日本介護福祉士会倫理綱領　　1995年11月17日宣言

前　文

私たち介護福祉士は、介護福祉ニーズを有するすべての人々が、住み慣れた地域において安心して老いることができ、そして暮らし続けていくことのできる社会の実現を願っています。

そのため、私たち日本介護福祉士会は、一人ひとりの心豊かな暮らしを支える介護福祉の専門職として、ここに倫理綱領を定め、自らの専門的知識・技術及び倫理的自覚をもって最善の介護福祉サービスの提供に努めます。

（利用者本位、自立支援）

1　介護福祉士はすべての人々の基本的人権を擁護し、一人ひとりの住民が心豊かな暮らしと老後が送れるよう利用者本位の立場から自己決定を最大限尊重し、自立に向けた介護福祉サービスを提供していきます。

（専門的サービスの提供）

2　介護福祉士は、常に専門的知識・技術の研鑽に励むとともに、豊かな感性と的確な判断力を培い、深い洞察力をもって専門的サービスの提供に努めます。

また、介護福祉士は、介護福祉サービスの質的向上に努め、自己の実施した介護福祉サービスについては、常に専門職としての責任を負います。

（プライバシーの保護）

3　介護福祉士は、プライバシーを保護するため、職務上知り得た個人の情報を守ります。

（総合的サービスの提供と積極的な連携、協力）

4　介護福祉士は、利用者に最適なサービスを総合的に提供していくため、福祉、医療、保健その他関連する業務に従事する者と積極的な連携を図り、協力して行動します。

（利用者ニーズの代弁）

5　介護福祉士は、暮らしを支える視点から利用者の真のニーズを受けとめ、それを代弁していくことも重要な役割であると確認したうえで、考え、行動します。

（地域福祉の推進）

6　介護福祉士は、地域において生じる介護問題を解決していくために、専門職として常に積極的な態度で住民と接し、介護問題に対する深い理解が得られるよう努めるとともに、その介護力の強化に協力していきます。

（後継者の育成）

7　介護福祉士は、すべての人々が将来にわたり安心して質の高い介護を受ける権利を享受できるよう、介護福祉士に関する教育水準の向上と後継者の育成に力を注ぎます。

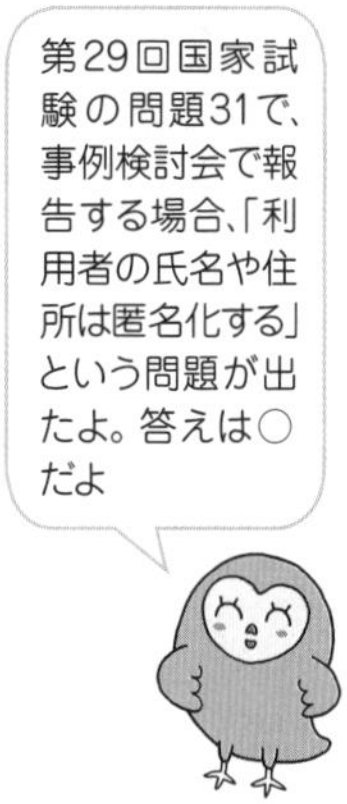

❷ アカウンタビリティ（説明責任）

介護福祉士は、必要な情報を利用者や家族に十分に説明する責任がある。これをアカウンタビリティ（説明責任）という。利用者や家族が介護福祉サービスについて理解し納得する説明が必要である。

介護の基本

出題頻度
★★★

利用者の人権と介護

利用者は介護を必要とはしていますが、人権をもった個人です。効率性などを重視するあまり、人権を無視することは許されません。身体拘束《こうそく》の弊害や虐待《ぎゃくたい》について理解を深め、利用者やその家族への対応の仕方について整理しましょう。

ここをチェック！

❶ 身体拘束とは

主に認知症の高齢者を、施設や病院などで、介護上の必要性の有無にかかわらず、ひもや抑制帯などでベッドや車いすに縛《しば》るなどの行為。薬剤による行動抑制も身体拘束となる。

• 身体拘束の禁止

身体拘束の禁止、緊急やむを得ない場合の要件
⇒P.20参照

身体拘束は、①行動制限やけがによる身体的・精神的弊害を伴う、②大きな事故につながる危険性が高い、と考えられる、緊急やむを得ない場合以外は、禁止すべきとされている。緊急やむを得ない場合の要件とは、切迫性、非代替性、一時性の3要件をすべて満たした場合である。

• 身体拘束の弊害

2001（平成13）年の厚生労働省「身体拘束ゼロへの手引き」では、身体拘束の弊害を下の表のように挙げている。

▶ 身体拘束がもたらす多くの弊害

身体的弊害	• 身体機能の低下や褥瘡《じょくそう》の発生 • 食欲低下や感染症などへの抵抗力の低下 • 転倒・転落事故、拘束具による窒息など
精神的弊害	• 人間としての尊厳を侵す。 • 認知症の症状が進行し、せん妄《もう》を頻発するおそれ • 家族に罪悪感を与える。 • 介護スタッフの士気の低下
社会的弊害	• 介護スタッフの士気の低下 • サービス提供施設に対する不信感 • QOL低下が医療的処置を増加させ経済的な影響をもたらす。

❷ 高齢者虐待《ぎゃくたい》の傾向

▶ 養護者*による高齢者虐待の傾向

	傾向
発生要因 ※複数回答	被虐待者では「認知症の症状」(56.6%) が最も多く、虐待者では「介護疲れ・介護ストレス」(54.2%) となっている。
種別 ※複数回答	身体的虐待(65.3%)が最も多く、次いで心理的虐待(39.0%)、介護等放棄(19.7%)、経済的虐待(14.9%)となっている。
虐待の深刻度	「1：軽度」が38.8％で最も多く、次いで「2：中度」が37.8％、「3：重度」が17.2％、「4：最重度」が6.2％となっている。
その他	• 被虐待高齢者では女性が75.8％を占める。 • 被虐待高齢者の年齢別で最も多いのは80～84歳 (25.3%) で、85～89歳 (20.7%) となっている。80歳以上で46.0％と半数近くを占めている。 • 虐待者の続柄では息子(39.0%)が最も多く、次いで夫 (22.7%)、娘 (19.3%) となっている。

▶ 養介護施設従事者等による高齢者虐待の傾向

	傾向
発生要因 ※複数回答	「教育・知識・介護技術等に関する問題」(56.1%) が最も多く、次いで「職員のストレスや感情コントロールの問題」(23.0%) と「虐待を助長する組織風土や職員間の関係の悪さ、管理体制等」(22.5%) となっている。
種別 ※複数回答	身体的虐待(57.6%)が最も多く、次いで心理的虐待(33.0%)、「介護等放棄」(23.2%) となっている。また、これらのうち22.5％が身体拘束を伴っている。
虐待の深刻度	「1：軽度」が48.7％で最も多く、次いで「2：中度」が42.2％、「3：重度」が7.5％、「4：最重度」が1.5％となっている
その他	• 被虐待高齢者では女性が71.7％を占める。 • 被虐待高齢者の年齢別で最も多いのは85～89歳 (23.8％) であり、次いで90～94歳 (23.5％) となっている。

資料：厚生労働省『令和４年度「高齢者虐待の防止、高齢者の養護者に対する支援等に関する法律」に基づく対応状況等に関する調査結果』

高齢者虐待防止法
⇒ P.75、154参照

養護者
高齢者や障害者を現に養護する者。要介護施設従事者等以外の者であり、家族、親族、同居人等が該当する。

❸ 障害者虐待《ぎゃくたい》の傾向

養護者による障害者虐待

- 虐待の類型では、「身体的虐待」が最も多く、次いで「心理的虐待」「経済的虐待」「放棄、放置」「性的虐待」となっている。
- 被虐待者では、女性が6割以上を占め、年齢別では50歳代が21.9%、40歳代が20.3%となっている。
- 被虐待者の障害種別では「知的障害」が47.5%と最も多く、次いで「精神障害」「身体障害」となっている。
- 虐待者の続柄は「父」が最も多く、次いで「母」「兄弟姉妹」となっている。

障害者福祉施設従事者等による障害者虐待

- 虐待の類型では、「身体的虐待」が最も多く、次いで「心理的虐待」「性的虐待」となっている。
- 被虐待者では男性が6割強を占めており、年齢別では20歳代が最も多くなっている。
- 虐待者の職種では生活支援員が最も多くなっている。

資料：厚生労働省『令和３年度「障害者虐待の防止、障害者の養護者に対する支援等に関する法律」に基づく対応状況等に関する調査結果報告書』2022年

頻出
虐待の種別

❹ 虐待の種別

身体的虐待	障害者の身体で外傷が生じ、もしくは生じるおそれのある暴行を加え、または理由なく身体を拘束すること
性的虐待	障害者にわいせつな行為をすることまたは障害者をしてわいせつな行為をさせること
心理的虐待	障害者に対する著しい暴言または著しく拒絶的な対応（または不当な差別的言動）その他の障害者に著しい心理的外傷を与える言動を行うこと
放棄・放置	障害者を衰弱させるような著しい減食、長時間の放置、養護者以外の同居人・他の利用者・労働者による虐待行為の放置、養護やその他の障害者を養護すべき職務上の義務を著しく怠ること
経済的虐待	当該障害者の財産を不当に処分すること、その他当該障害者から不当に財産上の利益を得ること

出題頻度 ★★

プライバシーの保護

個人情報保護法
⇒ P.72参照

2003（平成15）年に個人情報の保護に関する法律（個人

情報保護法）が成立しました。個人情報を取り扱う際の留意点を理解しましょう。

「医療・介護関係事業者における個人情報の適切な取り扱いのためのガイドライン」と「福祉分野における個人情報保護に関するガイドライン」などが策定されているよ

ここをチェック！

❶ 個人情報保護への対応

- 個人情報保護法では、利用者の個人情報を適切かつ安全に管理し、外部からの不正アクセスや不正使用、紛失、破壊、改ざんおよび漏洩《ろうえい》等を予防する対策を講じることが求められている。
- 個人情報を第三者へ提供する場合、利用者から同意があった場合を除き、個人の識別や特定ができない形式に変える。
- 個人情報保護法は、2020（令和2）年の改正で、保有個人データの開示方法について、電磁的記録の提供ができること、事業者の守るべき責務のあり方などが規定された。

❷ 個人データの開示とその例外

個人情報取扱事業者は、本人から保有する個人データの開示を求められたら、例外を除きすぐに開示しなければならない。ただし、開示することで、次のいずれかに該当する場合は、その全部または一部を開示しないことができる。

- 本人または第三者の生命、身体、財産その他の権利利益を害するおそれがある場合。
- 当該個人情報取扱事業者の業務の適正な実施に著しい支障を及ぼすおそれがある場合。
- 他の法令に違反することとなる場合。

開示により人間関係の悪化が懸念される場合や、利用者に重大な心理的影響を与え、治療に悪影響を及ぼす場合などが「例外」になるよ

理解度〇✕チェック！

1. 介護施設において、個々の利用者の生活歴の情報を、ルールに従って介護職員間で共有したのは、プライバシー保護として適切である。◀出 33-25
2. ベッドから転落した利用者が「大丈夫」と言ったので、介護福祉職はそのままベッドに寝かせた。◀出 31-23
3. 意識消失とけいれん発作を起こした利用者の個人情報を救急隊員に提供する場合は、本人や家族への説明と同意が必要である。◀出 30-22

答…………　1．〇　2．✕（医療職に連絡して状態を見てもらう必要がある）　3．✕（同意は不要）

13……介護における安全の確保とリスクマネジメント

キーワード　リスクマネジメント　ヒヤリハット

出題頻度 ★★

■リスクマネジメント

一般に「危機管理」と訳されるリスクマネジメントは、介護の現場でも事故防止と、事故発生時の問題解決のために重要となるプロセスです。その際に意識するべき「ヒヤリ・ハット」と合わせて目的としくみを理解しましょう。

ここをチェック！

❶ リスクマネジメントとは

「人間はエラーを起こすものである」という考え方を前提に、事故を未然に防止する、また、発生した際の影響を最小限にするための問題解決プロセスである。

❷ 介護におけるリスクマネジメントに必要な要素

- リスクに強い環境
  例：リスクマネジメントの体制づくり、転倒予防のための手すりの設置や福祉用具の活用といった施設や設備の整備、介護福祉職を含めた職種間での連携とチーム体制づくり、事故発生時の迅速な対応、事故発生後の情報共有や再発防止への取り組みなど
- 介護福祉職一人ひとりの技術の向上
  例：利用者の心身状況の把握とそれに応じた適切な介助・介護の提供、安全確保のために必要なポイントの理解など
- 利用者にストレスを与えない
  例：利用者の生活に必要以上に制限を加えない、身体拘束《こうそく》は原則として禁止するなど

❸ 介護保険制度での法整備や取り組み

- 事故発生の防止のための指針の整備
- 事故防止のための委員会（事故防止検討委員会）の設置および従業員に対する定期的な研修を行うことなどを定める。

- 事故発生時には、事故の状況や事故に際して採った処置についての記録を義務づける。
- 賠償事故が発生した場合、損害賠償を速やかに行わなければならない。

❹ ヒヤリハット

ヒヤリハット*とは、事故に至らないものの、突然のミスや事柄にヒヤリとしたり、ハッとしたりするものをいう。インシデントともいう。発生時には、ヒヤリハット報告書をもとに、直接の原因だけでなく、その背景要因も究明し、明らかになった問題点は、現場に速やかにフィードバックする。

❺ インシデントレポートとアクシデントレポート

- インシデントレポート…インシデント（ヒヤリハット）についての情報を把握・分析するための報告書のこと。インシデントを適切に処理することが、事故防止につながる。
- アクシデントレポート…アクシデント（思わぬ事故）についての情報を把握・分析するための報告書のことで、以後、アクシデントの発生を防ぐことが目的。インシデントに気づかなければ、また、インシデントの適切な処理が行われなければ、アクシデントが発生する。

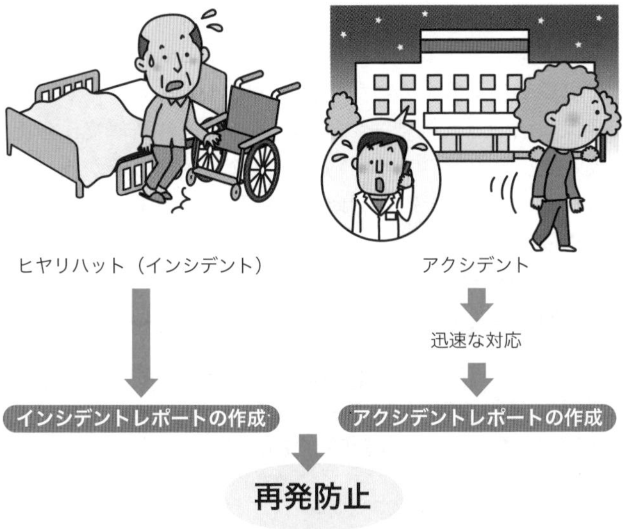

ヒヤリハット

ヒヤリハットは、1929年にアメリカのハインリッヒが発表した「ハインリッヒの法則」が元になっている。「ハインリッヒの法則」は、1件の重大事故の背景には29件の軽傷を伴う事故と、300件のヒヤリハットする体験があるというもの。「1：29：300」の法則ともいわれる。

⇒P.247、369参照

ヒヤリハット、アクシデント

⇒P.247参照

出題頻度 ★★

事故防止、安全対策の組織的な取り組み

事故防止検討委員会では、ヒヤリハット事例も報告、情報共有するよ

介護をするうえでの安全な暮らしの環境について、組織的に検討する場として、事故防止検討委員会やリスクマネジメント委員会などがあります。事故防止やその再発防止にどのような体制がとられているかまとめておきましょう。

ここをチェック！

❶ 事故防止検討委員会の目的

組織的に事故を防止し、安全対策を行う。委員会は情報の収集と共有を行う。具体的には、① 事故の種類や状況、② 件数、③ 事故に対する再発防止のための対策の実施状況などを把握し、対策の見直しの検討を行う。構成メンバーは、施設長、事務長、医師、看護師、介護福祉職、生活相談員、介護支援専門員（ケアマネジャー）等。

❷ ケアカンファレンス、サービス担当者会議

事故防止検討委員会と機能的に連携。関係専門職、利用者や家族も参加し、利用者固有の生活リスクについて、チームで情報共有・検討する。

❸ 介護保険施設や事業所内の取り組み

事故情報をチーム全体に口頭と事故報告書で伝達するしくみを構築する。また、事故発生の経緯とその後の対応などを組織的に共有する。さらに、2000（平成12）年から、介護保険法や老人福祉法の規定に基づく運営基準で、介護事故が発生した場合、市町村や家族などへの報告が義務づけられている。その際、行政機関に対しての書面での報告も求められる。

「災害種別避難誘導標識システム」に用いる図を押さえておこう。一例をあげると

〔洪水・内水氾濫〕

〔高潮・津波〕

がある

理解度○×チェック！

1. 障害を、機能障害、能力障害、社会的不利に分類するのは、ハインリッヒの法則にもとづくものである。 出 33-26改
2. 施設介護における安全確保のために、利用者の社会的活動を制限する。 出 31-24

答…………
1. ×（この分類は、ICIDH（国際障害分類）である）
2. ×（社会的活動と安全対策は結びつかない）

14……リスク対策の実際

キーワード　介護事故　感染症

■生活空間と道具の安全確保

出題頻度 ★

利用者の生活空間は、長年使い慣れた道具や家具で整えるようにします。ADL 能力が低下して介護が必要になっても、福祉用具や自助具を使って生活しやすくすることを考えます。適切に福祉用具や自助具を選定することは、安全対策の一つであることを認識しておきましょう。

安全で心地よい生活の場づくり
⇒ P.384参照

ここをチェック!

❶ 高齢者介護施設における介護事故

2018（平成 30）年に出された『「介護サービスの利用に係る事故の防止に関する調査研究事業」報告書』によれば、介護事故の種類は多い順に、転倒・転落・滑落、誤嚥《ごえん》・誤飲・むせこみとなっている。事故の発生場所は、多い順に居室、玄関、廊下、階段、台所、風呂、トイレである。また、傷害別にみると、多い順に骨折、捻挫、打撲、裂傷、切創である。事故の多い場所は、利用者の生活を援助する場面で多いことがわかる。

2022(令和4)年「人口動態統計」によると、高齢者の家庭内における不慮の事故による死亡原因は①「溺死・溺水」、②「窒息」、③「転倒・転落」だよ

❷ 安全な道具と環境の考え方の例

- 低床ベッド…立ち上がりやすい低床タイプ。ベッドに腰掛ける端座位《たんざい》が安定し、転倒事故の危険性が低い。
- ポータブルトイレ…手すりのついた家具調のもの。安全で居室にもなじむ。
- トイレ・風呂場の手すり…施設だけでなく、在宅でも有効。身体機能が低下しても自立した生活行為を継続できる。

自宅における転倒の発生場所は、多い順に「庭」「居間・茶の間・リビング」「玄関・ホール・ポーチ」「階段」「寝室」となっているよ
⇒ P.310参照

出題頻度 ★

個別のリスク対策

リスク対策には、画一的な配慮やかかわりは禁物です。利用者の状態を把握し、起こりうる事故を予想して、個別ケアを優先します。環境を整え、近くで見守ることが必須です。状況や状態に合わせたリスク対策を整理しておきましょう。

ここをチェック！

❶ 転倒・転落防止（骨折予防）

転倒・転落をすると骨折し、寝たきり状態になるおそれがある。例えば、不意に立ち上がる、不安定な歩行で移動する様子がみられたら、声をかけるなどして、行動の理由を探る。歩行を側で見守る、一緒に行動するなども効果的。

❷ 誤嚥《ごえん》予防

嚥下《えんげ》障害の有無・程度をアセスメントする。利用者に合った食形態、良肢位《りょうしい》の保持、食事中は利用者をよく観察するなどが効果的である。食事に集中できる環境を整える、口腔内《こうくうない》を清潔に保つ、食後は座位《ざい》で過ごすなどの配慮も必要である。

嚥下障害
⇒ P.127、274、362、409参照

❸ 誤薬の回避

医師が示した服薬時間（食前薬、食後薬、食間薬、時間薬）、量、回数を守り、確実な服薬に留意する。欠食による服薬の中止、服薬の忘れ、過剰な量の服薬などは避ける。

❹ 防火・防災対策

福祉施設では、「非常災害に関する具体的計画」を作成し、定期的な避難・救出訓練が義務付けられている。地域の自主防災会への参加、風水害などの対策のマニュアル化、ハザードマップの活用、防災訓練などを行う。

❺ 消費者被害防止

特に訪問介護サービスを担う介護福祉職は、利用者の家で高価な寝具や健康食品等を不必要に購入した形跡がないか、高額の住宅リフォームや見知らぬ人の出入りがないかなどに留意する。発見した場合は、状況に応じて消費生活センターの相談窓口やクーリング・オフ制度の利用を案内し、被害を最小限にとどめる援助を行う。

クーリング・オフ制度
⇒ P.74、444参照

出題頻度 ★★

感染症の感染経路

感染症の感染経路には、さまざまなものがあります。感染経路や予防対策などを理解しましょう。

感染症

⇒ P.76、190参照

ここをチェック！

❶ 主な感染経路

感染経路	特徴	微生物
接触感染（経口感染を含む）	手指、食品、器具を介して伝播する頻度の高い感染	ノロウイルス（主として経口感染）、腸管出血性大腸菌、メチシリン耐性黄色ブドウ球菌（MRSA）、緑膿菌《りょくのうきん》、新型コロナウイルスなど
飛沫《ひまつ》感染	咳、くしゃみ、会話などで感染者から飛び出した飛沫粒子（5 μm以上）により伝播。床に落下し、空中を浮遊し続けることはない。	新型コロナウイルス、インフルエンザウイルス、ムンプスウイルス、風しんウイルス、レジオネラ属菌など
空気感染（飛沫核感染）	咳、くしゃみなどで感染者から飛び出した飛沫粒子（5 μm未満）により伝播。空中に浮遊し、空気の流れにより飛散。	新型コロナウイルス、結核菌、麻しんウイルス、水痘ウイルスなど
血液媒介感染	病原体に汚染された血液や体液、分泌物が針刺し事故などにより体内に入ることで感染。	B型肝炎ウイルス、C型肝炎ウイルス、ヒト免疫不全ウイルス（HIV）など

❷ 感染予防

手洗い・うがい、手袋・マスク・ガウン・エプロンなどの着用、使用物品の正しい後始末や管理が予防の基本となる。

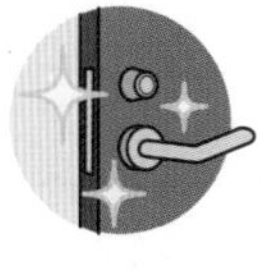
物品の清潔管理

手洗い

うがい

介護の基本

出題頻度 ★☆☆

感染症に対する考え方

介護において、感染対策は必須です。環境を客観的に見る目を養うとともに、感染に対して正しい知識をもち、適切に対応することの大切さを理解しましょう。

ここをチェック！

❶ 感染対策の３原則

① 感染源の排除、② 感染経路の遮断《しゃだん》、③ 宿主《しゅくしゅ》（ヒト）の抵抗力の向上、である。また、標準予防策（スタンダード・プリコーション*）の実施を心がける。

❷ 感染源となり得るものと感染経路の遮断の方法

感染源となり得るものとして、① 嘔吐物《おうとぶつ》・便・尿など、② 血液・体液・分泌物（喀痰《かくたん》・膿《うみ》など)、③ 使用した器具・機材（注射針、ガーゼなど）のほか、① ～③ に触れた手指で取り扱った食品などがある。遮断方法には、感染源を持ち込まない、感染源を持ち出さない、感染源を拡げない、の3つがある。

❸ 感染対策委員会

感染症の予防や、感染症発生時の対応について、定期会議の開催や、緊急時に委員招集を行う感染対策委員会がある。施設長、事務長、医師、看護師、介護福祉職などで構成される。

スタンダード・プリコーション

すべての患者の血液や体液(汗を除く)などには、感染性病原体を含む可能性があるとみなし、感染を予防するために実施する予防策のこと。患者の感染症の有無を問わず、手洗いの励行、マスクや手袋などの着用をする。

感染源は必ずディスポーザブル手袋を着用して扱おう

出題頻度 ★★★

感染症のリスク対策

生活の場における感染対策は、何よりも「1ケア、1手洗い」の徹底です。しかし、手洗いですべての感染対策ができるわけではありません。介護福祉職自身が感染源となり、利用者に感染させる水平感染を防ぐ必要があることを理解しましょう。

水平感染とは、感染源から周囲へ広がるもので、接触感染、飛沫感染、空気感染、媒介物感染があるよ

ここをチェック！

❶ 手指洗浄（手洗い）

① 手を流水で軽く洗う。② 液体石けんを使用し、手洗いが

雑になりやすい部位は注意してていねいに洗う。親指は反対の手で握り、ねじり洗いをする。③ 流水でしっかりと洗い流す。④ 手をしっかりと拭く。タオルは共用せず、個人専用にするか、使い捨てペーパータオルなどを利用する。

❷ 消毒について

- 逆性石けん*（塩化ベンザルコニウム）……手指や家屋の消毒に用いるが、糞便や尿などの有機物が残っていたり、ふつうの石けんが混ざったりすると殺菌効果が減退あるいは消失する。
- 消毒薬……消毒効果を高めるためには、各消毒薬の解説書に書かれてあるとおりの適切な濃度を保つ。

❸ 血液、体液、排泄物《はいせつぶつ》、嘔吐物《おうとぶつ》などの扱い

感染源となる可能性があるので、手袋、マスク、場合によってはゴーグル、エプロン、あるいはガウンを着用して触れる。触れた後は、必ず手指洗浄と消毒を行う。

❹ 予防接種

感染症の発生および流行を予防するために行う。ワクチンその他の免疫原などを接種することで、人工的に免疫を与える。予防接種法に定められた定期接種以外に、任意接種がある。65 歳以上の高齢者および 60 ～ 64 歳で一定の基礎疾患をもつ人は、インフルエンザ定期接種の対象となっている。

逆性石けん
ふつうの石けんは陰イオン界面活性剤であるのに対し、逆性石けんは陽イオン界面活性剤である。細菌やカビがマイナスに帯電する性質を利用して陽イオンの逆性石けんが細菌やカビに吸着し、その細胞を破壊することにより殺菌力が生じる。ただし、ふつうの石けんのような洗浄力はない。

介護の基本

理解度〇✕チェック！

1. ノロウイルスによる感染症の予防のため、介護福祉職はマスク・手袋を着用して嘔吐物を処理した。 出35-97改
2. 介護福祉士が行う服薬の介護では、服用できずに残った薬は、介護福祉士の判断で処分する。 出36-73
3. おむつ交換は、使い捨て手袋着用が基本である。 出31-25
4. 介護における感染症対策として、手洗いは液体石鹸より固形石鹸を利用する。 出36-72

答……… 1. ○　2. ✕（残った薬については、医師に相談する）　3. ○　4. ✕（液体石鹸を使い、ていねいに洗う。特に親指は反対の手で握ってねじり洗いをすることが大事）

15…… 介護従事者の安全

キーワード　うつ病　腰痛予防対策指針　労働基準法
労働安全衛生法

出題頻度 ★

燃え尽き症候群が悪化すると、アルコールや薬物依存状態、免疫力低下による頻繁な風邪、胃腸障害、睡眠障害など、身体に異常をきたすよ

介護の仕事は、自身の感情を利用者に合わせてコントロールする必要があることから「感情労働」と呼ばれているよ

労働者が50人以上の事業所では、年1回のストレスチェックの実施が義務付けられているよ

こころの健康管理

介護をする側の介護福祉職自身が、こころの健康を維持することは、質の高い介護をするために欠かせません。そのためには、介護福祉職自身の健康管理が重要な意味をもちます。自分に合ったストレスや悩みの解消方法を見つけることの大切さを理解しましょう。

ここをチェック！

❶ こころの健康

こころの健康を維持できると、次のような効果がある。

- 自分の感情に気づいて表現できる（情緒的健康）。
- 状況に応じて適切に考え、現実的な問題解決ができる（知的健康）。
- 他人や社会と建設的でよい関係を築ける（社会的健康）。

❷ 燃え尽き症候群

バーンアウト症候群ともいう。今まで熱心に仕事に打ち込んでいた人が、突然、燃え尽きたように仕事への気力を失って、心身ともに無気力状態になる。緊張の持続を強いられ、かつその努力の成果が現れにくい職業などでみられる。

❸ うつ病

さまざまなストレスにより、憂うつ感や意欲低下、倦怠感《けんたいかん》や頭痛などの症状が、2週間以上続く場合にうつ病が疑われる。うつ病での休業は長期にわたることがあり、再発も多い。

❹ こころの健康に対する自己管理（ストレスマネジメント）

ストレス発散のために、自分の感情に焦点をあてて自己理解（自己覚知）に努め、自分に合った適切な対処法をもつ。また、食事、睡眠、排泄《はいせつ》、運動などに留意し、できるだけ規則正しい日常生活を送ることが大切である。

からだの健康管理

出題頻度 ★

こころの健康とともに、からだの健康も重要です。質の高い介護を行うために、特に骨、関節、筋肉が万全であることは絶対条件です。介護福祉職は、特に腰痛を中心に、身体的疲労の悩みがよく聞かれます。予防対策を学びましょう。

介護福祉職の腰痛には、**労働基準法**の「業務上疾《しっ》病《ぺい》の認定」に該当するものもあるよ

ここをチェック！

❶ 介護福祉職の腰痛と腰痛予防対策

腰痛は介護福祉職の健康障害で最も多い。原因は、①重量物の持ち上げ運搬、②立ちっ放し、③座りっ放しなど。介護腰痛ともいわれ、特に原因となる病気がない腰痛症、椎間板ヘルニアなどがある。腰痛対策としては、①ボディメカニクスの活用、②長時間中腰姿勢をとらない、③コルセットや幅広ベルトの着用、④作業前の体操、⑤移動・移乗の際に福祉用具を活用する、などがある。

❷ 職場における腰痛予防対策指針

指針では、医師による腰痛健康診断の実施、静的ストレッチを中心とした腰痛予防体操の実施、腰痛による休職者が職場復帰する際の注意事項等について触れている。また、重量物を常時人力のみで取り扱うときには、成人男性で体重の約40%以下、成人女性では男性が取り扱う重量の60%くらいまでとなるようにする、とも記載されている。さらに、福祉用具の積極的な活用、原則的に、人力による抱き上げは行わないことなどが明記されている。

❸ 手首、肘、肩、頸《くび》などの痛みや炎症

上肢や頸を使う作業で、手首、肘、肩、頸などの痛みや炎症が起きることを頸肩腕《けいけんわん》症候群という。無理を続けると痛みの範囲が広がる。めまい、吐き気、うつ症状なども出現する。

❹ 生体リズムの崩れ

夜勤や深夜・早朝にかかる遅出・早出により、生体リズムを崩し、心身に不調を起こしやすい。夜勤前には横になってからだを休めたり、外出や激しい運動を控え体力の消耗を抑えたり、リラックスする時間をもったりするとよい。

ボディメカニクス
⇒ P.107、398参照

◆介護業界の2025年問題とAI活用

団塊世代（1947年〜1949年生まれ）である約800万人が2025年に後期高齢者となることで、要介護者が増加し、介護に携わる人の不足が懸念されているのが2025年問題。
厚生労働省は、2025年には介護人材を約32万人追加して確保する必要があるとしているが、その確保が難しいとされている。
介護人材不足は、介護従事者の負担が増加することにつながることから、負担軽減のためにAI（人工知能）の活用が進められている。

◆AI活用の想定場面

監視カメラに人工知能を搭載することで、入居者の位置情報やその動きを24時間把握できる。→介護者の見回りなどの業務をAIが担ってくれる。
AIの導入はまだ未開発の領域が多くあるが、今後ますます機能が向上し、一層の導入が図られると期待されている。

出題頻度 ★★

安全・安心・快適に働くための法律

労働者が安全・安心・快適に働くために、さまざまな法律が設けられています。それらの法律の目的と内容を整理し、覚えましょう。

ここをチェック！

❶ 労働基準法と労働安全衛生法

- 労働基準法…1週間の労働時間は40時間、1日の労働時間は8時間を超えてはならない、など労働条件の最低基準を規定。
- 労働安全衛生法…職場での労働者の安全・健康確保と、快適な職場環境の形成促進が目的。安全衛生管理体制づくりを義務づけ、労働災害の防止のために危害防止基準の確立、責任体制の明確化、自主的活動促進の措置などを推進する。

▶【参考】介護事業における安全衛生管理体制

選任が定められているもの	事業所の規模（労働者数）
総括安全衛生管理者	1000人以上
産業医	50人以上（1000人以上で専属配置）
衛生管理者	50人以上
衛生推進者	10人以上50人未満
衛生委員会	50人以上

労働安全衛生法第10条～18条

❷ 育児・介護休業法

育児・介護休業法*は、育児や家族の介護を行う労働者を支援する目的でつくられた法律である。育児休業・介護休業*や、看護休暇、介護休暇*、対象労働者の時間外労働の制限、深夜業の制限、支援措置などを定めている。

育児・介護休業法
正式名称は「育児休業、介護休業等育児又は家族介護を行う労働者の福祉に関する法律」。
⇒P.318参照

介護休業
対象家族（配偶者、父母、子ほか）が2週間以上にわたり要介護状態になったとき、対象家族1人につき、通算93日まで、3回を限度として分割して取得できる。

介護休暇
要介護の家族の通院の付き添いなどに対応するため、対象家族1人につき、年5日（2人以上の場合は10日）を限度として、1日単位や時間単位で介護休暇を取得できる。

理解度〇✕チェック！

1. バーンアウト症候群の特徴として、身体機能の低下があげられる。 ◀出 31-26
2. 介護休業制度により、要介護状態の家族を1人介護する場合、1年度に5労働日を限度に介護休暇を取得できる。 ◀出 25-26

答 ………… 1. ✕（無気力感や疲労感がみられるが、身体機能の低下はみられない） 2. 〇

10

コミュニケーション技術

1 …… 介護におけるコミュニケーションの基本

キーワード　自己覚知　自己開示　傾聴・共感・受容

出題頻度 ★☆☆

相手との関係づくり

コミュニケーションにおいて大切なことは、相手との信頼関係を築くことです。利用者（クライエント）との関係づくりの基本を押さえましょう。

ここをチェック！

❶ 自己覚知

自分を知ることを自己覚知という。相手への先入観や思い込みをもって接することがないよう、相手との関係を築く前に自分がどのような感情や価値観を抱いているかを認識することが大切である。

❷ 自己開示*

自己開示
自分自身の情報を本人の意思により、特定の人に言語で伝えること。

相手との信頼関係を深めるには、適切な自己開示をする必要がある。自己開示の基準には、次の5つがある。

量	どのくらいの情報量か。
深　さ	どのくらい深い内容か。
時	いつ開示するか。
人	誰に開示するか。
状　況	どのような機会や頻度で開示するか。

この基準は一人ひとり異なるものであり、各自の基準に基づいて、適切か不適切かを判断している。この基準を客観的にみることで、自分自身がどんな人間かがわかる。

出題頻度 ★★★

傾聴・共感・受容

傾聴・共感・受容は、コミュニケーション技術の基本です。相手との信頼関係を築くには、相手の話をじっくり聴き、受けとめることが大切です。

ここをチェック！

❶ 傾聴

耳を傾けて相手の言葉を妨げないで、じっくり聴くことを傾聴という。時々ゆっくりうなずいたり、あいづちを打ったりすることで、傾聴していることが相手に伝わりやすくなる。

頻出
傾聴・共感・受容の大切さ

❷ 共感

積極的に相手の感情や思いを理解して、共有することを共感という。相手の話に共感していることを伝えながら、聴くよう心がける（例：「そのとおりですね」）。

❸ 受容

相手をありのまま受け入れることを受容という。自分の価値観で相手を判断するのではなく、相手の考え方や価値観を尊重する（例：「よくわかります」）。

❹ 明確化

相手の話す内容が具体的でなく、まとまりがないときに、話していることが「確かなことかどうか」を尋ねる技法（例：「今おっしゃったのは、どなたのことですか」）。

❺ 焦点化

相手の話す内容を受け止め、聞き手が自分のなかで理解し、まとめたうえで、相手にフィードバックする技法（例：「みなさんとの関係が、うまくいっていないのですね」）。

❻ 要約

会話の内容や意味、感情などをまとめ、相手に伝える技法（例：「あなたの話の多くは、家族に対するつらさですね」）。

❼ 直面化

相手の行動やその影響などを指摘し、相手が自身と向き合う機会を提供する技法。不適切に用いると相手を傷つけるが、適切に用いると相互交流を深め、信頼関係を育む（例：「今、その方について、どう思っておられますか」）。

❽ 逆転移

介護者が利用者に感情移入することをいう（例：あなたを見ていると、亡くなった母を思い出す」）。

出題頻度 ★★

■質問

質問には、さまざまな種類があり、相手の状況に応じて適切に使い分けることが求められます。それぞれの特徴を理解しましょう。

ここをチェック！

❶ 質問の役割

質問には、利用者が体験や思いを話すきっかけをつくる、介護に必要な利用者の情報を得る、内容にまとまりがない話を明確化する、相手が表現する過程で狭めてきた情報を広げていくことを助けるなどの役割がある。

❷ 質問の種類

- 開かれた質問（オープンクエスチョン）

「どうしたいのですか？」のような、相手が自分の選択や決定で答えを自由に見つけることを促す質問のこと。利用者が自分の世界を広げやすくなる。

認知症の人にも「開かれた」質問をして、会話を広げることが大事だよ

- 閉じられた質問（クローズドクエスチョン）

「よく眠れましたか？」のような「はい」か「いいえ」などの二者択一で答えられる質問、または簡単に２～３の単語で短く答えられる質問のこと。頻繁に用いると、利用者の意向を制限してしまい、利用者の世界を狭めてしまうおそれがある。

運動性失語の人の場合は、閉じられた質問のほうが答えやすいだろうね
⇒ P.361参照

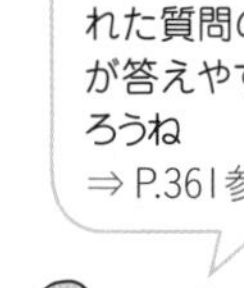

- 重複する質問

選択肢が２つに限られる質問（例：「明日いらっしゃるのは午前中ですか？　午後ですか？」）、２つの異なった質問を同時に行うもの（例：「施設に入居される前はどちらにお住まいでしたか？　ご家族と一緒に暮らしておられましたか？」）の２パターンがある。

- 「なぜ？」「どうして？」という質問

「なぜ？」「どうして？」を多用した質問は、相手を防衛的にさせてしまったり、質問者の意向に誘導させてしまったりするおそれがある。

- **評価的な質問**

質問者の価値判断に基づいて用いられる。主観性が高く、利用者との信頼関係を悪化させてしまう場合がある（例：「みなさん参加されるのに、○○さんは参加されないのですか？」）。

- **遠まわしの批判となる質問**

「毎日お食事を残されていますが、おなかはすきませんか？」のような結果として遠まわしに相手を批判している質問。

❸ 相手の言葉が出にくいとき

相手の言葉が出にくいのには、さまざまな理由がある。緊張している、または話すことを頭の中で整理しているときは、矢継ぎ早に質問したり、次々と話しかけたりするのではなく、黙って相手の言葉を待つようにする。

❹ バイステックの7原則*

個別化	利用者を個人としてとらえ、その人に合った援助をする。
意図的な感情表出	利用者の感情表現を大切にするよう意図的にかかわる。
統制された情緒的関与	援助者自身の感情を自覚・吟味して、利用者の感情に対して反応する。
受容	利用者の態度や行動をありのままに受け止める。
非審判的態度	利用者を一方的に非難しない。
利用者の自己決定	利用者の自己決定を促して尊重する。
秘密保持	利用者の秘密を保持して信頼感を醸成する。

バイステックの7原則
アメリカの社会福祉学者であるバイステックが提示した7つの原則。援助者が、利用者と個別にかかわる際の実践原則。

理解度〇✕チェック！

1. 85歳のAさんは、介護老人保健施設に入所。軽度の難聴がある。職員は感染症対策として日常的にマスクを着用している。B介護福祉職がAさんから「孫が絵を描いて送ってくれたの」と笑いながら絵を見せてくれた。BさんはAさんに共感的理解を示すために、目元を意識した笑顔を作り、大きくうなずいた。出 36-74改
2. 利用者の思いを尊重しながら、介護福祉職の意見を率直に伝えるのが、アサーティブ・コミュニケーションである。出 34-28

答……… 1. 〇　2. 〇

2……症状別：利用者とのコミュニケーション

キーワード　視覚障害　聴覚障害　構音障害　失語症　認知症　うつ病

出題頻度 ★☆☆

視覚障害と聴覚障害

視覚障害がある人や聴覚障害がある人とコミュニケーションを図るときのポイントと活用できるツールを押さえましょう。

ここをチェック！

❶ 視覚障害がある人とのコミュニケーション

- ポイント……話す相手の表情が確認できないため、会話に対して消極的になったり、自分のペースで話し続けたりすることがある。介護者が名乗りながら声をかけ、会話の区切りや終わりがわかるように話すことを心がける。
- コミュニケーションツール……点字*、音声言語、IC レコーダー、ハンドライティング*、弱視眼鏡、拡大鏡、拡大読書器（本のページを拡大して提示する器具）、パソコン・スマートフォン等（テキスト入力された文字を音声読み上げソフトで音声に変換）などがある。

点字
浮き上がった6つの点の組み合わせで文字や数字を表したもの。

ハンドライティング
書字用下敷きと呼ばれる補助具を使って文字を書くこと。

聴覚障害
⇒ P.222参照

聴覚障害者が入力した文字を音声で再生するとともに、健聴者が入力した音声を文字で表示することができる聴覚障害者支援アプリ「こえとら」もあるよ

❷ 聴覚障害がある人とのコミュニケーション

- ポイント……目で見てわかる伝達方法を用いるのが一般的である。表情やしぐさにも注目する。
- コミュニケーションツール……手話、指文字、読話、筆談、空《くう》書《しょ》などがある。手話がわからない人や、字が読めない人もいるため、その人に適したツールを選択することが求められる。

▶ 聴覚障害がある人とのコミュニケーション手段

手話	手の形、位置、動きで視覚的に会話をする。
指文字	手の形を五十音や数字に対応させ、手話で表現が困難な地名などを表現する。
読話	話し手の口唇《こうしん》の動きを見て会話の内容を理解する。
筆談	会話の内容を紙に書いて理解する。中途失聴者に有効。
空書	文字を空中に書いて理解する。大きくゆっくり書く。

高齢になってからの中途失聴者には、手話より筆談が有効なことが多いよ

出題頻度 ★★

構音障害と失語症

構音障害と失語症はどちらも言語障害ですが、症状が異なります。それぞれに適したコミュニケーション技術を理解しましょう。

ここをチェック！

❶ 構音障害*

いわゆる“ろれつが回らない”状態になり、発音が不正確または不明瞭になるが、話の内容には問題がない場合が多い。言葉にうなずいたり、聞き取れたとおりに言葉を繰り返したりしながら、ゆっくりと話を聴く。話が聴き取れないときは、わかったふりはせず、筆談、五十音表、閉じられた質問などを用いる。

▶ 構音障害の人への対応

○：適切	×：不適切
うなずきながら聴く。 聴き取った言葉を繰り返す。 筆談、五十音表、閉じられた質問を活用する。	わかったふりをする。 言いなおしをさせる。 言いたいことを書かせる。

構音障害
声帯や舌、口腔《こうくう》、口唇《こうしん》などの機能不全で、発音がしにくくなること。
⇒ P.127、223、408参照

❷ 失語症

失語症には、運動性失語、感覚性失語、全失語などがある。それぞれの障害の特徴を理解し、有効なコミュニケーションの手段を取る必要がある。

- 運動性失語

ブローカ失語ともいい、話し言葉がたどたどしくなる。言葉の理解は比較的保たれているため、閉じられた質問や、絵や写真など視覚化された情報を活用するのがよい。

▶ 運動性失語の人への対応

○：適切	×：不適切
閉じられた質問をする。 絵や写真などを活用する。	ひらがなで筆談する。 ボタン操作で音声を入力する機器を活用する。

失語症
⇒ P.223参照

- 感覚性失語

ウェルニッケ失語ともいい、話し言葉や書き言葉の理解が困難になる。流暢《りゅうちょう》に話せるが意味内容を伴わないジャルゴン*が多い。ジェスチャーの活用が有効である。

ジャルゴン

支離滅裂で意味が分からない言葉のこと。

▶ 感覚性失語の人への対応

○：適切	×：不適切
ジェスチャーを活用する。 非言語（的）コミュニケーションを活用する。	五十音表、絵カードを活用する。 復唱させる。

- コミュニケーションの留意点

失語症の人に対しては、それぞれの状況・状態に応じたコミュニケーションを工夫する必要がある。失語症を原因として聴力は低下しないため、耳元で大きな声で話しかける必要はなく、手話は有効な手段にならない。

▶ 失語症の人とのコミュニケーションの留意点

利用者と接する態度	● 静かで落ち着ける環境を提供する。 ● 利用者の疲労に注意し、小休止などをとる。 ● 人格を尊重し、弱者扱いしない。 ● 共通の話題づくりに努める。
言語理解を促すため	● 短文で利用者が使い慣れた言葉を使用する。 ● 文節で区切り、理解を確かめながら会話する。 ● 言葉以外の身振り・手振り、文字、絵などを利用する。
言語表出を促すため	● ゆっくり待つ姿勢でかかわる。 ● 言い誤りの指摘や修正をしない。 ● コミュニケーションが楽しめるよう援助する。 ● うまくいったときは褒《ほ》めて、喜びを伝える。

❸ 嚥下障害

脳損傷によって構音障害や失語症の後遺症がある人は、嚥《えん》下障害《げしょうがい》*も患っている場合がある。嚥下障害のある人と食事中にコミュニケーションを図る際は、誤嚥《ごえん》の危険があるため、絶えず話しかけたり、急いで飲み込むよう促したり、口の中に食べ物が残っている状態で話しかけたりしないようにする。

嚥下障害

飲食物を飲み込むのが困難になること。

⇒ P.127、274、348、409参照

誤嚥

⇒ P.128、348、409参照

認知症

認知症の人とのかかわりでは、その人らしさを尊重することが大切です。記憶の障害や認知機能の低下、言語の問題が生じる認知症の人に対するコミュニケーション技術を理解しましょう。

ここをチェック！

❶ 認知症の人とのかかわり方

認知症の人は、同じことを繰り返し尋ねてきたり、不可解な言動をとったりすることがあるが、それを否定するのではなく、話に耳を傾け、その人の世界を受容することで信頼関係を築いていく。

❷ コミュニケーションのポイント

- 情報を伝えるときは、簡単な言葉で、短い文章で、ゆっくり簡潔に、一つずつ伝える。
- 話しかけるときは、横や後ろからではなく、正面から目を見て話しかける。
- 言語（的）コミュニケーションだけでなく、非言語（的）コミュニケーション*を活用する。

❸ コミュニケーションの留意点

認知症の人の自尊心を傷つけないために、説得するように話したり、誤りを指摘したり修正したりしない。

▶コミュニケーションの例

よい例	利用者「子どもが待っているので帰ります」 介護者「お子さんが待っていらっしゃるんですね」
悪い例	利用者「子どもが待っているので帰ります」 介護者「○○さんの家はここです。お子さんは待ってなどいません」

出題頻度 ★★★

コミュニケーション手法の一つに、不安な感情に共感して支援する手法である、バリデーションがある。これはナオミ・ファイルによって開発されたもので、主にアルツハイマー型認知症の高齢者とのコミュニケーションに活かされているのだ

頻出

認知症の人とのコミュニケーションのポイント

非言語（的）コミュニケーション

表情、しぐさ、身振り、姿勢などの、言葉や文字を用いない情報伝達。

⇒P.24参照

声掛けしながら利用者に触れるボディタッチも、有効なコミュニケーションの1つになるよ

出題頻度 ★★

うつ状態と統合失調症

うつ状態や統合失調症の人にみられる特徴をふまえた適切なコミュニケーション方法を理解しましょう。

ここをチェック！

❶ うつ病

- 特徴……気分や意欲の低下がみられる。他人とのコミュニケーションを図ることが負担になる。
- うつ病の人とのコミュニケーション……安易に励ましたり、気分転換を強制したり、性急な変化を求めたりしない。受容的・共感的な対応で、安心できる環境をつくり、ゆっくりかかわるようにする。

❷ 統合失調症

- 特徴……現実離れしていて理解できない言動や、幻覚・妄《もう》想《そう》などがみられる。
- 統合失調症の人とのコミュニケーション……その人の生活の様子や考え方を知り、意思を尊重しながら関係を築いていく。妄想を話しているときは、内容が理解できなくても、話に耳を傾け、否定も肯定もせず中立的な態度でかかわる。

うつ状態の人に「頑張れ」は禁句だよ

躁《そう》状態とうつ状態を繰り返す双《そう》極性《きょくせい》感情障害の人が、躁状態になったときは、いつもより気分が高ぶっていることを伝えるといいよ

統合失調症
⇒ P.230参照

理解度〇×チェック！

1. 70 歳のAさんは、抑うつ状態でベッドに寝ていることが多く「もう死んでしまいたい」とつぶやいている。介護福祉職はAさんに「落ち込んだらだめですよ」と声をかけた。 出 36-77
2. 要介護5の 90 歳の女性Bさんは、重度のアルツハイマー型認知症。介護福祉職が話しかけるが、最近は自発的な発語が少なくなり、会話中に視線が合わないことも増えてきた。介護福祉職は、Bさんとコミュニケーションをとるために、表情やしぐさを確認しながら、感情の理解に努めた。 出 35-77
3. 全盲の 75 歳の男性Cさんは、自宅で自立生活をしていたが、心身機能の衰えもあり有料老人ホームに入居した。介護福祉職がCさんを自室まで誘導すると「いつも手伝ってもらってすみません。ここで生活できるでしょうか」と話した。Cさんの立場に立って感情を推し測り、言葉で表現して伝えるのは、介護福祉職の共感的理解を示す対応として適切である。 出 34-29改

答……1. ×（励ますような声かけは不適切。「とてもつらいですね」と共感的な声かけをする） 2. 〇 3. 〇

3…… 家族とのコミュニケーション

キーワード　家族間の関係性　家族の個性・生き方

家族への対応

出題頻度 ★★

支援の主体は利用者ですが、利用者だけでなく、家族との関係づくりも重要です。家族との良好な関係を築くために欠かせないコミュニケーション技術を理解しましょう。

ここをチェック！

❶ コミュニケーションのポイント

利用者と家族の関係はさまざまであり、利用者に対する心情も家族のメンバー一人ひとりで異なる。家族とコミュニケーションを図る際には、以下の点に留意する。

▶ 家族とのコミュニケーションの留意点

- 家族間の関係性を把握する。
- 家族の個性や生き方を尊重して、一人ひとりに適した対応をする。
- 関係づくりや相互理解を目的とした双方向のコミュニケーションを心がける。
- 家族の心情に配慮する。
- 家族の努力を肯定的に認める。
- 受容的な言葉やねぎらいの言葉をかける。

❷ 家族に対する助言や指導

家族に助言や指導を行う場合は、家族のやり方をすぐに否定したり訂正したりせず、家族の考えや方法を尊重しながら、よりよい方法を見出していく。

❸ 家族が利用者の意向や状況を理解していない場合

利用者の意向や状況を家族に理解してもらえるよう働きかける。家族を責めたり、家族に理解を強制したりするような対応は行わない。

❹ 家族と利用者の意向が異なる場合

どちらかを優先させるのではなく、できる限り両者の意向を調整する。お互いが理解し合えるよう、以下のような支援を行う。

▶ 家族と利用者の意向を調整する技法

- 利用者の意向を聴く（利用者が家族に話をする予行演習にもなるように）。
- 家族の意向を聴く。
- 利用者が家族に自分の意向を話せるように利用者を促す。
- 必要に応じて介護福祉職がそれぞれの意向を代弁する。
- 家族が利用者の意向を聴くように家族を動機づける。
- 利用者と家族のコミュニケーションがもてる場を設定する。
- 利用者が話し始められる状況をつくる。

理解度○×チェック！

1. 20歳の男性Aさんは、中度の知的障害を伴う自閉症。他者の感情の読み取り、抽象的な言葉の理解は苦手。また、社会的な善悪に照らして自分の言動を判断することが難しい。利用している事業所で、興奮して他の利用者を叩いた。Aさんの家族はAさんを叱った。このとき家族に対して介護福祉職は、家族が叱ったことを支持した。 出 32-32改
2. 利用者と家族が対立する場面で、介護福祉職が両者の意向を調整するときには、家族の介護負担の軽減を目的にして調整する。 出 33-31
3. 83歳の女性Bさん（要介護3）は、脳出血の後遺症で高次脳機能障害がある。自宅で60歳の長男と二人暮らし。長男は会社を早期退職してBさんの介護に専念してきた。最近は介護疲労を訴えているが、「介護を続けて、母を自宅で看取りたい」と強く希望している。訪問介護員は、長男に対してこれまでの介護をねぎらい、自宅で看取りたいと希望する理由を尋ねた。 出 34-32改

答…………
1. ×（まずすべきは、家族のAさんへの対応や思いを聞くこと）
2. ×（利用者と家族のそれぞれの意見を聞く） 3. ○

4 …… 介護におけるチームのコミュニケーション

キーワード　チームケア　報告・連絡・相談　介護記録　ケアカンファレンス

チームケア

出題頻度 ★

介護は、一人の介護福祉職だけで行うのではなく、チームを編成して行います。チームの一員として業務を行うときに必要なコミュニケーション技術について理解しましょう。

ここをチェック！

❶ チームの種類

チームには、複数の介護福祉職によるチームと、介護福祉職、医師、看護師、作業療法士、理学療法士、管理栄養士など多職種によるチームがある。多職種によるチームにおいて介護福祉職には、利用者の日常生活を支える専門職としてのリーダー的役割が求められる。

❷ チーム内連携のポイント

チーム内連携
⇒ P.26参照

より質の高い介護を提供するには、以下のポイントに留意して、チーム内で情報共有をすることが大切である。

- 報告・連絡・相談を行い、記録を残す。
- リーダーは指示をするだけではなく、メンバーの経験などにより裁量を認める。
- 個人情報は慎重に扱う。
- 主要な専門用語や略語は共通認識としておく。
- 会議では、相手を批判したり、あら探しをしたりせず、チームの連携を保つようにする。
- 多職種との情報交換によって、利用者の生活課題を明確にする。
- 目的を共有しながら、各専門職の視点で利用者を理解する。

❸ リーダーシップとフォロワーシップ

- リーダーシップ……チームが効果を発揮するためには、まずリーダーが統率力や指導力を行動で示すことが求められる。これをリーダーシップという。
- フォロワーシップ……フォロワーとはリーダーを支える人材のことで、このフォロワーがリーダーを支える機能をフォロワーシップという。

❹ 報告・連絡・相談

報告・連絡・相談は、他職種間だけでなく、介護福祉職間でも欠かせない。

- 報告……記録または口頭で、業務の進捗状況や結果を伝える。トラブルが発生したときは、速やかに直接の上司に報告する。なお、申し送り*では、事実を客観的、具体的、簡潔に伝える必要がある。

▶ 報告の留意点

- いつ、誰に報告するかを確認し、報告するタイミングを考える。
- トラブルや事故、苦情については、すぐに報告する。
- 口頭にするか文章にするか、報告の方法を検討する。
- 口頭での報告は、はじめに結論を述べ、次に経過を説明する。
- 報告内容には、客観的事実とそのことに対する自分の判断を含める。

📖 申し送り
次に業務を行う介護福祉職に、利用者の状態等を報告すること。

- 連絡……簡潔に行う。日中だけでなく、夜間や緊急時の連絡方法を確認しておく。

▶ 連絡の留意点

- いつ、誰に連絡するかを確認し、連絡するタイミングを考える。
- 状況に応じた連絡方法を確認しておく（緊急時、夜間、日中など）。
- 内容には「５Ｗ１Ｈ*」を念頭において連絡する。

📖 5W1H
when＝いつ：時間／
where＝どこで：場所／
who＝誰が：主体／
why＝なぜ：原因／
what＝何を：客体／
how＝どのように：状態

- 相談……業務上の悩みは、一人で抱え込まずに、相談することで、介護の質を高めることができる。あらかじめ相談内容を明確にして、自分の考えを用意しておくこと。

▶ 相談の留意点

- いつ、誰に相談すべきか、確認する。
- 相談の目的を明確にしてから相談する。
- 資料や進行プロセスなどを準備してから相談する。
- 自分なりの考えや対策を頭に描いてから相談する。
- 相談の内容はメモしておく。
- 相談の結果や経過について、相談した相手に報告する。

介護記録

出題頻度 ★★

介護記録は、より適切な介護サービスの提供につながるだけでなく、チーム内の連携を円滑にします。記録の目的、種類、管理方法について整理しておきましょう。

ここをチェック!

❶ 記録の目的

介護における記録には、さまざまな目的がある。また、利用者等の求めに応じて開示が義務付けられているため、適切な保存も必要である（国の基準は２年）。

▶ 記録の目的

- 利用者の生活の質を向上させるため
- より適切な介護サービスを提供するため
- 情報共有の促進を図るため
- 介護福祉サービス提供機関や施設の運営管理のため
- リスクマネジメント*の可視化のため
- 介護福祉職の教育や現任教育のため
- 介護の質を高めるため
- 介護福祉職のスーパービジョン*のため
- 介護福祉に関する調査や研究のため　など

❷ 主な記録の種類

介護福祉職がかかわる記録には、以下のようなものがある。

- 介護記録……利用者ごとの日々の生活や支援内容を、時間を追って記録する。介護実施日に記録する。
- 事故報告書……介護事故の再発防止と速やかな対応を目的とした記録。事故の状況および事故の際にとった処置について記録し、２年間は保存する義務がある。介護保険事業者事故報告書として保険者（市区町村）へ提出することが必要。
- ヒヤリハット報告書…重大な事故には至らなかったものの、事故に直結したかもしれない事態をヒヤリハットという。ヒヤリハットの報告を記録し、事例の収集、分析、対策、共有をすることで、事故を予防することができる。

リスクマネジメント
危機管理のこと。事故発生を未然に防止することや、発生した事故を速やかに処理することにより、組織の損害を最小限に食い止めることを目的とする。
⇒ P.344参照

スーパービジョン
経験の浅い職員に対して、熟練の職員（スーパーバイザー）が管理的、教育的、支持的に支援をすること。

ヒヤリハット
⇒ P.247、345参照

個人情報の保護
⇒P.72、343参照

❸ 個人情報の保護（匿名化）

利用者の症例や事例を学会や研究などで発表したり、学術誌などに掲載したりする場合、個人が特定できないように、匿名《とくめい》化《か》を図ることが必要である。十分な匿名化ができないと思われる場合は、利用者や家族の同意が必要となる。

❹ 記録の留意点

チームで情報を共有するためには、誰が読んでもわかる記録でなければならない。きれいに書く、客観的に書くことをはじめ、以下の点に留意する必要がある。

▶ 記録の留意点

- 介護を実施した日に記録する。
- 正確で簡潔に記録する。
- 出来事（事実）と解釈を区別して記録する。
- 文字は、大きすぎず小さすぎず、適切な大きさで書く。
- 読みやすさに配慮し、改行や段落を設定する。
- 内容によっては、標題や小見出し、箇条書きや図表を用いる。
- ５Ｗ１Ｈ（when＝いつ：時間／ where＝どこで：場所／ who＝誰が：主体／ why＝なぜ：原因／ what＝何を：客体／ how＝どのように：状態）の要素を備える。
- 修正・消去が簡単にできない筆記具を用いる。
- 修正する場合は、修正液を使用せず、二重線を引き、訂正印を押す。
- 略語は、決められた範囲のものを用いる。
- 記録は厳重に管理し、外に持ち出さない。
- 記録は、鍵のかかる場所に保管し、外出時は、必ず施錠する。

❺ 介護記録の SOAP 方式

介護記録の方式として、ＳＯＡＰ（Subjective Objective Assessment Plan）が用いられている。

S：利用者の要望などの主観的情報のみを正確に記録する。
O：介護者の体験した客観的情報のみを記録する。
A：客観的情報に基づく専門的な判断結果を記録する。
P：記録をもとにした計画の見直しや新たな計画の作成について記録する。

ICTを使った記録と情報管理

出題頻度 ★★☆

ICT（Information and Communication Technology）化に伴い、情報処理の自動化、情報共有の効率化などが図られるようになりました。一方で、故意・過失による情報漏《ろう》えいやトラブルを防ぐため、ICTに関する正しい知識が求められていることを理解しましょう。

ICT化
情報通信技術を使って、情報のやり取りが行われるようになること。

ここをチェック！

❶ ICT化*のメリットとリスク

ICTを活用する際には、メリットとリスクを正しく理解する必要がある。

▶ ICT化のメリットとリスク

メリット	リスク
●記録業務の負担軽減 ●情報共有の効率化 ●情報検索・抽出・分析の迅速化 ●マルチメディアの活用	●システムのトラブル＝記録の消失 ●情報の漏えい ●ウイルス感染によるトラブル

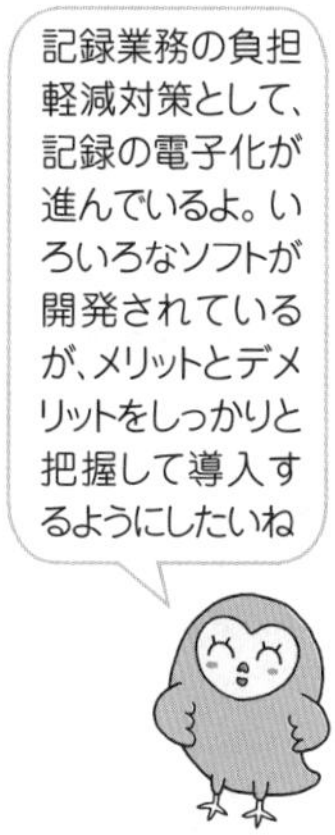

❷ リスク対策

ICT化によるリスクへの対応方法として、以下の点を押さえる必要がある。

- バックアップ……機器の故障や過失、コンピュータウイルスや災害でのデータ喪失《そうしつ》などのトラブルへの対応のために定期的にバックアップを行う。USBフラッシュメモリ*、外付けハードディスク、CDやDVDなどにデータを複製（コピー）しておく。USBフラッシュメモリなどの紛失・盗難に注意する。
- パスワード……定期的に変更する、推測されないものにする、他人の目に触れるところに貼り出さない、などの配慮が必要。
- ウイルス対策……ウイルス対策ソフト導入、修正プログラム適用、バージョンアップを行う、などの配慮が必要。
- 記録者の限定……データの修正は、特定の者だけが行えるように規制する。
- 電子メールの利用禁止……アドレス間違いによる誤発信を避けるため、利用者情報の発信はメールで行わない。

USBフラッシュメモリ
コンピュータに接続してデータの読み書きをする補助記憶装置。携帯に便利だが、紛失や盗難の危険性が高い。

出題頻度 ★★★

ケアカンファレンス

ケアカンファレンスを行うことで、チームの連携を深めることができます。ケアカンファレンスの目的や運営の留意点など、ポイントをしっかり押さえておきましょう。

ここをチェック！

❶ ケアカンファレンスとは

ケアカンファレンス
⇒P.321、331、346、466参照

介護施設において、利用者の意向や希望をふまえた、よりよいケアを提供するために、介護にかかわる専門職、利用者、家族などが話し合う会議のこと。ケアプランや個別介護計画の立案・修正・評価のみならず、さまざまな議題を取り上げ、ブレインストーミングを用いてもよい。ケアカンファレンスを職員のスーパービジョンの機会にしてもよい。

スーパービジョン
⇒P.369参照

頻出
ケアカンファレンス（カンファレンス）の留意点

❷ ケアカンファレンスの留意点

- 会議の目的を明確にし、会議資料には事前に目を通す。
- それぞれの専門的立場から発言する。
- 質問は会議中に行う。
- 多数意見と少数意見のどちらも重視して、耳を傾ける。
- ほかの参加者を非難する言動はつつしむ。
- 会議は、業務の一環として勤務時間中に行う。
- 自分の意見に固執せず、謙虚な気持ちをもって会議に臨む。
- 参加者間で意見の不一致があっても議論し、合意点を見出す。

理解度○×チェック！

1. 利用者の自宅でケアカンファレンスを行うとき、検討する内容はインフォーマルなサポートに限定する。 出34-34
2. 事例検討の目的の一つに、チームで事例の課題を共有し、解決策を見いだすことがある。 出36-79
3. 報告者と聞き手の理解の相違をなくすためには、聞き手は報告者に同調しながら聞くようにする。 出33-34

答……1. ×（フォーマルサポートも含めて検討する。また、本人の参加が必須である） 2. ○
3. ×（一方的に聞くのではなく、不明な点を確認しながら聞くようにする）

11

生活支援技術

ここでは、利用者の日常生活を支える介護技術を学ぶんですよね
そのとおり。身じたく、整容、食事、移動・移乗、入浴、排《はい》泄《せつ》、睡眠、終末期の介護の基本を学習するよ
実践の振り返りにもなりそうですね

1…… 生活支援と介護

キーワード　生活支援　ICF　介護予防　福祉用具

出題頻度 ★☆☆

生活の理解

生活とは、命を維持し、育むために必要不可欠な活動のことです。介護福祉職は、利用者の生活史（生活の歴史）を理解し、生活習慣や意思の尊重に努めながら、介護を行います。まず、生活の構成要素とさまざまな側面について理解しましょう。

ここをチェック！

❶ 生活の構成要素

生活は、服飾、食事、コミュニケーション、性、余暇、労働、家計、居住、恋愛・結婚、出産・育児、扶養、葬儀、信仰など、多種多様な要素で構成される。

❷ 生活のさまざまな側面

生活には、以下の多様な側面がある。人間が自分らしい生活を営むには、すべての側面が重要である。

- 身体・精神（心理）的側面……身体・精神（心理）の状態は生活に大きな影響を及ぼす。
- 家事的側面……掃除、洗濯、調理、買い物、整理・整頓、環境整備、金銭の出し入れ、公共料金の支払い、ベッドメイク、日用品や食品の管理などがある。これらの家事ができなくなると、生活の基盤が崩れる要因となる。
- 経済的側面……生活には、お金が不可欠である。個人の経済面の考え方や価値観を考慮して、消費生活を考える必要がある。
- 文化的側面……個性や自分らしさが現れる文化的側面の充実は、生きる意欲につながる。
- 社会的側面……人間は社会とのつながりの中で生活している。要介護状態であっても社会とかかわりをもつことが大切である。

生活支援の基本的視点

出題頻度 ★

介護における生活支援とは、障害があっても、高齢者であっても、自分らしい生活を送りたいという願いを支援することです。生活支援の基本的な考え方を理解しましょう。

ここをチェック！

❶ ノーマライゼーション

障害者や高齢者であっても、健常者と同じような当たり前の生活を送れる社会と環境を目指すことをノーマライゼーションという。日常生活に支障があっても、自分らしい生活を送れるよう支援することが重要である。

ノーマライゼーション
⇒ P.219、296参照

❷ 残存機能の活用

利用者は何ができて、何ができないのかを把握し、利用者のできることに焦点を当てることが大切である。利用者ができることを活かしながら、生活の維持・向上を図る。

❸ 自立の支援

介護における自立とは、利用者が一人で生活行為ができるようになることを意味するのではない。自己決定に基づいて、主体的な生活を送れるよう支援することをいう。

自立
⇒ P.14参照

❹ 個人の尊重

個人の尊重は、日本国憲法第13条で規定されている。介護福祉職には、利用者一人ひとりの意思やニーズを尊重して支援することが求められる。利用者が言葉で意思を示すことができない場合は、表情などの非言語《ひげんご》（的《てき》）伝達媒体《でんたつばいたい》から、その人の意思をくみとるようにする。

非言語（的）伝達媒体
⇒ P.23参照

▶日本国憲法第13条

個人の尊重	すべて国民は、個人として尊重される。生命、自由及び幸福追求に対する国民の権利については、公共の福祉に反しない限り、立法その他の国政の上で、最大の尊重を必要とする。

出題頻度 ★★

生活支援の内容

介護福祉職は、利用者の生活に関するさまざまなことを支援します。生活支援の種類とポイントを整理しましょう。

ここをチェック！

❶ ICF

国際生活機能分類。生活機能を①心身機能・身体構造、②活動、③参加、の３つの概念で示している。生活機能と健康状態（変調または病気）、背景因子（環境因子*と個人因子*）とが相互に作用する関係にあるとされる。生活支援は、ICFに基づいて行う。

▶ ICF の生活機能モデル

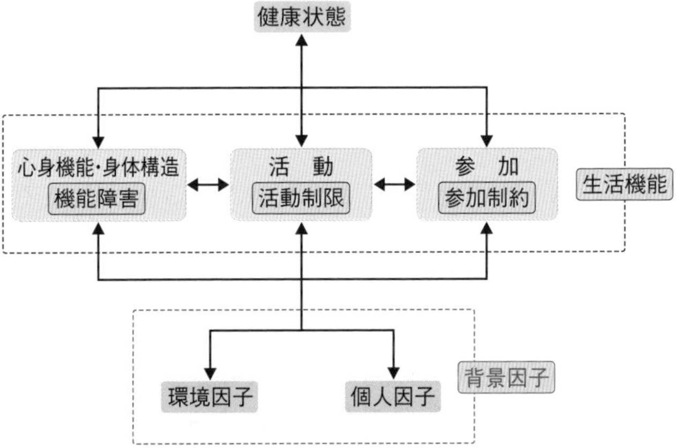

ICF
⇒P.218、299、463参照

環境因子
物的環境だけでなく、家族や友人などの人的環境、社会的・制度的環境が含まれる。

個人因子
利用者の生活歴、文化的な背景や生活習慣、価値観、こだわりなどの属性のこと。

❷ 生活支援の種類

生活支援には、身体介護と生活援助がある。

・身体介護……入浴、排泄《はいせつ》などの利用者の身体に触れて行う介護のこと。利用者の羞恥心《しゅうちしん》や気兼ねなど心理面に配慮しつつ、利用者が満足できるような身体介護を行うことが重要である。

・生活援助……洗濯、掃除、調理などの家事を援助すること。家事機能は生活全体を左右する。生活援助は快適な生活環境をつくり上げる大切な援助行為である。

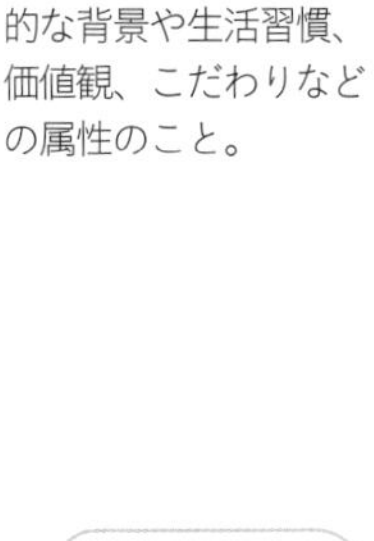

▶ 主な身体介護と生活援助

身体介護	入浴、清潔、排泄《はいせつ》、食事、移動　などの支援
生活援助	掃除、洗濯、調理、ベッドメイキング、買い物、ゴミ捨て　などの支援

❸ 介護予防

介護予防とは、①高齢者が要介護状態になることをできる限り防ぐ（発生を予防する）、②要介護状態になっても状態がそれ以上に悪化しないようにする（維持・改善を図る）こと。一人ひとりの生きがいや自己実現のための取り組みを総合的に支援していくことで、QOL＊の向上も目指す。介護予防では、特に、生活習慣病と廃用症候群＊の予防が重要である。

▶ 主な生活習慣病と廃用症候群

生活習慣病	高血圧症、糖尿病、肥満、心臓病、脳卒中、悪性新生物（がん）、動脈硬化、脂質異常症、心筋梗《しんきんこう》塞《そく》、狭心症・不整脈、痛風、歯周病、アルコール性肝障害、胃潰瘍《いかいよう》・十二指腸潰瘍　など
廃用症候群	関節拘縮《こうしゅく》、褥瘡《じょくそう》、筋萎縮《きんいしゅく》、骨粗鬆症《こつそしょうしょう》、起立性低血圧、心肺機能低下、誤嚥性肺炎《ごえんせいはいえん》、うつ状態　など

QOL
Quality Of Lifeの略。一般的に「生活の質」と訳される。人が自分らしく生活しているかを評価する概念。
⇒ P.295、461参照

生活習慣病
⇒ P.164参照

廃用症候群
からだを長期間動かさないことによって生じる、さまざまな心身機能が低下した状態の総称。
⇒ P.168参照

❹ レクリエーション

レクリエーションは、日常生活をより快適に過ごし、よりよく生きる大切な援助法である。人間の日常生活でもある食事、睡眠、排泄などの「基礎生活」と仕事、地域活動などの「社会生活」に加えて、趣味、スポーツなどの「余暇生活」を含めた3領域を再創造することが重要である。レクリエーション援助の手法には、①個別レクリエーション、②集団レクリエーション＊がある。

集団レクリエーション
グループワークの中で、利用者各人が役割を担うようにする。実践にあたっては、レクリエーション計画を立てる。

❺ ネットワーキング

利用者の生活を支援する者に、保健、医療、福祉、住宅、安全などの専門職、民生委員や地域住民、ボランティアなどの協力が加わる。このようなつながりをネットワーキングと呼ぶ。地域で連携を図り、利用者を支援することが大切である。

出題頻度 ★☆☆

生活支援と福祉用具の活用

生活支援において、福祉用具は障害者や高齢者の生活を支援する重要な存在です。福祉用具の意義を理解し、活用するために必要な視点を理解しましょう。

ここをチェック！

❶ 介護保険法による福祉用具

貸与が13種目、販売が6種目ある。要介護者・要支援者は身体状況や介護の必要度が変化しやすいため、状態に応じて適切な福祉用具が提供されるよう貸与が原則である。ただし、排泄《はいせつ》や入浴に関する用具は貸与になじまないため、販売対象となっている。

1割（または2割あるいは3割）の自己負担で、レンタルや購入ができるよ。福祉用具の活用にあたっては、福祉用具専門相談員や福祉用具プランナー、福祉住環境コーディネーターなどに相談するとよいよ

福祉用具の貸与は、支給基準限度額の範囲で、ほかの居宅サービスと組み合わせて利用できるよ

▶貸与の13種目

車いす 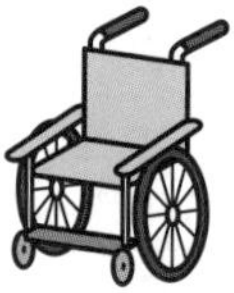	車いす付属品 	特殊寝台 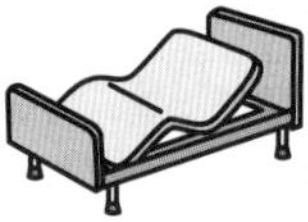	特殊寝台付属品 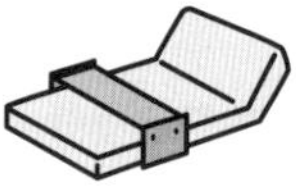
床ずれ防止用具 	体位変換器 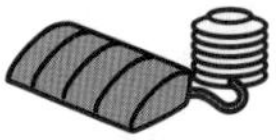	手すり 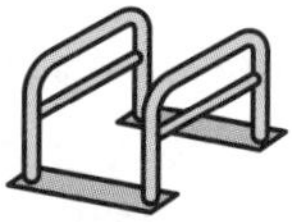	
スロープ 	歩行器 	歩行補助杖《ほじょづえ》（1本杖を除く） 	
認知症老人徘徊《はいかい》感知機器 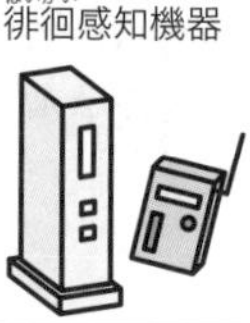	移動用リフト（つり具の部分を除く） 	自動排泄処理装置 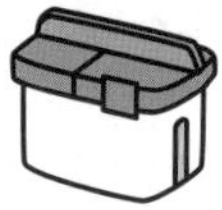	

▶販売の６種目（特定福祉用具）

腰掛便座	自動排泄処理装置（交換可能部）	入浴補助用具
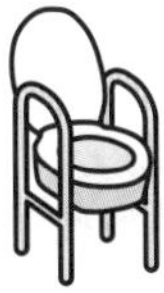		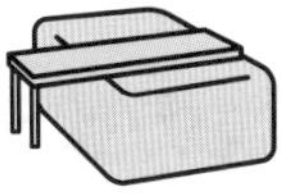
簡易浴槽	移動用リフトのつり具の部分	排泄予測支援機器
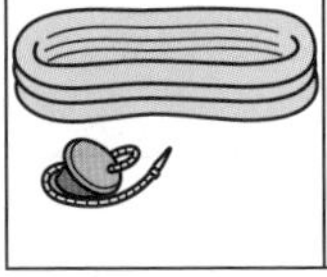		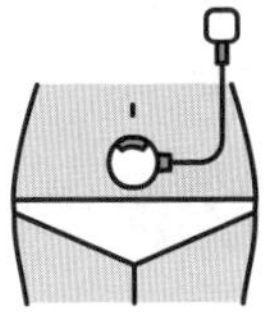

福祉用具の購入では、1年度10万円を限度に、先払いした金額のうち9割（または8割あるいは7割）が戻ってくるよ（償還払い）

❷ 福祉用具活用の視点

福祉用具を活用する際には、①生活上の問題を明確にすること、②利用者との適合を図ること、③介護者との適合を図ること、④環境との適合を図ることの４つの視点が重要である。適切な福祉用具を使用することは、利用者の自立を助け、安全で安心な生活を実現させる。

❸ 介護ロボットの開発と活用

介護現場への導入がはかられているものとして注目を集めているものに介護ロボットがある。介護者の負担軽減と利用者の自立支援に役立つものとして実用化されているものに、移動支援の歩行アシストカート、移乗支援の装着型アシストスーツなどがある。

生活支援技術

理解度〇✕チェック！

1．生活支援は、信頼関係に基づいて支援する。 出28-41

2．介護老人福祉施設におけるレクリエーション活動に、地域のボランティアの参加は、遠慮してもらうことにした。 出36-80改

3．心身機能が低下した高齢者の住環境の改善としては、扉の取っ手は、レバーハンドルから丸いドアノブにする。 出36-82

答…………　1.〇　2.✕（地域の方と交流するためにも、ボランティアの参加は望ましい）
3.✕（丸いドアノブを回すのは難しいので、レバーハンドルが望ましい）

2……自立に向けた居住環境の整備

キーワード　居住環境　居場所　高齢者向け住宅・施設　室内環境　住宅改修

出題頻度 ★

居住環境の整備の意義と目的

住まいと介護は密接に関係しています。住まいに求められる役割と介護を必要とする人の居住環境の整備のポイントを押さえましょう。

ここをチェック！

❶ 住まいに求められる役割

住まいには、次のような役割が求められている。

- 食事や睡眠、排泄《はいせつ》や清潔保持など、生命の維持のための生理的欲求を満たす。
- そこに住まう家族の人間関係を通して、精神的な満足感をもたらす。
- そこで培われてきた生活の価値観やこだわりなどの文化的な欲求を満たす。
- 住む人のプライバシーを守る。
- 家族や友人とのつきあいや近隣との社会的な交流ができる。

❷ 居住環境の整備のポイント

利用者の居住環境の整備にあたり、次のことに配慮する必要がある。

- 利用者が要介護状態などになっても個人の主体性や自立性が高められる。
- 健康が維持される。
- 社会とのつながりを感じられる。
- 生き生きとした自分らしい生活が送れる。

生活空間と介護

出題頻度 ★☆☆

よりよい生活をするためには、その場所が、安心して自分の身を置けるところでなければなりません。介護を通して、自分らしくいられる生活空間、言い換えれば「居場所」を整えていく大切さを理解しましょう。

利用者が自分の居場所を見つけられるようにすることが大事なんだね

ここをチェック!

❶ 居場所の条件

利用者が安心できる居場所をつくるには、誰からも干渉されず、自由な時間を過ごせる空間が必要である。また、そこで何をするのか「自己決定」することが保障されており、利用者の自由な行動が許される集団があることも大切である。利用者と集団の構成者の間には、お互いに「好きなこと」をすることが許されていなければならない。さらに、その居場所を通じて、さまざまな出会いや発見があることも必要である。

❷ 居場所とアイデンティティ

自分が揃えた家具や好みのレイアウトでつくり上げた空間は、安心できる居場所であり、自分のアイデンティティ*を保てる場所である。自分らしい空間をもつことは、快適な生活を送るうえで重要である。

アイデンティティ
自分が自分であると思う意識。自己同一性。

❸ 住み慣れた場所

住み慣れた場所や家に住み続けることは、高齢者にとって重要な意味をもっている。土地勘のある場所で生活することは安心感につながり、知人や友人など、気軽に話ができる人が近所にいることは、生きていくうえでの支えになる。できるかぎり住み慣れた環境で生活できるよう、地域での包括的な介護が求められる（P.47 参照）。

環境が変わることにより、認知症が悪化することをトランスファーショックというよ
⇒ P.212参照

❹ 生活の継続

生まれ育った土地を離れ、別の土地で暮らすようになった高齢者は、言葉や生活習慣の違い、異なる文化と出会う。その結果、周囲の環境や人間関係になじめず、うつ病や認知症が悪化する場合がある。生活支援をする際には、利用者の生活の継続を図ることが重要になる。

出題頻度 ★

高齢者向け住宅・施設

施設へ入所する人の心身の負担を軽くするために、使い慣れた家具を置いたり、少しでも早くなじみの職員ができるようにしたりするといいよ

高齢になり、介護が必要になっても、できるかぎり住み慣れた場所と家で過ごすのが理想ですが、さまざまな理由で自宅に住み続けることが困難な場合があります。高齢者が入居できる住宅・施設について整理しましょう。

ここをチェック！

❶ 主な高齢者向け住宅・施設

さまざまな住宅・施設があり、それぞれ対象者やサービス内容などが異なる。高齢者と家族の状態、状況、希望を考慮して、最適な住宅・施設を選択する。

それぞれの施設の設置の根拠となる法律には違いがあるよ

施設名	概要	根拠法
サービス付き高齢者向け住宅	介護や医療と連携して、高齢者を支援するサービスを提供する住宅。バリアフリー構造など、高齢者が安心して住める住宅になっている。	高齢者の居住の安定確保に関する法律
軽費老人ホーム（ケアハウス）	自炊できない程度の機能低下が認められる人もしくは独立して生活をするのが困難な人が低額の料金で利用できる。	老人福祉法
有料老人ホーム	高齢者に食事などの生活サービスを提供する施設	老人福祉法
介護老人保健施設	65歳以上の要介護高齢者で、病状が安定している人に対し、医学的管理下での介護・看護・リハビリテーションなどを行い、家庭での生活に戻れるよう支援を行う施設	介護保険法
介護老人福祉施設（特別養護老人ホーム）	65歳以上の要介護高齢者で、自宅で生活することが困難で、常時介護が必要な人に日常生活の介護やリハビリテーションを行う施設	介護保険法（老人福祉法）
介護医療院	長期療養の要介護者に対し、医療と介護を一体的に提供する施設。看取りやターミナルケアも行う。2018（平成30）年4月創設。	介護保険法
認知症対応型共同生活介護（グループホーム）	認知症の要介護者が介護を受けながら、共同生活を送る施設。1ユニット5名以上9名以下、2ユニットまでと少人数である。	介護保険法

老人福祉法に基づいて設置されている特別養護老人ホームが、介護保険法の指定を受けると指定介護老人福祉施設になるよ

室内環境の管理

出題頻度 ★★☆

室内環境を適切に管理することは、健康的で快適な生活につながります。室内環境の構成要素について理解しましょう。

ここをチェック！

❶ 採光・照明

約 200 ルクスの明るさが必要。四季を通じて、適度な採光が得られることが望ましい。老化による視力低下や暗順応《あんじゅんのう》の低下に配慮して、足元の照明を十分にするほか、照明の種類や色を選ぶ。部屋によって照明を使い分ける。

暗順応
⇒ P.160参照

❷ 室内気候

温度……24℃ ± 2℃前後（季節によって異なる）
湿度……40 ～ 60％
気流……0.5m/sec 以下
冷暖房を活用し、外気との差を 5 ～ 7℃以内に保つ。高齢者は皮膚の感覚機能が低下しているため、床暖房の使用には注意が必要である。

❸ 通風・換気

高齢者は、感覚機能の衰えもあり、通風・換気の必要性をあまり感じていない場合があるため、周囲が注意してよく通風・換気する。窓を開けるときは、1 か所だけでなく、2 か所以上開ける。石油・ガスの暖房器具やガスコンロの使用時は必ず換気する。

❹ 音

家電製品の操作音、エアコンの室外機、トイレの音、足音などに配慮が必要である。防犯ベルや火災警報器などは、きちんと聞こえる音量に調整しておく。

出題頻度 ★★

室内環境と健康

室内環境は健康に大きく影響します。不適切な室内環境が原因で生じる主な健康被害を押さえましょう。

ここをチェック!

❶ シックハウス症候群

建材に使用される化学物質による室内空気汚染が原因で、目がチカチカする、のどの痛み、頭痛、吐き気、湿疹などのさまざまな健康被害が生じる状態。新築やリフォーム後に起こりやすい。こまめな換気や掃除が大切。

❷ 熱中症

暑熱によって、体温の調節機能が低下し、体温上昇、めまい、けいれんなどの症状が現れる状態。室外だけでなく、高温の室内にいても発症することがある。エアコンや扇風機を活用して、適切な室温を保ち、こまめに水分を補給することで予防できる。

❸ ヒートショック

短時間の急激な温度変化で、血圧が大きく上下に変動することによって生じる健康被害。失神、脳卒中、心筋梗塞《しんきんこうそく》を引き起こす場合がある。冬の入浴時に寒い脱衣室で服を脱ぎ、寒い浴室でからだを洗ってから、熱い湯につかると、急激に血圧が低下するため、ヒートショックが起こりやすい。部屋ごとの寒暖の差をなくす工夫が必要である。

❹ アレルギー

ダニの死骸や糞、カビ、埃《ほこり》はアレルギー症状を引き起こす。布団に付いたダニの死骸や糞などのダニアレルゲンは、掃除機で吸引するとよい。

出題頻度 ★

安全で心地よい生活の場づくり

日本家屋は、身体機能面からみると、安全で安心な生活空間とは言いがたい面もあります。日常生活を送るうえで、どのような観点で環境を整備したらよいのかを室内の場所ごとに整理しましょう。

ここをチェック!

❶ 浴室

床は滑らない材質にするか、滑り止めのマットを敷く。出入口の扉は引き戸にする。またぎやすくするために、浴槽は、洗い場から40cm程度の高さにする。手すり、シャワーチェア、シャワー用車いすなどを必要に応じて用意する。座位《ざい》が維持できる場合はバスボードも備える。脱衣所にも、滑り止めのマットを敷く。

▶浴室の環境

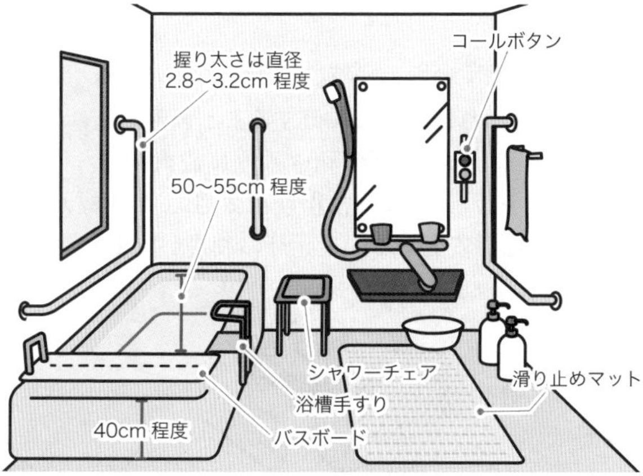

❷ トイレ

老化に伴い、夜間にトイレの回数が多くなる場合があるので、寝室に近いほうが望ましい。ドアは引き戸や外開きにする。鍵は外からでも開けられるものにする。トイレまでの通路とトイレ内に手すりを付ける。車いすを使う利用者の場合は、車いすが回転できて、介護者が一緒に入れるスペースを確保する。便器は下肢に負担が少ない洋式が望ましい。冬場は暖房器具や暖房便座の使用を検討する。

❸ 寝室

温度や湿度などが調節可能な設備を置き、壁は音が反響しない材質で、気分がやすらぐような柔らかく暖かい色にする。ベッドのほうが和式の布団より起き上がりやすく、立位《りつい》がとりやすい。端座位《たんざい》になったときは、足底が床につく高さにベッドを調整する。

❹ 居室・食事室

風通し・日当たりがよく、トイレに近い場所が望ましい。家族とともに団欒《だんらん》や食事に加われる場所がよい。

❺ 台所

食事をする場所の近くが望ましい。調理台は利用者が使いやすい高さにする。ガスコンロは油過熱防止機能やタイマー付きにする。炎が出ない電磁調理器*を用いるのもよい。水栓は従来の蛇口をひねるタイプではなく、手をかざすと水が出る自動水栓など、操作しやすいものがよい。

電磁調理器
磁力線の働きによって、金属製の調理器具自体を発熱させて食品を加熱する調理器。火を使わないため、火災が発生する心配が少ない。

❻ 階段

事故が起こりやすいため、特に配慮が必要である。手すりを設置する。できれば両側に設置することが望ましいが、片側のみの場合は、降りる際の利き手側に設置する。手すりの高さは床から75～80cm程度、太さは握り幅が3.2～3.6cm程度を目安とする。足元灯の設置が望ましい。

▶ 階段の環境

❼ 通路

車いす使用の場合は、通路の幅を最低85cmは確保する。施設などでは、スムーズにすれ違いが行えるよう、180cmの幅が必要である。高低差がある場所には、スロープを設置する。

❽ 床

玄関のタタキ、階段、床、台所、浴室などの転倒しやすい場所には、滑りにくい床材を用いる。洗面所やトイレは汚れやすいので、防汚性も考慮する。玄関マットやバスマットを使用する場合は、滑り止め用品をつける。

介護保険と住宅改修

出題頻度 ★★

高齢者や障害者が住み慣れた家での生活を続けるために、必要に応じて住宅改修を行う場合があります。住宅改修の種類によっては、介護保険の対象となることを押さえておきましょう。

ここをチェック！

❶ 介護保険の対象となる住宅改修

対象となるのは、自立した生活の支援や介護負担の軽減を図るためのもので、比較的小規模なものに限られている。

- 手すりの取付け
- 段差の解消
- 滑りの防止および移動の円滑化等のための床または通路面の材料の変更
- 引き戸等への扉の取替え
- 洋式便器等への便器の取替え
- 上記の住宅改修に付帯して必要となる住宅改修

❷ 支給対象者

在宅で生活している要介護または要支援認定を受けた者で、住宅改修が必要と認められる者。

❸ 支給限度基準額

支給限度基準額は20万円で、実際の住宅改修費の9割（または8割あるいは7割）が支給される。つまり、住宅改修費が20万円だった場合、1割負担の人は18万円が支給され、2万円が自己負担となる。20万円を超えた分は、全額自己負担となる。ただし、転居した場合や、要介護状態区分が重くなった場合（3段階上昇）は、再度支給限度基準額が設定される。

出題頻度 ★★

バリアフリーとユニバーサルデザイン

住宅にバリアフリーやユニバーサルデザインを取り入れることは、高齢者や障害者の生活をより快適にします。バリアフリーとユニバーサルデザインへの理解を深めましょう。

高齢者や障害者が気軽に移動できるよう、階段や段差の解消などを目指した「バリアフリー新法」が、2006（平成18）年に施行されたよ

バリアフリー住宅は、高齢者や障害者の自立した生活をサポートするよ

ユニバーサルデザイン行動計画では、「様々な心身の特性や考え方を持つすべての人々が、相互に理解を深めようとコミュニケーションをとり、支え合う」という「心のバリアフリー」に取り組むことを掲げているよ

ここをチェック！

❶ バリアフリーとは

高齢者や障害者等が生活をしていくうえで障壁（バリア）となるものを取り除くこと。障壁には、段差などの物理的障壁、資格・免許の付与を制限するなどの制度的障壁、音声案内や字幕放送の欠如などの文化・情報的障壁、心ない視線や言葉などの意識上の障壁がある。

❷ バリアフリー住宅の環境の整え方

次のような考え方を理想とする。

- 転倒・転落事故への配慮がなされている。
- 日当たり・風通しなどへの配慮がなされている。
- 緊急時への対応がなされている。
- 維持・管理が容易である。
- プライバシーが守られている。
- 他者とのコミュニケーションを図ることができる。

❸ バリアフリーの例

住宅でのバリアフリーには、次のようなものがある。

- 道路から玄関までの段差をなくす。
- 階段、廊下、トイレ、浴室に手すりを設置する。
- 部屋の出入り口、玄関、廊下の段差をなくす。
- 床を滑りにくい素材にする。
- 出入り口、廊下の幅を広くする。
- つまずきやすいところ、夜間の移動で通るところには足元灯を設置する。

❹ ユニバーサルデザインとは

すべての人に使いやすいデザインのこと。高齢者や障害者

に配慮するバリアフリーとは異なり、年齢、障害、国籍、性別を問わず、すべての人を対象としている。

❺ ユニバーサルデザインの原則

ユニバーサルデザインの７つの原則を意識して、環境の整備に努める。

- 公平性……どんな人でも公平に使えること。
- 柔軟性……柔軟に使用できること。
- 単純性……使い方が簡単にわかること。
- わかりやすさ……必要な情報がすぐにわかること。
- 安全性……うっかりミスが危険につながらないこと。
- 身体的負担の軽減……少ない力で効率的に、楽に使えること。
- スペースの確保……利用するための十分な大きさと空間を確保すること。

❻ ユニバーサルデザインの例

住宅でのユニバーサルデザインには、次のようなものがある。

- 階段、廊下、トイレ、浴室に手すりを設置する。
- 段差のない住宅にする。
- 自動水栓、レバー式水栓を採用する。
- スイッチを低い位置に設置する。

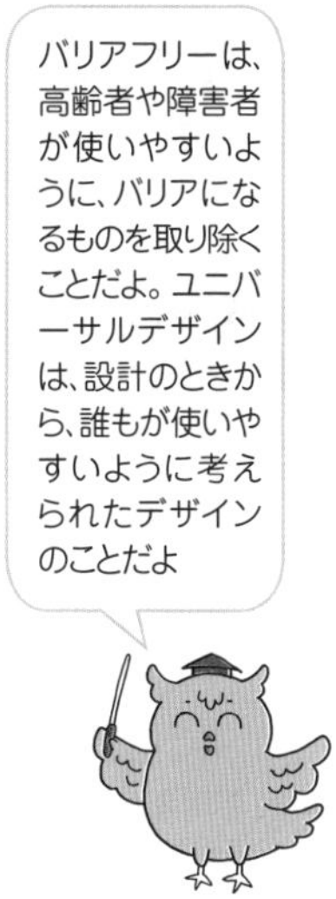

理解度〇✕チェック！

1. 高齢者がヒートショックを防ぐための環境整備として、入浴直前に浴槽の湯温を 60℃にし、蒸気を立てた。◀出 33-35
2. 高齢者の安全な移動に配慮した階段の要件としては、階段の一段の高さは、25cm以上である。◀出 35-81
3. 老化に伴う機能低下のある高齢者の住まいとしては、寝室は玄関と同じ階にし、トイレに近い場所が望ましい。◀出 34-35改
4. すべての人が暮らしやすい社会の実現に向け、どこでも、だれでも、自由に使いやすくという考えを表す用語を、エンパワメントという。◀出 35-68

答…………
1. ✕（60℃の湯は危険）　2. ✕（一段の高さ<蹴上げ>は16～18㎝が望ましい）　3. 〇
4. ✕（ユニバーサルデザイン。エンパワメントは対象者が持っている能力を引き出すこと）

生活支援技術

3……自立に向けた身じたくの介護

キーワード　身じたく　整容　口腔ケア　衣服の着脱

出題頻度 ★

身じたくの意義と目的

身じたくの支援をするときも、介護者の意向よりも、利用者の意見を尊重するようにしようね

身じたくは、社会生活を快適・円滑にし、精神的な満足感を得ることで社会性や生活意欲を高めるものです。身じたくを支援することは、その人らしく生活するための支援であることを理解しましょう。

ここをチェック！

❶ 身じたくの目的

身じたくには、次の4つの目的がある。

- からだの保護
- 体温調節
- 清潔保持
- 精神的な満足感

利用者ができることは利用者にやってもらい、できないことを介助しよう

❷ 支援のポイント

利用者の生活習慣やからだの状況に合わせて、次のポイントを押さえて支援する必要がある。

- 身じたくに楽しみが見出せるようにする。
- 「できること」「できるであろうこと」を利用者と一緒に考え、その方法や手順を工夫する。
- 個性を尊重して、その人らしさを表現できるようにする。

❸ 身じたくに関する利用者のアセスメント

身じたくに関するアセスメントの際は、「ICFの視点」をもち、①目的・目標、②実行状況、③能力を把握する。

アセスメント
⇒P.320、456、458参照

ICF
⇒P.299、376参照

出題頻度 ★★

整容の介助

整容とは、見だしなみを整える行為です。整容は、生命の維持には直結しないものですが、からだの清潔を保持する、その人らしい生活スタイルを支える、生活意欲を左右するなどの効果があります。整容の介助のポイントを整理しましょう。

ここをチェック！

❶ 整容の種類

整容はADL（日常生活動作）の一つで、洗顔、耳の手入れ、整髪、ひげ剃り、爪の手入れ、化粧などが含まれる。

❷ 整容の介助技術

整容の介助は、利用者の状態をアセスメントしたうえで、皮膚やからだを傷つけないよう、慎重かつていねいに行う。

洗顔	• 顔面の皮脂や汚れを取り除き、清潔を保つ。血流を促進する効果もある。 • 安静時や起き上がりが困難で洗顔ができない場合は、利用者に熱め（40℃前後）の湯でしぼったハンドタオルを渡し、できるだけ自分で拭いてもらう。 • 全介助の場合は、利用者の了解を得てから行い「目→額→鼻→頬→耳」の順に拭く。 • 目や鼻の周囲、耳の後ろは汚れがたまりやすいので、特にていねいに行う。
耳の手入れ	• 外耳道を傷つけたり、耳あかを奥に押し込んでしまうことがないよう、慎重に行う。
整髪	• 気分転換、頭髪・頭皮の健康保持、社会性の維持のために大切である。 • 起床時、外出時、入浴後などに行う。 • 洗面所に移動できる場合は洗面所で行い、移動が困難な場合は、ベッド上で行う。 • ていねいにブラッシングし、髪の汚れを取る。 • 髪型や整髪料の使用の有無は利用者の希望を尊重する。

▶ 顔の清拭《せいしき》

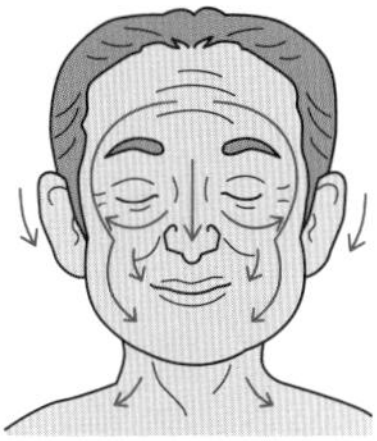

⇒ P.421参照

耳の清潔保持

⇒ P.423参照

巻き爪
爪の内側が収縮し、丸まった爪が生えてくること。

肥厚爪
主に足の爪でみられ、白癬菌の感染や遺伝などが原因で、爪の一部が変色したり、厚く盛り上がったりすること。

ひげ剃り（電気かみそり）	●皮膚に軽く押し当てる。 ●ひげの流れに逆らって剃る。 ●顎《あご》の下などの湾曲した部分は、皮膚を広げるようにして剃る。 ●電気かみそりは、皮膚に対して直角に当てる。 ●剃った後は、皮膚の保護と保湿のために化粧水や保湿クリームをぬる。
爪の手入れ	●足より手のほうが早く伸びる。 ●まめに手入れをしないと、巻き爪*、肥厚爪《ひこうそう》*など変形の原因になる。また、足指先の動作や歩行の害になる。 ●高齢者は爪がもろく割れやすいので、入浴後や蒸しタオルで爪を柔らかくしてから、少しずつ切る。 ●爪そのものに異常がなく、爪の周囲の皮膚にも化膿《かのう》や炎症がなく、かつ糖尿病等の疾患《しっかん》に伴う専門的な管理が必要でない場合に限り、介護福祉職が爪切りで爪を切ることや、爪やすりでやすりがけをすることができる。
化粧	●化粧をすることは単なる身だしなみではなく、自己表現の手段であり、気分の活性化や、残存機能の向上につながるので、適度に勧める。 ●基本的には、利用者が行ってきた化粧の方法を尊重する。利用者ができない部分を介助する。
鼻の手入れ	●鼻をかむときは、左右交互にかむ。 ●鼻毛は抜かずに、専用のはさみを使ってカットする。

▶正しい爪の切り方

▶やすりで整える

出題頻度 ★★★

口腔ケア

口腔《こうくう》には、一般に350種類以上の口腔細菌が数千億個以上生息しているといわれます。また、細菌が繁殖しやすい環境条件が揃っていますので、適切に清掃が行われないと、簡単に増殖してしまいます。口腔ケアの基礎知識を押さえましょう。

ここをチェック！

❶ 口腔ケアの定義

口腔ケアには、口腔清掃や義歯清掃などの器質的口腔ケアと、口腔機能の治療や機能訓練などの機能的口腔ケアがある。このうち、介護福祉職が行うのは、器質的口腔ケアである。

❷ 口腔ケアの目的

口腔ケアには、次のような目的がある。

- 口腔疾患を予防する。
- 口腔内の細菌増殖を予防する。
- 口臭を予防する。
- 唾液の分泌を促進させる。
- 感染症や誤嚥性《ごえんせい》肺炎を予防する。
- 食欲を増進させる。
- 対人関係を円滑にし、生活意欲を活性化させる。

❸ 口腔ケアのポイント

ケアのポイントは、次のとおりである。

- 利用者の自立度や状態に合わせて、安楽な体位を確保する。ベッド上で行う場合は、できるだけ上半身を起こす体位をとる。
- うがいができる利用者には、ブラッシング前に行ってもらう。
- 利用者ができることは、利用者に行ってもらう。
- 利用者の状態に合わせた用具を選択する。
- 舌苔《ぜったい》*はすべて取り除く必要はない。

舌苔
口腔内の細菌が固まって舌の表面に付着したもの。

生活支援技術

❹ 義歯の取り扱い

義歯は、咀嚼《そしゃく》機能《きのう》*や咬合《こうごう》機能《きのう》*の維持・向上、発音機能の維持、審美性《しんびせい》*の向上などの役割があるので、就寝時以外は装着するようにする。全部床義歯（総入れ歯）は上から入れて、下からはずすようにする。細菌が繁殖しやすいため、毎日清掃が必要である。熱湯や歯磨き剤は使用せず、水またはぬるま湯で清掃する。はずした際は、乾燥させないように清潔な水や義歯洗浄剤に浸《ひた》して保管する。

❺ 状態別介護の留意点

①自立度が高い利用者……自立している利用者ほど、きちんと清掃が行われていない場合があるので、口腔ケアに関するアセスメントを行うことが大切である。

②一部介助の利用者……自立支援を意識する。たとえ時間がかかっても、できるところは利用者自身に行ってもらうようにする。握りやすいように歯ブラシの柄部を太くして持ちやすくするなど、用具・器具を工夫する。

③全介助の利用者……特に安心と安全を考慮して支援する。状態に合わせて、セミファーラー位または側臥位《そくがい》で行う。側臥位が困難な状態であれば、顔をしっかり横に向ける。柔らかめの毛の歯ブラシでブラッシングを行い、舌の汚れを取り除く。

▶ セミファーラー位

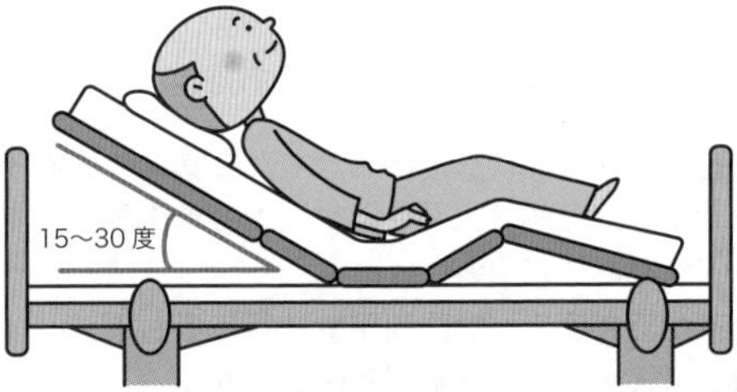

④片麻痺《かたまひ》のある利用者……麻痺の部位と程度、可動域、残存能力などを確認する。半側《はんそく》空間無視*によって、麻痺側は食物残渣《ざんさ》が停滞してしまい、健側《けんそく》に比べて口腔《こうくう》清掃が適切に行えていないこともある。患側《かんそく》を意識した援助が重要である。

咀嚼機能
食物をかみ砕く働きのこと。

咬合機能
歯のかみ合わせの具合のこと。

審美性
義歯がほかの歯などと調和して，外観が美しく見える様子。

頻出
義歯のはずし方と清掃方法、保管方法

半側空間無視
脳機能障害のため患側の感覚が鈍ったり、患側にある物が見えているにもかかわらず認知できていなかったりする状態。

⑤認知症のある利用者……理解力や判断力が徐々に障害されていくため、ケアに無関心になったり、抵抗を示したりする場合がある。言動を否定せず、受け止めながら、常に声をかけたり、手を握ってスキンシップを図ったりして、温かく見守りながら援助する。口頭説明での理解が困難な場合は、介護者と一緒に歯みがきを行うなどの方法をとる。

⑥経管栄養*の利用者……口腔《こうくう》から食物を摂取していないため、口腔機能が落ちている場合が多い。口臭が発生しやすい傾向にあるので、口腔ケアが必要である。ただし、経管栄養終了直後の口腔ケアは避ける。口腔ケアの際は、誤嚥《ごえん》しないよう姿勢を考慮し、スポンジブラシは水気をとる。経鼻経管栄養チューブが抜け出ていたり、口の中でとぐろを巻いていたりする場合や、チューブを固定しているテープがはがれやすくなっている場合などは、早急に医療職に報告する。

経管栄養
食事を口から摂取できない人に対して、鼻や腹部に形成したろう孔からチューブを使って栄養補給を行うこと。
⇒P.124、244、274参照

▶ 経管栄養法の種類

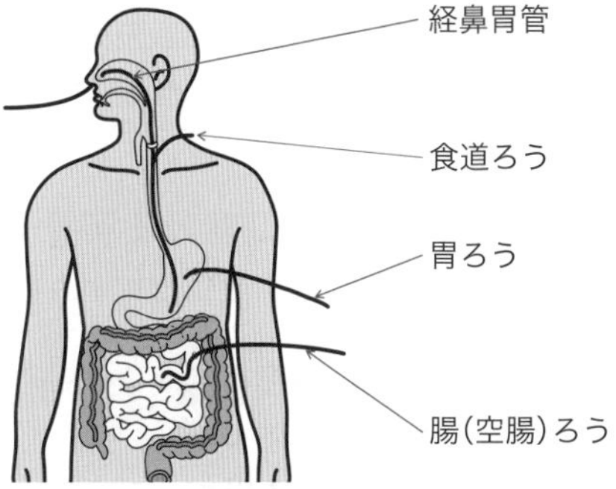

⑦意識障害のある利用者……誤嚥や窒息に細心の注意を払い、姿勢を考慮して、常に声をかけながら全身の状態を観察する。口腔ケアを行う際は、必ず医療職に確認をとる。

⑧無歯顎《むしがく》*の利用者……義歯の清掃のみで、口腔内はうがい程度で清掃をしていない場合が多い。総義歯との接触面である顎堤《がくてい》*や口蓋《こうがい》*には多くの口腔細菌が繁殖しているため、誤嚥性肺炎などの全身疾患《しっかん》の原因となる。口腔粘膜用清掃用具を使用した口腔ケアをしっかりと行う。

無歯顎
自分の歯が1本もない状態。

顎堤
義歯を載せる土台となる歯肉の部分。

口蓋
口腔と鼻腔を分けている口の中の上壁のこと。

出題頻度
★

衣服の着脱

利用者の生活リズムを整えるには、毎日の着替えが欠かせません。衣服の着脱の目的を理解し、利用者の状態に合わせた介助のポイントを整理しましょう。

高齢者はころびやすいこと、少しの段差でつまずきやすいことから、靴や靴下を利用者の体にあった寸法のものを勧める必要があるよ

ここをチェック！

❶ 衣服の着脱の目的

衣服の着脱には、次のような目的がある。

- 体温調節
- 皮膚の保護・衛生的機能
- 快適な生活の維持
- 社会生活への適応

衣服は個性を表現できるものだから、利用者の好みを尊重しよう

❷ 衣服の選択

からだの状態や生活場面、利用者の好みに合わせて、形や材質を選択し、生活習慣にも配慮する。楽に着脱できるものを選ぶことも大切である。前開きで、袖付けがゆったりしているものが着脱しやすい。

❸ 衣服の着脱介助における留意点

介助においては、次の点に留意する必要がある。

- 保温のため、部屋を温める。
- 羞恥心《しゅうちしん》に注意する。
- 介護者の手を温めておく。
- 出入り口やカーテンを閉めるなどプライバシーに配慮する。
- 着替えの前に利用者の体調を確かめる。
- 麻痺《まひ》がある場合は、健側《けんそく》から脱がせ患側《かんそく》から着せる。
- 褥瘡《じょくそう》の原因とならないよう、衣服のしわをのばす。
- 生活のリズムを保つために、昼と夜とで衣服を着替えるよう勧める。

患側は動かしにくいから、脱ぐときは後、着るときは先なんだね

①自立度が高い利用者……動作がゆっくりであっても、自力で着脱できるように援助する。衣服を準備する、着脱の説明を付け加えるなど状況に合わせて援助を考える。

②一部介助の利用者……できない部分を援助する。自力で袖

は脱げる、下のほうのボタンは留められるなど、状態に合わせて、できるところは利用者が自力で行えるよう援助する。

③全介助の利用者……ベッド上で臥床《がしょう》したまま着替える場合は、前開きの衣服が望ましい。可能であれば、衣服を選択できるよう働きかけたり、自力でできることはしてもらう。

④片麻痺《かたまひ》のある利用者……麻痺の部位と程度、可動域、残存能力を確認し、可能な限りは自力で行うよう促す。拘《こう》縮《しゅく》*がある場合は、着替えの前に少し関節を動かしておく。衣服の脱着の際は、脱健着患《だっけんちゃっかん》*が原則である。例えば、ズボンをはくときは、まず患側《かんそく》の脚を通し、次に健側《けんそく》の脚を通すようにする。

▶患側から着る

拘縮
関節を長期間動かさなかったため、しだいに動かせる範囲が狭まっていくこと。

脱健着患
麻痺のない健康な側から衣服を脱ぎ、麻痺のある側から衣服を着ること。

理解度〇✕チェック！

1. 医学的管理の必要がない高齢者の爪の手入れでは、入浴前に切る。 出 36-86
2. 左片麻痺の利用者が、端座位でズボンを着脱するときには、左足を右の大腿の上にのせてズボンを通すようにする。出 36-87改
3. 左片麻痺の利用者が前開きの上着をベッド上で臥床《がしょう》したまま交換するときは、介護福祉職は利用者の左側に立ち、新しい上着は右側に置いて準備する。出 35-86
4. 手指の細かな動作がしにくい利用者には、マグネット式のボタンを勧める。出 32-39

答……1. ✕（入浴すると爪は少し柔らかくなるので、入浴後に切る） 2. ○ 3. ✕（衣服の着脱は、脱健着患が原則なので、介護福祉職は利用者の右側に立って健側から脱がし、患側から着せるために上着は左側に置く） 4. ○

生活支援技術

4…… 自立に向けた移動の介護

キーワード　ボディメカニクス　体位変換　車いすの介助

出題頻度 ★★

ボディメカニクス

移動・移乗の介護を行うには、運動学や力学をベースにしたボディメカニクスの知識が必要です。力まかせではなく、身体的特性を活かした無理のない効率的な介護の方法を理解しましょう。

ここをチェック！

ボディメカニクス
⇒ P.107参照

❶ ボディメカニクスとは

神経系・骨格系・関節系・筋系の力学的な相互関係によって生じる姿勢や動作。最小の労力で、利用者の安全で安楽な移動・移乗を可能にするだけでなく、介護者の腰痛予防などにも有効である。

❷ ボディメカニクスの原則

支持基底面積
床に接しているからだの部分とその間の面積。立《りつ》位《い》のときは、左右の足裏とその間の面積を指す。

① 支持基底面積*を広くとり、重心を低くする

介護者は両足を左右、前後に広めに開き、膝を曲げて腰を落とすと身体が安定する。

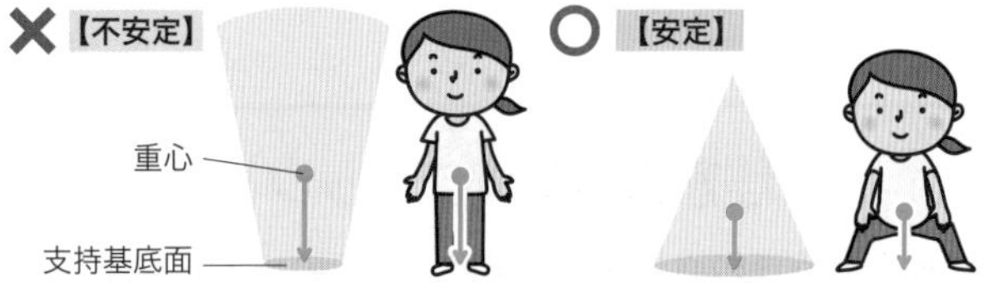

② 利用者と介護者双方の重心を近づける

利用者と介護者の重心が近いほど、からだにかかる負担を軽減できる。

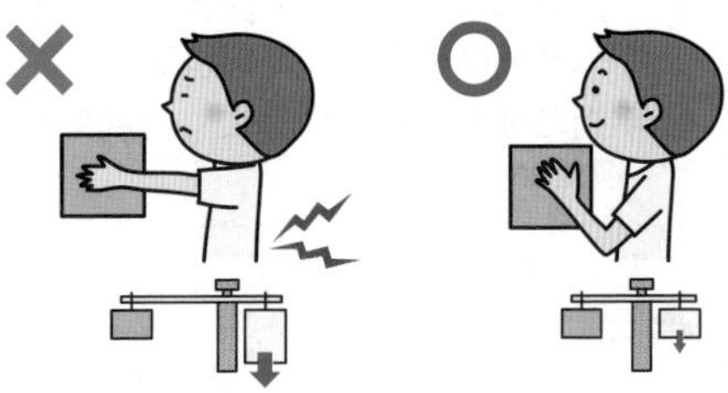

③ 大きな筋群を使う

指先や腕力だけでなく、腹筋、背筋、大腿筋などの大きな筋群を使うことで、介護者のからだにかかる負担を軽減できる。

④ 利用者のからだを小さくまとめる

利用者の腕や足を組み、からだがベッドなどに接する面積を小さくすることで、摩擦を軽減できる。

▶ 利用者のからだを小さくまとめる

⑤「押す」よりも手前に「引く」

「押す」よりも「引く」ほうが力が分散しないので、無理なく力を出すことができる。

⑥ 介護者の重心移動で利用者を動かす

重心移動は水平移動すると、腰への負担が少なく、スムーズに介助することができる。

▶ 介護者の重心移動

⑦ 足先とからだを動かす方向に向ける

物や利用者を動かすときは、足先とからだを動かす方向に向け、からだをねじらないようにする。

⑧ てこの原理を応用する

支点・力点・作用点のある状態で、小さな力で大きなものや重いものを動かすことをてこの原理という。物や利用者を動かすときには、てこの原理を応用する。

◯ ＝支点

出題頻度 ★

体位変換

体位変換は、日常生活の中で繰り返し行われる動作ですが、障害などがあるために自分で動くことができない利用者には、介護が必要です。体位の種類と体位変換のポイントを整理しましょう。

ここをチェック！

❶ 体位変換の目的

体位変換を行うことで、長時間同じ体位を続けることによって生じる筋肉の萎縮《いしゅく》、関節の拘縮《こうしゅく》、褥瘡《じょくそう》*を予防することができる。寝たきりの利用者であっても、体位変換が必要である。

褥瘡
長時間同一体位でいることで、からだの一定部分が圧迫され、血流が悪くなり、皮膚が赤くなったり、組織が壊死したりする状態。床ずれ。
⇒P.133、188参照

❷ 寝床上でとる体位

寝床上でとる体位には、仰臥位《ぎょうがい》、側臥位《そくがい》、腹臥位《ふくがい》、長座位《ちょうざい》、半座位《はんざい》、起座位《きざい》、端座位《たんざい》などがある。

仰臥位	仰向け。最も支持基底面積が大きく安定し、筋の緊張も少ない。	
側臥位	左右どちらかを下にしている横向き状態。下側の手がからだの下にならないように介助する。	
腹臥位	うつぶせ。支持基底面積が大きい。顔は横に向ける。	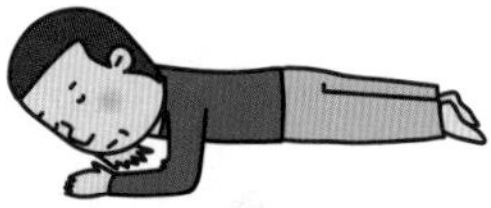
長座位	背を約90度起こし、両足を伸ばして座る体位。	

側臥位は、緊急時の回復体位でもあるよ

半座位（ファーラー位）	上半身を約45度起こした体位。呼吸、嚥下《えんげ》などがしやすくなる。背上げ（背下げ）した後で、対象者の体をマットレスから一旦離して、背中にかかっていた圧を抜く。	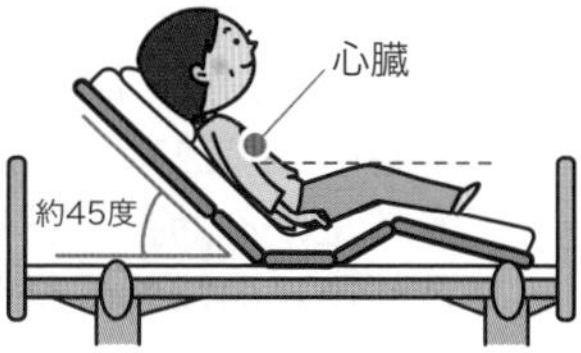
起座位	背を約90度起こし、オーバーテーブルや机などの上にクッションや枕を置き、それを抱えてうつぶせにする体位。心疾患《しんしっかん》の人には安楽な姿勢。喘息《ぜんそく》発作では呼吸がしやすくなる。	
端座位	背中をもたれずにベッドに座った姿勢。床に足底全体がついている必要がある。	

ファーラー位を確保するために、ギャッチベッドが使われるよ

片麻痺の利用者を端座位から立たせるときは、患側に立って支え、健側の膝が伸びていることを確認しよう

❸ ベッド上の体位変換

ベッド上で行う体位変換の主なポイントは、次のとおりである。

- 体位変換を行う前に利用者に声をかけ、同意を得る。
- 自立を支援し、利用者ができることは利用者にしてもらう。
- ボディメカニクスを活用する。
- 側臥位から端座位にするときは、利用者の臀部《でんぶ》を支点にする。
- 右片麻痺の利用者を仰臥位から左側臥位にするときには、枕を左側に寄せる。
- 片麻痺《かたまひ》の利用者を仰臥位から側臥位にするときには、健側《けんそく》が下になるようにし、枕は健側のほうに寄せる。
- 片麻痺の利用者を端座位から立位《りつい》にするときは、介護者は患側《かんそく》に位置する。

体位変換は、てこの原理をうまく使うと負担が少なくなるよ

出題頻度 ★

歩行の介助

人間らしく生活する上で、歩行は大切な行為です。歩行には全身の血流改善や心肺機能の向上、骨や筋肉の機能低下を防止する効果があります。歩行時に使用する福祉用具と利用者の状態に合わせた歩行介助について整理しましょう。

ここをチェック！

❶ 歩行と福祉用具

歩行時の福祉用具には、手すり、歩行器、杖《つえ》、シルバーカー（歩行車）などがある。福祉用具を使用することで、自力で歩行することができ、機能回復にも役立つ。

手すり	床から75～80cmのところに設置する。トイレや浴槽、玄関には、L字型の手すりを設置するとよい。	
歩行器（歩行車）	歩行器は、杖に比べて安定性がある。使用には、両手が使えなければならない。車輪付きと車輪なしがある。車輪付きには、四輪型と二輪型があり、手のひらから前腕部で支持する。車輪なしには、左右のフレームを交互に動かす交互式歩行器と、歩行器自体を持ち上げて動かす固定式歩行器がある。	 前腕支持式歩行器 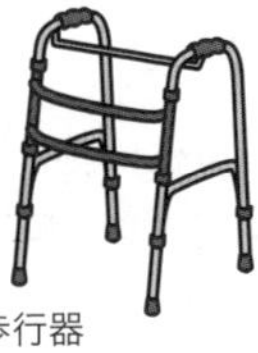 交互式歩行器
シルバーカー	自立歩行はできるが、足腰の弱い人や歩行バランスが不安定な人に適している。荷物を入れたり、外出先での休息時にいすとして使用することもできる。	

❷ 杖の種類

杖は最も簡便な歩行補助具であり、さまざまな種類がある。代表的なものは次のタイプである。

T字杖	もっともよく使われている。比較的少ない支持で歩行が可能な場合に用いる。	
ロフストランドクラッチ	前腕支えと握りの2点で支えるため、T字杖より安定している。上肢の力を有効に使うことができ、握力の弱い人に適している。	
多点杖（多脚杖）	3点または4点で支える杖。T字杖より安定している。	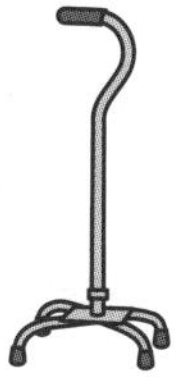
ウォーカーケイン（サイドウォーカー・歩行器型杖）	支持面積が広く、安定性がある。歩行がかなり不安定な場合に用いる。サイドケインともいう。	

❸ 杖歩行の介助のポイント

介助のポイントは、次のとおりである。

- 杖の長さは、利用者の大転子《だいてんし》*と床までの長さ。杖をついたとき肘関節が約150度に屈伸する程度とする。
- 必要なら杖先ゴムを付ける。杖先ゴムは、杖が滑るのを防ぐ。
- 一部介助で杖を使用している利用者は、バランスを崩しやすく、歩行に恐怖や疲労を感じていることが多い。左右の足にほんの少し重心を移動させながら歩行の練習をするとよい。

大転子

大腿骨の外側の突出した部分。

❹ 片麻痺《かたまひ》がある利用者の杖《つえ》歩行の介助

歩行の際は、杖を健側《けんそく》の手で持つ。介護者は、利用者の患《かん》側《そく》、または患側の斜め後ろに立ち、いつでも支えられるようにする。２動作歩行*では、杖と患側の足を同時に出して、次に健側の足を出す。３動作歩行*では、「杖→患側の足→健側の足」の順で歩行する。

階段を上るときは、「杖→健側の足→患側の足」の順で上がり、下るときは、「杖→患側の足→健側の足」の順で降りる。バスの乗降口にある階段の昇降の際も、足を運ぶ順序は同じであり、介護者は一段下で利用者の腰を支えるようにする。

▶３動作歩行

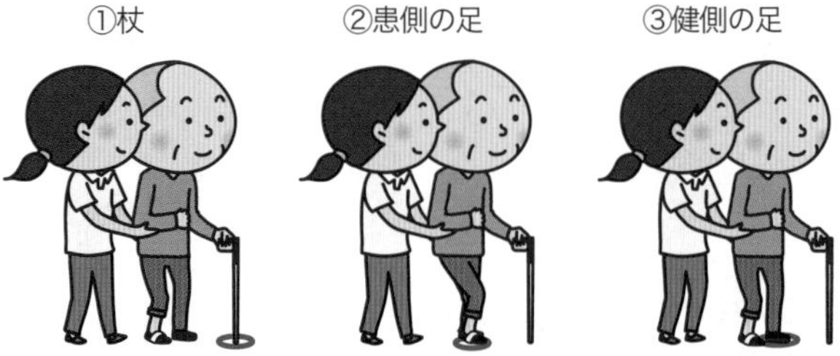

❺ 視覚障害がある人の歩行の介助

利用者に介護者の肘の少し上を握ってもらい、介護者が利用者の半歩前を歩く。白杖《はくじょう》*を使用している場合も、同様である。歩くペースは利用者に合わせ、声をかけて周囲の状況を説明しながら歩く。主な生活場面での介助方法は、次のとおりである。

- 階段の昇降は、一度停止し、階段であることを告げる。利用者が足先で階段のふちを確認してから、ゆっくり昇降する。
- バスは介護者が先に乗降し、自動車の乗車は利用者が、降車は介護者が先にする。
- エスカレーターでは、利用者と介護者が同時に乗降する。幅が狭いエスカレーターの場合は、利用者が先に乗降する。
- ホームで電車を待つ場合は、点字ブロックの内側に誘導する。
- 狭い通路は、一列になって介護者が先導する。
- 電車では介護者が先に乗降する。乗車時は、介護者が片足を車内に入れてから誘導する。電車とホームのすき間に注意する。
- 利用者から離れる場合は、柱や壁に触れる位置まで誘導する。

2動作歩行
患側の足と杖を同時に出し、次に健側の足を出す。３動作歩行が安定してから２動作歩行に移るとよい。

3動作歩行
まず杖を出し、次に患側の足、健側の足の順に出す。速度はゆっくりだが、安定しているので転倒しにくい。

白杖
視覚障害者の歩行補助具として使われる白い杖。白杖で障害物を確認しながら、歩行する。

車いすの介助

出題頻度 ★★

車いすは、歩行が困難な人の移動手段として利用します。車いす介助を行うためには、車いすの基本構造を理解しておく必要があります。車いすに関する知識と介助の留意点を押さえましょう。

ここをチェック!

❶ 車いすの基本構造

介助を行うに当たっては、車いすの各部の名称と構造を理解する必要がある。使用前に安全を確認し、タイヤの空気圧やブレーキの効き具合を点検しておく。

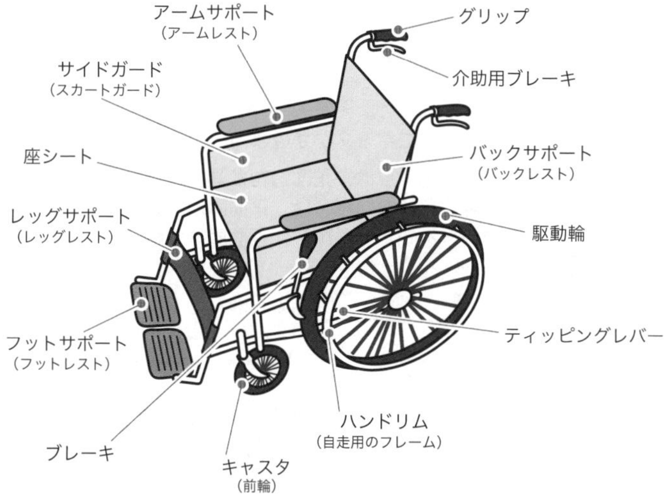

❷ ベッドから車いすへの移乗介助

ベッドから車いすへの移乗介助では、次のことに留意する。

- 介護者は利用者の患側《かんそく》に立つ。
- 車いすは、利用者の健側《けんそく》に置く。
- 斜方接近法*の場合は、ベッドの端に対して15～20度程度の角度で車いすを置く。
- 調節機能付きのベッドの場合は、車いすのシートと同じ高さにする。

斜方接近法

ベッドに座っている利用者の健側のほうから、ベッドに対して斜めに接近させる方法。健側にできるだけ近づけることで、安全に移乗できる。

健側に車いすを近づける

❸ 車いすでの移動介助のポイント

車いすはキャスタ（前輪）が小さく、よく回転するので、段差につまずきやすく、溝にはまりやすい。さらに、坂道での移動にも注意が必要である。

- 両足がフットサポート（フットレスト）に乗っていること、バックサポート（バックレスト）に深く座っていることを確認する。
- 声かけをしながら介助する。
- 歩行速度より遅いスピードで押す。
- 急な方向転換は行わない。
- 段差を上がるときは、キャスタを上げて進み、駆動輪（後輪）が段差に接してからキャスタを段差の上段にゆっくりと下ろす。
- 段差を降りるときは、必ず後ろ向きで、駆動輪からゆっくり静かに下ろす。
- 坂道を昇るときは、車いすが後ろに下がらないように、両足を前後に大きく開いて押す。
- 急な下り坂は、後ろ向きで下りる。
- 砂利道や踏切では、キャスタを上げて進む。
- エレベーター扉の溝にキャスタがはまらないように注意する。
- エレベーターへの出入りは、正面直角が基本だが、エレベーター内で向きが変えられない場合は、正面直角で乗車して後ろ向きで降りるか、後ろ向きで乗車して正面直角で降りる。昇降中はブレーキをかける。

理解度○✕チェック！

1. 介護予防教室で、安定した歩行をするためには、「後ろ足のつま先で地面を蹴って踏み出すようにすることが大事です」と助言した。 出35-82
2. 標準型車いすを用いての移動介護で、踏切を渡るときはキャスタ（前輪）を上げて駆動輪でレールを越えて進むようにする。 出33-41
3. ベッドから車いすへの移乗介護で最初に行うのは、移乗の方法を説明することである。 出32-41
4. T字杖を用いて歩行する左片麻痺の利用者が、20cm 幅の溝をまたぐときの介護として、右足から先にまたいでもらうように助言した。 出35-83
5. スライディングボードを用いて、ベッドから車いすへ移乗介護をするときには、アームサポートが固定された車いすを準備する。 出34-41

答 1. ○　2. ○　3. ✕（移乗の目的を説明し同意を得る）　4. ✕（左片麻痺なので、まずは杖を溝の向こうに突いてから「左足（患側）→右足（健側）」の順で溝をまたぎ、またいだ後は両足をそろえるように助言する）　5. ✕（アームサポートは、取りはずせるものがよい）

5……自立に向けた食事の介護

キーワード　嚥下障害　誤嚥　脱水

食事介助の基本

出題頻度 ★

食事の大きな目的は、①栄養素を摂取する、②からだの健康を維持・増進するの２つであり、生きていくうえで欠かせない行為です。まずは、基本的な食事介助の方法を理解しましょう。

ここをチェック！

❶ 食事における介護技術

食事介助のポイントは、次のとおりである。誤嚥《ごえん》や窒息に注意して、おいしく食べてもらえるよう支援する。

- 利用者に向けて食事を並べる。
- 介護者は座るかしゃがみ、利用者と同じ目線の高さにする。
- はじめに、お茶や汁ものなどで、口の中を湿らせてもらう。
- 箸やスプーンは、下から口元に運ぶ。
- 一口の量やペースは、利用者に合わせる。
- 主食や副食を交互に食べてもらうなど、偏食にならずにバランスよく食べてもらえるよう配慮する。
- 全介助の場合は、一口ごとに飲み込んだことを確認する。
- 食後は口腔《こうくう》ケアを行う。

❷ 食事の道具・用具

利用者の残存機能を活かし、できるだけ自分で食べてもらうようにし、場合によっては、自助具*の使用を検討する。箸、スプーン、フォーク、食器、コップ、ストロー、マットなどは、さまざまな商品が販売されているので、利用者の状態に合う自助具を選ぶことが大切である。

自助具
身体機能の低下した人が、日常生活に必要な動作を、できるだけ自分自身で行えるよう補助する道具。

▶ 食事の姿勢

❸ 食事の姿勢

安定した座位《ざい》を保持することで、嚥下《えんげ》しやすくなる。座位が安定しているかは、次のことを確認する。

▶ 食事の姿勢のポイント

① 両側の足底が床についているか。
② いすに深く腰かけているか。
③ 両肘が楽にテーブルにのる高さになっているか。
④ からだが左右に傾いていないか。
⑤ 頭部がやや前に傾いているか。

麻痺《まひ》や拘縮《こうしゅく》などがある利用者には、状態に応じて適切な福祉用具を活用したり、からだを支持する介助を行う。

出題頻度 ★○○

利用者の状況に応じた食事介助

利用者の自立度や障害の種類・程度によって、必要な介助は異なります。利用者の状況に適した介助のポイントを押さえましょう。

ここをチェック！

❶ 片麻痺《かたまひ》の利用者

利用者ができることは、利用者に行ってもらう。安定した姿勢を保持できるよう、必要に応じてクッションや枕などを使用する。姿勢が安定している場合、介助は健側《けんそく》から行う。患側《かんそく》の口腔内《こうくうない》に食べ物がたまりやすいので、注意する。

▶ クロックポジション

（右利きの場合）

❷ 視覚障害のある利用者

食事の位置は、時計の文字盤になぞらえるクロックポジションで説明するとわかりやすい。例えば、「6時の位置にはお箸があります」「7時の位置にはご飯があります」のように伝える。

❸ 構音障害の利用者

構音障害の利用者は、嚥下障害もあることが多いので、食事中は嚥下に集中してもらうよう、必要な時以外は話しかけないようにする。

❹ 全介助を必要とする利用者

できるだけベッド上ではなく、食事の場としてふさわしい場所で食事をする。ベッド上の場合は、ベッドの機能を活用し、膝の下にクッションや枕などを当てて姿勢が安定するよう工夫する。ベッドをギャッチアップ*して、上半身を起こすようにする。

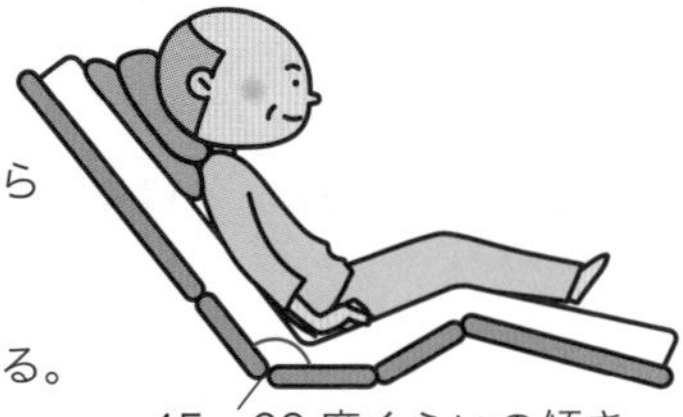

ギャッチアップ
ベッドの背上げや足上げのこと。

嚥下障害のある人への介助

出題頻度 ★★

食べ物や飲み物をうまく飲み込めない嚥下《えんげ》障害のある利用者に対しては、食事の内容や提供方法に注意が必要です。誤嚥《ごえん》を防ぐ方法も覚えておきましょう。

ここをチェック!

❶ 誤嚥

食べ物、飲み物、唾液などが、誤って気管に入ってしまうことを、誤嚥という。飲み込んだ食塊《しょっかい》が大きいと、気管を閉鎖して窒息死に至ることがあり、誤嚥を繰り返すと誤嚥性肺炎*を引き起こすことがある。お茶や汁ものを飲んでむせる、口の中に食べ物をため込んで飲み込もうとしない、食事中に咳き込んで喘鳴《ぜんめい》*が聞かれるなどの症状がみられたときは、誤嚥の危険性がある。誤嚥を防ぐために、次のことに留意する。

- 利用者によくかむよう伝える。
- 誤嚥しやすい食品を避け、誤嚥しにくい食品を取り入れた献立にする。
- 頭部をやや前に傾け、顎を引いた姿勢をとってもらうようにする。

誤嚥
⇒ P.128、348参照

誤嚥性肺炎
口の中にある細菌が肺に到達して起こる肺炎。高齢者に発症しやすい。
⇒ P.176、279参照

喘鳴
呼吸時に出るヒューヒュー、ゼーゼーという雑音のこと。気管が狭まったときに出る。
⇒ P.147、176参照

❷ 食事介助のポイント

嚥下《えんげ》障害のある利用者の食事介助のポイントは、次のとおりである。

- 一口の量は少なめにする。
- 食べ物は口腔《こうくう》の前のほうに入れる
- 食べ物を口に入れたら、口唇《こうしん》を閉じるよう声かけをする。
- 飲み込むときには、頭部を前に傾け、「ごっくん」と飲み込むようにする。
- 咀嚼《そしゃく》*しているときに、次に食べ物の説明をしたり、話しかけたりしない。

咀嚼
食べ物をかみ砕くこと。

❸ 嚥下障害のある利用者の食事

嚥下障害のある利用者は、普通食では飲み込みにくいため、食べ物の形態を工夫する必要がある。食材を煮込んだり、ペースト状やムース食にしたり、とろみ調整食品を活用することで食べやすくなる。食事の温度は、温かいものは60~65℃、冷たいものは10~15℃くらいで提供する。
誤嚥しやすい食品、しにくい食品は、次のとおりである。

誤嚥しやすい食品	誤嚥しにくい食品
・水、お茶、みそ汁などの水分 ・パンなどのパサパサしたもの ・こんにゃくなどのかみにくいもの ・もち類、のりなどの口腔内に付着するもの ・レモンなどの刺激の強いもの	・ヨーグルト、卵豆腐、プリン、ゼリーなどのすべりがよいもの ・とろみのついたもの ・やわらかいもの

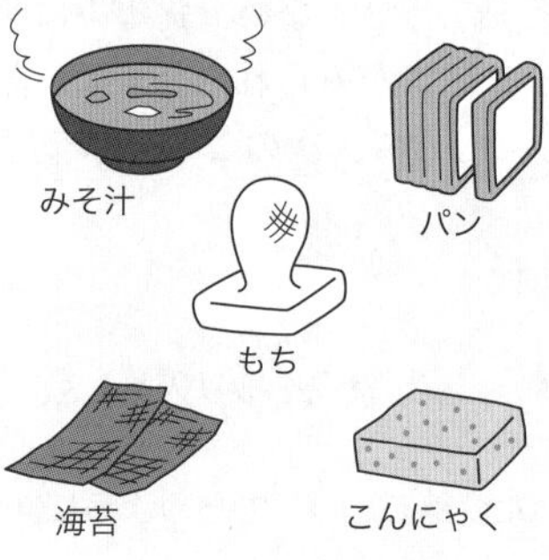

身体機能の変化と食事

出題頻度 ★★

食事の内容は、老化に伴う身体機能の変化や疾患に合わせて見直していく必要があります。主な症状に対応する食事の提供方法を整理しましょう。

ここをチェック！

❶ 身体機能の変化に対応する食事

高齢者には、味覚機能の低下、唾液分泌量の低下、咀嚼力《そしゃくりょく》の低下、口渇感の低下、消化機能の低下、便秘などの変化がみられる。

症状	対応方法
味覚機能の低下	亜鉛を含む食品をとり、口腔《こうくう》ケアをしっかり行う。調味料を増やしたり、味を濃くしたりすることは、塩分や糖分の過剰摂取につながるので、控える。味を濃くするのではなく、出汁をきかせたり、香菜を活用したりして、味覚を補う工夫をする。
唾液分泌量の低下	水分をしっかりとり、咀嚼《そしゃく》回数を増やす。主食はパンより米のほうがよい。
咀嚼力の低下	かみにくい肉、いか、キノコ類などは、かみやすい大きさに切ったり、ミンチにしたりするなど、調理方法を工夫する。
口渇感の低下	水分や水分を多く含む食品を摂るようにする。
消化機能の低下	咀嚼回数が多く、唾液がよく出る食品を検討する。
便秘	根菜類などの食物繊維や乳酸菌を多く含む食品をとり、腸のぜん動運動*を促す。食事の量を減らすと、さらに便秘がひどくなるので、注意する。水分をこまめに摂取するよう気をつける。

ぜん動運動
腸などの消化器が伸縮を繰り返し、内容物を運ぶ動きのこと。

便秘
⇒ P.139、430参照

❷ 慢性腎不全の利用者の食事

3か月以上にわたって腎臓機能が低下した状態を、慢性腎不全という。慢性腎不全の利用者に対しては、油を活用するなどして必要エネルギー量を確保しつつ、タンパク質、塩分、カリウム、リンを制限した食事を提供する必要がある。

▶ 慢性腎不全の利用者が控えるべき食品

- 肉、魚、卵、乳製品などのタンパク質を多く含むもの（米、パン、野菜、果物にもタンパク質が含まれているので注意が必要）
- 漬物、かまぼこのような練り製品、みそ汁などの塩分を多く含むもの
- 野菜、海藻などのカリウムを多く含むもの（ただし、野菜は加熱することで、カリウム量を減らすことができる）

糖尿病
⇒ P.166参照

❸ 糖尿病の利用者の食事

糖尿病の利用者は、血糖値が上がらないよう、1日3回規則正しくバランスのよい食事をとることが大切である。脂肪や糖分を意識し、菓子、アルコール類、清涼飲料水の摂りすぎに注意する。

指示されたエネルギー量の範囲で栄養のバランスが適切に維持できている場合は、食品の種類を任意に選択してもよい。

❹ 低栄養状態の利用者の食事

血清アルブミン*値が3.5 g /dL 未満の状態を、低栄養状態という。少食や偏食によって、からだに必要な栄養が摂取されないため、ADL が低下し、感染症や合併症にかかりやすくなる。高齢者や全介助の利用者は、低栄養状態に陥りやすいので、注意が必要である。食事回数、量、内容を見直し、食欲のない利用者に対しては、四季を感じる食材を用いたり、盛り付けを工夫したりするなど、献立に興味をもってもらえるよう配慮する。

血清アルブミン
血液の血清中にあるタンパク質の一種。栄養や代謝物を運搬する働きをもつ。

ADL
⇒ P.113、295、461参照

出題頻度 ★

脱水

高齢者は、身体内の水分量が減少しても、喉《のど》の渇きを感じにくくなっていることが多く、脱水になりやすい傾向があります。利用者の脱水を予防するための基本的な知識を身につけましょう。

ここをチェック！

❶ 脱水とは

水分やナトリウムなどの電解質*が不足した状態。一般的には食事や水分摂取量の不足が原因だが、発熱、下痢、利尿剤の過剰投与などで起こることもある。人は一般に1日に約2500mLの水分摂取が必要とされる。高齢者は夜間の頻尿を嫌い、水分を摂取したがらないことがあるが、必要な水分摂取量を摂ってもらうことが大切である。

電解質
イオンの状態で水に溶けている物質。

人体の約60%は水分だから、水分を摂取する必要があるんだよ

❷ 脱水の見分け方

脱水が疑われるときは、次のことをチェックする。

- 口腔《こうくう》や舌、皮膚が乾燥していないか。
- 便秘、下痢はしていないか。
- 尿の量は減っていないか。
- ぼんやりしていて元気がない状態ではないか。
- 発熱していないか。
- 食欲があるか。
- 頭痛や嘔気《おうき》はみられないか。

脱水のその他の症状として、脈が速くなったり、体重が減ったり、めまいを感じたりすることもあるよ

❸ 脱水の予防法

利用者の脱水を防ぐため、次のことに留意する。

- こまめに水分を摂ってもらう。
- 排泄《はいせつ》環境や介助方法を工夫するなど、利用者が安心して水分を摂れるようにする。
- 衣服や温度・湿度の管理を徹底する。

嚥下《えんげ》障害や認知症により、なかなか水分を摂ってもらえない場合には、1回の量は少なくても、水分を摂る回数を増やしたり、食事からも水分を摂れるよう献立を工夫したりすることが必要である。

❹ 脱水を予防する食品

脱水の予防には、次のような食品も有効である。

- スポーツドリンク　• ゼリー　• ヨーグルト
- すいかなどの水分を多く含む果物
- きゅうりなどの水分を多く含む野菜
- みそ汁　• 経口補水液
- 水分補給用食品（アイソトニックゼリー）

食品は、利用者の状況や状態に合わせて選択する。水分でむせる利用者には、ゼリーやヨーグルトを勧める。アルコール類やコーヒーなどの利尿作用のある飲み物は、脱水の予防には適さない。

理解度○×チェック!

1. 利用者が食事中にむせ込んだときの介護として、お茶を飲んでもらうようにした。 ◀出 35-87
2. 逆流性食道炎の症状がある利用者へ、食後すぐに仰臥位《ぎょうがい》（背臥位《はいがい》）をとるように勧めた。 ◀出 35-89
3. 介護老人福祉施設の介護福祉職が、管理栄養士と連携することが必要な利用者の状態としては、利用者の食べ残しが目立ったときがあげられる。 ◀出 36-89

答……1. ×（むせ込んでいるときは食事を中断し、しっかりと咳《せき》を続けてもらう）　2. ×（逆流性食道炎の原因の一つに食後の姿勢がある。食後すぐの仰臥位は避ける。1日の食事回数を増やし、少量ずつ食べることを勧めるとよい）　3. ○

6…… 自立に向けた入浴・清潔保持の介護

キーワード　入浴　手浴　足浴　清拭

入浴・清拭の意義と目的

出題頻度 ★

入浴や清拭《せいしき》は、からだの垢《あか》を落とし、からだを清潔に保つだけでなく、さまざまな効果があることを理解しておきましょう。

ここをチェック！

❶ 入浴・清拭の目的・効果

入浴や清拭には、次のような目的と効果がある。

- からだの清潔保持、感染予防
- 血行促進、保温効果
- 新陳代謝の促進、疲労回復によるからだの活性化
- 傷・褥瘡《じょくそう》・皮膚損傷の回復
- 安眠効果　　• 食欲増進
- ストレス解消
- 関節可動域の拡大

❷ 清潔保持の方法

からだの清潔を保持する方法には、いくつか種類がある。利用者の状況・状態を考慮して、最適な方法を選択する。

入浴	ほかの方法よりも体力を消耗するが、からだを清潔にするには、もっとも効果的である。
シャワー浴	入浴が困難な場合などに行う。入浴ほど体力を消耗せず、爽快感を得ることができる。
部分浴	からだの一部を清潔にすることをいい、手浴・足浴などがある。からだの一部が汚れてしまった場合などに、浴室やベッドサイドで行う。
清拭	からだをタオルなどで拭くことを清拭という。ベッド上で行うことができる。

出題頻度 ★★★

入浴・シャワー浴

入浴には多くのメリットがありますが、事故が起こりやすく注意が必要です。利用者が安全で安楽に入浴ができるよう、介助のポイントを押さえましょう。

ここをチェック！

❗ 頻出
利用者の状況に応じた入浴介助の注意点

❶ 入浴介助の注意点

安全に入浴するため、入浴前、入浴中、入浴後は、次のことに注意する。

入浴前	●気分不良になりやすい空腹時、消化不良になりやすい食事直後の入浴は避ける。 ●体調の確認をする。　●水分摂取をする。 ●排泄《はいせつ》を済ませる。 ●羞恥心《しゅうちしん》に配慮する。 ●湯温は40℃前後に設定し、介護者の手で温度を確認する。 ●ヒートショックを起こさないよう浴室や脱衣室の温度は22℃前後にする。
入浴中	●やけどや、石けん、床のぬめりによる転倒に気をつける。 ●湯につかる時間は5分程度とする。長く湯につからない。 ●末梢《まっしょう》から中心に向かって洗う。 ●必要に応じて、シャワーチェアやバスボード、すべりどめマットなどの福祉用具を活用する。
入浴後	●速やかにからだを拭く。顔、頭、体幹、四肢を拭いてから、最後に汚れやすい陰部や臀部《でんぶ》を拭く。 ●水分を補給する。 ●体調を確認する。 ●必要があれば肌や爪の手入れをする。

血圧の急激な変化によるヒートショックを防ぐため、脱衣室と浴室の温度差がないようにしよう

ヒートショック
⇒ P.384参照

- 座位姿勢がとれない人は、特殊浴槽（入浴用のストレッチャー）を使用して、臥位した状態で入浴する。
- 歩行が困難であるが、座位姿勢が保てる人は、いすに座った状態でリフト浴をする。

❷ シャワー浴

からだの状態により入浴が困難な場合などは、シャワー浴を行う。シャワー浴は、体力の消耗が少なく、からだへの負担を減らすことができるが、保温効果があまりなく、からだが冷めやすい。介助の際は、次のことに注意する。

- 温度確認は、介護者の手にかけて行う。
- 利用者には、心臓から遠い足もと、手、体幹の順にシャワーをかける。片麻痺《かたまひ》がある人には、健側《けんそく》から行う。
- シャワーは、湯温が急に変化する場合があるので、介護者の指にもかかるようにしながらかける。
- 湯温は40℃程度にする。冬場などは、さらに1～2℃高くする。
- 入浴よりも気化熱*でからだの熱が奪われやすく、皮膚の温度が下がるため、シャワー後は乾いたタオルですぐにからだを拭く。

気化熱
液体が蒸発して気体になるときに必要な熱のこと。

❸ 片麻痺《かたまひ》の利用者の入浴介助

片麻痺の利用者に対しては、利用者が自分でできることは、自分でしてもらい、できない部分を介助する。

- 浴室内では、介護者は利用者の患側《かんそく》から利用者の腕と腰を支えて移動する。
- 出入口などに一段以上の段差がある場合は、健側から上がり、患側から下る。
- 浴槽への出入りは、原則として健側から行う。ただし、出るときは患側から出る場合もある。
- 浴槽から出るときは、一度、浴槽の縁やバスボードに座ってもらう。

▶ 浴槽への出入り

❹ 高血圧・心疾患がある利用者の入浴介助

高血圧・心疾患の利用者に対しては、急激な血圧の変動により心臓に負担をかけないよう、次のことに注意する。

- 降圧剤を服用している場合は、服用直後の入浴を控える。
- 浴室と更衣室（脱衣室）を温め、温度差がないようにする。
- 湯温が42℃前後の高温になると、血圧上昇がみられるので、高温を避ける。
- 浴槽内の水位は、心臓より下にして、半身浴にする。

❺ 老人性皮膚掻痒症の利用者の入浴介助

老人性《ろうじんせい》皮《ひ》膚《ふ》掻痒症《そうようしょう》*の利用者に対しては、皮膚を刺激してかゆみが強くならないよう、ぬるめ（37 ～ 39℃）の湯で、皮膚の脂肪分を保つ入浴剤と弱酸性の石けんを使用し、皮膚をこすらないように洗う。硫黄《いおう》を含む入浴剤は避ける。入浴後に保湿剤を塗布する場合は、からだを拭き終わったらすぐにぬる。

老人性皮膚掻痒症

老化により皮膚が乾燥して、かゆみが生じる状態。

⇒ P.133、189参照

❻ 人工肛門（消化管ストーマ）のある利用者

消化管ストーマのある利用者でも、入浴が可能で、公衆浴場も利用できる。入浴のときは、ストーマ装具を付けたままでも外してもよい。パウチ（袋）を外して入浴しても、腹腔《ふくくう》内圧*により湯が体内に入らない。回腸ストーマの場合は、便が出やすい食後1時間以内の入浴は避ける。ストーマの部分は、石けんを泡立てぬるま湯で洗い流す。

腹腔内圧

腹筋と横隔膜の収縮によって生じる、腹腔内の圧力。

❼ 血液透析の利用者

血液透析直後の入浴は控える。針穴からの感染を防ぐため、できれば血液透析を行った当日は入浴しないほうがよい。透析のない日は入浴が可能である。透析患者は、汗腺の萎縮から汗の量が減り、皮膚のかゆみを訴えることがあるので、柔らかいタオルでからだを洗うようにする。

❽ 埋込式ペースメーカーの利用者

埋込式ペースメーカー*を装着していても、通常の入浴が可能である（電気風呂やサウナは避ける）。浴槽内の水位を心臓より低くする必要はない。ただし、心臓に負担をかけないよう、長湯と高温は避ける。

埋込式ペースメーカー

心臓の働きが弱っている人の心筋に、直接電気刺激を与えることで、正常な拍動を保たせる装置をペースメーカーという。ペースメーカーのうち、利用者の体内に埋め込んで使用するタイプのものを埋込式ペースメーカーという。

出題頻度 ★

手浴・足浴

手浴《しゅよく》・足浴《そくよく》などの「部分浴」は、目的や汚れ具合などによって、清潔にするための場所と方法を選びます。部分浴の効果と介助のポイントを整理しましょう。

ここをチェック!

❶ 手浴

血液循環が改善されるほか、温めて手指を動かすことで拘《こう》縮《しゅく》の予防につながる。また、２次感染の予防効果もある。1日1回以上、石けんでていねいに洗う。

❷ 足浴

足先だけでなく、膝に近い下肢全体を湯につけて洗うと全身の爽快感と、安眠効果を得られる。また、血液循環が悪い人には、循環促進効果がある。季節を選ばず、1年中有効である。膝から上をタオルケットで覆うなど、不要な露出は避ける。湯温は37～39℃くらいのぬるめがよいが、利用者に湯温を確認してもらうとよい。

❸ 足浴の体位

- 座位《ざい》が可能な場合……いすやベッド脇に座り、端座位《たんざい》で行う。
- 座位が不可能な場合……ベッド上で、仰臥位《ぎょうがい》で行う場合もある。ベッドで行うときは、約15度ギャッチアップする。

▶ ベッド上仰臥位での足浴

❹ 足浴の時間

利用者の状態を確認し、その人に適切な時間で実施する。長時間行うと、かえって体力を消耗して疲れてしまう。足浴後は、特に指の間の水分をしっかりと拭き取る。

出題頻度 ★

洗髪

汗、皮脂、埃《ほこり》で汚れた頭皮や髪の毛は、かゆみやにおいの原因となるので、清潔にしておく必要があります。洗髪介助の注意点と洗髪以外の頭部を清潔にする方法を整理しましょう。

利用者にとって最も安楽な体位は、仰臥位だよ。使用するシャンプーによって体位も変わってくることを押さえておこう

シャンプーを泡立ててから頭皮を洗おう

ここをチェック！

❶ 洗髪の注意点

洗髪を行うときは、次のことに注意する。

- ベッド上での洗髪には、防水シートやケリーパッドを使用する。
- 洗髪前は、くしで髪をすき、汚れやふけを浮き上がらせておく。
- 湯は温度を確認してから、頭部全体にかける。目や耳、顔にしぶきが飛び散らないようにする。
- 洗髪の際は爪を立てず、指の腹で頭皮をもむようにする。シャンプーの泡を取り除いてから、泡を流す。
- 洗髪後にドライヤーをかけるときは、頭皮から20cm以上離して乾かし、同じ場所に3秒以上風をあてない。

▶ ベッド上での洗髪

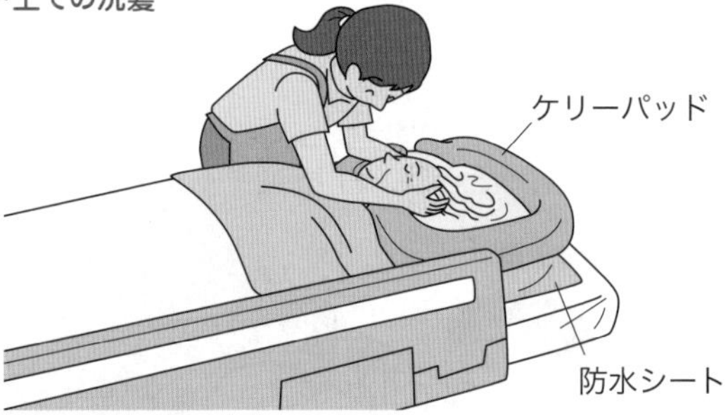

❷ 洗髪以外の方法

通常の洗髪は困難だが、頭部を清潔にしたい場合は、利用者の体調や習慣を考慮して、次の方法を検討する。

- 湯で湿らせたタオルで拭く。
- ヘアトニック・ヘアローションクリームを使用する。
- オイルシャンプー*を使用する。
- ドライシャンプー*を使用する。

オイルシャンプー

植物油が原料のシャンプー。長期に洗髪ができず、頭皮に脂漏性湿疹やふけなどが多くあり、髪の毛が固まっている場合などに使用する。アルコールを含むものが使えない人に適している。

ドライシャンプー

湯と石けんを使用しないシャンプー。ブラッシング後にドライシャンプー剤をしみこませる。

■清拭

出題頻度 ★★

入浴できないときに、タオルなどでからだを拭くことを清拭《せいしき》といいます。清拭は、疲労感が少なく爽快感が得られるほか、快眠を誘います。清拭の種類と方法を押さえましょう。

ここをチェック！

❶ 清拭の種類

清拭には、全身清拭、部分清拭、陰部洗浄がある。

全身清拭	全身を一度に拭く。時間を要するが、全身の清潔が保持され、爽快感が得られるので、利用者の満足度は高い。心疾患《しんしっかん》などがあり、入浴が困難な利用者に対して行うことが多い。
部分清拭	からだの一部を拭く。寝たきり状態で発汗が多い人や部分的に汚れた箇所を簡易に清潔にしたいときに行う。褥瘡《じょくそう》になりやすい背部や仙骨部位などの血液循環の改善目的で行うこともある。
陰部洗浄	陰部の清潔を保持するために行う。汚れやすく、皮膚トラブルが起きやすい箇所なので、しっかり洗う。

❷ 温度

タオルの温度が適温になるように、つける湯の温度は55～60℃程度がよい。

❸ 全身清拭の順序

基本的に、「顔→上肢→体幹→下肢→殿部《でんぶ》・陰部」の順に拭く。適宜タオルの面を替えたり、タオルを交換したりしながら行い、皮膚に付いた水分は、からだを冷やさないよう、すぐに押さえ拭きで拭き取る。

❹ 顔

目から拭く。目がしらから目じりに向けて拭き、タオルの同じ面を二度使わないようにする。額から顎《あご》へは「3」の字を書くように拭く。拭くときには、押さえ拭きにする。

顔の清拭
⇒ P.391参照

❺ 四肢

▶腕の清拭《せいしき》

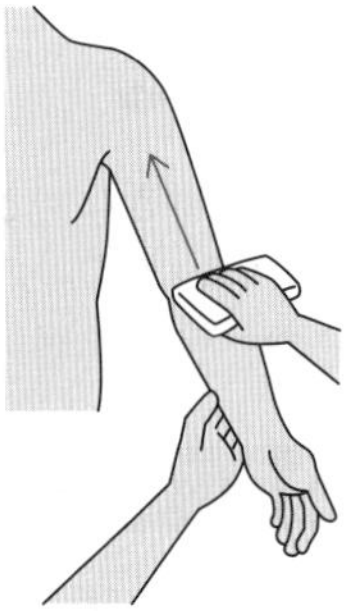

四肢は原則、末梢《まっしょう》から中心に向かって拭く。拭く部位に近い関節を手で下から支えると、楽に行える。例えば、上腕を拭く場合は、手関節ではなく、手首や肘の関節を支えて拭く。

❻ 胸部

広い範囲を拭くので、タオルが冷めないように肌から離さずに拭く。皮膚の密着している腋窩《えきか》、乳房の下側などは、特にていねいに拭く。丸みのある乳房・乳頭、へそ、腹部などは、しわを伸ばして丸く拭く。

❼ 腹部

大腸の走行に沿うよう、「の」の字に拭く。

❽ 背部・腰部《ようぶ》

麻痺《まひ》がある利用者の背部を拭くときは、健側《けんそく》を下にして楽な姿勢にする。

▶胸部・腹部の清拭と背部・腰部・殿部《でんぶ》の清拭

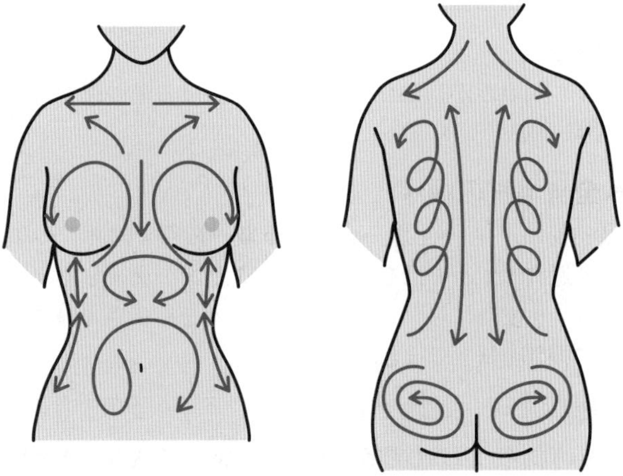

❾ 殿部

周りの清潔なところから汚れを集め、内側から外側へと円を描くように丸く拭き取る。なお、手袋を着用する。

⑩ 陰部

- 女性の場合……微温湯で洗い流し、前から後ろ（恥骨から肛門の方向）に向けて、タオルの面を替えながら拭く。
- 男性の場合……汚れがたまりやすい亀頭に配慮する。睾丸は裏のしわを伸ばしながら洗い流し、ていねいに拭く。

⑪ 目の清潔保持

介護者は手をきれいに洗い、感染予防に十分配慮して介助を行う。目のごみはこすらず、瞬《まばた》きしてもらい涙で洗い流す。取れない場合は、下まぶたを指で引き、反転させて湯で湿らせた綿棒で拭き取るか、洗顔水で洗い流す。

⑫ 鼻の清潔保持

鼻粘膜は外から入るちりや埃《ほこり》、微生物といった異物を防ぎ、鼻汁として外に出す働きをしている。鼻づまりの場合は、片方ずつかんでもらう。かめない場合は、綿棒とベビーオイルなどで取る。鼻毛は抜かずに切る。

⑬ 耳の清潔保持

しぼった温かいタオルで耳全体を拭く。耳あか（耳垢《じこう》）がたまる外耳の耳介と、外耳道の手入れをする。綿棒で鼓膜を傷つけないように、目に見える範囲で入れる（入口から1cm程度。2cm以上は入れない）。乾燥した耳あかは、綿棒を湿らせてから取る。耳あかがたまると炎症を起こしたり、聞こえが悪くなったりする。

理解度○×チェック！

1. 介護老人福祉施設の一般浴（個浴）で、右片麻痺の利用者が移乗台に座ってから安全に入浴するため、介護福祉職は「浴槽内では、足で浴槽の壁を押すようにして姿勢を安定させましょう」と助言した。◀出 36-91
2. 四肢麻痺のある利用者の手浴の介助では、手関節を支えながら洗う。◀出 33-46
3. 人工透析をしている利用者の清潔介護では、柔らかいタオルでからだを洗う。◀出 33-47改
4. 椅座位で足浴を行うときの介護方法として、足底が足浴用容器の底面についていることを確認する。◀出 36-92

答………… 1.○　2.○　3.○　4.○

7……自立に向けた排泄の介護

キーワード　ポータブルトイレ　差し込み便器　おむつ　便秘　下痢　尿失禁

出題頻度
★○○

■排泄の意義と目的

排泄《はいせつ》は、生命を維持し、健康な生活を送るためになくてはならない行為です。また、人間の尊厳にかかわるきわめてプライベートな行為でもあります。排泄の介護の基本的な考え方を押さえましょう。

尊厳の保持や羞恥心への配慮からも、自分でできることはやってもらうことが大切だよ

ここをチェック！

❶ 排泄の介護の基本的な考え方

排泄パターンは、利用者によって異なる。介護をする側の都合で排泄パターンを変えてしまうことがないよう、排泄習慣の維持に努める。

❷ 排泄の介護の留意点

排泄の介護は、他の援助より回数が多く、利用者、介護福祉職ともに身体的・精神的な負担が大きい。介護を行う際は、特に次のことに留意する。

個室以外の部屋では、他の利用者の存在にも注意をはらう必要があるよ

- 利用者の尊厳を保持する。
- プライバシーを保護する。
- 利用者の心身の状態や状況に合わせる。
- 安心して気持ちよく行えるよう環境を整える。

排泄の自立を維持することは、利用者の尊厳を保持し、生活の質の維持につながるので、なるべく利用者が自立できるよう支援する。失禁するからといって、すぐにおむつに切り替えるようなことはしない。また、利用者がストレスや羞恥《しゅうち》心《しん》を感じることなく、ゆっくりと排泄できるよう配慮することが大切である。

トイレ・ポータブルトイレの排泄介助

出題頻度 ★

排泄《はいせつ》の介護では、まず、「トイレで排泄したい」という利用者の希望を尊重します。利用者の身体状況や環境などを考慮したトイレでの排泄介助の方法を理解しましょう。

ここをチェック！

❶ トイレ・便座の種類

トイレには、主に洋式トイレ、和式トイレの 2 種類があり、利用者に合うものを使用する。また、利用者の状況に応じて次のような便座を活用する。

補高便座・電動昇降便座	補高便座は、座面を高くするために便座や便器に付ける道具であり、電動昇降便座は、スイッチ操作で便座の高さが上下するもの。どちらも便座への立ち座りの動作を容易にする。
温水洗浄便座	温水で会陰・肛門を洗えるので、清潔を保ちやすい。利用者に使用方法を説明し、使いこなせるまで見守る。

▶ 補高便座

❷ トイレでの姿勢

トイレでは、座《ざ》位《い》が安定していることが重要である。便座に着座したときに、足底が床にしっかりとついているか、腹圧を高める前傾姿勢がとれているかを確認する。

❸ 排泄後の後始末

利用者が自分でできない場合は、介護者が介助する。女性の場合は、会陰から肛門に向けて拭く。使い捨て手袋を使う。利用者の手洗いも忘れず行う。

❹ ポータブルトイレ

尿意・便意はあるが、トイレへの移動が困難な利用者に対しては、ポータブルトイレの使用を検討する。

- 選ぶための基準

安定感がある、身体機能に合った肘かけや背もたれがある、足を引くスペース（蹴《け》込み）があって立ち上がりやすい、便座の高さが変えられる、手入れがしやすいなど。

▶ ポータブルトイレの種類と特徴

種類	特徴
プラスチック製	軽量で持ち運びしやすい。安定性に難がある場合も。蹴《け》込みがあるものもある。
木製いす型	重量があり持ち運びしにくい。安定性がある。足を引けるので立ったり座ったりしやすい。
ベッドサイド型	重量があり持ち運びしにくい。座位移乗《ざいいじょう》に適している。
コモード型	金属製。座面の高さ調節が可能で、立ち座りがしやすい。掃除しやすい。外観が日本の室内にマッチしない。

（＊新製品が開発されているので注意しておこう）

プラスチック製

プラスチック製

木製いす型

ベッドサイド型

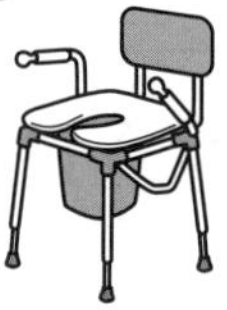
コモード型

❺ ポータブルトイレでの排泄介助

▶ 排泄介助のポイント

- 片麻痺《かたまひ》がある場合、一般的にはベッドの健側《けんそく》の足元にポータブルトイレを置く。
- 座面は、座位姿勢時に足底が床につき、排泄《はいせつ》姿勢がとりやすい高さに設定する。
- ベッドにスイングアーム介助バー＊を設置すると、移乗がしやすくなる。
- カーテンを閉め、パーテーションを使用するなど、プライバシーや羞恥心に配慮する。
- 排泄物はすみやかに片づける。

スイングアーム介助バー

可動式のスイングアームが付いたベッドサイドに設置する転落防止柵。車いすなどへ移乗する際に役立つ。

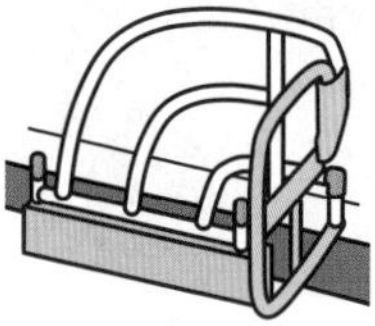

出題頻度 ★

尿器・差し込み便器の排泄介助

トイレで排泄《はいせつ》できない利用者には、尿器や差し込み便器を用います。尿器・差し込み便器を用いると、自立度を維持でき、また、排泄物が皮膚に直接触れないため、清潔保持にもつながることを理解しましょう。

ここをチェック！

❶ 尿器・差し込み便器を用いる場合

立位《りつい》や座位がとれない場合や、トイレへの移動が困難であったり、夜間に介助ができないときなどに使用する。個々の利用者に適した用具を用いて、介助にて使用する際は利用者に説明し、了解を得る。

利用者にベッドで排泄することをきちんと説明し、了解を得ることが大事だよ

❷ 尿器

男性用と女性用の区別がある。男性の場合は、側臥位《そくがい》で性器を尿器の受尿口に入れるよう伝え、入っているか確認する。介助する場合は了承を得て、使い捨て手袋をつけて行う。女性の場合は、仰臥位《ぎょうがい》で、尿が飛び散らないように両膝を閉じるようにしてもらい、受尿口を陰部に密着させる。

自動排泄処理装置を使うこともあるよ
⇒ P.378参照

▶ 男性の場合（側臥位）

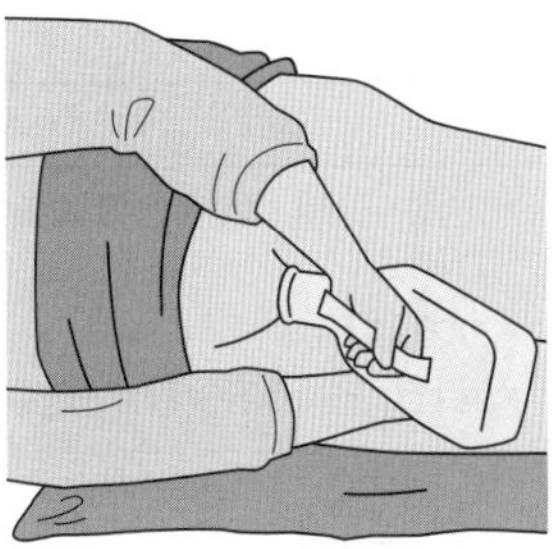

▶ 女性の場合（仰臥位）

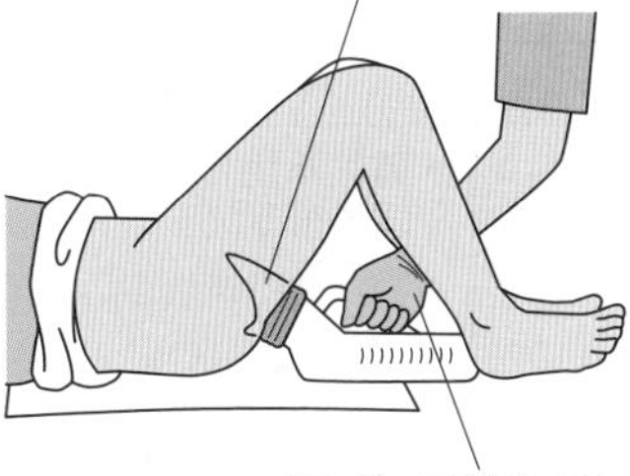

生活支援技術

直腸肛門角
直腸と肛門のつなぎ目の角度。

❸ 差し込み便器

▶ 差し込み便器での介助のポイント

- 便器の使用の同意を得る。
- 便器内にトイレットペーパーを敷き、殿部《でんぶ》への跳ね返りを防ぐ。
- 男女とも、肛門部が便器の中央にくるようにする。
- ベッドの上体を上げると、腹圧をかけやすくなり、直腸肛門角*が鈍角になって排便しやすくなる。仙骨部は便器の縁《ふち》に当てない（痛みを感じる場合があるため）。
- 男性の場合は、尿意が同時にあることを想定し、尿器の準備もしておく。
- 女性の場合は、トイレットペーパーを恥骨部から会陰部、便器の底までかけ、尿の飛び散りを防ぐ。
- 羞恥心に配慮し、気兼ねなく一人で排便できる環境をつくる。

出題頻度 ★★

おむつの排泄介助

おむつは、基本的に便意・尿意がない場合に使用します。ただ単に装着する、交換するのではなく、自立支援の視点から介助することが必要であることを理解しましょう。

ここをチェック！

❶ おむつの種類と選び方

おむつやパッドの素材には、布と紙があり、それぞれ次のような長所と短所がある。

	長所	短所
布おむつ	• 普段着用している下着と同じ布である。 • 吸汗性に優れる。 • ゴミが出ない。	• 洗濯・乾燥・組合せの準備がいる。 • かさばる。 • 濡れたときの不快感がある。
紙おむつ	• 高分子吸水材により、吸水性に優れる。 • 種類が豊富である。 • 衛生的である。	• ゴミが出る。 • 経済的負担がかかる。

おむつを選ぶときは、販売されている各製品の特徴を知り、利用者の ADL、体型、排尿量などに合わせて選定する。昼間と夜間は製品を使い分けることも検討する。

❷ おむつの排泄介助の基本

介助の際は、次のことを意識しておくことが大切である。

- 皮膚の状態を観察する。
- 排泄《はいせつ》の間隔を把握し、汚れたおむつはできるだけ早く交換する。
- プライバシーに十分配慮して行う。
- 常に、おむつを使わずに生活できるよう検討しつつ、介助する。

❸ おむつの装着

おむつを装着するときは、次のことに留意する。

〈布おむつ〉

- 女性の場合は、殿部《でんぶ》に尿が流れやすいので、後側を厚くする。
- 男性の場合は、前側を厚めにする。
- おむつカバーからおむつがはみ出ないようにおむつは1～2cm内側にセットする。おむつカバーの上端は、ウエストに合わせる。

〈紙おむつ〉

- 腹部のテープは、上は下向きに、下は上向きに留める。
- おむつと腹部の間は、指2本分程度の余裕をもたせる。鼠径部《そけいぶ》*はきつく締めすぎない。

▶ 紙おむつのテープの留め方

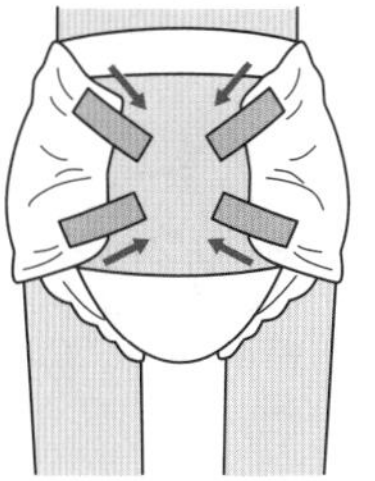

鼠径部

左右の足の太ももの付け根の部分。

❹ おむつの交換

おむつを交換するときは、次のことに留意する。

- おむつを交換することを伝え、同意を得る。近くにほかの利用者がいる場合は、直接的な表現を避け、伝え方に配慮する。
- 使い捨て手袋を着用する。
- 排泄物および排泄物が付着した部分を素手で触らない。
- 汚れたおむつは汚れを内側に丸めて片づける。
- 陰部洗浄は微温湯で洗い流し、陰部清拭用のタオルで拭く。
- 使い捨て手袋をはずしてから、下着を整える。

❺ おむつによる皮膚のトラブル

おむつや失禁用パッドを使用している利用者の陰部に発赤《ほっせき》などを確認した場合は、使用物品が皮膚に刺激を与えている可能性がある。医療職に相談し、排泄行為の再アセスメントを行い、物品の変更や介助の方法を検討する。

出題頻度 ★★

便秘

便秘になると、排便の回数が減ります。また、水分量が少ない硬い便となるなど、排便が困難になったり、残便感などを自覚するようになります。便秘の原因と対応方法を理解しましょう。

ここをチェック！

❶ 便秘の原因

便秘*の原因としては、主に次のことが考えられる。

- 排便環境の変化
- 心理的影響
- 疾患や薬の影響
- 活動低下
- 食事や水分摂取が適切でない。

便秘
便の大腸内通過が遅延した状態。
⇒ P.139、411参照

❷ 便秘への対応

便秘の利用者に対しては、原因を把握したうえで、次のような対応を行う。

- 食事の量を減らさず、海藻やサツマイモなど、食物繊維を多く含んだ食品や乳酸菌を含んだ食品を摂取するようにしてもらう。
- 水分摂取量を保持する。
- 排便反射*による便意を逃さずに、排便を習慣づける援助を行う。
- 腹圧をかけやすい前傾姿勢で便座に座るよう支援する。
- 腹部全体を温める。
- 上体ひねり、足関節の屈伸や膝の屈伸、両膝抱え運動、足底をベッド上に着け上肢で支える腰上げ、腹式呼吸、腹部のマッサージなど、ベッド上でもできる運動を1日の生活に組み込む。

排便反射
便が直腸に入った刺激によって、便意を催すこと。

▶ 便秘解消マッサージ

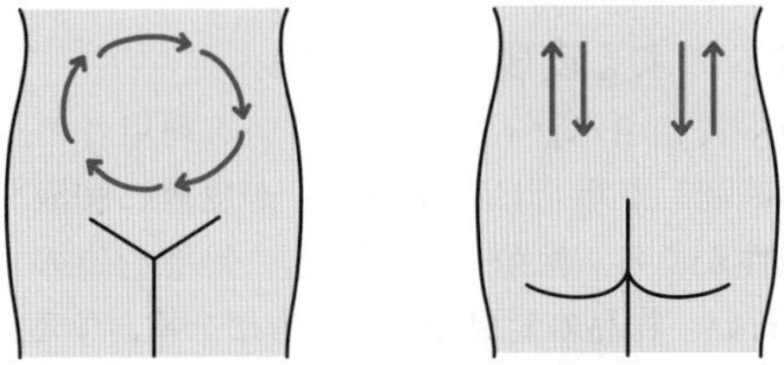

下痢

出題頻度 ★

下痢になると、泥状便、軟便など、水分の多い便が1日に何度も出ます。これにより、水分と電解質が失われるため、脱水症状を起こしやすくなります。下痢の原因と対応方法を理解しましょう。

ここをチェック！

❶ 下痢の原因

下痢の原因としては、主に次のことが考えられる。

- 腸管の感染症
- 過食や脂肪分の多い食事による消化不良
- 薬剤や下剤の使用
- 心理的影響

❷ 下痢への対応

下痢の利用者に対しては、原因を把握したうえで、次のような対応を行う。

- 下痢を繰り返している利用者については、脱水になっているおそれがあるため、意識の状態をまず確認する。
- 下腹部を温め、腸ぜん動を鎮静させる。
- 脱水予防のため、水分を補給する。経口摂取が可能であれば、白湯、室温のスポーツドリンクを100mLくらいずつ補給する。冷水、牛乳、炭酸飲料は避ける。食事は下痢が止まってから、おかゆなどから始める。
- 排便後は、肛門周囲の皮膚を洗浄または肛門清拭《せいしき》剤を付けた柔らかいティッシュで押し拭きする。
- 腸管の感染症による下痢のおそれがあるため、排泄物《はいせつぶつ》は感染源として扱い、感染および感染拡大を防ぐ。
- 頻回の場合は、ポータブルトイレ、差し込み便器を使用する。
- 下痢が続く場合は、医療職に連絡する。
- 下痢を主症状とした感染症に罹患した場合には、集団感染の危険性があることから、素早い対応が必要となる。診断・治療をもとに、食事療法や薬物療法を行う。スタンダード・プリコーションに準じた対応をして感染拡大を防ぐ。

出題頻度 ★

尿失禁・便失禁

失禁とは不随意に排便・排尿が起こることをいいます。筋力の低下で我慢できずに起こることもあれば、排泄《はいせつ》器官の感覚が鈍くなり起こる場合もあります。失禁の介助方法のポイントを押さえましょう。

ここをチェック！

❶ 尿失禁

さまざまな原因で我慢できずに排尿してしまうことを、尿失禁という。どのような失禁の状態の人でも、人格を尊重することが大切であり、安易におむつを使用することは避ける。尿失禁の原因を把握して、機能回復訓練、障害に合った尿・便器、パッド等の用具を選択する。また、皮膚のかぶれや尿路感染症*に注意し、清潔保持の介助を行う。なお、認知症などが原因の機能性尿失禁*の場合は、次のように対応する。

- 尿意を訴えないときは、尿意動作のサインを見つけるか、排尿のリズムを把握して、トイレに誘導する。
- トイレ以外の場所で排泄するときは、どこでいつ排泄したかを記録し、トイレで排泄できるように誘導する。
- 衣服の着脱方法がわからず、脱がずに排泄するときは、着脱が簡単にできる衣服を用意する。

❷ 便失禁

嵌入便《かんにゅうべん》*による便失禁は、水様便が持続的に漏れているため、下痢と間違えやすい。活動性の低い脳血管疾患のある利用者にみられる。医療職の指示で、座薬の挿入や浣腸を行うこともある。

尿失禁
⇒ P.137参照

尿路感染症
尿の通る経路（腎臓・尿管・膀胱《ぼうこう》・尿道）に感染が起こる病気。
⇒ P.137、178参照

機能性尿失禁
排泄行為が困難となり漏れてしまう尿失禁。身体運動機能低下や認知症などが原因でも起こる。
⇒ P.137参照

嵌入便
直腸内に硬い便がたまった状態のこと。糞便《ふんべん》塞栓《そくせん》ともいう。寝たきりの人などに多くみられる。

便失禁
⇒ P.140参照

出題頻度 ★

その他の排泄介護

利用者の中には、一定時間ごとに導尿を行う必要のある人や膀胱《ぼうこう》留置カテーテルを装着している人もいます。介護福祉職の役割や留意点を押さえましょう。

ここをチェック！

❶ 導尿

膀胱に尿が溜まっているのに自力で出せない人に行う医行為。尿道から膀胱内にカテーテルを挿入する。一時的導尿、持続的導尿、間欠的（自己）導尿*がある。

❷ 膀胱留置カテーテルの利用者

膀胱留置カテーテルの装着者に対しては、次に留意する。

- プライバシーや羞恥心《しゅうちしん》に配慮する。
- 尿路感染症の予防のために、陰部の清潔に努める。
- 1日1500～2000mLの十分な水分摂取を促す。
- 男性の場合、血行障害を引き起こさないよう、陰茎を上向きにして、腹部にカテーテルを固定する。
- 尿の逆流を防ぐため、蓄尿袋（パウチ）は膀胱よりも低い位置に固定する。
- 尿を観察する時以外は、蓄尿袋にカバーを装着する。
- 利用者がカテーテルを抜くおそれがあっても、介護福祉職の判断でミトン型の手袋を着けるなどの身体拘束《こうそく》を行わない。

❸ 消化管ストーマを造設している利用者

消化管ストーマ造設者には、排泄物がパウチの3分の1から半分程度たまったら処理するよう助言。日常生活では、食物繊維の取りすぎやウエストを締め付ける服の着用に注意する。

導尿は医行為のため、介護福祉職は行うことができないよ。カテーテルの準備、体位保持の援助などをするよ

間欠的（自己）導尿

神経疾患《しっかん》等により、排尿障害になった場合に、1日数回、自己導尿を行い、尿を排出する方法。座位《ざい》で行えるように支援する。

水分をしっかりとってもらうようにしよう

理解度○×チェック！

1. 85歳の女性で要介護2のAさんはアルツハイマー型認知症。時間をかければ一人で洗身、洗髪もできるが、ズボンの上に下着を着る行為が見られる。Aさんの入浴時に訪問介護員はズボンの着脱を手伝うことにした。 ◀出 35-92
2. 便失禁を改善するため、介護福祉職はトイレまでの移動に時間のかかる利用者に対して、おむつを使用した。 ◀出 35-94
3. 介護福祉職が行うことができる、市販のディスポーザブルグリセリン浣腸器を用いた排便の介護において、浣腸液をすばやく注入した。 ◀出 36-96

答…… 1. ×（ズボンの着脱は自立しているので、訪問介護員は見守る程度にする。着る順序を間違えないように、脱いだ衣服は、着る衣服の隣に並べて置くようにするとよい） 2. ×（安易におむつを着用することは自立を妨げることになる。時間を決めて規則的にトイレに誘導するようにする） 3. ×（浣腸液は約40℃に温める。側臥位になってもらい、浣腸器を深く挿入して、ゆっくり注入する）

8……自立に向けた家事の介護

キーワード　栄養素　被服の素材　クーリング・オフ

出題頻度 ★

家事の意義と目的

家事は、生活の基本です。家事には、調理、洗濯、整理整頓、掃除、買い物などが含まれます。家事支援の内容と基本的な考え方を理解しましょう。

ここをチェック！

❶ 家事支援サービスの位置づけ

生活支援（援助）
⇒ P.376参照

介護保険制度の訪問介護（ホームヘルプサービス）として位置づけられている。家事支援は、下記の②の生活援助として行われる。

▶ 介護保険制度で規定された訪問介護の内容

① 身体介護……食事や排泄《はいせつ》、入浴などの介助
② 生活援助……掃除や洗濯、食事の準備や調理の支援
③ 乗車・降車の介助……通院等のために行うもの

生活援助には、利用者以外の家族に対する家事は含まれないよ

❷ 自立に向けた家事支援

家事支援の基本は、利用者がもっている力を自然な流れで活用することである。利用者ができることは利用者にやってもらうことで、心身機能の低下予防につながり、自立支援にもなる。さらに、家事を繰り返し行ううちに少しでもできることが増え、家庭での役割を担えると、利用者の意欲が引き出され、生活の主体者であることを実感できるようになる。また、利用者の生活習慣、価値観、こだわり、生活環境を把握して、これまでつくり上げてきた生活が可能なかぎり継続できるよう支援することも大切である。個人の生活を尊重した支援を行うことは、安心につながる。

暮らし方は人それぞれだから、画一的な家事支援では、利用者に受け入れられないよ

食生活と栄養素

出題頻度 ★★

利用者の食を支援するにあたり、現在の食生活の多様化について理解しておく必要があります。また、栄養素や調理法についての理解を深めておきましょう。

ここをチェック！

❶ 食生活の変化

食生活は変化してきており、家庭での調理は簡便化傾向にある。家族の食事では、中食《なかしょく》*、個食*、孤食*が増加している。また、新型コロナウイルス感染症が拡大した2020年ころから、レストランなどでの外食の機会が減少し、テイクアウトやデリバリーを利用しての中食も増えてきた。なお、テイクアウトやデリバリーでは、調理してから食べるまでの時間が長くなることから食中毒のリスクも高まるので、利用にあたっては注意する必要がある（P.439参照）。

中食
市販の弁当、惣菜を家庭で食べること。

個食
家族が一緒に食事をしても、嗜好などの違いから、個人個人が別々の料理を食べること。

孤食
一人で食事をとること。

❷ 栄養素

食品には、炭水化物・脂質・タンパク質・無機質・ビタミンの五大栄養素が含まれており、これらをバランスよく摂取することで、健康を維持することができる。それぞれの栄養素の働きと多く含む食材を知り、献立を考える必要がある。

- 炭水化物

糖質と食物繊維に大別される。

糖質	消化酵素で消化される。エネルギー源。過剰に摂取すると肥満の原因になる。特に脂肪と一緒に摂ると体脂肪として蓄えられやすい。
食物繊維	ほとんど消化されずエネルギー源にならない。しかし、血中コレステロールや血糖の上昇を抑制する、大腸機能を改善するなど、さまざまな生理作用がある。寒天、きくらげ、ひじきなどに多く含まれる。

- 脂質

水に溶けない油脂。中性脂肪・リン脂質・コレステロールなどを含む。ホルモンの原料となる働きをもつ。効率のよいエネルギー源である。過剰摂取は肥満や動脈硬化の原因になる。

- **タンパク質**

筋肉・臓器などの体組織や酵素・血液などをつくる。約20種類のアミノ酸から構成。体内で十分に合成されない９種類のアミノ酸を必須アミノ酸といい、必ず食事から摂取しなければならない。高齢者は魚や大豆製品など、良質なタンパク質を摂るとよい。

▶ 必須アミノ酸

- イソロイシン
- ロイシン
- リジン
- メチオニン
- フェニルアラニン
- スレオニン（トレオニン）
- トリプトファン
- ヒスチジン
- バリン

- **無機質**

ミネラルともいう。エネルギー源にはならない。骨や歯をつくり、タンパク質やその他の有機質とともに人体をつくる。不足すると、骨《こつ》粗《そ》鬆症《しょうしょう》や鉄欠乏性貧血などの欠乏症になる。しかし、過剰摂取も有害となる。

▶ 主な無機質

種類	主な働き	欠乏症	多く含む食品
カルシウム	骨や歯などをつくる、血液凝固に関与	骨粗鬆症	牛乳、小魚、ひじき、豆類
リン	骨や歯をつくる成分。エネルギーをつくり出す	低リン血症（筋力低下・呼吸不全）	魚、牛乳・乳製品、大豆、肉類
鉄	血液の成分であり酸素を運搬する。	鉄欠乏性貧血	ひじき、レバー、大豆
カリウム	浸透圧やpHを調節する。	筋肉の脱力感	野菜、いも類、豆類
ナトリウム	浸透圧やpHを調節する。	食欲減退、痙《けい》攣《れん》	食塩、しょうゆ、みそ
マグネシウム	神経の興奮性を抑える。	神経の興奮	穀類、魚介類
亜鉛	味覚・嗅覚・聴覚を正常に保つ。	味覚障害、皮膚炎	カキ(貝)、ごま、小麦胚芽

資料：「日本食品標準成分表 2020年版（八訂）」（文部科学省 科学技術・学術審議会 資源調査分科会報告）、他による

- ビタミン

エネルギー源にはならない。きわめて微量で重要な生理機能を果たす。成長や健康維持に必須。脂溶性と水溶性がある。水溶性ビタミンは蓄積されないので、毎日摂取する必要がある。

▶ビタミンの種類

分類	種類	主な働き	欠乏症	多く含む食品
脂溶性	ビタミンA	視力の調節	夜盲症*	レバー、うなぎ、緑黄色野菜
	ビタミンD	カルシウムの吸収を助ける。	骨軟化症、骨粗鬆症	魚、干ししいたけ、卵、乳製品
	ビタミンE	酸化防止作用	溶血性貧血	種実類、大豆、緑黄色野菜
	ビタミンK	血液凝固、骨粗《こつそ》鬆症《しょうしょう》の予防	血液凝固遅延	緑黄色野菜、納豆、肉、卵
水溶性	ビタミンB_1	糖質代謝に関与	脚気《かっけ》*、多発性神経炎	米ぬか、豚肉、豆類、穀類の胚芽
	ビタミンB_2	糖質・脂質の代謝に関与	口角炎、皮膚炎	レバー、牛乳、卵、緑黄色野菜
	ビタミンB_6	アミノ酸代謝に関与	皮膚炎、口内炎	レバー、穀類の胚芽、豆類
	ビタミンB_{12}	赤血球の増殖	巨赤芽球性貧血	貝類、レバー、卵黄、牛乳、魚類
	ナイアシン	酸化還元反応に関与	ペラグラ*、口舌炎	レバー、肉、卵、海藻、大豆
	パントテン酸	糖質・脂質の代謝に関与	欠乏は起こりにくい。	穀類、卵、豆類、いも類、魚類
	ビオチン	脂肪酸の合成	皮膚炎、脱毛	肉類、卵、米ぬか、大豆、落花生
	葉酸	成長・妊娠の維持に重要	巨赤芽球性貧血	穀類の胚芽、カキ(貝)、緑黄色野菜
	ビタミンC	コラーゲンの合成	壊血病*	野菜、果物、緑茶、いも類

資料：「日本食品標準成分表 2020年版（八訂）」（文部科学省 科学技術・学術審議会 資源調査分科会報告）、他による

夜盲症

夜間や暗い所での物の見え方が悪い状態。

脚気

ビタミン B_1 の欠乏による栄養失調症の一つ。末梢《まっしょう》神経が侵されて、足がしびれたり、むくんだりする。心不全により死亡する場合もある。

ペラグラ

ナイアシンの欠乏によって、皮膚炎、下痢、頭痛、知覚異常が起こる疾患《しっかん》。

壊血病

ビタミンCの欠乏によって、皮下や歯肉からの出血や関節痛が起こる疾患。

出題頻度 ★

食材の調理

調理の介助では、利用者の希望を取り入れながら、必要な栄養を摂取できて、消化しやすく、おいしく食べられるよう工夫します。さまざまな食材の調理法を理解しましょう。

ここをチェック！

❶ 食材の下処理

食材であくが出たり臭みがあったりするものは、下処理をする。旨味成分流出防止にも有効である。

▶ 主な食材の下処理

食材	下処理の方法
じゃがいも	じゃがいもの芽には、有毒なソラニンが含まれているため、取り除く。
青菜（ほうれんそうなど）	食塩の入った沸騰した湯で短時間加熱する。ゆで上がったら、冷水にひたす。
れんこん	変色防止のため、切ったら酢水につける。
ごぼう	包丁の背で皮をこそげ落とした後、包丁で切り、多めの水につけてあくを抜く。
なす	包丁で切った後、すぐに水につけ、あくを抜く。
肉類	しょうがやにんにくの汁につけると、臭みを抑えられる。
魚類	食塩、酒、ねぎ、しょうが、牛乳などに浸すと、臭みを消すことができる。ムニエルのときは、小麦粉をまぶすと旨みをとじこめることができる。
シジミ、アサリ、ハマグリ	シジミは1%、アサリやハマグリは3%程度の食塩水に浸《ひた》して、暗所で砂をはかせる。
油揚げ	表面の油を抜くために熱湯をかける。

❷ 凝固剤などを使った調理

- でんぷん

片栗粉、くず粉、コーンスターチに水を加えて加熱すると、とろみがつき、料理に滑らかな口触りを与える。嚥下機能《えんげきのう》が低下している人には、でんぷんを活用して、あんかけ、くず湯、かきたま汁などにして提供すると、飲み込みやすくなる。

- 寒天、ゼラチン、ペクチン

寒天、ゼラチン、ペクチンはどれも凝固剤だが、寒天は原材料が海藻で、融解温度は90～100℃、凝固温度は28～35℃なのに対し、ゼラチンの原材料は動物の骨・皮で、融解温度は40～50℃、凝固温度は5～12℃という違いがある。ペクチンは、果物が原料で、砂糖と酸の働きで凝固する。

❸ 米の調理

米の炊き方は次のように分類できる。

▶米の炊き方

炊飯	米の重量の1.5倍、容量では1.2倍の水を加え、1～2時間置いてから炊く。
かゆ	米に容量の5～20倍の水を加え、水にひたした後、ゆっくりと炊く。かき混ぜると、粘りの強いかゆになる。
おもゆ	かゆから飯粒を取り除き、粘り気のある汁のみにする。

❹ 食塩

食塩（塩化ナトリウム）は、血圧を上昇させるため、過剰摂取は高血圧と循環器疾患につながる。1日の摂取量は、男性7.5g未満、女性6.5g未満とされている。高血圧を予防するには、カリウムの多い野菜や果物を積極的に摂取するか、減塩食を摂り入れる。減塩食にするには、汁物のだしを効かせ、旨みを利用し、具を増やす。にんにく、しょうが、しそなどの香味野菜や香辛料を利用したり、市販の減塩しょうゆ、ソースなどを活用したりするのも有効である。

❺ 食中毒

食中毒を防ぐため、次のことに留意して調理をする。

- 生の肉を切った包丁とまな板はすぐに洗って熱湯をかける。
- 一度解凍した食品は再度冷凍しない。
- 中心部の温度が75℃で1分間以上加熱する。
- 調理後の食品を常温で保存しない。

出題頻度 ★

被服の素材

衣服、帽子、スカーフ、靴下、装飾品などの身につけるものを被服といいます。被服に使われる繊維の種類と特徴を整理しましょう。

ここをチェック！

❶ 繊維の種類

繊維は原料の種類により、天然繊維、化学繊維に分けられる。また、吸湿性の大小から親水性*繊維、疎水性*繊維に分類できる。

親水性
水に溶けやすい、濡れやすい性質のこと。

疎水性
水に溶けにくい、濡れにくい性質のこと。

❷ 繊維の特徴

主な繊維の特徴は、次のとおりである。

	繊維名		長所	短所
天然繊維	綿	親水性	水に濡れても強い。洗濯・漂白が容易である。	しわになりやすい。
	麻		涼しい。	しわになりやすい。
	毛		保温性が高い。繊維の表面は水をはじく。	虫害を受けやすい。アルカリに弱い。
	絹		光沢がある。肌触りがよい。	虫害を受けやすい。アルカリに弱い。
化学繊維	レーヨン		絹のような肌触り。	水に弱い。
	キュプラ		肌触りがよい。	水に弱い。
	ビニロン		吸湿性が高い。	弾性に富まない。染色しにくい。
	ナイロン	疎水性	しわになりにくい。軽くて乾きやすい。	熱に弱い。
	ポリエステル		しわになりにくい。乾きが速い。	吸湿性が低い。静電気が起きやすい。
	アクリル		毛に似た風合い。	毛玉ができやすい。

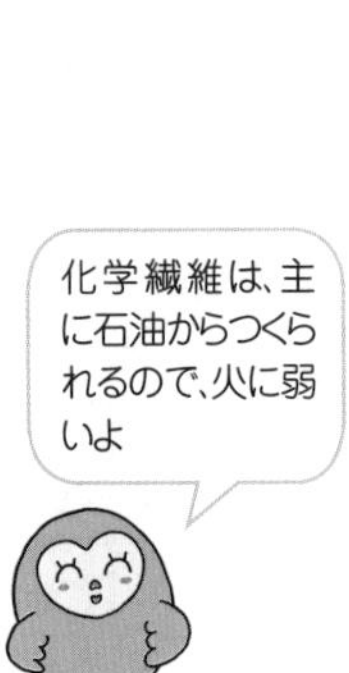

出題頻度 ★★

洗濯

さまざまな電化製品の普及もあって、洗濯は、家事行為の中でも負担感が少ないものの一つです。新しい繊維なども出てきているため、洗濯方法や洗剤の特徴をきちんと理解しておきましょう。

ここをチェック！

❶ 洗濯方法

洗濯の方法には、手洗い、洗濯機洗い、ドライクリーニングなどがある。ドライクリーニングは乾式洗濯ともいい、水ではなく有機溶剤で洗濯する。油性の汚れを落としやすい。毛や絹など水分を含むことで膨潤《ぼうじゅん》し、型崩れする衣類に適している。どの洗濯方法を選ぶかは、被服についている洗濯表示に従うようにする。洗濯表示は、日本工業規格（JIS）によって規定されており、2016（平成28）年12月から、新しい表示に改正された。

❷ 洗剤

主成分は界面活性剤であり、汚れになじみやすい親油基と水になじみやすい親水基をあわせもつ。これらは汚れを繊維から引き離す働きがある。洗剤を使用するときは、表示されている量を確認して使用する。洗剤を多く用いれば用いるほど、汚れが落ちるわけではない。主な洗剤の種類は、次のとおりである。

種類	液性	適する繊維
石けん	弱アルカリ	綿、麻、合成繊維など
合成洗剤	弱アルカリ	綿、麻、合成繊維など
	中性	毛、絹、綿、麻、合成繊維など

洗濯の際は、なめらかな肌触りに仕上げる柔軟剤、再汚染を防止する分散剤、汚れ落ちをよくする洗浄力増強剤などを併用する場合もある。

▶ 洗濯表示の例

液温30°C限度、洗濯機

液温30°C限度、洗濯機で弱い洗濯

液温30°C限度、洗濯機で非常に弱い洗濯

液温40°C限度、手洗い

家庭での洗濯禁止

❸ 漂白剤

漂白剤は、繊維についた汚れやしみの色素を分解して無色にする。黄ばみや黒ずみが生じた衣類を白くしたいときは、漂白剤や蛍光増白剤*を使用する。漂白剤には、次の種類がある。

蛍光増白剤
目に見えない紫外線を吸収して目に見える青紫の光に変えることで、衣類を白く見せる染料の一種。白物には効果があるが、淡色や生成《きな》りは変色するおそれがある。

種類		特徴
酸化漂白剤	塩素系	綿・麻・アクリル・レーヨン・ポリエステル・キュプラの白物衣料に使える。酸性タイプのものと混ぜない。除菌効果。
	酸素系	水洗いできる白物、色物、柄物の繊維製品、毛や絹の衣類にも使える。除菌・抗菌効果。冷水より温水が効果が高い。
還元漂白剤		すべての白物衣料に使える。酸化漂白剤で落とせないしみが落とせる。

資料：介護福祉士養成講座編集委員会編『最新・介護福祉士養成講座⑥生活支援技術Ⅰ（第2版）』、P236、中央法規出版、2022年、一部改変

❹ しみ抜き

簡単なしみは、洗濯前に処置する。応急処置としては、ティッシュペーパーですぐに押さえたり、水を含ませたハンカチで押さえたりする。しみ抜きの方法は、しみの種類によって異なる。

しみの種類		しみ抜きの方法
水溶性	しょうゆ、ソース、コーヒー、ジュース	水をつけた綿棒や歯ブラシで、しみの周辺から中心に向けてたたく。
	血液	台所用洗剤を水に溶かし、しみの周辺から中心に向けてたたく。
水油混合	ドレッシング、カレー、ミートソース	
油性	えりあか、口紅、クレヨン、チョコレート	ベンジンを使う。 →洗剤を使う。

資料：介護福祉士養成講座編集委員会編『最新・介護福祉士養成講座⑥生活支援技術Ⅰ（第2版）』、P236、中央法規出版、2022年、一部改変

出題頻度 ★★

家計と消費生活

利用者の生活を支援するにあたって、家庭を取り巻く経済活動に関する知識を備える必要があります。高齢者の家計や消費にかかわるさまざまな問題を理解しましょう。

高齢者の家計
⇒ P.308参照

ここをチェック！

❶ 高齢者の家計

国民経済を構成する主要な経済主体には、家計、企業、政府があり、家計は大きな割合を占めている。なかでも、高齢単身無職世帯の家計には、次のような特徴がある。

- 消費支出が可処分所得*を上回っている。
- 収入は、公的年金などの社会保障給付が多くを占めている。

可処分所得
実収入から、税金や社会保険料などの支出を引いたもの。手取り収入。

❷ 金銭管理

認知症が進行すると、金銭の管理が難しくなってくる。介護福祉職は金銭を預かることはできないが、利用者に簡単な家計簿をつけることを勧めたり、不必要なものを購入しないよう助言するなどして、援助する。金銭管理が困難な状況なら、自治体などへつなぎ、成年後見制度、日常生活自立支援事業などの利用も検討する。

成年後見制度
⇒ P.72参照

日常生活自立支援事業
⇒ P.18、73、336参照

❸ 悪質商法・振り込め詐《さ》欺《ぎ》

悪質商法には、電話勧誘販売、家庭訪問販売、商品を一方的に送りつけて代金を請求する送りつけ商法、「点検に来た」と言って来訪し、商品を売りつける点検商法、あたかも公的機関から来たように言い、商品を売りつけるかたり商法などがある。特に高齢者は狙われやすいので、注意が必要である。利用者の自宅等を訪問し、無理やり貴金属などを購入する訪問購入も増加してきている。利用者には、注文した覚えのない商品は受け取らずに断る、訪問してきた業者をむやみに家の中に入れない、などの助言をする。さらに、家族や公的機関を名乗る振り込め詐欺にあわないよう、電話の相手を確認し、対処を一人で行わないよう助言する。なお、スマートフォンでは「○○会社です～」などといったうそのメールが増加しているので注意しよう。

❹ クーリング・オフ制度

訪問販売など、店舗や通信販売以外での契約で、契約後一定期間内であれば、消費者側が販売側・購入側に対して、無条件で解約できる制度である。クーリング・オフ制度が適用される取引内容と期間は、次のとおりである。

取引内容	法定書面受領日からの期間
訪問販売（キャッチセールス、アポイントメントセールスなどを含む）	8日間
電話勧誘販売	8日間
特定継続的役務提供（エステティックサロン、語学教室、家庭教師派遣、学習塾、パソコン教室など）	8日間
連鎖販売取引（健康食品などのマルチ商法*）	20日間
業務提供誘引販売取引（内職商法*、モニター商法*など）	20日間
訪問購入（事業者が消費者の自宅等を訪問して、物品を購入する取引）	8日間

販売側・購入側には、商品価格や契約日などを記載した法定書面の発行が義務付けられている。発行がない場合は、随時クーリング・オフができる。金融商品、宅地建物、リフォームの契約等でもクーリング・オフの対象となる場合がある。クーリング・オフの手続は、配達証明付内容証明郵便やはがきなどの書面で行う。口頭や電話では行わない。

マルチ商法
他の者を次々と組織に加入させることにより，販売組織を拡大させていく販売方法。

内職商法
高収入の在宅仕事を紹介すると称しながら、仕事に必要だからと用具の購入や講習料に高額な金銭を支払わせてだまし取る商法。

モニター商法
モニターになれば商品が安くなる、高額なモニター料が支払われるなどと勧誘し、クレジットを組ませて商品を購入させる商法。

理解度〇✕チェック！

1. 肉入りカレーを常温で保存し、翌日、加熱調理したときの食中毒の原因菌として最も注意すべきは、サルモネラ菌である。 出32-53
2. 77歳で要支援2のAさん（女性）は、もの忘れが目立ちはじめ、訪問介護を利用しながら夫と二人暮らし。Aさん夫婦から「Aさんがテレビショッピングで購入した健康食品が毎月届いてしまい、高額の支払いが発生して困っている」と相談があったので、訪問介護員はAさん夫婦に「クーリング・オフをしましょう」と言った。 出36-99

答……… 1. ✕（ウエルシュ菌） 2. ✕（通信販売はクーリング・オフの対象外。まずは、契約内容を一緒に確認することが大事）

9……自立に向けた睡眠の介護

キーワード　安眠　不眠

出題頻度 ★★

安眠の介助

睡眠の質が高いと、体調が整い、意欲的に生きていくことができます。介護福祉職は、睡眠障害など、心地よい睡眠がとれない利用者に対して、よりよい睡眠がとれるように援助をしていく必要があることを理解しましょう。

睡眠障害
⇒ P.142参照

ここをチェック！

❶ 睡眠の役割・目的

睡眠には、①脳の休息、②からだの成長と疲労回復、③健康の維持という役割・目的がある。最大の目的は「大脳を休ませ、脳の機能を維持させる」ことにある。

❷ 安眠への介助のポイント

- 睡眠に関する生活習慣を把握する。
- 安眠のための環境を整える。
- 清潔で乾燥した寝具を用意する。
- 利用者の体調を確認する。
- 生活リズムを整え、日中は適度な運動をするよう勧める。
- 入眠前に、洗面、歯みがき、入浴または清拭《せいしき》、マッサージなどのイブニングケアを行う。
- 入浴ができない場合は、代わりに足浴《そくよく》を行う。
- 風呂の湯温はぬるめにする。
- 睡眠薬はできるだけ服用しない習慣をつくる。
- 就寝直前の食事は控える。
- 温かい飲み物を勧める（アルコールやカフェインを含む飲み物を除く）。
- 寒い時期は、寝る前に湯たんぽを入れるなどして、寝具を温めておく。
- 利用者に安心感をもたらすような温かい対応をする。

出題頻度 ★

安眠のための環境整備

安眠には、環境を整えることが大切です。大事な要素は、寝室の温度、湿度、光、音です。睡眠に適した環境を理解しましょう。

ここをチェック！

❶ 安眠の環境

個人差があるが、睡眠時は、次のような環境が快適である。

- 温度……24℃ ± 2℃前後（季節によって異なる）。睡眠中の掛け物の中は35℃前後。
- 湿度……50 ～ 60％
- 光……夜間はカーテンを閉めるなどして、部屋を暗くしておく（10 ～ 30 ルクス）。これにより、メラトニン*というホルモンが脳内で生成され、安眠につながる。

メラトニン
メラトニンは、脳の松果体から分泌されるホルモンで、体温、脈拍、血圧を降下させ、眠気を誘導する。太陽などの強い光を浴びると生成が停止する。睡眠ホルモンとも呼ばれる。

▶メラトニンの分泌

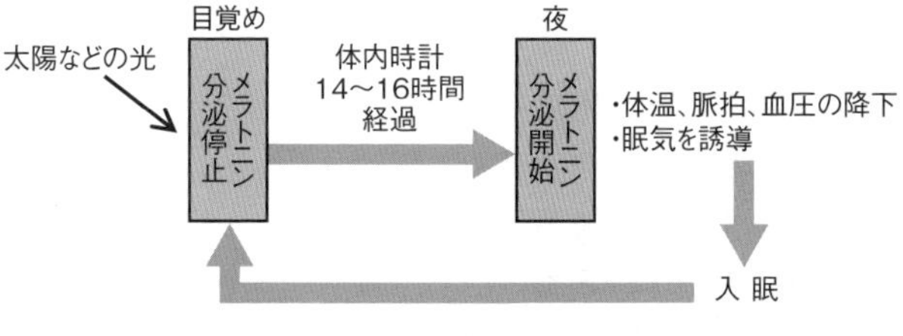

- 音……騒音やいびきは眠りを妨げる。生活音や音楽は安心感をもたらしたり、リラックス効果となる場合がある。施設で介護福祉職が巡回するときは、足音、物音、話し声に注意を払い、入室の際はノックを控える。

メラトニンを増やすためには、トリプトファンを含む食品（大豆など）をしっかりと摂取する必要があるよ

❷ 寝具

清潔で、乾燥している寝具を使用する。ベッドか布団かは、利用者の身体機能やライフスタイル、好みによって選択する。マットレスは、硬すぎず、柔らかすぎず、安楽な体位が保持できて、目覚めることなく別の体位に変換できるものがよい。寝返りをうつには、適当なスペースが必要である。枕は、首の角度が 15 度上がるくらいの高さになるものを選ぶと、首の緊張が取り除かれ、寝返りにも支障がない。

パーキンソン病の利用者のベッドには、手すりをつけよう

出題頻度 ★★

利用者の状態・状況に応じた睡眠の介助

利用者の心身の状態は、睡眠に大きく影響します。特に留意が必要な利用者の介助のポイントを押さえましょう。

ここをチェック！

❶ 認知・知覚機能が低下している利用者

なかなか寝ようとしなかったり落ち着かなかったりするときは、体調を確認する。徘徊《はいかい》をするときは、不安な心理状態と受け止め、できるだけ居心地のよい環境をつくる。

❷ 運動機能が低下している利用者

運動麻痺《まひ》と同時に知覚麻痺を伴うことがあるので、睡眠中の姿勢に留意する。

❸ 昼夜逆転している利用者

午後や夕方に散歩、リハビリテーション、レクリエーションなどに参加してもらい、日中活動を活発にする。

❹ 不眠の利用者

不眠時には、何度も寝返りをうつ、ベッドの上に起き上がる、トイレに頻繁に行くなどの徴候がみられる。不眠のつらさに共感する、環境を整えるなど、その人に合った方法を用いて対応する。

理解度○×チェック！

1. 利用者の入眠に向けて、介護福祉職は「足をお湯につけて温めてから寝るようにしましょう」と助言した。 出 35-101
2. 睡眠環境を整える介護として、寝具を選ぶときは保湿性を最優先した。 出 33-56
3. 79 歳で要介護２のＡさんは、介護老人保健施設に入所して１か月経過。睡眠中に大きないびきをかいていることが多く、いびきの音が途切れることもある。夜間に目を覚ましていたり、起床時にだるそうな様子もしばしばみられる。介護福祉職は、Ａさんの睡眠中の呼吸状態の情報を収集した。 出 36-101

答 ………… 1.○　2.×（寝具は乾燥しやすいものを使用する）　3.○

10……終末期の介護

キーワード　終末期ケア　エンゼルケア　グリーフケア

出題頻度 ★

■終末期ケアの意義と目的

終末期ケアは、ターミナルケアともいい、死を迎えようとしている人へのケアです。終末期ケアのあり方と介護福祉職の役割を理解しましょう。

厚生労働省の、「人生の最終段階における医療・ケアの決定プロセスに関するガイドライン」にも目を通しておこう

ここをチェック！

❶ 終末期ケアの意味

終末期ケアは死を視野に入れている。しかし、ただ死を待つのではなく、死までの日々を自分らしく生きていくことを全人的に支え、死別後の家族も支援することが求められる。

❷ 事前の意思確認（アドバンス・ケア・プランニング）

終末期においては、利用者と家族の意思を尊重することがきわめて重要である。本人の意思を確認できる場合は、次のことに留意して、十分な話し合いをする。

判断能力のあるうちに、意思決定能力をなくしたときの医療行為についての意向を示しておくことを事前指示（アドバンス・ディレクティブ）というよ

- 年齢に関係なく、何歳であっても意思確認が必要である。
- 現在の病気だけでなく、今後の生活について、家族や医療・介護職員と一緒にその都度話し合う。
- 家族の意向も確認する。
- 意思の変更があれば、現状での意思を尊重する。
- 介護福祉職が医療処置の範囲についての説明を行わない。
- 確認した内容は書面にする。

利用者と家族の意思は、必ず書面に残そう

❸ 介護福祉職の役割

終末期ケアは、チームケアが原則である。医療職やほかの専門職との連携を図り、チームで利用者と家族を支援する。介護福祉職は、利用者や家族とコミュニケーションを図り、医療職などと相談しながら、利用者の生活全般を支援する。なお、自宅で終末期を送っている利用者の容体が急変した場合は、第一にかかりつけ医に相談し、対応を依頼する。

終末期における介護

出題頻度 ★★★

死に直面した利用者は、少なからず死に対する不安を抱いているといわれます。また、からだにはさまざまな変化が現れます。終末期の利用者の特徴と介護の方法を理解しましょう。

頻出
終末期の身体的特徴と介護福祉職の対応

ここをチェック！

❶ 終末期の４つの苦痛

終末期の利用者は、身体的苦痛、精神的苦痛*、社会的苦痛*、霊的苦痛*（スピリチュアル）、の４つの苦痛を抱えており、これらの苦痛を和らげる援助が必要である。

精神的苦痛
不安、いらだち、孤独感など。

社会的苦痛
仕事上の問題、家庭上の問題、相続の問題など。

霊的苦痛
死への恐怖、罪の意識など。

❷ 身体的苦痛を緩和する介護

終末期の利用者は、皮膚、呼吸、脈拍、体温、意識、筋肉、反射機能、排泄《はいせつ》などに変化が現れ、身体的苦痛が強くなる。介護福祉職は、利用者を観察して、変化を記録し、利用者の身体的苦痛を緩和するための次のようなケアを行う必要がある。

- 同一体位による身体への圧迫を最小限にするため、こまめに体位変換を行う。
- 呼吸を楽にするため、安楽な体位をとり、枕の位置を工夫する。
- 呼吸の状態を確認しながら、枕をはずすなどして、気道が開きやすい姿勢にする。
- 手足をマッサージする。
- 下肢に冷感があるときは、保温する。
- 口腔《こうくう》内を清潔に保つ。
- 口唇《こうしん》や舌が乾燥している場合は、水などを含ませたガーゼを用いて、口腔内をときどき湿らせる。
- 清拭《せいしき》を行い、清潔で乾いた寝衣を着てもらう。
- 意識が低下してきても、聴力は最期まで残存するので、声かけを行う。

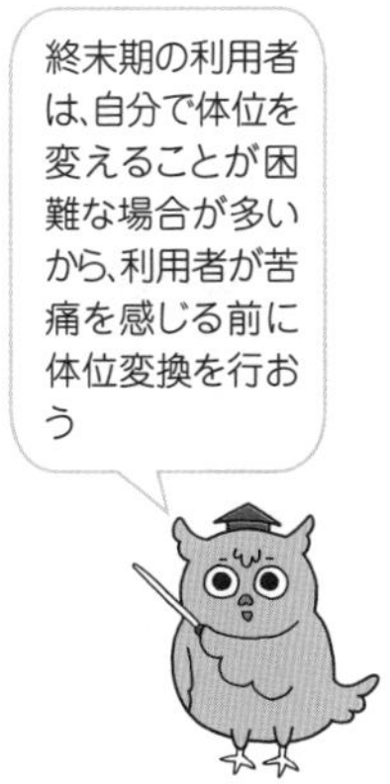

❸ 精神的苦痛、社会的苦痛、霊的苦痛を緩和する介護

利用者は不安、いらだち、孤独感といった精神的苦痛、仕事上の問題、家庭上の問題などの社会的苦痛、死への恐怖、

罪の意識などの霊的苦痛を抱えている。利用者がこれらの苦痛を訴えてきたり、表情や態度などに変化がみられたりするときは、介護者は次のように対応し、利用者のこころが安らぐよう努める。

- 利用者のそばに座り、話をよく聞き、共感的な姿勢でコミュニケーションをとる。
- 利用者が死への恐怖を訴えてきたときは、否定するのではなく、利用者の気持ちを真摯《しんし》に受けとめる。
- 手を握る、身体をさするなどのスキンシップを図る。
- 声かけをする。
- 利用者の好きな音楽を流す。
- 利用者の嗜好を重視し、食べたい物を食べたいときに食べたいだけ食べてもらう。
- 家族が利用者のそばにいられるようにする。

❹ 死後のケア（エンゼルケア）

死後のケアは、利用者に対する最後のケア行為である。家族などが利用者と十分にお別れをしてから行う。家族などが一緒に行うこともある。死後のケアは、死亡診断書が出された後、死後硬直*が起こる1～2時間前までに行う。

- からだを清潔にする。
- 死によって起こる外見上の変化をできるだけ目立たないようにする。
- 化粧や更衣介助などはその人らしくやすらかに整える。
- 見送り、後片づけをする。
- 着物の場合は左前に合わせる。
- 着物の場合は帯紐を縦結びにする。

死後硬直
死後、筋肉が硬直すること。通常、2～4時間で硬直が始まり、30～40時間で硬直が解け始める。

病院では、複数の看護師が行うが、施設や在宅では、看護師を中心に、介護福祉職も連携して実施する。

❺ デスカンファレンス

利用者の死に関わった介護福祉職や他職種が、対象のケースを振り返り、今後のケアの向上にいかすための意見交換をすることが、デスカンファレンスである。

グリーフケア

出題頻度 ★

グリーフケアとは遺族ケアのことです。死別のあり方は、1つとして同じものはありません。遺族が死別の悲しみを乗り越え、新しい出発ができるよう支援することが大切であることを理解しましょう。

ここをチェック！

❶ グリーフケアの考え方

グリーフケアは悲嘆回復ともいう。死別した家族は悩み苦しんでいるため、家族もケアの対象者として位置づける。医師などに任せるのではなく、終末期ケアにかかわったチームの一員として、介護福祉職も家族を支援する。

❷ グリーフケアの方法

家族が悲嘆作業・喪《も》の作業（グリーフワーク*）を十分に行えるよう支援する。遺族へねぎらいの言葉をかけ、助言者ではなく、悲しみを共有するよい聞き手になる。生前の利用者との関係や看取りに関して、遺族が罪悪感をもたないように配慮する。

グリーフワーク
身近な人と死別して悲嘆に暮れる人が、死別の悲しみを乗り越え、精神的に立ち直っていくための作業。

理解度○×チェック！

1. 終末期で終日臥床している利用者が息苦しさを訴えたので、介護福祉職が半座位にした。 出 35-102
2. アドバンス・ケア・プランニングを踏まえた人生の最終段階を迎えようとする人へ、介護福祉職が「今後の生活について、家族や医療·介護職員と一緒に、その都度話し合っていきましょう」と声をかけた。 出 33-58改
3. デスカンファレンスの目的は、終末期を迎えている利用者の介護について検討することである。 出 36-103
4. 介護老人福祉施設に入所している利用者の看取りで、家族が悔いが残ると言っているとき、介護福祉職は家族の話を聴くことにした。 出 35-103
5. 大切な人を亡くした後にみられる、寂しさやむなしさ、無力感などの精神的反応や、睡眠障害、食欲不振などの身体的反応をパニック障害という。 出 35-29

答…… 1. ○ 2. ○ 3. ×（利用者の死後、その事例について振り返り検討するのが目的なので、終末期について検討するのは不適切） 4. ○ 5. ×（グリーフという）

11…… 緊急時の対応

キーワード　外傷　骨折　熱傷　救急対応

出題頻度 ★

■外傷の理解と対応

外傷とは、転倒や転落といった事故、または、ぶつけたりひっかいたりすることなどによって生じたものをいいます。外傷の特徴を理解した適切な対応法を押さえましょう。

ここをチェック！

❶ 外傷の種類

外傷には開放性、非開放性の２種類がある。

・開放性…切り傷、刺し傷、擦り傷など。
・非開放性…凍傷、打撲傷、捻挫《ねんざ》など。

❷ 手当ての方法

傷は清潔を保ち感染を予防する。小さい傷以外はむやみに消毒液をつけず、傷口に清潔なガーゼなどを当て、速やかに医師の手当てを受ける。出血がある場合は、清潔なカーゼで直接圧迫するなど止血を施す（直接圧迫止血法）。鼻出血の場合は、飲み込むと嘔吐《おうと》、息苦しさを感じるので、呼吸を確保し、体を前屈みにして出血を抑えて座らせ、衣服を緩め、口呼吸を促して鼻を軽くつまむ。

❸ 出血の際の注意点

出血している傷口を手当する際は、次のことに注意する。

- 負傷者の感染予防のため、汚れた指や消毒していないもので傷口に触れない。
- 血液からの感染予防のため、ゴム手袋やビニール袋などを利用して、素手で血液に触れない。
- ティッシュは細かい繊維が残るため、直接傷口に当てない。

出題頻度 ★

骨折・捻挫の理解と対応

骨折とは、転倒や転落など強い外力を受けることにより骨が折れたり、ひびが入ったりすることです。高齢者は老化とともに骨がもろくなっており、骨折しやすくなっています。応急手当の方法を整理しておきましょう。

ここをチェック！

❶ 骨折部の手当て

全身を観察して、腫《は》れ、変形、皮膚の変色、激痛、動かないなどの骨折が疑われる症状があれば、手当てをする。ただし、高齢者は、典型的な症状が現れなくても骨折している場合があるので、注意する。基本的には、患部に腫れがある場合は冷やし、患部を動かさないように固定する。骨折部位を心臓より高くする。応急処置後、ただちに医師の診察を受ける。

- 皮下骨折*（単純骨折・閉鎖骨折）の場合……全身と骨折部を安静にし、患部を副子《ふくし》*などで固定。
- 開放骨折*の場合……止血を行い、傷の手当てをしてから固定。

❷ ショック

骨折による激痛や出血でショックを起こすことがある。末《まっ》梢《しょう》の循環不全が起こり、血圧が極端に低下する。顔面蒼白《そうはく》、虚脱、冷や汗、脈拍微弱、呼吸不全などの症状がある。頭部を低くするなどの対応をとり、医療職へ速やかに連絡する。

❸ 捻挫

捻挫《ねんざ》とは、関節が可動域を超えて曲がったり伸びたりしたために、関節周囲の組織や血管が傷ついている状態である。弾性包帯などで固定し、炎症による症状を抑えるために冷却する。応急処置後、ただちに医師の診察を受ける。

皮下骨折
骨折部が体外に開放されていない状態。単純骨折、閉鎖骨折。

副子
添え木、副木のこと。骨折部の上下の関節(二関節固定)を十分に覆うことができる長さ、強さ、幅のあるものが理想。

開放骨折
骨折部が体外に開放されている状態。複雑骨折。

出題頻度 ★○○

熱傷の理解と対応

熱傷は、熱湯、湯気、炎、アイロンなどの熱い物体に触れることで起こります。また、湯たんぽや簡易カイロなどによる低温やけどを起こすこともあります。

ここをチェック！

❶ 熱傷の程度

熱傷の程度は、深さと広さから判断する。深度Ⅰ度の熱傷で体表面積の30％以上、深度Ⅲ度の熱傷で体表面積の10％以上が重症であり、いずれも治療を急ぐ。高齢者の場合は、熱傷の広さが狭くても、重症の場合がある。

深度	傷害部位	外見	症状
Ⅰ度	表皮	皮膚の色が赤くなる。	ひりひりと痛む。
Ⅱ度	真皮	腫れぼったく赤くなり、水ぶくれ（水疱）になる。	強い痛みと灼熱感がある。
Ⅲ度	皮下組織	乾いて、硬く、弾力性がなく、黒く壊《え》死《し》または蒼《そう》白《はく》になる。	感覚がなくなり痛みを感じなくなる。

❷ 応急手当

- 深度がⅠ～Ⅱ度で範囲が狭いとき……冷水で痛みがとれるまで冷やす。
- 深度がⅠ～Ⅱ度で範囲が広いとき……冷やしながら医療機関に搬送する。
- 着衣の上から熱湯を浴びた場合……着衣の上から冷水をかけて冷やす。無理に脱がそうとすると、皮膚がはがれるおそれがある。水ぶくれ（水疱）は感染予防のためにつぶさない。

理解度○✕チェック！

1．外傷性出血があったので、出血部位を清潔なガーゼで圧迫した。 出 23-90

2．骨折時の緊急対応として、患部を心臓より低くした。 出 23-90

答……… 1．○　2．✕（患部は心臓より高くする）

12

介護過程

1……介護過程の意義

キーワード　尊厳の保持　個別ケア　多職種協働・連携

出題頻度 ★★

■介護過程の意義と目的

介護過程とは、介護の目標を実現するための、客観的で科学的な思考と実践の過程のことです。利用者が望む「よりよい生活」「よりよい人生」を実現するという目的を達成するために介護過程を展開します。まず、介護過程の意義と展開のプロセスについて理解を深めましょう。

ここをチェック！

❶ 介護過程の意義

①客観的で科学的根拠に基づいた介護が実践できるようになる、②利用者個々に適した介護を提供する、③利用者の自己実現を目指す、④介護の専門性を高めるなどがある。

❷ 介護過程のプロセス

介護過程では、「①情報収集とアセスメント＊→②目標と計画の立案→③実施→④評価」の過程を繰り返す。具体的には、①専門知識や技術を統合して、利用者の生活課題を介護の立場から判断し、②解決するための計画を立て、③評価に基づく支援を実施し、④評価する。これを繰り返すことで、課題を解決する。

アセスメント
利用者について、①情報収集、②情報の解釈・関連づけ・統合化、③課題の明確化を行うこと。
⇒P320、458参照

▶介護過程のプロセス

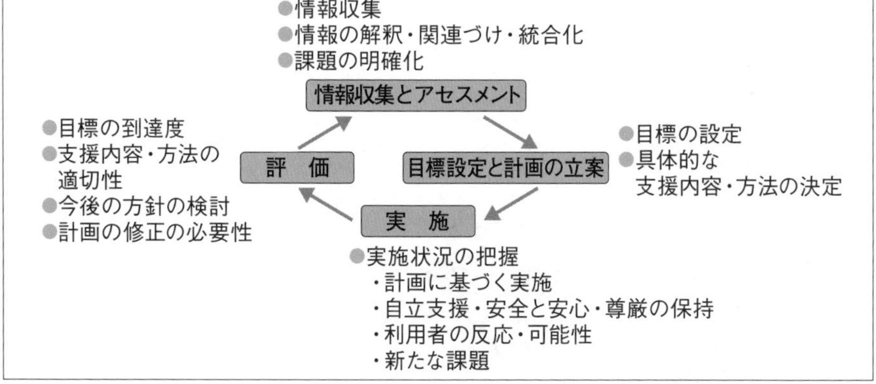

❸ 介護過程が目指すもの

介護過程を展開することにより、利用者の課題の解決と自己実現を目指す。さらに、利用者にかかわる介護福祉職、医師、看護師、リハビリテーション職、栄養士などの専門職が共通の目標をもち、多職種と協働・連携を図る。

❹ 介護過程の８つの視点

介護過程を展開する際には、８つの基本視点を用いる。

① ICF*の視点に基づく利用者像の把握
② 尊厳を守るケアの実践　　③ 個別ケアの実施
④ 生活と人生の継続性の尊重
⑤ 生きがいや役割のある生活
⑥ 生活の自立支援
⑦ 多職種協働・連携と情報の共有
⑧ 根拠に基づく介護実践と的確な記録

ICF
⇒ P.299、376、463参照

❺ ケアマネジメントと介護過程の関係

ケアマネジメントとは、利用者が必要なサービスを受けられるようにさまざまな社会資源を適切に利用するための援助の展開の方法のことで、専門職である介護支援専門員や相談支援専門員が中心となって行う。介護過程は、ケアマネジメントで決定した方針に基づいて展開されるもので、介護福祉職が行う。

理解度○×チェック！

1．介護過程を展開する目的の一つにケアプランの作成がある。 出 35-106
2．介護福祉職が、初回面談で情報を収集するとき、ほかの利用者が同席する状況で質問をした。 出 36-106
3．介護過程の展開におけるアセスメントとは、具体的な支援計画を検討することである。 出 33-63
4．介護過程を展開した後に評価する項目として優先するのは、介護福祉職チームの満足度である。 出 35-107

答……1．×（根拠のある介護を実践するために、介護福祉職が行うのが介護過程）　2．×（利用者の個人情報保護の観点からも、ほかの利用者が同席するのは不適切）　3．×（介護が始まる前に、情報収集して支援計画が作成されているはず。この段階のアセスメントは、利用者の生活課題を明確にすること）　4．×（目標の達成度の評価をし、必要な場合には再アセスメントを行う）

2…… 介護過程の展開

キーワード　アセスメント　目標設定　介護計画　ADL　QOL

出題頻度 ★★★

情報収集とアセスメント

介護過程の展開では、まず、アセスメントを行います。利用者の今までの暮らしに着目すると同時に、今できること、願望、不足している面にも目を配って、情報を収集・解釈・統合化し、利用者の課題を明確にしていきます。専門的な知識や経験、判断が最も必要とされます。

頻出
アセスメントの視点

ここをチェック！

❶ アセスメント

アセスメントとは、利用者について、①情報収集、②情報の解釈・関連づけ・統合化、③生活課題の明確化を行うことである。

❷ 情報の種類

情報には、利用者に接しながら収集する主観的情報と、利用者のからだ・行動を観察することや、家族や多職種の観察・記録類などから収集する客観的情報の2種類がある。押しつけの介護にならないよう、利用者の主観的情報を常に確認するようにし、家族の意向なども聞く。また、2つの情報は、多角的・継続的に収集し、区別して記録する。

- 主観的情報……その人のものの見方や感情、考え方、期待などをいう（例:「Aさんはとても楽しんでいたように思う」）。
- 客観的情報……他者の記録や観察などから得るものをいう
例　「Aさんの体温は、36.3度だった」

記録するときには、主観的情報と客観的情報を区別して書くようにしよう

❸ アセスメントの際に求められること

介護福祉職には、倫理観*、観察力、推測力、判断力などが求められる。妥当性に欠ける評価・判断の原因になるので先入観*や偏見*をもたないようにすることも大切である。また、プライバシーに関する情報を収集する場合は、第三者がいない場所を選び、情報が漏れないようにする。

倫理観
行動の規範としての道徳観や善悪の規準。

先入観
前もってつくり上げられた固定的な観念。正しい判断を妨げる要因となる。

偏見
客観的な根拠のない、かたよった見解。

❹ 情報の検討

集めた情報は、5つの視点で検討する。

① 正確な事実であるかどうか。
② 必要とすべきすべての事実をつかんでいるかどうか。
③ 結論を引き出すために十分な情報を収集したかどうか。
④ 先入観や偏見をもたずに収集したかどうか。
⑤ 自分に伝えられた言葉の意味を正確につかんでいたかどうか。

❺ 情報の解釈・関連づけ・統合化

検討した情報を解釈・関連づけ・統合化する段階では、3つのアセスメントの視点で考える。

① 健康状態が悪化するような点はないか（生命の安全）。
② 日常生活の自立、継続ができていない点はないか（生活の安定）。
③ その人らしく生活できていない点はないか（人生の豊かさ）。

❻ 生活課題の明確化

利用者の望む生活を実現するために、利用者の課題（生活課題）を明確化する。そのためには、収集した複数の情報を解釈し、①顕在的課題*、②顕在的課題の要因、③潜在的課題*を含めて課題を明らかにする。潜在的課題まで明確にすることが重要である。

例えば、「血管性認知症に起因する徘徊《はいかい》・無断外出があり、事故に遭遇《そうぐう》する危険性がある」という課題における、①顕在的課題、②顕在的課題の要因、③潜在的課題は、次のとおりである。

血管性認知症に起因する―― ②顕在的課題の要因
↓
徘徊・無断外出がある―― ①顕在的課題
↓
事故に遭遇する危険性がある―― ③潜在的課題

顕在的課題
現在あらわれている課題。

潜在的課題
顕在的課題から予測される二次的課題。

❼ 生活課題の優先順位

利用者に複数の生活課題がある場合は、優先順位を決定する必要がある。決定の際は、上記❺の3つのアセスメントの視点で考える。

出題頻度 ★★★

目標

介護過程の展開では、アセスメントで明確になった課題の解決のために長期目標と短期目標を設定します。目標設定に必要なことを理解し、目標を立てるときの留意点なども把握しておきましょう。

ここをチェック！

❶ 長期目標と短期目標

目標には、最終的な課題が解決された状態を示す長期目標と、長期目標を実現するために段階を踏んで設定した短期目標とがある。短期目標は、評価の際の基準になる。

❷ 目標設定

利用者自らが自分の望む生活に向けて、一定期間に実現できることを段階的に進められるよう、目標を設定する。これまでの生活習慣や大事に思っていることなどは人によって異なるので、個々の生活習慣や大事に思っていることを尊重して、その利用者のための具体的な目標を設定する。

▶目標設定の留意点

- 個別的であること（一人ひとりの生活習慣や価値観を尊重する）。
- 利用者の自己実現を目指すものであること（家庭や社会への参加を可能にする）。
- 利用者自身が取り組むことのできるものであること（能力を最大限に発揮する）。

▶目標の書き方

- 生活課題が介護によって解決されたとき、利用者がどのような行動（状態）になればよいか、利用者を主語として記述する。
- 実施した介護を評価する基準となるように、観察あるいは測定可能な表現にする。
- 目標到達の時期を明記する。

- 期限の明確化……いつ、その期待される効果があらわれるか、いつ、その経過を評価するのかを明確にしておく。計画の期間や見直しの時期を決めておき、目標と実態が合わないときは、目標の変更を検討する。

例えば、「夫の墓参りに行く」という長期目標に対し、「3か月後には、リビングまで歩行器で歩く」という短期目標が考えられるよ

！頻出

目標設定のしかた

短期目標が達成できたら、長期目標の達成に一歩近づくように、長期目標と短期目標は連動させて設定するんだよ

一人ひとりの生活習慣や価値観を尊重するためには、まずそれらを知らないと始まらない。ちゃんと情報収集ができていたかがここで問われるね

介護計画

出題頻度 ★★★

利用者が望む生活を支えるために、一人ひとりに対する介護計画（個別援助計画）を生活の継続の視点から作成していきます。計画には、生活課題を解決するための実施方法が具体的に記述してあること、利用者と家族の意向を反映したものであることが求められます。

ここをチェック！

❶ 介護計画作成のポイント

介護計画を作成する際のポイントは、次のとおりである。

- 利用者のADL*とQOL*の現状を把握し、自立・向上に向けて考える。
- 利用者にかかわる複数の介護福祉職や利用者・家族がわかりやすいように、個別的・具体的に記述し、全員が共有化できるようにしておく。
- 利用者の反応のどんなところを観察するのか、例えば、表情の変化や他の利用者とのかかわりなど、具体的な観察内容を明示する。
- 評価の基準（利用者がどうなることが目標達成なのか）を明示する。

❷ 支援内容の決定条件

支援の内容を決定する際には、次の条件を満たすようにする。

- 利用者の自己決定や家族の考えを尊重し、個別的なニーズを満たす（目標達成に向かう）ような活動であること。
- 介護福祉職の業務範囲内の活動であること。
- 原因が明らかな課題の場合は、それを除去、軽減、緩和する活動であること。
- 介護の理論、過去の研究結果、介護福祉職の経験等を活かしていること。
- 危険がなく、効率的、経済的であること。

❸ 介護計画を立案する際の留意点

介護計画を立案する際は、次の点に留意する。

- 利用者の同意を得る。
- 長期目標と短期目標は連動させる。
- 利用者に及ぼす効果を予測する。
- 計画は具体的な内容にする。

頻出
介護計画作成のポイント

ADL
Activities of Daily Living の略。
日常生活動作。日常生活を営むうえで不可欠な、食事や排泄《はいせつ》、整容、移動、入浴などの基本的な行動。
⇒ P.113、295参照

QOL
Quality of Life の略。
生活の質。人間らしく、自分らしく、満足して生活しているかを尺度として評価する概念。
⇒ P.295、377参照

出題頻度 ★★☆

実施

介護計画に基づいて、実際に介護を行うのが実施の段階です。適切な支援が実施されると、①利用者の課題が解決もしくは緩和する、②利用者の生活の質が向上するなどの結果がみられます。適切な支援を実施するために必要なことを理解しましょう。

ここをチェック！

❶ 実施における３つの視点

実施の際は、①自立支援、②安全と安心、③快適さを意識しながらかかわることが大切である。

介護記録
⇒ P.369参照

5W1H
⇒ P.368参照

❷ 介護記録

5W1Hを念頭に、実施経過における客観的事実を正確に記す。その場面における介護福祉職の判断は、それとは区別して書く。実施前後の利用者の状態や反応、家族の言動なども記録する。記録者は必ず署名し、介護終結の日から２年間保存する。また、鍵のかかる場所で保管するなど、記録の扱いにも注意する。

出題頻度 ★★★

評価

設定した長期目標・短期目標について、利用者の到達状況を客観的に評価します。その評価を反映して、計画の修正や再アセスメントを行ったり、次の短期目標に向かったりします。

頻出
評価のポイントと計画修正の必要性

ここをチェック！

❶ 評価の視点

以下の視点に基づいて評価する。

- 計画通りに実施しているか。
- 目標に対する到達度はどうか。
- 支援内容・支援方法は適切か。
- 実施上の新たな課題や可能性はないか。

❷ 計画の修正

目標に到達していない場合、到達していても「継続が困難である」と判断された場合に計画の修正を検討する。目標未達成の原因究明や目標の見直しなどを行い、修正部分の洗い出しや再アセスメントの必要性などを判断する。

ICFと介護過程

出題頻度 ★★

ICF＊は、健康領域と関連領域の国際的な分類を行うことを目的としています。一方で、介護過程は、利用者の個別のニーズに対して支援を行うことを目的としています。ICFを介護過程に活用する場合は、この目的の違いを踏まえた十分な理解と訓練が求められることを理解しましょう。

ICF
International Classification of Functioning, Disability and Healthの略。
国際生活機能分類。2001年にWHO総会で採択された、人間の生活機能と障害に関する状況を記述することを目的とした分類。
⇒ P.299、376参照

ICIDH
⇒ P.299参照

ここをチェック！

❶ ICFと介護過程

ICFの定義では、それまでの分類であったICIDHでの機能障害を心身機能・身体構造に、能力障害を活動に、社会的不利を参加に分類し、背景因子として、環境因子と個人因子が導入された。このＩＣＦの視点に基づいて利用者像を全人的に捉え、介護過程に活用する。

❷ ICFの活用例

ＩＣＦの視点の活用によって、利用者の活動や参加の範囲を広げるなどの前向きな介護計画の立案が可能になる。

理解度○×チェック！

1. 介護福祉職が情報を収集するとき、実践したい支援に沿った情報を集める必要がある。 出33-62
2. 介護過程においては、利用者の生活に対する思いを大切にしながら情報を収集する必要がある。 出34-62
3. 介護過程の評価について、介護計画の実施中に評価基準を設定する。 出36-107

答……… 1. ×（実践したい支援ではなく、まずは利用者の情報を、五感を活用した観察を通して集める）
2. ○　3. ×（評価基準は、介護計画の立案時に設定しておく。評価は利用者の満足度を踏まえて行う）

3……介護過程の実践的展開

キーワード　障害高齢者の日常生活自立度（寝たきり度）判定基準
認知症高齢者の日常生活自立度判定基準

出題頻度 ★

介護過程の展開の実際

介護実践の場面では、日々利用者の変化を把握し、予後を考えながら臨機応変に行動できることが求められます。利用者の状態・状況に応じた課題を発見し、自立に向けた介護実践を行っていくために大切なことを学びましょう。

介護福祉職が、自立支援、安全と安心、尊厳の保持、望む生活につながるように意識したケアをすることが大事だよ

ここをチェック！

❶ 情報収集と観察のポイント

在宅での情報収集では、①生活環境、②困りごと、③その原因などについて、客観的に把握する。観察のポイントは、①身体的側面、②心理的側面（認識面）、③行動面の３側面である。

❷ 利用者の状態を把握するためのツール

「障害高齢者の日常生活自立度（寝たきり度）判定基準」「認知症高齢者の日常生活自立度判定基準」「アルツハイマー型認知症のFAST（Functional Assessment Staging）病期分類」などの基準は、利用者の状態を把握するための重要な指標となっている。

▶障害高齢者の日常生活自立度（寝たきり度）判定基準

生活自立	ランク J	何らかの障害等を有するが、日常生活はほぼ自立しており独力で外出する。 J-1 交通機関等を利用して外出する。J-2 隣近所へなら外出する。
準寝たきり	ランク A	屋内での生活は概ね自立しているが、介助なしには外出しない。 A-1 介助により外出し、日中はほとんどベッドから離れて生活する。 A-2 外出頻度が少なく、日中も寝たり、起きたりの生活をしている。
寝たきり	ランク B	屋内での生活は何らかの介助を要し、日中もベッド上での生活が主体であるが座位《ざい》を保つ。 B-1 車いすに移乗し、食事、排泄《はいせつ》はベッドから離れて行う。 B-2 介助により車いすに移乗する。
	ランク C	1日中ベッド上で過ごし、排泄、食事、着替えにおいて介助を要する。 C-1 自力で寝返りをうつ。C-2 自力では寝返りもうてない。

▶認知症高齢者の日常生活自立度判定基準

Ⅰ	何らかの認知症を有するが、日常生活は家庭内および社会的にほぼ自立している。
Ⅱ	日常生活に支障をきたすような症状・行動や意思疎通の困難さが多少みられても、誰かが注意していれば自立できる。
Ⅱa	家庭外で上記Ⅱの状態がみられる。
Ⅱb	家庭内でも上記Ⅱの状態がみられる。
Ⅲ	日常生活に支障をきたすような症状・行動や意思疎通の困難さがときどきみられ、介護を必要とする。
Ⅲa	日中を中心として上記Ⅲの状態がみられる。
Ⅲb	夜間を中心として上記Ⅲの状態がみられる。
Ⅳ	日常生活に支障をきたすような症状・行動や意思疎通の困難さが頻繁にみられ、常に介護を必要とする。
M	著しい精神症状や周辺症状あるいは重篤《じゅうとく》な身体疾患《しっかん》がみられ、専門医療を必要とする。

▶アルツハイマー型認知症のFAST病期分類

FAST	stage	特徴
1	正常	主観的および客観的機能低下は認められない。
2	年齢相応	物の置き忘れ、人名、地名、物品名等を思い出せない。
3	境界状態	職場では機能低下が認められる。新しい場所への旅行は困難。
4	軽度	料理の手順を間違える。家計の管理・買い物等にも支障をきたす。
5	中等度	適切な洋服を選んで着ることができない。自動車の運転は危険。入浴もかなり説得を要する。大声をあげる、感情障害、多動、不眠等のBPSDが著明のことがある。
6 a-e	やや高度	6a：不適切な着衣で、着衣に介助が必要。6b：入浴は介助を要する。 6c：トイレの水を流せず、拭くのを忘れる。 6d：尿失禁　6e：便失禁
7 a-f	高度	7a：最大限約6語に限定された言語機能低下。個人差あり。 7b：理解し得る語はただ一つの単語になる。 7c：歩行能力の喪失《そうしつ》 7d：着座能力の喪失　7e：笑う能力の喪失　7f：昏迷および昏睡

理解度○✕チェック！

1．介護福祉職が介護過程を展開する意義として、介護福祉職が実施したい介護を提供できること、介護福祉職が生活管理するための介護を考えることができることなどがあげられる。◀出 34-61改

答…………　1．✕（利用者の日常生活を重視し、チームアプローチを提供できる）

4…… 介護過程とチームアプローチ

キーワード　チームアプローチ　サービス担当者会議
モニタリング

出題頻度 ★★★

■介護過程とチームアプローチの実践

利用者の生活を支える活動は、ケアマネジメント*のプロセスに沿って行われます。ケアマネジメントでは利用者を中心としたケアチームが形成され、チームアプローチが実践されます。介護福祉職には、利用者の小さな変化を見逃さず、チームで情報を共有して連携する力が求められることを理解しましょう。

ここをチェック！

❶ チームアプローチ（多職種協働・連携）

チームを組んで介護を行うことによって、利用者に総合的な質の高い介護サービスの提供を目指すことをいう。

❷ ケアチーム

利用者が中心となり、介護福祉士、介護支援専門員（ケアマネジャー）、医師、看護師、栄養士、ソーシャルワーカー、ボランティアなどがチームのメンバーとなる。①メンバーの人数は必要に応じて増減する、②各メンバーは対等な立場である、③それぞれの専門職の視点で利用者を理解し、多職種と情報交換し、利用者の生活課題を明確にする。

❸ 介護保険制度におけるケアプラン

在宅では、居宅介護支援事業所の介護支援専門員（ケアマネジャー）が「居宅サービス計画（ケアプラン）」を作成し、サービスを提供する。施設では、施設の介護支援専門員（ケアマネジャー）が「施設サービス計画（ケアプラン）」を作成する。

❹ チームケアとケアカンファレンス

介護過程は、介護福祉職チームが介護目標と介護計画に従って共同で取り組むチームケアである。援助を効果的に行うために、ケアチームのメンバーによりケアカンファレンス*が行われる。

ケアマネジメント
①利用者が抱える個別の生活上のニーズを確認し、②それを解決するために利用可能な社会資源を活用していく、という一連のプロセスを指す。
⇒P.319参照

頻出
チームアプローチのあり方

ケアプラン
⇒P.321参照

ケアカンファレンス
よりよいケアを提供するために、関係者が行う会議。サービス担当者会議は、ケアカンファレンスの一種。
⇒P.331、346、372参照

❺ ケアマネジメントと介護過程の関係

介護過程における介護計画は、ケアマネジメントにおけるケアプランと同一のものではないことに注意する。

サービス担当者会議とモニタリング

出題頻度 ★★

介護保険制度のなかで義務づけられていて、ケアプラン（介護サービス計画）の検討などを行う会議が、サービス担当者会議です。介護支援専門員（ケアマネジャー）が主催します。作成されたケアプランが、計画どおりに実施できているかを点検するのがモニタリングです。それぞれの内容について理解を深めましょう。

ここをチェック！

❶ サービス担当者会議

ケアプランは、利用者や家族の希望を取り入れ、了解を得て、サービス担当者会議での専門家の協議を踏まえて作成される。介護保険制度では、ケアプランの内容について、利用者またはその家族に対して説明し、文書により利用者の同意を得ることが義務づけられている。

ケアプランは利用者やその家族の同意が必要だよ

▶ サービス担当者会議の様子

アドボカシー
⇒P.18参照

❷ サービス担当者会議における介護福祉職の役割

介護福祉職は、利用者の生活に最も近く、最もかかわる頻度が高い専門職という立場から、利用者の日常生活に関する情報を提供する。また、利用者の権利を代弁すること（アドボカシー）も求められている。

❸ モニタリング

モニタリングとは、ケアプランに位置づけた目標の達成に向けて、①計画どおりに支援が実施されているか、②目標に対する到達度はどうか、③サービスの種類や支援内容・支援方法は適切か、④利用者に新しい課題や可能性が生じていないか、⑤サービスの質と量に対する利用者・家族の満足度はどうかなどを確認することをいう。

❹ 評価のポイント

評価のポイントとしては、①利用者本人に、評価の結果を伝える、②利用者の反応も評価する、③計画を立てて実施しなかったものに関しても評価する、④目標が達成されても、評価は行う、⑤利用者個人の目標を立てているので、他の利用者の目標達成度と比較した評価はしないなどがあげられる。介護計画の評価は、チーム全体で行い、介護計画の立案者または評価担当者が責任者となる。

理解度○×チェック！

1. グループホームに入居している認知症の女性が、浴室を出るときに足を滑らせた。それ以降「入浴したくない」と強く断った。再アセスメントによって、浴室まで安全に移動できる支援をするよう見直した。◀出33-66改
2. 介護老人保健施設で多職種連携によるチームアプローチを実践するとき、介護福祉職にはサービス担当者会議を開催する役割がある。◀出36-108
3. 認知症対応型生活共同介護に入居しているAさんは、短期目標を「食事の準備に参加する」と設定して順調に経過していた。ある日、食事の準備に参加しなかったが、食事中は談笑し、完食していた。Aさんについてカンファレンスが開かれ、担当の介護福祉職が「食事の準備の役割を見直すこと」を提案した。◀出34-68改

答……… 1．×（利用者が感じている浴室内の移動の不安を取り除けるよう支援する） 2．×（会議の開催は、介護支援専門員が主催。介護福祉職としては、利用者の生活状況の変化に関する情報を提供するのが大きな役割） 3．○

索引

■き

■ さ

■ し

■す

■せ

■そ

■た

■ち

な

に

ね

の

■ ふ

■ へ

■ ほ

■ ま

■り

■れ

■ろ

■わ

■本書に関する訂正情報等について

弊社ホームページ（下記のURL）にて随時お知らせいたします。

https://www.chuohoki.co.jp/foruser/care

■本書へのご質問について

下記のURLから「お問い合わせフォーム」にご入力ください。

https://www.chuohoki.co.jp/contact/

わかる！受かる！介護福祉士国家試験合格テキスト2025

2024年5月1日　発行

編　　　集●中央法規介護福祉士受験対策研究会
発　行　者●荘村明彦
発　行　所●中央法規出版株式会社
〒110-0016　東京都台東区台東3-29-1　中央法規ビル
TEL03-6387-3196
https://www.chuohoki.co.jp/

印刷・製本●株式会社ルナテック
本文デザイン●曽我部尚之
キャラクターデザイン●したらぼ
イラスト・図版●角田正己　ホンマヨウヘイ　メディカル愛　やまむらデザイン事務所
D　T　P●E-FLAT　株式会社千里
装幀デザイン●二ノ宮匡（ニクスインク）
装幀キャラクター●坂木浩子
編集協力●株式会社エディット

定価はカバーに表示してあります。

ISBN978-4-8243-0027-0

A027